W0385013

GERSTENBERG VERLAG

50 Klassiker

MYTHEN UND SAGEN DES NORDENS

Die keltische und germanische Überlieferung dargestellt von Edmund JACOBY

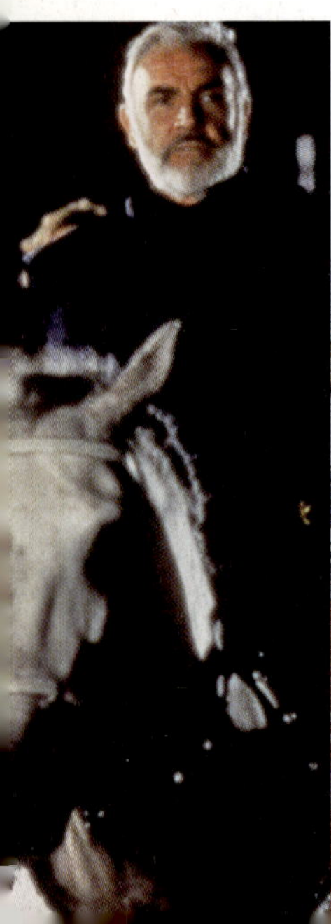

Ein gemeinsames Erbe Europas

■ Goldbrakteat aus der Wikingerzeit (um 700)

Die Sagen um König Artus und die Ritter seiner Tafelrunde, um Dietrich von Bern, Siegfried, König Etzel und die Nibelungen, um Karl den Großen und seine Paladine – das sind die großen Erzählstoffe, an denen sich die Literatur Europas seit jeher abgearbeitet hat. Die mittelalterlichen Heldenlieder und -epen Frankreichs, Deutschlands, Englands, der Niederlande, Italiens und Spaniens erzählen diese Geschichten, und die Stoffe lebten weiter bis in die Zeit Ariosts und Shakespeares, lebten wieder auf in der europäischen Romantik bis hin zu den Opern Wagners und seiner Zeitgenossen und wurden seit J.R.R. Tolkien zum Steinbruch für ein bis heute höchst lebendiges Literaturgenre: Fantasy.
Das Erfolgsgeheimnis dieser Sagenstoffe ist dies: dass sie zurückführen zu den Quellen der europäischen Zivilisation, zu den heidnischen Anfängen der christlichen Kultur des Mittelalters, aus der die modernen Nationalkulturen Europas hervorgegangen sind. Diese Anfänge gründen in einem heroischen Zeitalter, dem der europäischen Völkerwanderung. Einer barbarischen Zeit, einem Tiefpunkt der Zivilisationsgeschichte und dennoch dem Beginn von etwas Neuem. Einer Zeit, in der, fern von jeder Verfeinerung, nur wenige grundlegende Dinge für die Menschen zählten: Liebe und Hass, Treue und Verrat, Kraft und Schwäche, Glück und Unglück. Einer Zeit, in der die Menschen an magische Kräfte und überirdische Wesen glaubten, die sie durch Opfer gnädig zu stimmen versuchten.

Die Überlieferung von den Kämpfen einer Völkerwanderungszeit steht nicht nur am Anfang der mittelalterlichen und neuzeitlichen europäischen Literatur; sie stand auch schon am Anfang der antiken Literatur. Homers Ilias und Odyssee, Erzählungen, auf die die Literatur der Antike immer wieder zurückgegriffen hat, schöpfen aus Überlieferungen der Zeit der Wanderung barbarischer Völker, die um 1200 v. Chr. die hochentwickelte mykenische

Kultur in Schutt und Asche legten, um auf dieser Asche eine neue Kultur aufzubauen, die der Antike.

Es waren vor allem germanische Barbaren, die die großartige Kultur der Antike zerstörten. Doch auch dieses Mal wuchs aus den Trümmern eine neue Kultur, die des Mittelalters. Und auch für diese Kultur waren die Heldenlieder einer barbarischen Vorzeit die Keime, aus denen sich eine große Literatur entwickelte.

Aus diesen Liedern, die professionelle Sänger-Dichter mithilfe von Vers, Rhythmus und stets wiederkehrenden Formeln memorierten, entwickelten sich schriftlich niedergelegte raffinierte Versepen und Prosaromane.

■ Mythenbegeisterung des 19. Jh.s: Hier empfängt der fiktive keltische Barde Ossian die gefallenen Soldaten Napoleons in der germanischen Walhall!

Die gelehrten Kenner der mittelalterlichen Literatur haben nicht wenig Mühe darauf verwandt, den Weg der Stoffe und ihrer literarischen Formung von ihrer entfalteten schriftlichen Gestalt in der Literatur des Mittelalters und der frühen Neuzeit zu den frühesten, oft fragmentarischen Schriftdokumenten zurückzuverfolgen und von dort auf unterschiedliche mündliche Überlieferungen zu schließen, die zu tatsächlichen Ereignissen in grauer Vorzeit führen. Sie haben gezeigt, wie die in vereinzelten Klöstern und Bischofsschulen bewahrte Literatur der lateinischen Antike die mittelalterliche Literatur von Anfang an beeinflusst und wie das aus der Antike überkommene Christentum mit den heidnischen Traditionen gerungen hat. Auf den »Faktenseiten« dieses Buchs ist diese Detektivarbeit zum jeweiligen Stoff zusammengefasst.

Die ältesten »barbarischen« Heldenlieder des frühen Mittelalters stammen aus dem keltischen Irland und haben ihre Wurzeln noch in der Zeit der ersten Begegnung der Kelten des Nordens mit den Römern zur Zeit Cäsars. Sie wurden im frühen Mittelalter von christlichen Mönchen aufgeschrieben, die Vergils Äneis kannten, jenes lateinische Meisterwerk, in dem der Zeitgenosse des Kaisers Augustus die von Homer gestalteten uralten Sagen auf die römische Überlieferung zu übertragen versucht hatte. So stand die antike Überlieferung aus den Tagen der Völkerwanderung des 12.

Jahrhunderts vor Christus bei der Entstehung der volkssprachlichen Literatur des Mittelalters Pate.

Zu der Zeit, als zuerst die Heldenlieder der heidnischen Iren schriftlich niedergelegt wurden, kämpften im benachbarten Britannien deren bereits von christlich-römischer Kultur geprägten keltischen Bruderstämme gegen die heidnisch-germanischen angelsächsischen Invasoren. Von ihrem heroischen Abwehrkampf kündet der alte Artusstoff, der durch die in die Bretagne ausgewichenen Briten nach Frankreich gelangte, wo er im Hochmittelalter zu großer Literatur wurde. Etwa in derselben Zeit, als Artus – oder wer immer für diese Sagengestalt Pate gestanden hat – gegen die Sachsen aufstand, fochten auf dem Kontinent Römer, Franken, Hunnen und Goten in wechselnden Koalitionen vernichtende Kämpfe aus. Darauf gehen die Siegfried- und Burgundensagen, die Sagen um König Etzel und um Dietrich von Bern zurück, die ihre Spuren zuerst in der althochdeutschen, dann auch in der mittelhochdeutschen und in der skandinavischen Literatur zurückgelassen haben.

Es waren die Franken, die – bald nach der Zeit des Sagenhelden Siegfried – den Wirren der europäischen Völkerwanderung ein vorläufiges Ende setzten und die erste weiträumige politische Ordnung im Kern Europas schufen. Auch um Karl den Großen, den Vollender dieser Ordnung, ranken sich deshalb zahlreiche Sagen.

Widersacher Karls und seiner Nachfolger waren die Wikinger Skandinaviens. Sie waren die letzten Heiden im westlichen Europa, und sie bewahrten ihre alten Göttermythen und Heldenlieder noch lange Zeit – bis ins Hochmittelalter. Isländischen Gelehrten dieser Zeit verdanken wir unsere Kenntnis der von urtümlicher Kraft strotzenden Edda-Lieder. Die Mythen der *Edda* zeugen von einer uralten religiösen Überlieferung, die wir auch aus den schriftlichen Nachrichten der antiken Römer über die Germanen kennen, sie bezeugen aber ebenso – vor allem in der großartigen Überlieferung von der »Götterdämmerung« – den Einfluss christlichen Gedankenguts, vor allem der

■ Schlacht zwischen den Heeren König Artus' und Lanzelots.

Apokalyptik des frühen Mittelalters, auf die nichtchristlichen Völker. Zudem geben sie Aufschluss über die Ursprünge der europäischen Folklore von Zwergen und Riesen, Wasserfrauen und Zauberern, die zuerst die Brüder Grimm erforscht haben. Es ist das Verdienst von Gelehrten aus der Zeit der europäischen Romantik – wie den Brüdern Grimm –, uns gezeigt zu haben, wie viele heidnische Vorstellungen auch nach vielen Jahrhunderten Christentum, ja, noch nach dem Jahrhundert der Aufklärung, allenthalben in Europa lebendig war. Noch heute kennt jedes Kind Riesen, Zwerge und Feen und noch heute nennen wir unsere Wochentage und viele Orte nach uralten Gottheiten.

In der Zeit, als auch Skandinavien zum Christentum bekehrt und in die europäische Kulturgemeinschaft integriert wurde, begann die letzte heroische Periode des Kriegertums in Europa: die Zeit der Kreuzzüge gegen die »Heiden« des Orients. Auf diese Zeit gehen die jüngsten Sagenzyklen zurück, die des Cid in Spanien ebenso wie die von dem russischen Fürsten Igor.

■ Richard I. Löwenherz als mittelalterlicher Idealkönig

Mit der weltlichen Literatur des Mittelalters (die Kirche hatte stets auch ihre eigene, lateinische Literatur) begann auch die sprachliche Differenzierung Europas. Aus keltischen und germanischen Stammesdialekten und aus regionalen Varianten des späten Latein entwickelten sich die Nationalsprachen, die Nationalliteraturen und Nationalkulturen des modernen Europa. Das Gemeinsame der Überlieferung verlor sich spätestens im 19. Jahrhundert angesichts des jeweils nationalen Stolzes auf die nationale Literaturtradition. Einerseits blühte die gelehrte Erforschung der mittelalterlichen Literatur auf, andererseits verengte sich der Blickwinkel der Gelehrten auf die »eigene«, weit in die Vergangenheit zurückverlegte »nationale« Kulturtradition. Dieser literarische Nationalismus erlebte seinen Höhepunkt, als die Deutschen seit Richard Wagner begannen, Anspruch auf das gesamte Erbe der germanischen Literatur seit der Völker wanderungszeit ein Alleinvertretungsrecht zu erheben. Die deutschen Nazis setzten dem die Krone auf, indem sie behaupteten, die germanischen Sagen und Mythen der Völkerwanderungszeit seien Dokumente, die die Überlegenheit einer »nordischen Rasse« bezeugten.

J.R.R. Tolkien, der große Erforscher der germanischen und der keltischen Mythologie und Begrün-

■ Die Elbenfürstin Galadriel mit Frodo

der der modernen Fantasy-Literatur, schrieb dazu resignierend während des Zweiten Weltkriegs: »Ich hege in diesem Krieg einen brennenden persönlichen Groll gegen diesen kleinen miesen Adolf Hitler, weil er den vornehmen Geist des Nordens – seinen hervorragenden Beitrag für Europa –, diesen Geist, den ich immer geliebt und in seinem strahlenden literarischen Licht darzustellen versucht habe, für immer ruiniert, pervertiert und mit Fluch belegt hat.«

Tolkiens »für immer ruiniert« hat sich nach und nach gottlob als falsch erwiesen. Nicht zuletzt dank seiner Werke hat das Interesse an den aus dem Mittelalter überlieferten Sagenstoffen und Motiven wieder erheblich zugenommen, auch in Deutschland, ohne dass deshalb die alten Pseudomythen von Volk und Rasse wieder erwacht wären. In einem Europa, das die alten Nationalismen hinter sich lässt, könnten die alten Sagen von Artus, Siegfried oder Karl dem Großen zum Symbol einer Geschichte werden, die alle Völker teilen.

In alter Zeit, da Ymir hauste …

Germanische Schöpfungsmythen und die Bibel

■ Eine malerische Vision des Chaos, aus dem die Schöpfung hervorgeht: William Turners *Morgen nach der Sintflut – Moses schreibt das Buch Genesis*, um 1843

Was war am Anfang, vor aller Zeit? – Tohuwabohu, Wüste und Leere, sagt die Bibel, Chaos sagt die griechisch-antike Überlieferung und meint damit dasselbe; »*þat er ecci war*«, dass dort nichts war, echot die *Snorra-Edda* aus dem mittelalterlichen Island, eine der wichtigsten Quellen der germanischen Mythologie. In einem vermutlich etwas älteren altisländischen Text, der *Völuspá*, heißt es über den Anfang der Welt, dass es »in alter Zeit, da Ymir hauste«, weder »Sand noch See, … nicht Erde unten noch Himmel oben«, sondern einen »endlosen Abgrund, Gras aber nirgendwo« gegeben habe. Danach aber hätten die Götter die Welt geschaffen, indem sie Sonne, Mond und Sternen ihre Namen gaben, ihnen ihren Platz zuwiesen und den Tageslauf bestimmten, indem sie die Zwerge erschufen und die Menschen – und indem sie die Weltesche Yggdrasill pflanzten und den Krieg erfanden.

Abgesehen von der Gestalt jenes Ymir, der in der Ödnis des Anfangs haust, abgesehen auch von den Zwergen und der Weltesche, klingt dies alles ziemlich vertraut. Der germanische Weltentstehungsmythos, so wie die *Edda* ihn wiedergibt, erinnert deutlich an die Schöpfungsmythen der Bibel und der klassischen Antike. Und das ist gewiss kein Zufall, denn natürlich kannten die isländischen Dichter und Gelehrten der späten Wikingerzeit die Bibel und einiges von der antiken Literatur.

Zu einer alten und anscheinend wirklich germanischen Schicht des Mythos führt uns indessen die Gestalt des Urriesen Ymir, zu der es keine Parallelen in den Kosmogonien (Weltentstehungslehren) des biblischen und heidnischen Altertums gibt. Der Urriese Ymir, der als Erster dem »endlosen Abgrund« der Urzeit entsteigt, erinnert nämlich an eine germanische Göttergestalt, von der bereits ein Jahrtausend vor der Entstehung der *Edda* der Römer Tacitus in seiner *Germania* berichtet: Die Germanen, so Tacitus,

EDDA
Ursprünglich bezog sich der Name *Edda* auf das mythologische Werk des großen isländischen Gelehrten und Staatsmanns Snorri Sturluson (1179–1241), die *Snorra-Edda* (Snorris Edda) oder *Prosa-Edda*. In diesem Werk sammelt der Christ Snorri die heidnische Überlieferung der Wikingerzeit und versucht sie – ähnlich wie es Hesiod fast zweitausend Jahre zuvor mit der griechischen Überlieferung getan hatte – zu ordnen. Im 17. Jahrhundert tauchte in Island ein umfangreiches Manuskript auf, das nach der *Prosa-Edda* niedergeschrieben worden ist, aber die gereimten, liedhaften Formen erhalten hat, in denen vor Snorri die alten Götter- und Heldenlieder überliefert worden waren. Dieses Manuskript gelangte als *Codex Regius* in die königliche Bibliothek von Kopenhagen und wird heute als *Lieder-Edda* bezeichnet.

Geschichtliche Einordnung: Von der Weltentstehung berichten die germanischen Mythen der im 13. Jahrhundert niedergeschriebenen isländischen *Edda*. Man unterscheidet zwischen *Prosa-Edda* und *Lieder-Edda*. Die Lieder der *Lieder-Edda* wie die *Völuspá* waren gewiss schon vor ihrer Niederschrift verbreitet. Die Stoffe der *Edda* gehen meist auf die Wikingerzeit (8.–11. Jh.) zurück und bewahren einzelne noch viel ältere Überlieferungen, die sich mithilfe römischer Quellen bis auf die Zeit um Christi Geburt zurückverfolgen lassen.

führten die Abstammung der Menschen auf Tuisto – wir würden »Zwisto« buchstabieren – zurück, einen zwie-geschlechtlichen Gott, die Verkörperung eines Zwists oder Gegensatzes. Dies passt gut dazu, dass bei Snorri – dem Autor der *Snorra-Edda* – der gewaltige Ymir aus dem Gegensatz von heiß und kalt hervorgeht, dem Zwist zwischen dem eisigen Niflheim (Nebelheim) und dem glühendheißen Muspellsheim (Weltfeuerheim). In Niflheim erstarrt die Welt, in Muspellsheim löst sie sich in Feuer auf. Der bodenlose Abgrund, von dem in der *Völuspá* die Rede ist, trennt Niflheim und Muspellsheim. Er heißt Ginnungagap.

Aus dem Ur-»Zwist« entsteht das Leben: Das Eis von Niflheim beginnt unter der von Muspellsheim herüberwehenden Hitze zu schmelzen; ein giftiger Strom fließt hinab nach Ginnungagap und lässt nicht nur Ymir entstehen, den Stammvater des Riesengeschlechts, sondern auch die Urkuh Audumla, die Ymir nährt. Audumla ist es auch, die aus dem Eis, das aus Niflheim nach Ginnungagap hinabfließt, Búri, den Stammvater der Göt-

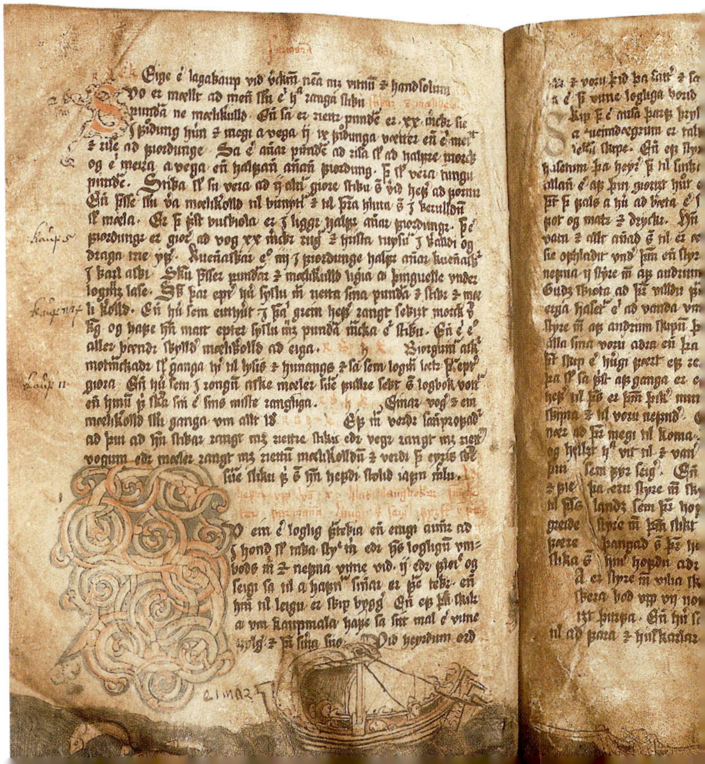

■ Doppelseite aus einer schwedischen Handschrift der *Snorra-Edda* aus dem 14. Jh.

ter, herausleckt. – Götter und Riesen sind unterschiedliche und einander feindliche Wesen, aber sie haben denselben Ursprung.

Der *Edda* zufolge bringt Búri den Bor (oder Burr) hervor – wie oder mit wem, lässt die Überlieferung unbeantwortet –, und dieser zeugt mit einer Riesentochter namens Bestla die Brüder Odin, Vili (Wille) und Vé (Heiligtum), die Stammväter des Göttergeschlechts der Asen. Diese ersten Götter, so berichtet wiederum Snorri und gibt damit eine gewiss sehr alte Sage wieder, erschlagen Ymir und erschaffen aus seinem ungeheuren Leib die Erde und aus seinen Knochen die Berge; aus Ymirs Blut wird das Meer und aus der Schale seines Schädels das Himmelsgewölbe; aus den Haaren Ymirs machen die Götter die Bäume, aus seinem Gehirn die Wolken, und mit seinen Brauen umzäunen sie Midgard, ihren eigenen Sitz.

Auch die Menschen sind der *Edda* zufolge aus Ymirs Leichnam hervorgegangen, und zwar, wie auch die Riesen, aus seinen Achselhaaren. An anderer Stelle allerdings heißt es, die Menschen seien die Geschöpfe der Götter. Als diese nämlich auf der frischgeschaffenen Erde umherwanderten, sei sie die Lust angekommen, Menschen zu machen, die sie bevölkern sollten: Aus einer Esche und einer Ulme schufen sie das erste Menschenpaar, Ask (das heißt Esche) und Embla.

■ Die Nornen, die germanischen Schicksalsgottheiten, wie sie im 19. Jh. in Richard Wagners *Götterdämmerung* auftraten. Farblithographie nach Karl Emil Doepler

Für sich selbst und für die Menschen richten die Götter nun Midgard ein, die umhegte Mitte der Welt. Außen vor bleiben die Riesen, die Abkömmlinge Ymirs. Sie müssen im unwirtlichen Utgard, der Außenwelt, hausen.

Über Midgard erbauen die Götter sich ihre Burg Asgard mit prächtigen Hallen. Asgard ist nur über die von Odins Sohn Heimdall bewachte Brücke des Regenbogens – Bifröst – zu erreichen.

Die Welt ist auf ihrer Oberfläche in Midgard und Utgard geteilt; aber auch von oben nach unten ist sie gegliedert: Ganz oben, in der Nähe des Himmels, befindet sich Asgard; darunter Midgard, die

■ Ein nordländischer Seher erblickt Asgard, die Wohnung der Götter. Kolorierter Holzstich, 19. Jh.

Menschenwelt, und ganz unten Hel. Hel – daher kommt unser Wort Hölle – ist die Unterwelt, in der die gewöhnlichen Verstorbenen hausen, Hel heißt aber auch die bleiche Göttin dieser Unterwelt.

Zu den Geschöpfen der Unterwelt gehören neben Hel die Midgardschlange, die am Grunde des Weltmeers Midgard umschlingt, und der gräuliche Fenriswolf. Vielleicht ist die Midgardschlange nichts anderes als der grässliche Wurm, der an den Wurzeln der den Schöpfungsbau stützenden Weltesche Yggdrasill nagt und sie eines fernen Tages zum Verwelken bringen wird. Das wird auch das Ende der Schöpfung sein. Die Welt der Götter und Menschen ist somit dem Untergang geweiht. Es wird der Tag kommen, an dem wieder Nichts ist, so wie am Anfang der Zeiten. Und ob aus diesem Nichts noch einmal etwas Neues hervorgehen

TACITUS

Wahrscheinlich im Jahr 98 n. Chr. veröffentlichte der römische Staatsmann und Gelehrte Tacitus seine *Germania*, eine umfangreiche völkerkundliche Abhandlung über die zu seiner Zeit als ernstzunehmende Gegner des Römerreichs auffällig gewordenen Germanen. In dieser Abhandlung über die Lebensgewohnheiten der Germanen, die er nicht einfach als Barbaren, sondern als Angehörige einer der römischen gleichwertigen Kultur darstellt, ist das meiste von dem überliefert, was wir über Religion und Mythologie der Germanen vor der Völkerwanderungszeit wissen.

SOPHUS BUGGE

Es war der norwegische Gelehrte Sophus Bugge (1833–1907), der, nach der ersten romantischen Begeisterung über die Wiederentdeckung der ungeheuer alt und urtümlich erscheinenden germanischen Mythen, am Ende des 19. Jahrhunderts Essig in den Wein des Enthusiasmus für die nordischen Mythen goss: Die Geschichten der *Edda*, so behauptete er, gingen im Wesentlichen auf christliches und antikes Gedankengut zurück. Das war sicherlich übertrieben, doch seitdem lassen sich die christlich-antiken Einflüsse auf die Theologie und Kosmologie der *Edda* nicht mehr leugnen.

wird, wissen nicht einmal die Götter – allenfalls die Nornen, die drei Jungfern Urd, Verdandi und Skuld, die am Urdsbrunnen zu Füßen der Weltesche auf einem Webstuhl, dessen Schiffchen ein Menschenknochen und dessen Webgewichte Totenschädel sind, das Schicksal von Göttern und Menschen weben.

Zur germanischen Weltentstehungslehre gehört also, wie die *Völuspá* es am eindrucksvollsten darstellt, unmittelbar auch die Ankündigung des Weltuntergangs. Diese düster-tragische Weltsicht, die gut zu einer heroischen Todesverachtung passt, wurde von den Ideologen des Germanentums im 19. und 20. Jahrhundert immer wieder als bezeichnend für den – natürlich ebenfalls heroischen – germanischen »Volkscharakter« herausgestrichen. Tatsache ist aber, dass die Erwartung des Weltuntergangs typisch für das christliche Europa des 10. Jahrhunderts war, das nach Ablauf des ersten Jahrtausends des Jüngsten Gerichts harrte. In diesem Jahrhundert, in dem auch die eddischen Mythen ihre endgültige Form erhalten haben dürften, blühte die christlich-apokalyptische Literatur, deren unheimlicher Ton sich gerade in der *Völuspá* wiederfindet.

Eine »rein« germanische Schöpfungslehre sucht man also vergebens.

■ Die Midgardschlange. Schwedische Brosche aus dem 7. Jh.

GERMANISCHE SCHÖPFUNGSMYTHEN

QUELLEN

Die ältesten Quellen für die Kosmologie und den Götterglauben der Germanen sind römische Schriftsteller, voran Tacitus mit seiner *Germania*. Bei ihm zeugt der germanische Urgott Tuisto Mannus, den ersten »Mann« oder Menschen, und Mannus hat drei Söhne, nach denen sich die drei (mythischen) ersten Stämme der Germanen benennen: die Ingaevonen, die Hermionen und die Istaevonen. Tausend Jahre nach Tacitus wurden im abgelegenen Island die von wandernden Sängern – Skalden – seit alter Zeit überlieferten germanischen Mythen und Sagen, auch die aus der Völkerwanderungszeit in Mittel- und Westeuropa, schriftlich niedergelegt. Das älteste dieser Schriftzeugnisse ist die *Snorra-Edda* oder *Prosa-Edda*, die Snorri Sturluson um 1220 in Island verfasst hat. Darin sind die wichtigsten der altnordischen Göttergeschichten festgehalten. Snorri versucht darüber hinaus, eine gewisse Ordnung in die vielfältigen und oft einander widersprechenden Überlieferungen zu bringen; auch schmückt er manche Göttersage um der besseren Lesbarkeit willen ein wenig aus, und zwar für ein längst christianisiertes und häufig auch im christlich-antiken Sinne gebildetes Publikum. Das führt dazu, dass oft nicht klar ist, wie alt die Überlieferung ist, auf die Snorri sich stützt, ob es überhaupt ein germanischer Mythos ist, den er wiedergibt, oder ob Snorri frei gedichtet hat. Gleichwohl ist die *Snorra-Edda* die wichtigste Quelle zur germanischen Mythologie. Etwa fünfzig Jahre nach Snorris *Prosa-Edda* ist die *Lieder-Edda* zusammengestellt worden, eine Sammlung alter Skaldenlieder. Die *Lieder-Edda* ist, was die Stoffe anbetrifft, weniger umfangreich und weniger durchkomponiert als die *Snorra-Edda*. Aber sie gibt die alten Lieder in ihrer metrischen Form wieder: in der typischen nordischen Langstrophe mit alliterierenden (Stabreim-)Versen. Die Lieder, die sich in der *Lieder-Edda* erhalten haben sind zu einem großen Teil gewiss auch die, auf die Snorri zurückgegriffen hat. Schon als die *Lieder-Edda* im 17. Jahrhundert in Island wiederentdeckt wurde, galt die Handschrift als ungemein wertvoller Schatz, und sie wurde nach Kopenhagen überführt, wo sie seither als *Codex Regius* das Schmuckstück der königlichen Bibliothek Dänemarks ist. Das berühmteste unter den Liedern der *Lieder-Edda* ist die *Völuspá*, »der Seherin Gesicht«. In sechsundsechzig Strophen und eindringlichen Versen wird hier kurz und knapp das Schicksal der Welt von ihrer Entstehung »zu Ymirs Zeiten« bis zu ihrem Untergang im letzten Kampf der Götter und Menschen mit den Riesen und den Ungeheuern der Unterwelt geschildert.

AUF DEN PUNKT GEBRACHT

Die Verse der *Völuspá* oder andere germanische Überlieferungen von der Entstehung und vom Untergang der Welt haben eine ganz urtümliche Wucht. Aber bei weitem nicht alles in diesen alten Mythen ist »germanisch«. Vielmehr haben auch die Literatur der Antike, die biblische Schöpfungsgeschichte und die christliche Apokalyptik ihre Spuren darin hinterlassen.

EMPFEHLUNGEN

Lesenswert:

Die Edda. Götterdichtung. Spruchweisheit und Heldengesänge der Germanen, übertragen von Felix Genzmer, eingeleitet von Kurt Schier, München 1992

Germanische Göttersagen, nach den Quellen neu erzählt von Reiner Tetzner, Stuttgart 1992

Felix Dahn, Therese Dahn: *Germanische Götter- und Heldensagen*, Wiesbaden 2004

Sigurdur Nordal: *Völuspá*, Darmstadt 1980

Jan De Vries: *Altgermanische Religionsgeschichte*, 1935–37, 1956–57 (2)

James G. Frazer: *Der goldene Zweig. Das Geheimnis von Glauben und Sitten der Völker*, Reinbek 1989

J.R.R. Tolkien: *Das Silmarillion*, Stuttgart 2001

Hörenswert:

Richard Wagner: *Rheingold*. Oper 1876

Sehenswert:

Die verlorenen Wikinger. Regie: David Wright; TV-Doku UK/Kanada/D 2000

Wikinger – Genies aus der Kälte. Aus der Reihe: *Sphinx – Geheimnisse der Geschichte*. TV-Doku ZDF 1996

Besuchenswert:

Snorri-Museum in Reykholt, Island

Die wichtigsten germanischen Götter

Was uns die Wochentagsnamen sagen

Geschichtliche Einordnung:
Die Namen und Funktionen der wichtigsten germanischen Götter lassen sich mithilfe der germanischen Wochentagsnamen bis ins 4. Jh. zurückverfolgen.

Täglich nehmen die modernen Europäer im deutschen, niederländischen, englischen und skandinavischen Sprachraum die Namen germanischer Gottheiten in den Mund – denn die Wochentage heißen in diesen Sprachen nach den wichtigsten germanischen Göttern.

Dies hat folgenden Hintergrund: Im 4. Jahrhundert wurde im Römischen Reich die jüdisch-christliche Siebentagewoche allgemein eingeführt. Im Osten des Reichs wurden die Tage nun nach dem Sabbat und dem Tag des Herrn, also dem Sonntag, einfach durchgezählt (erster, zweiter, dritter, vierter und fünfter Tag), wie heute noch im Griechischen oder Russischen; im Westen des Reichs aber wurden sie nach den jeweiligen Planetengottheiten der ersten Tagesstunde benannt, und dies waren noch die alten heidnischen römischen Götter: Luna (der Mond), Mars, Merkur, Jovis/Jupiter, Venus, Saturn und Sol (die Sonne). Diese Planetengötter aber waren auch die wichtigsten des römischen Pantheons, und für sie fanden die Germanen etwa im 4. Jahrhundert die Gegenstücke in ihrer eigenen Götterwelt. Dadurch wissen wir, welchen Rang sie zu dieser Zeit welchem Gott einräumten und manchmal auch, welche Eigenschaften sie ihren Göttern zuschrieben.

Die Germanen übernahmen den römischen Kalender zuerst am Rhein, und da wir für diese Zeit keine

▪ Skandinavischer Goldbrakteat aus der Wikingerzeit (um 700). Stockholm, Statens Historiska Museum

BRAKTEATEN

In der späten römischen Antike waren Goldmedaillons mit Bildern der Kaiser oder anderen politischen Symbolen ein wichtiges Mittel der Propaganda. Die Germanen der frühen Völkerwanderungszeit wandelten dieses Medium für ihre Zwecke ab, indem sie ihre Medaillons, die Brakteaten, mit Motiven aus ihren Mythen und mit magischen Runen schmückten. Bald kamen auch Brakteaten mit christlichen Motiven auf.

anderen Zeugnisse von germanischen Göttermythen besitzen – die *Edda* entstand erst etwa achthundert Jahre später –, sind die Wochentagsnamen fast das Einzige, was wir über die germanischen Götter dieser Zeit wissen.

■ So stellte man sich im 19. Jh. eine germanische Thingstätte vor. Ein Thing war stets Ziu (nordisch: Týr) geweiht, dem alten germanischen Gott des Rechts.

Aber mit ein wenig detektivischem Gespür ist das schon einiges. Fangen wir mit dem Montag an: Wie die Sonne, schließen wir, so wurde auch der Mond bei den Germanen als göttlich verehrt. Aus dem romanischen Mond-tag (lun-di auf Französisch) wurde der germanische, obwohl der germanische Mond eine männliche Gottheit, der romanische hingegen weiblich ist.

Der Dienstag war für die Römer der Tag des Kriegsgotts Mars (französisch mar-di), und an die Stelle des Mars setzten die Germanen ihren zur Zeit der beginnenden Völkerwanderung wichtigsten Kriegsgott, Ziu (altnordisch Týr). Von Ziu wissen wir einfach durch seinen Namen mehr, denn »Ziu« ist dasselbe Wort wie der Name des griechischen Göttervaters Zeus oder des römischen Ju-piter (Ziu-Vater). In Ziu steckt sogar dieselbe Wurzel wie die der griechischen und lateinischen Worte für »Gott« überhaupt: *theós* und *deus*. Auch bei den Germanen steht Ziu oder Týr für einen Gott schlechthin – so kommt Týr etwa auch als Beiname für Odin vor. Ziu, so schließen wir, muss bei den Germanen einmal die Funktion eines Göttervaters innegehabt haben, bevor ihm – wahrscheinlich erst zur Zeit der Wikinger – der kriegerische Odin (südgermanisch Wodan) diesen Rang streitig machte. Ziu war wie der griechische Zeus in der *Edda* noch immer der Gott des Rechts und damit auch der Rechtsprechung in der Ratsversammlung, dem Thing. Während das englische Tuesday einfach »Zius Tag« bedeutet, ist im Deutschen der Zius-tag der »Thingstag« – oder Dienstag.

Der Mittwoch war bei den Römern dem vielgestaltigen Gott des Handels und Betrugs – Merkur – gewidmet (französisch mercredi). Im Englischen zum Beispiel hat sich erhalten, wen die Germanen der Spätantike für das Gegenstück Merkurs hielten, nämlich Wodan: »Wednes-day« bedeutet Wodans-Tag. Wodan/Odin, der es am Ende der Entwicklung der germanischen Mythologie zum Göttervater brachte, galt demnach zu der frühen Zeit, als die Namen der Wochentage bei den Germanen eingeführt wurden, noch als verschlagener göttlicher Schelm, wie der antike Merkur.

Der Donnerstag ist ganz offenkundig der Tag des Donnergottes Donar, der in seiner nordischen Form Thor heißt (daher englisch Thurs-day). Diesen Gott, der in der altnordischen Mythologie an Bedeutung kaum hinter Wodan/Odin zurücksteht, setzten die Germanen des 4. Jahrhunderts mit dem obersten römischen Gott, Jupiter oder Jovis, gleich, nach dem der Donnerstag in den romanischen Sprachen heißt (französisch jeu-di). Denn der antike Jovis ist der Blitzeschleuderer, so wie Thor der Gott ist, der den Donnerkeil schleudert. Vielleicht galt Thor bei den Südgermanen des 4. Jahrhunderts ebenso wie der Jupiter bei den Römern als wichtigster unter den Göttern.

■ Fricka und Freia in Richard Wagners *Rheingold*, Bayreuth 1876. Odins Gemahlin Frigg nennt Wagner Fricka; die Wanin Freyja heißt bei ihm Freia.

Der Freitag war bei den Römern der Liebesgöttin Venus geweiht (französisch vendre-di). Mit Venus setzten die Germanen Frîja (nordisch Frigg) gleich, die liebreizende Gemahlin Odins, die wie die römische Venus auch die Schützerin von Ehe und Familie und Helferin der Frauen war.

Für Saturn, den Vater Jupiters, der dem römischen Saturnstag (englisch Satur-day) den Namen gegeben hatte, fanden die Germanen zunächst kein Gegenstück; und so blieb es entweder beim Saturnstag, oder es wurde mit der Christianisierung der jüdische Sabbat importiert (aus Sabbats-Tag wurde auf Deutsch Sams-tag). Im spät christianisierten Skandinavien spielte aber möglicherweise bereits die mittelalterliche volksetymologische Gleichsetzung von Saturn mit Satan, dem Teufel, eine Rolle, und deshalb wurde für

■ Germanischer Sonnenkult: Der kolorierte Holzstich von 1893 stellt die Begrüßung der Sonne am Wintersonnwendfest dar.

Saturn die teuflischste Gestalt unter den germanischen Göttern, nämlich der schlaue Verräter Loki, eingesetzt. Jedenfalls nach Ansicht mancher Gelehrter geht das altnordische laugar-dagr für Samstag (schwedisch lö(ge)r-dag) auf den Namen Lokis zurück.

Am Ende unserer detektivischen Analyse der Wochentagsnamen kommen wir zum Sonntag. Die Germanen verehrten die Sonne als göttlich, was nicht wundernimmt, wird doch die Sonne noch in manchen der Grimm'schen Märchen personalisiert. Die Sonne ist bei den Germanen weiblich, so wie der Mond männlich ist – umgekehrt wie bei den Römern und den romanischen Völkern. Der Name Sonntag ist im Übrigen ein Beleg für das Alter der

JACOB GRIMMS *DEUTSCHE MYTHOLOGIE*

Jacob Grimm (1785–1863), der mit seinem Bruder Wilhelm (1786–1859) die weltberühmte Sammlung der *Kinder- und Hausmärchen* herausgab, wird nicht nur als Begründer der deutschen Philologie gefeiert, sondern auch als der Erste, der sich wissenschaftlich mit der mythischen Überlieferung der Deutschen wie der Nordgermanen auseinandersetzte. Seine zuerst 1835 veröffentlichte *Deutsche Mythologie* befasst sich unter anderem ausführlich mit der Geschichte und dem Bedeutungswandel der germanischen Götternamen.

germanischen Wochentagsnamen, denn schon bald nach der Einführung der christlichen Siebentagewoche wurde im Römischen Reich die Benennung des Sonntags nach der Sonne durch die Bezeichnung »Tag des Herrn« (der im Italienischen wie im Lateinischen »domenica« heißt) ersetzt, während sich in den germanischen Sprachen »Sonntag« erhalten hat.

Fassen wir zusammen, was unsere Untersuchung der Wochentagsnamen ergeben hat: Erstens, die wichtigsten Götter des germanischen Pantheons waren schon im 4. Jahrhundert dieselben wie in der *Edda* des 13. Jahrhunderts: Der kluge Odin/Wodan mit seiner Gemahlin Frigg/Frîja, der Donnergott Thor/Donar, der Kriegsgott Týr/Ziu und der undurchsichtige Loki. Zweitens: Odin/Wodan war noch nicht eindeutig der oberste der Götter. Er galt nur als der »schlaue Gott«, während Thor mit dem römischen Göttervater Jupiter gleichgesetzt wurde. Týr/Ziu, der einmal der Obergott gewesen sein muss, ist dagegen auf die Rolle eines reinen Kriegsgotts zurückgestutzt.

So erweisen sich die Wochentagsnamen also bei detektivischer Analyse als eine der wichtigsten Quellen der germanischen Religionsgeschichte.

■ Bei den Germanen schleudert Thor seinen Donnerhammer gegen die Riesen und die Midgardschlange; ganz ähnlich kämpfte bei den Griechen Zeus mit seinen Blitzen gegen Titanen und Ungeheuer. Das Bild von Giulio Romano aus dem 16. Jh. stellt den blitzeschleudernden Zeus im Titanenkampf dar.

DIE WICHTIGSTEN GERMANISCHEN GÖTTER

QUELLEN

Die germanischen Wochentagsnamen lassen sich mit den Mitteln der Sprachwissenschaft bis ins 4. Jahrhundert zurückverfolgen. Die Götternamen der Wochentage sind die der südgermanischen, den Römern benachbarten Stämme: So heißt der Mittwoch auf Englisch wednes-day (Wodanstag) und nicht Odinstag, und für den Frei-tag haben die Nordgermanen das südgermanische Frîjas-Tag (wie in Schwedisch fre-dag) übernommen, statt einen nordgermanischen Frigg-tag daraus zu machen. Neben den Wochentagsnamen sind auch die so genannten Brakteaten eine wichtige Quelle für den germanischen Glauben der frühen Völkerwanderungszeit. Brakteaten sind als Schmuck oder Amulette getragene, meist goldene Medaillons, die auf die römischen Kaisermedaillen zurückgehen. An die Stelle des Kaiserbilds setzten die Germanen vielfach das Bild Odins – als Herrscher oder Arzt. Dies bezeugt, dass Odin jetzt als Götterherrscher galt. Neben Odin ist auch sein Sohn Balder auf Brakteaten eindeutig zu identifizieren. Seit etwa 700 sind in Skandinavien Bildsteine, später auch mit Runen beschriftete Bildsteine, entstanden, auf denen sich manche der später erst sprachlich überlieferten Göttergeschichten wiederfinden. Die frühesten Schriftzeugnisse, in denen die Namen germanischer Götter erwähnt werden und in denen sich Anspielungen auf Göttermythen finden, entstanden im 9. und 10. Jahrhundert: Spruchdichtung wie die altdeutschen *Merseburger Zaubersprüche* und epische Texte wie das altenglische *Beowulfslied* und das altdeutsche *Hildebrandslied*. In den *Merseburger Zaubersprüchen* werden auch die Disen erwähnt, kleinere, aber für den Volksglauben wichtige Fruchtbarkeitsgöttinnen, von denen man annimmt, dass sie mit den auf vielen römisch-germanischen Grabsteinen angesprochenen so genannten »Matronen«, also Muttergottheiten gleichzusetzen sind. Eine durchgängige Darstellung der germanischen Göttermythen findet sich erst in den Texten der isländischen *Lieder-Edda*, die gegen Ende des 13. Jahrhunderts niedergeschrieben worden sind, und in Snorris vielleicht ein halbes Jahrhundert zuvor verfasster *Prosa-Edda*. Jacob Grimm hat in seiner *Deutschen Mythologie* (1835) viele Namen, Redewendungen und Bräuche im Licht des Wissens seiner Zeit über die nordischen Überlieferungen und in vielen Vergleichen mit der antiken Tradition untersucht und auf ihre religiösen Ursprünge zurückgeführt. Er hat damit Volkskunde und Philologie gleichermaßen in den Dienst der Mythenkunde gestellt. Schon Grimm weist auf deutsche Ortsbezeichnungen hin, die vor allem auf die hier beliebtesten Götter hindeuten: besonders Wodans- und Thorseichen. In Skandinavien fanden Volkskundler heraus, dass hauptsächlich Freyr und Freyja bei vielen Ortsnamen Pate standen, ebenso wie der Odinssohn Ullr.

AUF DEN PUNKT GEBRACHT

Die Benennung der Wochentage nach den wichtigsten Göttern der Germanen gehört zu den ältesten Zeugnissen der germanischen Mythologie; bei detektivischer Analyse gibt sie Aufschluss über die wichtigsten Götter der Germanen zu Beginn der Völkerwanderungszeit.

EMPFEHLUNGEN

Lesenswert:

Germanische Götterlehre, hrsg. und mit mythologischem Wörterbuch versehen von Ulf Diederichs, Köln 1984 (enthält die wichtigsten Texte der *Lieder-* und der *Prosa-Edda*, meist in der klassischen Übertragung von Felix Genzmer)

Felix Dahn, Therese Dahn: *Germanische Götter- und Heldensagen*, Wiesbaden 2004

Edmund Mudrak: *Nordische Götter- und Heldensagen*, Würzburg 2003

Tor Åge Bringsværd: *Die wilden Götter. Sagenhaftes aus dem hohen Norden*, Frankfurt/M. 2001

Rudolf Simek: *Die Wikinger*, München 2005

Hannsferdinand Döbler: *Die Germanen. Legende und Wirklichkeit von A-Z. Ein Lexikon zur europäischen Frühgeschichte*, München 2000

Sehenswert:

Die Wikinger – Händler, Krieger und Entdecker. TV-Doku NDR 1996

Besuchenswert:

Die über die Kultur der Wikingerzeit Aufschluss gebenden Museen in Kopenhagen, Oslo und Schleswig

Yggdrasill

Von der Weltesche zum Kreuzesholz

■ Die Weltesche und die Ordnung der Welt, Darstellung aus dem Jahre 1900: 1. Muspellsheim, das Land des Feuers; 2. Niflheim, das Land des Nebels; 3. Midgard, die Menschenwelt; 4. Jötunheim, die Welt der Riesen; 5. die Welt der Dunkelalben; 6. Ljosalfaheim, die Welt der

Bäume sind seit jeher ein Symbol des Lebens. Im Winter stellen wir uns immergrüne Weihnachtsbäume in die Stube, die uns versichern, dass das Leben auch in der dunklen Jahreszeit weitergeht, und im Mai feiern wir den Beginn des neuen Vegetationszyklus mit Maibäumen. Auch das Christentum kennt einen Baum des Lebens: den Kreuzesbaum, von dem sich das Heil der Menschheit herleitet.

Dass diese europäischen Bräuche und Vorstellungen sich aber auf Yggdrasill, die immergrüne Weltesche der Germanen, zurückführen lassen, ist vielen nicht bewusst.

Normalerweise wirft eine Esche im Winter ihre Blätter ab, Yggdrasill jedoch nicht, denn dieser Baum muss grünen, solange die Welt steht – vielleicht war Yggdrasill ursprünglich gar keine Esche, sondern eine Eibe und damit ein auch in der Natur immergrüner Baum. Die Esche mag der Eibe ihren Rang abgelaufen haben, weil Odin und seine Brüder den ersten Mann – Ask – aus einer Esche machten.

Wie Odin und seine Brüder die ersten Menschen aus Bäumen machten, so machten die Germanen seit jeher aus Bäumen Götter. Sie verehrten ihre Götter nicht in Tempeln – Gotteshäusern –, sondern unter freiem Himmel in heiligen Hainen. Hier pflegten sie auf Altären den Göttern zu opfern. Die geopferten Tiere, vielleicht auch Menschenopfer, hängten sie wie Christbaumschmuck an den Bäumen auf. Neben heiligen Bäumen gab es bei den Germanen auch aus Bäumen verfertigte Götterbilder: Pfähle, auf denen durch Schnitzerei oder Farbe in grober Weise menschliche Züge angedeutet waren. Diese Pfahlgötter, die wir uns ähnlich vorstellen können wie die Totempfähle nordamerikanischer Indianer, sind verschwunden, weil christliche

Missionare und zum Christentum bekehrte Könige es sich nicht nehmen ließen, sie zu fällen, aber aus verlässlichen Quellen wissen wir, dass es sie gegeben hat.

Der berühmteste der von den Germanen verehrten Götterpfähle ist die Irminsul oder Irmensäule in Westfalen, die Karl der Große im Jahre 772 fällte, um den Sachsen die Ohnmacht des Heidentums zu demonstrieren. Auch die Irminsul soll von einem Götterbild bekrönt gewesen sein, aber man hat keinen Gott Irmin gefunden, dem dieser Pfahl hätte geweiht sein können. So interpretiert man »Irminsul« zumeist als »gewaltige Säule«, als Abbild der Weltsäule Yggdrasill, von der die *Edda* berichtet.

In der Tat ist Yggdrasill die Säule, auf der der Weltenbau ruhte. Der *Edda* zufolge wurzelt die Weltesche in der Mitte der Welt. Ihr Wipfel reicht hinauf bis nach Asenheim, der Heimstatt der Götter. Unter ihren drei mächtigen Wurzeln aber liegen Midgard, die Menschenwelt, daneben Riesenheim, die Heimstatt der Riesen, und Hel, die Unterwelt. Jede dieser Wurzeln wird von einem Brunnen genährt. An der Wurzel, die Midgard überdeckt, befindet sich der Urdsbrunnen, an dem die Götter ihr Thing, ihren Rat, halten. Hier wohnen auch die Schicksalsgöttinnen, die Nornen, deren eine, Urd, dem Brunnen ihren Namen gegeben hat. Der Mimirsbrunnen nährt wiederum die Wurzel über dem Reich der Riesen, und wer sein von dem Riesen Mimir bewachtes klares Wasser trinkt, erwirbt die Weisheit, die die Riesen den Göttern voraushaben, da sie das ältere Geschlecht sind. Odin opfert sogar ein Auge, um aus diesem Weisheitsquell trinken zu können. Die Quelle Hvergelmir, der Brunnen, aus dem die Wurzel über der Unterwelt trinkt, ist – das sagt wohl der Name – ein »brodelnder Kessel«. Hvergelmir ist der Ursprung der großen Flüsse, zumal des Unterweltstroms Gjöll.

Die Nornen haben die Aufgabe, die weit ausladenden Äste der Weltesche mit heiligem Wasser zu begießen, damit der Baum gedeiht und seinerseits die Natur nährt. Honigsaft tropft von Yggdrasill herab, der von Bienen gesammelt wird, und in Yggdrasills Laub weiden vier wunderbare Hirsche. In ihrem Wipfel wohnt ein Adler, dessen Auge wiederum das Heim eines klugen Habichts ist, und betrachtet das Geschehen in der Welt, so wie auch Odin die Welt von seinem Hochsitz aus beobachtet.

Aber Yggdrasill nährt auch ihre eigenen Feinde, denn an ihren Wurzeln nagt eine Schlangenbrut, die von dem missgünstigen Nidhöggr angeführt wird: »An der Wurzel der Weltesche nagt

Lichtalben; 7. Wanaheim, die Welt der Wanen; 8. Asgard, die Burg der Götter; 9. Hel, die Unterwelt; 10. Midgardschlange; 11. Ägisheim-Meer, 12. Nidhöggr; 13. Gjöllfluss; 14. Hvergelmir, die Quelle aller Flüsse; 15. Yggdrasill, die Weltesche, 16. Lärad, der mythische Baum; 17. Ifing, der Grenzfluss zwischen Riesen und Göttern; 18. Bifröst, die Brücke, die nach Asgard führt.

Geschichtliche Einordnung: Der Mythos von der Weltesche ist uns aus der *Edda* des 13. Jh.s bekannt. Aus christlichen Quellen wissen wir aber, dass er zumindest auch schon im 8. und 9. Jh. verbreitet war.

■ Kopf einer männlichen Götterfigur. Moorfund aus der Eisenzeit

■ Karl der Große zerstört die Irminsäule. Fresko des späten 19. Jh.s in der Kaiserpfalz von Goslar

der Wurm«, stabreimt Richard Wagner, um damit das sich andeutende Unheil zu beschwören. Nidhöggr ist nämlich wohl niemand anderes als die üble Midgardschlange, die im Weltmeer darauf lauert, die Menschen- und Götterwelt vernichten zu können.

An Yggdrasills Stamm läuft das Eichhörnchen Ratatoskr auf und ab, übermittelt Nachrichten von dem heiligen Adler in ihrem Wipfel bis hinunter zu den Unterweltschlangen und sät dabei Zwietracht zwischen den Weltsphären. Adler und Schlange, Symbole des Himmels und des Unterirdischen, sind daher seit je die größten Feinde.

Wie ein Weihnachtsbaum, symbolträchtig geschmückt, steht die Weltesche da und zeugt von der Kraft des Lebens. Wie alles Lebendige wird sie aber eines Tages verdorren, wenn sie – wie ein Weihnachtsbaum – ihre Wurzeln verloren hat. Und mit ihr wird die schöne lebendige Welt der Götter und Menschen vergehen.

Die Christen haben das Bild des Lebensbaums übernommen und die Weltesche im Mittelalter umgedeutet in den Baum des Kreuzes, der für sie im Unterschied zur Weltesche das Symbol eines ewigen Lebens ist. Schon im 9. Jahrhundert beschreibt Otfried von Weißenburg in seinem auf Althochdeutsch verfassten Bibelepos *Liber Evangeliorum* das Kreuz Christi nach dem Muster des germanischen Weltenbaums: Seine Spitze zeigt in den Himmel hinauf, seine Arme breiten sich bis zu den Enden der Welt aus; er steht in der Mitte der Welt und reicht in den Abgrund der Hölle hinab. Auch der Weihnachtsbaum hat als Christbaum eine ähnliche Umdeutung erfahren.

MENSCHENOPFER

Um 1070 beschreibt der weitgereiste Domherr Adam von Bremen den Opferkult im heiligen Hain von Uppsala in Schweden: Vor Bildern des Thor, des Odin und des Fricco, wie Adam den Gott Freyr nennt, hätten die Heiden dort unter Gelagen und Absingen abscheulicher Lieder neun Tage lang jeweils einen Menschen und je ein männliches Exemplar sämtlicher Opfertiere pro Tag feierlich getötet. Die Bäume des Hains hätten vollgehangen von Menschen-, Pferde- und Hundekadavern. Es ist bis heute umstritten, wie zuverlässig Adams Bericht ist; dass es aber Menschenopfer bei den Germanen gegeben hat, ist unumstritten – auch wenn die Grenze zwischen Todesstrafe und Menschenopfer nur schwer zu ziehen ist.

GERMANISCHER BAUMKULT

QUELLEN

In den Liedern der *Edda* wird die Weltesche Yggdrasill mehrfach beschrieben; sie taucht schon in den von Snorri überlieferten Strophen des ältesten bekannten Skalden, Bragi, auf, die aus dem 9. Jahrhundert stammen. Zu Bragis Zeit und schon lange zuvor muss die Vorstellung vom Weltenbaum auch bei den Germanen des Südens verbreitet gewesen sein, dies zeigt Otfrieds von Weißenburg Versuch (im zwischen 863 und 871 entstandenen *Liber Evangeliorum*), diese Vorstellung im christlichen Sinne umzudeuten. Jacob Grimm hat in seiner *Deutschen Mythologie* gezeigt, wie Otfrieds Vergleich in der mittelhochdeutschen Literatur fortgewirkt hat. Die Christianisierung Deutschlands wurde dadurch besiegelt, dass Karl der Große die Sachsen zwangsbekehrte und ihr Hauptheiligtum, die Irminsul, im Jahre 772 zerstörte. Es gilt als wahrscheinlich, dass diese Säule die Weltesche darstellte. Von ihrem Sturz berichten die zeitgenössischen Annalisten Rudolf von Fulda (in der *Translatio Alexandri*) und Widukind von Corvey (*Res Gestae Saxoniae*). Bei Rudolf ist die Säule einfach nur ein gewaltiger Pfahl, bei Widukind wird sie zur »Hirminsul«, was er als »Hermessäule« deutet; demnach wäre der große Pfahl dem Gott Hermes/Merkur geweiht gewesen, der in lateinischen Schriften über die Germanen gewöhnlich mit Wodan gleichgesetzt wird. Eine Irminsäule, über deren Herkunft viel spekuliert worden ist, wird bis heute im Dom des zum alten Sachsen gehörenden Hildesheim gezeigt. Mit der Vorstellung der Weltesche wird auch der Brauch im schwedischen Uppsala in Verbindung gebracht, Bäume mit tierischen und menschlichen Schlachtopfern vollzuhängen. Diesen ziemlich gruseligen Kult beschreibt Adam von Bremen um 1070 in seiner Geschichte des Hamburger Erzbistums; auch Snorri berichtet davon. Schon zuvor hatte Bischof Thietmar von Merseburg Ähnliches über die Kultstätte am dänischen Königssitz Lejre festgehalten. Es ist schwer zu sagen, inwieweit diese Berichte authentisch oder als gegen die Heiden gerichtete Propaganda zu werten sind. Anscheinend haben sich solche alten Baumkulte bis in die Folklore unserer Tage erhalten: Der Brauch, zu Weihnachten einen Tannenbaum in die Stube zu holen und zu schmücken, lässt sich in Deutschland bis ins 16. Jahrhundert zurückverfolgen. Im 20. Jahrhundert hat er sich weltweit verbreitet. Noch älter als die ältesten Belege für den Weihnachtsbaum sind die frühesten Hinweise auf den Brauch, in den Dörfern einen geschmückten Maibaum aufzustellen, der im ganzen nördlichen Europa anzutreffen ist. Noch heute vollführen die jungen Dorfleute – ohne dies so recht zu ahnen – zum Beginn des Frühlings einen, wenn man so will, kultischen Tanz um diesen Maibaum.

EMPFEHLUNGEN

Lesenswert:

Germanische Götterlehre, hrsg. und mit mythologischem Wörterbuch versehen von Ulf Diederichs, Köln 1984

Jacob Grimm: *Deutsche Mythologie*, 4. Auflage 1875–1878, unveränderter Nachdruck Wiesbaden 2003

Hörenswert:

Kristian Blak & Yggdrasil: *Yggdrasil*. (Jazz/Folk) 2002. Audio-CD

Besuchenswert:

Die Externsteine: als germanische Kultstätte berühmtes Natur- und Kunstensemble in Westfalen, unweit des historischen Standorts der Irminsul.

Der Dom in Hildesheim, in dem eine christlich umgedeutete Irminsul gezeigt wird.

Das Rathaus von Aachen mit dem Zyklus der »Karlsfresken« von Alfred Rethel, von denen eines den »Sturz der Irminsul« zeigt.

AUF DEN PUNKT GEBRACHT

Die Weltesche Yggdrasill ist im germanischen Mythos die Säule, auf der der Bau der Welt ruht. Zudem ist der immergrüne Baum das stärkste Symbol des Lebens schlechthin. So wundert es nicht, dass Yggdrasill mit der Christianisierung zum Kreuzesholz Christi umgedeutet wurde. Auch der beliebte Weihnachtsbaum dürfte auf die Weltesche zurückgehen.

Freyja

Eine matriarchalische Göttin unter lauter Kriegern

Geschichtliche Einordnung: Die Mythen von Freyja und der Götterfamilie der Wanen sind uns vor allem aus der *Edda* bekannt. Im Unterschied zu den kriegerischen Asen sind die Wanen bäuerliche, ursprünglich wohl matriarchalische Fruchtbarkeitsgottheiten, die seit ältester Zeit verehrt wurden.

■ Freyja in ihrem von Katzen gezogenen Wagen. Stich, 19. Jh.

Freyja ist die erotischste Gestalt des germanischen Götterhimmels, die schönste der Göttinnen. Wenn sie, angetan mit den prächtigsten Gewändern und dem schönsten Schmuck, auf ihrem von geschmeidigen Katzen gezogenen Wagen dahinfährt, schmelzen Götter wie Riesen dahin. Zwerge, Götter und Riesen setzen alles in Bewegung, um wenigstens einmal mit ihr das Bett teilen zu können, und nicht selten gibt es um ihretwillen Streit unter ihnen.

Sicher hat Freyjas erotische Ausstrahlung etwas mit ihrer Herkunft zu tun, denn sie ist eine Wanin, und die Wanen waren von jeher, anders als ihre kriegerischen Verwandten, die Asen, Götter des Reichtums und der Fruchtbarkeit, und das heißt auch: der Liebe. Sie stammen von dem uralten Gott Njördr und seiner anonymen Schwester ab. Die Sache mit der anonymen Schwester wird damit erklärt, dass Njördr ursprünglich doppelgeschlechtlich und mit der bereits bei Tacitus erwähnten Erdgöttin Nerthus identisch sei. Für diese These spricht auch, dass Njörds Kinder, Freyja eben und ihr mächtiger Bruder Freyr, nicht nur die weibliche und männliche Form desselben Namens führen, der eigentlich nur »Herrin« und »Herr« bedeutet, sondern ursprünglich ein Paar sind. All dies weist darauf hin, dass der Kult der Wanen in einer mutterrechtlich organisierten Bauernkultur entstanden ist.

Diese war zur Entstehungszeit der *Edda*-Lieder, in der patriarchalische Kriegergötter den Ton angaben, längst Vergangenheit; aber die Erinnerung an das goldene Zeitalter der Wanenherrschaft war noch wach, und deshalb fiel den Skalden, den Sängern, die Aufgabe zu, die Wanen in die von den Asen beherrschte Götterwelt einzubinden. So entstand die Geschichte von Freyjas Brisingamen und dem Wanenkrieg, die so geht:
Die Wanen sind freigiebig mit ihrem Gold und bemerken nicht, dass sie damit unter den Menschen nur Unfrieden stiften, denn diese erschlagen einander

um des Goldes willen. Das sehen die auf Ordnung in der Welt bedachten Asen natürlich mit Unwillen. So stellen sie die Wanin Gullveig, als sie gerade ihr Gold unter den Menschen verteilt, zur Rede und versuchen, sie an ihrem verhängnisvollen Tun zu hindern. Gullveig zeigt sich jedoch unbeeindruckt und bietet selbst den Göttern ihr Gold an. Diese Respektlosigkeit muss gesühnt werden, und die Götter versuchen daraufhin, Gullveig zu töten – vergeblich, denn die Wanen verfügen über mächtige Zauberkräfte. Der Mordanschlag auf Gullveig hat aber zur Folge, dass die Wanen den Asen den Krieg erklären – den ersten aller Kriege – und gegen Asenheim vorrücken. Und die Asen hätten den Krieg tatsächlich verloren, wenn nicht Odin an Imirs Brunnen eines seiner Augen geopfert hätte, um das Wissen der Wanen zu erwerben. So geht der Krieg unentschieden aus. Er endet damit, dass die Göttergeschlechter miteinander Geiseln austauschen. Die Wanen, großzügig – und vielleicht auch neugierig –, wie sie sind, schicken die bedeutendsten unter ihnen, Njördr, Freyja und Freyr, nach Asenheim, wo sie alsbald zu den wichtigsten Teilnehmern an der göttlichen Tafelrunde gehören.

■ Ägir, der mit Freyja und den Wanen versippte Meeresriese, auf einem um 1880 entstandenen Holzstich

Die Wanen sind es, die den Debatten und Abenteuern der Götter eine erotische Dimension geben. Während Freyr liebeskrank um die wunderschöne, aber lange widerspenstige Riesin Gerdr freit, wird seine Schwester Freyja von den Riesen umworben. Nur dank Lokis Listen entgeht sie dem Schicksal, der Lohn für den riesischen Baumeister der Götterburg zu werden, und ebenfalls Loki verdankt sie es, dass sie nicht gegen den von dem Riesen Thymr geraubten Thorshammer Mjöllnir ausgetauscht wird.

ÄGIR

Ägir ist in der Renaissance der nordischen Mythen während des späten 19. und frühen 20. Jahrhunderts oft als nordischer Neptun oder Poseidon gefeiert worden. In der *Edda* wird er mit dem Riesen Gymir identifiziert, dem Vater der schönen Gerdr, der Gemahlin Freyrs. Die Überlieferung von der Nähe der Meeresriesen zu den Wanen macht deutlich, dass die Wanen nicht nur die Fruchtbarkeitsgötter der Bauern waren, sondern auch als die Förderer des durch den Seehandel erworbenen Reichtums galten.

Während Freyja sich heftig gegen die Nachstellungen der Riesen wehrt, wird sie ausgerechnet bei den hässlichen Zwergen schwach, und das liegt an ihrer Putzsucht.

Vier Zwerge haben nämlich den schönsten Schmuck geschmiedet, den es je gab, das Halsband – oder, wie es auch heißt: den Gürtel – Brisingamen. Natürlich will Freyja das Stück haben, aber die Zwerge verlangen dafür, dass sie mit jedem von ihnen eine Nacht verbringt. Freyja ziert sich ein wenig, doch schließlich willigt sie ein. Odin, von dem manche sagen, er sei unter dem Namen Odr inzwischen Freyjas Gemahl geworden, ist empört über Freyjas Leichtfertigkeit. Sie soll bestraft werden, und deshalb schickt er seinen Freund, den wandlungsfreudigen Loki, mit dem Auftrag aus, Freyja den Brisingamen zu entwenden. Loki verwandelt sich erst in eine Fliege, um in Freyjas Schlafgemach zu gelangen, und dann in einen Floh; in dieser Gestalt sticht er die Göttin, die auch Nachts den Brisingamen nicht ablegt, damit sie sich umdreht und er an den Verschluss gelangt. Loki stiehlt also Brisingamen für den Göttervater. Allerdings hat er nicht damit gerechnet, dass sein alter Feind Heimdall ihm auf den Fersen ist. Heimdall ist davon überzeugt, dass Brisingamen rechtmäßig Freyja gehört – schließlich hat sie mit der Weise, wic sic ihn erworben hat, niemandem geschadet –, und versucht auf eigene Faust, dem Recht Geltung zu verschaffen. Loki flüchtet vor dem starken Heimdall ans Meeresufer, verwandelt sich dort in einen Seehund und schwimmt mit dem Brisingamen auf eine einsame Insel. Heimdall nimmt ebenfalls die Gestalt eines Seehundes an und folgt ihm. Beide Seehunde liefern sich einen Kampf auf Leben und Tod. Um zu verhindern, dass zum ersten Mal Götter einander töten, muss Odin eingreifen. Er gibt Freyja den Brisingamen zurück, knüpft daran aber eine Bedingung: Sie muss sich verpflichten, mit dazu beizutragen, dass unter den Menschen Krieg herrscht. Denn Odin will möglichst viele gefallene Helden für Walhall rekrutieren. Großzügig räumt er ihr ein, dass die Hälfte der Gefallenen ihr gehören soll.

So erreicht Odin endgültig, dass sich die Wanen in Gestalt ihrer mächtigsten Göttin, wenn auch unter scheinbarer Gleichberechtigung, dem kriegerischen und patriarchalischen Gesetz der Asen beugen.

■ Freyja mit dem von Zwergen gefertigten Halsband Brisingamen. Schmuckanhänger aus der Wikingerzeit (um 800). Stockholm, Historisches Museum

FREYJA UND DIE WANEN

QUELLEN

Snorri nennt Freyja die berühmteste unter den Göttinnen, und in der *Snorra-Edda* wird die Geschichte vom Brisingamen erzählt, die wichtigste der Freyja-Geschichten. Auch in der *Lieder-Edda* taucht diese Geschichte auf. Sie war so berühmt, dass die »Kenningar« für Gold und Reichtum immer wieder den Brisingamen beinhalten (Kenningar sind stets wiederkehrende formelhafte Bezeichnungen für wichtige Dinge in der nordischen Dichtung). In vielen der eddischen Lieder und Erzählungen taucht Freyja ebenfalls auf. Dies gilt auch für ihren Vater Njördr und ihren Bruder Freyr. Der Wanenkrieg, durch den Freyja, Freyr und Njördr an den Hof der Asen kommen, wird in der *Völuspá* kurz und im *Skáldskaparmál* der *Snorra-Edda* ausführlich geschildert. Von den Wanen wissen wir, dass sie vor allem von den Bauern Skandinaviens verehrt wurden, aber auch von den wikingischen Händlern, die bei ihren Fahrten übers Meer zu Reichtum kamen. Dafür, dass sie sehr alte Fruchtbarkeitsgötter sind, spricht einmal die Überlieferung von der »heiligen Hochzeit« Freyrs mit Gerdr, für die es in den griechischen und altorientalischen Mythen zahlreiche Entsprechungen gibt. Ein weiteres Indiz für die altgermanische Fruchtbarkeitsreligion aber gibt Tacitus in seiner *Germania*, da, wo er von einer bei den Germanen weithin verehrten Erdgöttin namens Nerthus spricht. Es liegt nahe, dass der Name Nerthus mit dem des wanischen Fruchtbarkeitsgottes Njördr der eddischen Überlieferung identisch ist. Nerthus und Njördr, die Göttin und der Gott, so hat man geschlossen, waren für die altgermanischen Bauern geschlechtlich unbestimmt oder doppelgeschlechtlich, weil in ihrer mutterrechtlichen Ordnung ein jeder angeben konnte, wer seine Mutter war, während der Vater stets ungewiss blieb; die Vorstellungen von Mutter und Vater verschwammen also ineinander. Die Geschlechtswandlung von Nerthus zu Njördr aber ist ein Beleg für das Vordringen patriarchalischer Vorstellungen. Die Asenreligion schließlich ist vollends die einer kriegerischen, männlich dominierten Gesellschaft, und die eddischen Erzählungen von Freyja bezeugen, wie das patriarchalische Denken dieser Kriegergesellschaft sich gegen die alten mutterrechtlichen Vorstellungen durchgesetzt hat.

AUF DEN PUNKT GEBRACHT

Die strahlende, erotische und den Luxus liebende Göttin Freyja macht am besten deutlich, wofür die Wanen standen, deren Kult noch aus mutterrechtlicher Zeit stammen muss. Die Erzählungen von ihr im eddischen Mythos bezeugen, wie die alten Fruchtbarkeitskulte in der Völkerwanderungszeit Platz machen mussten für den neuen Kult der kriegerischen und patriarchalischen Asen.

EMPFEHLUNGEN

Lesenswert:

Germanische Göttersagen, nach den Quellen neu erzählt von Reiner Tetzner, Stuttgart 1992

Die Edda. Götterdichtung. Spruchweisheit und Heldengesänge der Germanen, übertragen von Felix Genzmer, eingeleitet von Kurt Schier, München 1992

Paul Herrmann: *Nordische Mythologie*, Berlin 2002

Britt-Mari Näsström: *Freyja – the Great Goddess of the North*, Stockholm 1995

Hörenswert:

Henry Purcell: *King Arthur, or The British Worthy*. Oper 1691 (darin erscheinen Freyja, Thor und Odin)

Sehenswert:

Möwengelächter. Regie: Ágúst Gudmundsson; mit Margrét Vilhjálmsdóttir (Freyja), Heino Ferch. Island 2001

Harlock Saga Vol. I. Regie: Nabuo Takeuchi; Anime J 1998. DVD

Besuchenswert:

Das Museum Folkwang in Essen, das nach Freyjas himmlischem Wohnort Folkvangr benannt ist, was man mit »Volkswiese« übersetzen kann. Das in der Zeit der Wende zum 20. Jahrhundert in einer Arbeiterstadt gegründete Museum war also dem »Volk« gewidmet. Seine Benennung zeigt, wie wichtig der germanische Mythos seinerzeit für die Schaffung eines nationalen Gemeinschaftsgefühls war.

Zwerge

Die schlauen Unterirdischen

■ John Rhys-Davies als der Zwerg Gimli. Szenenphoto aus *Der Herr der Ringe – Die zwei Türme*, 2001

Die Götter der alten Mythen und Sagen Nordeuropas sind untergegangen, ihre Helden weitgehend vergessen und Riesen treiben nur noch in Kindermärchen ihr Unwesen. Die Zwerge dagegen sind auch heute noch allgegenwärtig. Gerade in Deutschland stehen sie als harmlos erscheinende Wichtel in jedem zweiten Vorgarten. Nur die englische Folklore der – mit den Zwergen nahe verwandten – Elfen ist ähnlich lebendig wie die der Zwerge in Deutschland.

Dabei sind die Zwerge in den alten Überlieferungen durchaus nicht harmlos und den Menschen keineswegs immer freundlich gesonnen. Außerdem sind sie hässlich. Aber das Geheimnis ihres Überlebens ist, dass sie kleiner als Menschen sind, im Verborgenen leben und so für niemand eine ernsthafte Bedrohung darstellen, weder für die Menschen noch die alten Götter, noch den Christengott. Aus den großen Welthändeln wie dem Endkampf der Mächte des Lichts und der Finsternis in der Götterdämmerung oder den Kämpfen der Christen gegen das Heidentum haben sie sich stets herausgehalten.

Niemand weiß, woher die Vorstellung von Zwergen kommt. Sind sie Naturkräfte verkörpernde Wesen? Sind sie die Geister der unter der Erde doch noch lebendigen Toten? In den alten *Edda*-Liedern sind die Zwerge zumindest gleich alt wie die Menschen, hervorgegangen aus Blut und Knochen der von den Göttern getöteten Riesen. Vielleicht begannen sie ihre Karriere aber auch als Maden im Fleisch des gefällten Urriesen Ymir, die mit Verstand zu be-

TROLLE

Die Trolle, die in der nordischen Folklore bis heute eine große Rolle spielen, kombinieren die Eigenschaften von Riesen und Zwergen. Sie sind meist größer als Menschen, aber hässlich wie Zwerge; sie sind tölpelhaft wie die meisten Riesen, aber zauberkundig wie Zwerge. Sie sind den Menschen meist feindlich gesinnt, helfen aber doch bei manchen Krankheiten von Mensch oder Vieh. Sie wohnen zwar nicht unter der Erde, aber in abgelegenen Wäldern und Gebirgen.

gaben den Göttern gefiel. An anderer Stelle werden sie neben den Alben und den Menschen als Geschöpfe der Götter aufgeführt. Snorri, der große Systematisierer der altgermanischen Mythen, zählt die Zwerge zu den Alben (auch Elfen oder Elben). Sie seien Schwarzalben im Unterschied zu den Lichtalben (auf die die englischen Elfen zurückgehen) – schwarz, weil sie im finsteren Inneren der Berge wohnen und weil sie als fleißige Schmiede voller Ruß sind. Zwergennamen wie Alb-erich oder Alf-rigg bezeugen die Nähe der Zwerge zu den Elfen.

Geschichtliche Einordnung: Schwarzalben oder Zwerge finden sich allenthalben in den Geschichten der *Edda.* Die Mythen von ihnen sind aber gewiss viel älter.

Als Schmiede und zauberkundige Ingenieure schaffen die Zwerge in ihren unterirdischen Höhlen die Waffen und Schmuckstücke, die den Göttern teuer sind. Thors Hammer Mjöllnir und Odins Speer Gungnir, Freyrs goldener Eber Gullinborsti und sein Wunderschiff Skidbladnir, die Fessel, mit der der Fenriswolf unschädlich gemacht wird, Odins wunderbarer Goldring Draupnir, von dem immer neue Ringe abtropfen, und der herrliche Schmuck Brisingamen der schönen Freyja – all dies ist Zwergenwerk. Immer wieder müssen die Zwerge auf einen gerechten Lohn für ihre Werkstücke warten. Manchmal erhalten sie ihn, wie von der großzügigen Freyja, doch allzu oft wird er ihnen auch vorenthalten. Darüber sind die Zwerge natürlich verärgert und fordern deshalb die Götter heraus, die es mit ihrem Wissen oft nicht aufnehmen können. So fordert der »allwissende« Zwerg Alvis den für seine Intelligenz nicht eben berühmten Thor zu einem Wissenszweikampf heraus, den er auch gewonnen hätte, wenn Thor nicht den Einfall gehabt hätte, den Kampf bis zum Morgengrauen hinauszuzögern. Beim allerersten Sonnenstrahl versteinerte Alvis sogleich, denn das Licht der Sonne ist der größte Feind der Unterirdischen. Die physische Arroganz der Götter, ihr auf ihre prächtige Erscheinung gegründetes Selbstbewusstsein, trägt stets den Sieg über die Intelligenz der ihnen im Auftreten so unterlegenen Zwerge davon.

Eine ähnliche Rolle wie gegenüber den Göttern spielen die Zwerge auch gegenüber den großen Helden der germanischen Sage: Sie locken sie mit ihrem Reichtum, bringen sie mit ihren Zauberkräften in Bedrängnis und müssen ihnen am Ende doch dienen. Das gilt für den Zwergenkönig Alberich, dem Siegfried im Kampf die Tarnkappe entwindet, die ihn unsichtbar

■ Der Zwerg Alberich, wie er in der Uraufführung von Richard Wagners *Siegfried* 1876 in Bayreuth auftrat.

■ Alberich und die Rheintöchter. Illustration des späten 19. Jh.s zu Richard Wagners *Rheingold*

macht, ebenso wie für Laurin, auch er ein Zwergenkönig, der Dietrich von Bern unterliegt. Alberich muss Siegfried das Kommando über die Armee der Nibelungen, der »Nebelinge«, übergeben, die allerdings offenkundig keine Zwergenarmee ist. Dietrich wiederum dringt in den »Rosengarten« Laurins ein, der in den Südtiroler Dolomiten bis heute gezeigt wird, in dem die Rosen mit Gold und Edelsteinen geschmückt sind. Er kämpft mit dem über zauberische Kräfte und eine Tarnkappe verfügenden Zwerg, den er besiegt. Nach dem Sieg lässt sich Dietrich von ihm in dessen unterirdische Goldschmiedewerkstatt führen und raubt seine Schätze.

Die Zwerge der Heldenepen sind finstere und verschlagene Gestalten. Darin mag sich der Einfluss des Christentums widerspiegeln, für das alle unterirdischen Wesen zu Dämonen der Hölle wurden, die die Christen unter der Erde ansiedelten. Verständlicherweise hatten die Zwerge ihrerseits nicht viel für das Christentum übrig. Laurin ist ein erklärter Heide, und seit jeher fühlen sich Zwerge vom Kirchenbau und von Glockengeläut belästigt. Es gibt allerdings einen einzigen Fall, in dem es anders ist, denn Ortnit, der christliche Held eines weit verbreiteten mittelalterlichen Epos, ist der Sohn eines Zwergen.

Für die Folklore bleiben die Zwerge den Menschen zuweilen feindlich, aber oft auch freundlich gesonnene Wesen. Die populärsten unter ihnen sind die freundlichen im Bergbau tätigen sieben Zwerge geworden, die die Königstochter Schneewittchen beschützen, bis ein Prinz sie ihnen entführt. Diese Zwerge sind harmlose und menschenfreundliche Wesen, wie die, die bis heute in den deutschen Vorgärten stehen.

ZWERGE IM MÄRCHEN

Die sieben Zwerge, die der unglücklichen Prinzessin Schneewittchen Asyl gewähren, sind die bekanntesten, aber beileibe nicht die einzigen Zwerge in den Märchen der Brüder Grimm. Da gibt es manche böse Zwerge, wie etwa Rumpelstilzchen, und auch manche hilfreiche, wie die Heinzelmännchen. Wie im Fall von Schneewittchen kann man die Motive dieser Zwergenmärchen oft bis auf die mittelalterliche Epik und die Mythen der *Edda* zurückverfolgen.

ZWERGE

QUELLEN

In der Folklore der meisten Völker findet man Zwergenwesen. Die Gelehrten sprechen in diesen Fällen von Wesen der »niederen Mythologie«. Die Zwerge der germanischen Überlieferung – von der *Edda* bis zu den Grimm'schen Märchen – haben einige Züge gemeinsam, die sie von den Zwergengestalten anderer Völker unterscheiden: Sie sind Bewohner des Erdinneren und von Berghöhlen; sie sind kunstfertige Handwerker – vor allem Schmiede –, und sie sind diejenigen, die die wichtigsten Waffen und Schmuckstücke der Götter und Helden schaffen. Ihre Stellung bildet, historisch betrachtet, die der Handwerker gegenüber dem Kriegeradel in der Zeit der Völkerwanderung und des frühen Mittelalters ab. In der *Edda* kommen Zwerge an zahlreichen Stellen vor, und fast immer sind sie mit Namen benannt. Allein in der *Völuspá* und in den Thukur – in Merkversen geordneten Namenslisten, die die *Snorra-Edda* überliefert – finden sich über hundert Zwergennamen. Die wichtigsten Abenteuer mit Zwergen erleben Loki und Freyja. Den breitesten Raum in der eddischen Überlieferung nehmen, was die Zwerge anbetrifft, die Geschichten um Freyjas Schmuck Brisingamen ein. Die Auseinandersetzung des strahlenden Helden Siegfried mit dem verschlagenen Zwerg Alberich ist im hochmittelalterlichen *Nibelungenlied* festgehalten, das viele ältere Überlieferungen bewahrt. Die des Helden Dietrich mit dem Zwerg Laurin ist in einer mittelhochdeutschen Heldendichtung aus dem 13. Jahrhundert beschrieben, die an den Sagenzyklus um Dietrich von Bern anknüpft. Das mittelhochdeutsche Lied vom Helden Ortnit, dessen Vater ein Zwerg ist, gehört ebenso in die Sagenwelt um Dietrich von Bern und ist eng mit dem von Wolfdietrich verbunden, dem Helden, der Ortnits Witwe heiratet. Die Bedeutung der Zwerge in der deutschen und europäischen Folklore haben Jacob und Wilhelm Grimm zuerst in ihren *Kinder- und Hausmärchen* dokumentiert. Jacob Grimm hat darüber hinaus in seiner *Deutschen Mythologie* die erstaunliche Vielfalt der Überlieferung von den Zwergen herausgearbeitet. In der Nachfolge Jacob Grimms hat die volks- und völkerkundliche Forschung bis heute zahlreiche Zwergenmotive beschrieben, sie mit den literarischen wie den mündlichen Überlieferungen der verschiedensten Völker verglichen und dabei zahlreiche Parallelen festgestellt. Heute sind Zwerge immer noch beliebte folkloristische Motive, als deutsche Gartenzwerge, als die weit verbreiteten Schöpfungen von Walt Disney (aus seinem Schneewittchen-Film) oder als die belgischen Comic-Figuren »Les Schtroumpfs« (»Die Schlümpfe«).

EMPFEHLUNGEN

Lesenswert:

Die Edda. Götterdichtung. Spruchweisheit und Heldengesänge der Germanen, übertragen von Friedrich Genzmer, eingeleitet von Kurt Schier, München 1992

Brüder Grimm: *Deutsche Sagen*, Düsseldorf 2002 (die Grimms vereinen hier zahlreiche Volkssagen vom kleinen Volk)

J.R.R. Tolkien: *Der kleine Hobbit*, Stuttgart 1999

ders.: *Der Herr der Ringe*, Stuttgart 2001

Hörenswert:

Richard Wagner: *Siegfried*. Oper 1876

Heinrich August Marschner: *Hans Heiling*. Oper 1833

Sehenswert:

Schneewittchen. Regie: Walt Disney. USA 1937

Time Bandits. Regie: Terry Gilliam; mit Sean Connery, John Cleese. GB 1981

Der Herr der Ringe. Regie: Peter Jackson; mit Elijah Wood, John Rhys-Davies. Neuseeland/USA 2001–2003

AUF DEN PUNKT GEBRACHT

Zwerge mögen zwar Wesen der »niederen« Mythologie sein, aber gerade das hat ihnen wahrscheinlich dazu verholfen, bis heute in der europäischen Folklore lebendig zu bleiben.

Odin

Der Intellektuelle unter den Germanengöttern

Geschichtliche Einordnung: Bereits Bemerkungen bei Cäsar, also vor der Zeitenwende, lassen auf die Verehrung Odins bei den Germanen schließen. Vermutlich wurde er aber erst in der Wikingerzeit (seit dem 8. Jh.) zu dem Obergott, der er in der *Edda* eindeutig ist.

Die alten Germanen gelten zumeist als barbarische Haudraufs, doch in dem obersten ihrer Götter verehrten sie einen höchst widersprüchlichen Charakter, der ebenso sensibel wie brutal und ebenso weitsichtig wie leidenschaftlich, kurz, eine richtige Intellektuellengestalt war. Kein Wunder, dass dieser Gott, Odin oder Wodan, zum Liebling der Dichter, oder Skalden, wie sie in Skandinavien hießen, wurde.

Schon der Römer Tacitus vergleicht den obersten Gott der Germanen nicht mit Jupiter, dem Göttervater seines Kulturkreises, sondern mit Merkur, dem stets auf Reisen befindlichen Botengott und ebenso listigen wie notfalls auch brutalen Gott des Handels.

■ Wotan/Odin auf seinem achtbeinigen Ross Sleipnir. Farbdruck, um 1905

In den Liedern der Skalden ist Odin unbestritten der größte unter den Göttern: als Gott der Weisheit und der Zauberei, der Dichtung und Welterfahrung. Zwar ist sein Speer Gungnir neben Thors Hammer die gefährlichste Waffe der Götter, doch als Krieger tut er sich weniger hervor als sein Sohn Thor – und beweist eben dadurch, dass die Befähigung zur Herrschaft weniger mit schierer Kraft als mit Wissen zu tun hat.

Wenn Odin nicht unterwegs ist, beobachtet er von seinem Hochsitz Hlidskjalf, was in der Welt vorgeht, und auf seinen Schultern sitzen die Raben Huginn und Muninn, seine Spione, die ihm berichten, was sie auf ihren Flügen gesehen haben. Kein Opfer ist Odin zu groß, wenn er weiteres Wissen erwerben und seine Herrschaft dadurch festigen kann. Immer wieder geht er in Hut und Mantel auf Reisen, um die Welt der Menschen, der Riesen und der Zwerge zu erforschen. Seine Reisen führen ihn zuweilen so weit, dass niemand mehr seine Rückkehr erwartet. So teilen seine Brüder Vili und Vé einmal seine Güter unter sich auf und nehmen auch Besitz von seiner Frau, Frigg (nicht zu verwechseln mit Freyja!), bis er heimkehrt und sich wieder nimmt, was ihm zusteht.

Um die Geheimnisse der Runen zu erfahren, hängt Odin lange Zeit wie ein verurteilter Verbrecher an der Weltesche Yggdrasill und lässt zu, dass er mit einem Speer verwundet wird. Und er opfert eines seiner Augen, um von dem weisheitspendenden Mimirs brunnen zu Füßen der Weltesche trinken zu dürfen und sich von Mimir, dem Herrn der Quelle, Rat holen zu können.

■ *Wotans Abschied* heißt dieses Gemälde von Ferdinand Leeke aus dem Jahre 1895. Gemeint ist wohl Wotans/Odins Abschied von seiner Geliebten Rindr, die seinen Rächer Váli gebären wird, vor dem Endkampf der Götterdämmerung.

Als Mimir von den Wanen – die damals mit den Asen, deren Haupt Odin ist, in Fehde liegen – geköpft wird, präpariert Odin mithilfe von zauberkräftigen Kräutern sein Haupt so, dass es ihm immer noch weissagen kann. Dank des mit Mimirs Hilfe erworbenen Wissens kann Odin die ältesten unter den Gegnern der Asen, den Riesen, im Wissenswettstreit besiegen.

Nur die Wanen sind Odin in ihrem Zauberwissen ebenbürtig. Und als Asen und Wanen Frieden schließen und Odin zu ihrem gemeinsamen Anführer machen, spucken sie alle in einen Zauberkessel und erschaffen dadurch eine Gestalt mit Namen Kvasir, der ihr gemeinsames Wissen verkörpert. Kvasir kennt die Welt, wie sie ist, wie sie war und sein wird, und hat durch dieses Wissen die magischen Fähigkeiten eines wahren Dichters.

Kvasir wird nun in die Welt geschickt, auf dass er dank seines Wissens Friede und Wohlstand verbreite. Leider gerät er in die Hand zweier böser Zwerge, die ihn umbringen und aus seinem Blut unter Beigabe von Honig einen Met brauen, dessen Genuss alle Weisheit der Welt vermittelt, einen wahren Dichtermet. Die Zwerge rühmen sich ihrer Untat und locken damit Riesen herbei, die von dem wunderbaren Met kosten wollen, um weise zu wer-

ODIN UND DER HEILIGE GRAL

Man hat die Episode, in der Odin, um das in den Runen verborgene Heilswissen zu erlangen, wie der Gekreuzigte an der Weltesche hängt und von einem Speer verwundet wird, sowohl als Umdeutung des Kreuzestods Christi als auch als Erneuerung des Gralsmythos interpretiert, in dessen Zentrum das Leiden des Gralskönigs an seiner Lanzenwunde steht, das wiederum das Leiden Christi wiederholt.

■ Dieser schwedische Bildstein aus der Wikingerzeit (um 1050) zeigt Odin mit dem aus der Dietrichsage bekannten Gotenkönig Ermanrich

den wie die Götter, und dem Riesen Suttungr gelingt es, den Zwergen den Met abzuringen und ihn in einer Höhle unter seiner Halle sicher zu verwahren.

All dies wird Odin von Huginn und Muninn hinterbracht, und nun muss der Göttervater handeln, wenn er verhindern will, dass die Riesen in Besitz von mehr Weisheit gelangen, als die Götter sie besitzen. Er begibt sich zu Suttungrs Bruder und bewirkt, dass dessen mit der Ernte beschäftigten Knechte sich gegenseitig umbringen, um in den Besitz des wunderbaren Wetzsteins zu gelangen, den Odin an seinem Gürtel trägt. Nun erbietet sich Odin, die Knechte zu ersetzen, unter der Bedingung, dass ihr Herr ihn zu Suttungr führt und diesen veranlasst, ihn vom Dichtermet kosten zu lassen. Nach Ablauf seiner Knechtszeit wird Odin auch wirklich zu Suttungr geführt, doch der zeigt Odin lediglich die Gefäße mit dem Met, verweigert aber eine Kostprobe. Darauf zwingt Odin Suttungrs Bruder, ein Loch in die Höhle zu bohren, in der der Met aufbewahrt wird, verwandelt sich in eine Schlange und dringt so in die Höhle vor. Dort trifft er auf Suttungrs Tochter Gunnlöd, die er betört und der er drei Nächte lang beiwohnt, was ihr so gut gefällt, dass sie ihm den Zugang zu dem Dichtermet gewährt. Nun verwandelt Odin sich in einen Adler, trinkt den ganzen Met und fliegt in Richtung Asgard davon. Suttungr verfolgt ihn und hätte ihn, der schwer trägt, ereilt, wenn Odin sich nicht im Flug erleichtert und den schlechteren Teil des Mets ausgeschieden hätte. Von diesem Teil des Mets nähren sich bis heute die schlechten Dichter und Schreiberlinge. In Asgard, der Götterburg, angekommen, speit Odin den anderen Teil des heiligen Mets in die bereitgestellten Gefäße und erschlägt mithilfe der übrigen Götter den nur kurz nach ihm gelandeten Suttungr.

So sorgt Odin dafür, dass die Götter unter den Bewohnern der Welt die weisesten bleiben. Doch alle Weisheit kann nicht verhüten, dass das Schicksal seinen Gang geht. Odin versammelt die tapfersten unter den gefallenen Kriegern in Walhall, damit sie ihm in der letzten aller Schlachten beistehen, von der er eigentlich aber schon weiß, dass er sie nicht gewinnen wird.

Denn weil er der weiseste unter den Göttern ist, ist ihm auch bewusst, dass alle Klugheit, alle Zauberkraft ohnmächtig ist gegen die ewigen Mächte des Schicksals. Odin ist der Intellektuelle unter den Göttern und gerade deshalb eine tragische Gestalt.

RUNEN

Auch die Germanen betrachteten die Schrift zunächst nicht als Kommunikationsmittel. Runenzeichen, etwa Anfangsbuchstaben von Götternamen, dienten als Zauberzeichen. Odin war der Gott der Runenmagie. Die Runenschriftzeichen, die zuerst im 2. Jahrhundert auftauchen, sind alten oberitalienischen Alphabeten entlehnt, die dem lateinischen Abc ähneln. Zunächst wurden mit Runen nur Namen notiert, erst seit dem 11. Jahrhundert gibt es umfangreichere Runentexte.

ODIN

QUELLEN

Aus der *Germania* des Römers Tacitus wissen wir, dass die Germanen einen Obergott hatten, den Tacitus mit dem römischen Gott Merkur gleichsetzte. Den Namen Odin erfahren wir hier noch nicht. Erst auf den germanischen Brakteaten der Völkerwanderungszeit finden sich Abbildungen, die eindeutig Odin zeigen, weil er hier in Handlungen dargestellt wird, die die später aufgezeichneten Mythen dem germanischen Obergott zuschreiben. Erst die *Merseburger Zaubersprüche* aus dem 10. Jahrhundert erwähnen Odin unter seinem südgermanischen Namen Wotan (»Wuotan«) ausdrücklich als zauberkräftigen Gott. Gesammelt finden sich die Geschichten, die von Odin handeln, in der *Prosa-* wie in der *Lieder-Edda*, die beide im 13. Jahrhundert in Island niedergeschrieben wurden. So wird er bereits in der *Völuspá*, dem Eingangslied der *Lieder-Edda*, als erster unter den Söhnen des Urgotts Burr vorgestellt. In den *Edda*-Mythen ist er stets der unangefochtene Anführer der Asen und schließlich aller Götter. Er ist auch der Gott, der sich der in der Schlacht gefallenen Krieger (Einherier) annimmt und sie mithilfe der Walküren nach Walhall bringt, wo sie bis zur Götterdämmerung ein schönes Leben führen. Hier zeigt sich Odin als Totengott. Die gewiss sehr alte Geschichte vom Dichtermet wird im *Grímnismál* der *Lieder-Edda* ausführlich berichtet. Im Vorwort zur *Prosa-Edda*, von dem umstritten ist, ob es aus der Feder Snorris stammt, wird in einer »euhemeristischen« (die Mythen auf historische Begebenheiten zurückführenden) Erzählung geschildert, dass Odin ursprünglich König von Troja im Türkenland gewesen und von dort mit seinen Söhnen und Getreuen nach Norden gewandert sei, zuerst nach Deutschland und dann vom Land der Sachsen nach Skandinavien, um in allen diesen Ländern neue Königtümer zu begründen. Die Parallele dieser Geschichte zu Vergils im Mittelalter sehr populären *Äneis*, die von der Gründung Roms durch den aus Troja vertriebenen Äneas berichtet, liegt auf der Hand. Auch der am dänischen Königshof wirkende Geschichtsschreiber Saxo Grammaticus hat in seinen um 1200 verfassten *Gesta Danorum* um Odin kreisende Legenden aus der Wikingerzeit festgehalten. So berichtet er, Odin habe sich auf der Suche nach Reichtümern lange in Konstantinopel aufgehalten und bei seiner Rückkehr feststellen müssen, dass Frigg während seiner Abwesenheit die Frau seiner Brüder geworden war. Odin hatte allerdings keinen Grund, sich darüber zu empören, hatte er doch selbst, wie der Zeus der alten Griechen, zahlreiche Geliebte.

AUF DEN PUNKT GEBRACHT

Odin, der Liebling der Skalden, ist eine richtiggehende Intellektuellengestalt mit allen ihren Widersprüchen. Erstaunlich, dass die gemeinhin als grobschlächtige Bauern und Krieger bekannten Germanen so einen als ihren Obergott verehrten.

EMPFEHLUNGEN

Lesenswert:

Die Edda. Götterdichtung. Spruchweisheit und Heldengesänge der Germanen, übertragen von Felix Genzmer, eingeleitet von Kurt Schier, München 1992

Germanische Götterlehre, hrsg. und mit mythologischem Wörterbuch versehen von Ulf Diederichs, Köln 1984

Germanische Göttersagen, nach den Quellen neu erzählt von Reiner Tetzner, Stuttgart 1992

Rudolf Simek: *Lexikon der germanischen Mythologie*, Stuttgart 1995

Hörenswert:

Richard Wagner: *Rheingold*. Oper 1876

Sehenswert:

Die Wikinger. Regie: Richard Fleischer; mit Kirk Douglas, Tony Curtis. USA 1958

Odins Raben. Regie: Hrafn Gunnlaugson; mit Helgi Skúlasson, Flosi Olafsson. Island/Schweden 1985

Erik der Wikinger. Regie: Terry Jones; John Cleese, Tim Robbins, Eartha Kitt. GB/Schweden 1989

Besuchenswert:

Die Nationalmuseen in Kopenhagen und Oslo mit ihren Zeugnissen des Odinskults aus der Wikingerzeit

Walhall
Das Kriegerparadies der Wikinger

■ Der Mythos von Walhall beflügelte schon die Soldaten Napoleons: *Ossian empfängt in Walhall die für das Vaterland gefallenen Generäle der Republik* heißt dieses Gemälde aus dem Jahr 1801. Ossian, ein sehr populärer Barde der keltischen Frühzeit, hat, wie sich bald herausstellte, niemals existiert, sondern war das Produkt einer genialen Literaturfälschung.

Immer wieder haben die alten Männer, die bei Kriegervölkern die Fäden zogen – die Priester und Weisen –, den jugendlichen Kriegern den Tod auf dem Schlachtfeld schmackhaft zu machen versucht. Sie haben ihnen Ehre und Ruhm versprochen, aber oft noch viel mehr, nämlich ein schönes Leben im Jenseits. Und was als ein schönes Leben zu gelten hat, ist stets durch die jeweils herrschenden Werte des Diesseits bestimmt. Das gilt insbesondere für die Paradiesvorstellungen der Völkerwanderungszeit: die der muslimischen Araber ebenso wie die der Kelten und Germanen. Was für die gefallenen muslimischen Kämpfer der von großäugigen Jungfrauen bevölkerte und von vielen Brunnen durchflossene Paradiesgarten und was für die keltischen Helden das auf fernen Inseln, unter dem Wasser oder unter der Erde angesiedelte waldreiche Avalon mit seinen wunderbaren Feen war, das waren für die germanischen Krieger Walhall und die Walküren.

Walhall war eine riesige Halle. Ihre Größe wird dadurch angedeutet, dass sie 540 Tore hatte, aus denen zum Endkampf in der Götterdämmerung jeweils 800 Krieger ausrückten. Sie bot also Platz für 432 000 Einherier – wie die *Edda* die auf dem Schlachtfeld tapfer gefallenen Krieger nennt. Ihr gewaltiges Dach war statt mit Schindeln mit von Speeren befestigten Schilden gedeckt. Auf diesem Dach lebte die Ziege Heidrun, die von hier aus am Blattwerk eines gewaltigen Baums knabberte, der wohl kein anderer als die Weltesche Yggdrasill war. Heidrun muss eine enorme Ziege gewesen sein, denn aus ihrem Euter strömte genug Met, um den Durst aller 432 000 Krieger zu löschen, und der war gewiss groß, denn den Tag verbrachten die Krieger mit Kämpfen, die hier, im Paradies, nicht mehr tödlich enden konnten, aber sicherlich sehr anstrengend waren. So groß wie der Durst war auch der Hunger der Einherier, und da Krieger selten Vegetarier sind, bereitete der Koch Andhrímnir ihnen in dem riesigen Kessel Eldhrímnir Abend für Abend das nie ausgehende Fleisch des Ebers Sæhrímnir zu.

DIE WILDE JAGD
Von der »wilden Jagd« oder dem »wilden Heer« Odins oder Wodans wird bis heute im ganzen germanischen Kulturraum von Skandinavien bis Süddeutschland erzählt: In der Mitte des Winters ziehen gespenstische Reiter, begleitet von Hunden, über den Nachthimmel und verbreiten Angst und Schrecken. Man vermutet als Ursprung des Mythos einen alten ekstatischen Kriegerkult, in dem Krieger unter Drogen, wie von den Berserkern bekannt ist, gewalttätig und todessüchtig über das Land zogen.

Gastgeber der auf langen Bänken neben ihren Brünnen mit ihren Waffen in Walhall sitzenden Einherier war niemand Geringeres als Odin, der höchste der Götter. Er saß der riesigen Tafelrunde vor und trank als Zeichen seines Ranges als Einziger Wein statt Met.

Odin war es, der Walhall in der Götterburg, in Asenheim, hatte erbauen lassen, als Heimstatt für die Tapferen, die ihm im letzten Kampf, zu den Ragnarök, beistehen sollten. Odin wusste, dass er dieses Beistands bedurfte, denn die Prophezeiungen der Seherinnen waren schlecht. Und so sammelte er tote Krieger, so viele wie möglich, und freute sich, wenn es unter den Menschen wieder einmal zu einer Schlacht kam. Selbst die friedliche und menschenfreundliche Freyja hatte er dazu gebracht, ihn bei der Förderung des Kriegs unter den Menschen zu unterstützen.

Geschichtliche Einordnung:
Der Mythos von Walhall, von dem wir durch Texte der *Edda* und durch Heldenlieder außerhalb der *Edda* wissen, scheint bei den Germanen erst in den kriegerischen Milieus der Wikingerzeit entstanden zu sein. In verwandelter Form lebt er noch – in der Gestalt der Brunhild – im hochmittelalterlichen *Nibelungenlied* fort.

Odin, der Todesgott der Krieger, bemühte sich, nicht als grausamer Gott zu erscheinen. Immerhin war Walhall ein besseres Jenseits als das düstere Unterweltreich der Hel. Nicht er war es, der den auf dem Schlachtfeld – der Walstatt – Gefallenen als Erster erschien, sondern die »Odinsmädchen«, die lieblichen Walküren. Sie

■ Walhall, populärer deutscher Farbdruck aus dem Jahr 1900

waren die Gefährtinnen der Toten, und sie brachten sie nach Walhall. In der älteren Zeit waren die Walküren – »die, die sich auf der Walstatt Gefallene auswählen« – wohl nichts als Todesdämoninnen, wie man sie auch aus anderen Kulturen kennt. Spätestens seit der Wikingerzeit aber sind sie auch die Geliebten und die Mitkämpferinnen der Krieger. Sie konnten ihnen als Lebenden Kriegs- und Liebesglück bringen, um sie am Ende doch nach Walhall zu entführen. Dies ist interessant für das Frauenbild dieser Zeit: Als begehrenswert erscheinen den Kriegern junge Frauen, die selbst in den Kampf eingreifen, keine höfisch-verzärtelten Jungfern. Manche der Walküren, deren Zahl einmal mit neun, ein andermal mit zwölf angegeben wird, sonst aber unbegrenzt erscheint, sind in der *Edda* namentlich benannt. Eine von ihnen ist Sigrun (Siegrune in Richard Wagners Oper *Die Walküre*), die die Tochter eines mächtigen Königs war und nach ihrem Tod unter einem anderen Namen zur Beschützerin eines Helden wurde. Eine andere ist Brunhild (Brünhilde bei Wagner), die mächtige Frau, die die Sterblichen zum Kampf herausfordert und erst von dem Asenspross Sigurd (Siegfried) bezwungen wird. Durch seine Verbindung mit der Walküre Brunhild verwirkt Sigurd/Siegfried sein Leben, denn die Liebe zu einer Walküre taugt auf die Dauer nicht für das Diesseits.

■ Walküren bringen gefallene Krieger nach Walhall. Holzstich, aus einem populären deutschen Geschichtswerk von 1875

WALKÜREN

Bis heute werden kräftige, imposante Frauen, meist abschätzig, als Walküren bezeichnet. Dieser Sprachgebrauch geht auf Opern Richard Wagners, vor allem auf *Die Walküre* zurück, in denen die germanischen Mythengestalten meist durch kräftige Sängerinnen verkörpert wurden. Diese Deutung hat insofern etwas Richtiges, als die Germanen der Wikingerzeit anscheinend gerade solche Frauen als erotisch empfanden, die den Männern körperlich ebenbürtig waren.

Die germanische Paradiesvorstellung – mit ihren lieblichen und zugleich tapfer-kameradschaftlichen Walküren, mit ihrem täglichen Kriegersport und ihren abendlichen Gelagen bei strömendem Met und unbegrenzten Fleischspeisen – konkurrierte in der Spätzeit des germanischen Heidentums mit der christlichen Vorstellung vom Paradies: einer streng hierarchischen, weit weniger gewalttätigen, aber auch weit weniger sinnlichen Weltordnung für die Toten. Mit Gewalt und Überredung setzte sich zu Beginn des zweiten Jahrtausends christlicher Zeitrechnung die christliche Version des Paradieses auch in Skandinavien durch – und doch weinten die isländischen Dichter und Gelehrten noch im 13. Jahrhundert dem Untergang des heidnischen Paradieses so manche Träne nach.

WALHALL UND DIE WALKÜREN

QUELLEN

Schon in der alten norwegisch-isländischen Skaldendichtung des 9. und 10. Jahrhunderts spielt Walhall eine große Rolle. Doch die wichtigste Quelle für den Mythos von Walhall ist das eddische Lied *Grímnismál*. In seinen 53 Strophen finden sich unter anderem die Namen der Götterwohnungen, in deren Zusammenhang auch Walhall und die Einherier beschrieben werden. Hier finden sich auch die wichtigsten Ausführungen über die Weltesche Yggdrasill. Eine zentrale Rolle in dem Lied spielt Odin, von dem hier allein fünfzig Namen überliefert sind. In der *Snorra-Edda* ist es die *Gylfaginning*, die systematisierte Darstellung der nordischen Göttermythologie, die auch über Walhall Auskunft gibt. Von den Walküren ist in mehreren *Edda*-Liedern die Rede, so in der *Helgakviða* und im *Grímnismál*. Auch im nicht-eddischen *Darraðarlioð* spielen sie eine Rolle. In diesen Liedern werden sie auch aufgezählt. In der *Helgakviða* ist von neun Walküren die Rede, im *Darraðarlioð* von zwölf, im *Grímnismál* werden 13 Walküren namentlich genannt. Die Heldin Sigrun, die nach ihrem Tod zur Walküre Kara wird, wird im zweiten Gedicht der *Helgakviða* besungen. Von der Walküre Brunhild (nordisch: Brynhildr) wissen wir aus den Sigurdsliedern der *Edda*. Hier erscheint Brunhild unter dem Namen Sigrdrífa. Im hochmittelalterlichen *Nibelungenlied* scheint der alte mythische Charakter der Brunhild-Gestalt noch immer durch, vor allem in der Passage, in der Siegfried für Gunther um Brunhild wirbt. In der Ende des 18. Jahrhunderts einsetzenden nordischen Renaissance spielte die Überlieferung von Walhall und den Walküren eine zentrale Rolle. Walhall wurde in einen Ruhmestempel für die großen Toten umgedeutet – am besten von Leo von Klenze, der 1830 bis 1847 die Walhalla bei Regensburg für den bayerischen König Ludwig I. im griechischen Stil errichtete. Die Idee einer Walhalla wurde zur deutschen Konkurrenz des Pantheon, in dem die Franzosen ihre *grands hommes*, ihre Großen, verehrten. Die Walküren-Überlieferung regte zahlreiche Dichter seit Heinrich Heine zu Walküren-Gedichten an; vor allem aber waren viele Maler des späteren 19. Jahrhunderts von der Walküren-Überlieferung begeistert, in der Eros und Tod so nahe benachbart waren, wie es dem Zeitgeist gefiel. Es war aber erst Richard Wagner, der mit seiner Oper *Die Walküren* und mit seinem gesamten *Ring des Nibelungen* die Walküren wirklich populär machte.

EMPFEHLUNGEN

Lesenswert:

Heinrich Heine: *Die Walküre* (Gedicht), 1847

Tor Åge Bringsværd: *Die wilden Götter. Sagenhaftes aus dem hohen Norden*, Frankfurt/M. 2001

Valhalla, dänische Comicserie (seit den 1970er Jahren)

Hörenswert:

Richard Wagner: *Die Walküre*. Oper 1876

Johann Strauss (Vater): *Walhalla-Togate (op. 147)*. Walzer für Orchester 1843

Sehenswert:

Walhalla. Regie: Peter Madsen; Zeichentrick/Kinderfilm DK 1986

Besuchenswert:

Der von Leo von Klenze 1830–1848 für Ludwig I. von Bayern im griechischen Stil hoch über der Donau bei Regensburg erbaute Ruhmestempel für die »großen Deutschen« namens Walhalla

Das Museum Walhalla mit den Galionsfiguren gestrandeter Schiffe auf der kleinen englischen Scilly-Insel Tresco.

AUF DEN PUNKT GEBRACHT

Walhall ist die typische Paradiesvorstellung einer Kriegergesellschaft: sinnlich und voller Gewalt. Dieses heidnische Paradies musste dem christlichen weichen, das weniger sinnlich, weniger anarchisch und weit friedfertiger war.

Thor

Dunnerkiel! – der volkstümliche Kraftgott der Germanen

■ *Thor im Kampf mit der Midgardschlange.* Gemälde von Johann Heinrich Füssli, 1788

Geschichtliche Einordnung: Thor gehörte schon in der Antike zu den wichtigsten Göttern der Germanen. In der *Edda* spielt er eine Hauptrolle. Zur Zeit der Christianisierung der Nordgermanen ist er die populärste heidnische Gottheit.

»Dunnerkiel!«, ruft ein norddeutscher Bauer aus, wenn er so richtig erstaunt ist. Und auch die anderen germanischen Völker kennen solche Kraftwörter, die ein großes Erstaunen, ursprünglich einen heiligen Schauer, ausdrücken. Der Dunnerkiel – niederdeutsch für Donnerkeil – aber ist nichts anderes als der meist als ein Beil oder Keil dargestellte »Hammer« des germanischen Donnergottes Thor. Mjöllnir heißt dieser Hammer in der *Edda;* Zwerge haben ihn einst geschmiedet, und er ist die mächtigste Waffe, die ein Gott besitzt.

In der Spätzeit des germanischen Heidentums war der stilisiert als Amulett getragene oder auf Bildsteinen dargestellte Hammer Thors – oder Donars, wie die Südgermanen den Donnergott nannten – das beliebteste religiöse Symbol und konkurrierte mit dem Kreuz der Christen. Danach zu urteilen, war Thor zumindest in dieser Zeit der beliebteste Gott der Germanen. Dafür spricht auch, dass bis heute in Skandinavien mit »Thor-« gebildete Namen wie Thorsten, Thorvald, Thorbjörn, Thoralf weit verbreitet sind.

Zwar besangen die Dichter, die Skalden, des heidnischen Mittelalters in Skandinavien Odin, den großen Weisen und Zauberer, als mächtigsten Gott; aber die Bauern hielten sich lieber an Thor, den starken Krieger, der die Menschen wie die Götter seit jeher vor den barbarischen Riesen und den Ungeheuern der Unterwelt schützte und der als Wettergott gute Ernten bescherte.

Um die Riesen in ihre Schranken zu verweisen und Midgard, die Heimat der Menschen und Götter, zu verteidigen, zieht Thor immer wieder hinaus ins Land der Riesen nach Utgard und bis nach Niflheim, ins ferne Land der finsteren Frostriesen. Nur einmal unterliegt er im Kampf gegen einen Riesen, nämlich gegen den mächtigsten unter ihnen, Utgardaloki, aber auch nur, weil dieser ihm Trugbilder vorgaukelt. Auf raffinierte Betrügereien versteht sich Thor nämlich nicht so gut. Utgardaloki schiebt einen unsichtbaren Berg zwischen sich und Thor, als dieser Mjöllnir nach ihm schleudert, und gibt sich so den Anschein, als könne ihm Thors Hammer nichts anhaben; außerdem gibt er Thor die unlösbaren Aufgaben auf, eine Katze aufzuheben, die in Wahrheit nichts anderes ist als die gräuliche Midgardschlange, und mit einer alten Frau zu ringen – Elli –, die nichts anderes ist als das Alter selbst. Nur ein wenig hat Thor die in eine Katze verwandelte Midgardschlange, die im Meer liegend die Götter- und Menschenwelt umschlingt, zu heben vermocht, doch noch ein weiteres Mal fordert er das Ungeheuer heraus: Mit einem Schiff fährt er aufs Meer, um ihren Kopf zu ergreifen, doch der ist so schwer, dass er mit seinen Beinen durch die Bohlen des Schiffs bricht und den Kampf mit der Schlange beenden muss.

THOR – EIN GERMANISCHER CHRISTUS?

Gelehrte haben in dem Kampf Thors gegen die gräuliche Midgardschlange eine deutliche Parallele zu dem in der christlichen Apokalyptik wichtigen Kampf Christi mit dem Ungeheuer Behemoth gesehen. Thor wäre demnach eine germanische Abwandlung der Christusgestalt. Allerdings gehört der Kampf gegen die ungezügelte Macht der Natur symbolisierende Schlangenwesen oder Drachen in vielen Religionen zum Standardrepertoire wichtiger Götter und Helden.

Thor ist nach der Überlieferung der *Edda* der Sohn Odins mit Jörd, der Erdgöttin, und verbindet so die Würde der Götter mit der Urkraft der fruchtbaren Erde. Er ist ein Kraftgott wie der antike Herkules, mit dem ihn anscheinend schon der Römer Tacitus vergleicht. Er fährt auf seinem von zwei Ziegenböcken gezogenen Wagen in den Kampf und siegt – fast – immer dank seines Hammers Mjöllnir. Doch wehe, wenn er ohne Mjöllnir ist: Dann muss er um sein Leben und seine Stellung bangen. Einmal lässt er sich, gutmütig wie er ist, von Loki überreden, sich ohne seinen gefürchteten Hammer in die Halle des Riesen Geirröd zu begeben. Und das kam so: Geirröd hatte den neugierigen Loki gefangen, der im Falkengewand Freyjas, das er sich ausgeliehen hatte, neugierig durch das Riesenland geflattert war und sich auf Geirröds Halle niedergelassen hatte – dummerweise an einer mit Leim bestrichenen Stelle. Der Riese hatte Loki gefoltert, bis der versprach, Thor unbewaffnet in seine Halle zu führen. Und so geschah es, dass Thor sich ohne Mjöllnir mit Loki auf den Weg zu Geirröd machte.

Als Thor und Loki bei Geirröd anlangen, bewirtet sie der Riese mit Met, nimmt dann aber ein glühendes Eisenstück aus

■ Donar/Thor, wie er in Richard Wagners *Rheingold* 1876 in Bayreuth die Bühne betrat

■ Mjöllnir, der Thorshammer. Isländisches Amulett der Wikingerzeit (um 950)

SIF
Loki hatte Sif in einer Anwandlung von Bosheit ihr schönes Haar abgeschnitten. Da nahm Thor sich Loki vor und ließ ihm sein Leben nur gegen das Versprechen, angemessenen Ersatz zu schaffen. Daraufhin erpresste Loki schmiedekundige Zwerge, für Sif aus Gold die feinsten Haare zu verfertigen, die nachwuchsen wie natürliche.

einer Esse und schleudert es gegen Thor. Zum Glück hat ihm eine den Göttern freundlich gesonnene Riesin, bei der er mit Loki unterwegs eingekehrt war, ein Paar eiserner Handschuhe geschenkt. So kann er das glühende Eisen auffangen und gegen den Riesen zurückschleudern. Das ist Geirröds Ende.

Ein anderes Mal muss Thor feststellen, dass ihm Mjöllnir während eines gemeinsamen Gelages der Götter mit den Riesen entwendet worden ist. Loki fliegt in Freyjas Falkenkleid als Spion aus und stellt fest, dass der Riese Thrym sich in den Besitz von Mjöllnir gebracht hat. Thrym, von Loki zur Rede gestellt, gibt zu Protokoll, dass er Mjöllnir nur im Austausch gegen die schöne Freyja herausgeben werde. Thor und Loki bedrängen nun Freyja, Thryms Braut zu werden, damit die Asen ihre wichtigste Waffe gegen die Riesen wiedererlangen. Freyja aber verweigert sich aus begreiflichen Gründen diesem Handel. Schließlich hat der kluge Ase Heimdall die rettende Idee: Thor wird als Braut ausstaffiert und mit Loki als Brautjungfer zu Thrym geschickt. Kurz vor dem Ziel ertrinken Braut und Brautjungfer beinahe in einem Fluss, der plötzlich anschwillt. Die Ursache dafür ist eine Tochter Thryms, die in den Fluss ihr Wasser lässt. Thor rettet sein und Lokis Leben, indem er einen Stein schleudert, der die Öffnung verschließt, aus der so viel Wasser strömt.

Thrym hat unterdessen das Hochzeitsmahl bereitet und begrüßt alsbald freudig seine Braut. Er wundert sich über deren Appetit und Durst, aber der schlaue Loki erklärt dies zur Genugtuung des Riesen, indem er ihm berichtet, dass seine Braut vor banger Erwartung zuvor tagelang nicht mehr habe essen noch trinken können. So händigt Thrym Loki vertragsgemäß Mjöllnir aus und führt damit sein Verderben herbei: Thor ergreift den Hammer und erschlägt Thrym und seine als Hochzeitsgesellschaft versammelten Riesenfreunde. Zu der List, dank deren er sich seinen verlorenen Hammer wiederverschafft, ist Thor von anderen gebracht worden; er selbst ist stets geradeheraus und einfach, kein Dichter und Zauberer, auch kein raffinierter Frauenverführer. Loki nutzt ihn aus, und Odin, sein eigener Vater, macht sich über ihn lustig und rühmt sich, dass der mächtige Ullr, der Sohn von Thors schöner Frau Sif mit dem goldenen Haar, ebenfalls sein Sohn sei.

Thor vergilt seinem Vater Odin seine Bosheit, indem er auf dem Schlachtfeld möglichst vielen Kriegern das Überleben ermöglicht, während Odin möglichst viele tote Krieger für Walhall braucht. Thor ist ein Gott für die Lebenden, auch dies mag seine Popularität erklären. Ein echter germanischer Lebensgott, Dunnerkiel!

THOR

QUELLEN

Schon Tacitus spricht in seiner *Germania* davon, dass ein dem Herkules gleichzusetzender Gott bei den Germanen besondere Verehrung genieße. Es gibt kaum einen Zweifel daran, dass es sich bei diesem Gott um Thor (südgermanisch Donar) handelt. Spätestens seit dem 4. Jahrhundert kennen die Germanen den Donnerstag oder Thorstag in ihrem von den Römern übernommenen Kalender. Abenteuer Thors, vor allem sein Versuch, die Midgardschlange aus dem Meer zu heben, sind auf skandinavischen Bildsteinen der Wikingerzeit abgebildet. In der *Snorra-Edda* wie auch in den Gedichten der *Lieder-Edda* spielt Thor eine hervorragende Rolle. Die Fahrt Thors zu dem Riesen Geirröd schildert der Skalde Eilifr Goðrúnarson bereits im 10. Jahrhundert. Auch Saxo Grammaticus, der um 1200 wirkende dänische Gelehrte, weiß Geschichten von Thor zu berichten, und Adam von Bremen, der Chronist der Mission der germanischen Heiden im 11. Jahrhundert, kennt Thor als Donner-, Blitz- und Wettergott. Gerade als Wetter- und Fruchtbarkeitsgott scheint sich Thor bei den Bauern in den germanischen Ländern noch lange nach der Christianisierung erheblicher Beliebtheit erfreut zu haben. Dafür sprechen unter anderem die zahlreichen uralten Donars-Eichen, die in Deutschland bis heute gezeigt werden. Beim Wiedererwachen des Interesses an der altnordischen Mythologie seit Ende des 18. Jahrhunderts stand Thor im Mittelpunkt der Aufmerksamkeit, eben weil es in der volkstümlichen Überlieferung viele Hinweise auf ihn gab. Der deutsche Dichter Klopstock besang ihn 1766 in der Ode *Wir und Sie*; der dänische Dichter Adam Oehlenschläger und nach ihm viele andere folgten diesem Vorbild. Unterdessen beschäftigte sich der schwäbische Dichter Ludwig Uhland als Erster auf wissenschaftliche Weise mit der Gestalt Thors. Auch durch Uhland angeregt, fand Jacob Grimm in der deutschen Folklore seiner Zeit zahlreiche Hinweise auf den alten Donnergott, wie seine *Deutsche Mythologie* bezeugt. Angeregt durch die Dichter, versuchten zahlreiche Künstler, zuerst der englische Maler schweizerischer Herkunft Johann Heinrich Füssli am Ende des 18. Jahrhunderts, den mächtigen Donnergott darzustellen.

AUF DEN PUNKT GEBRACHT

Thor war in der Endphase des germanischen Heidentums zweifellos der beliebteste und am meisten verehrte Gott der Germanen. Manche sehen in ihm sogar so etwas wie einen germanischen Christus.

EMPFEHLUNGEN

Lesenswert:

Die Edda. Götterdichtung. Spruchweisheit und Heldengesänge der Germanen, übertragen von Felix Genzmer, eingeleitet von Kurt Schier, München 1992

Germanische Götterlehre, hrsg. von Ulf Diederichs, Köln 1984

Ludwig Uhland: *Der Mythus von Thor*, 1836

Der mächtige Thor. Comic-Serie 1962 ff.

Bernhard Maier: *Die Religion der Germanen. Götter – Mythen – Weltbild*. München 2003

Hörenswert:

Richard Wagner: *Das Rheingold*. Oper 1876

Sehenswert:

Im Schatten des Raben. Regie: Hrafn Gunnlaugsson; mit Reine Brynolsson, Tinna Gunnlaugsdottir. Island/Schweden 1988

Der 13. Krieger. Regie: John McTiernan; Antonio Banderas, Omar Sharif. USA 1999

Besuchenswert:

Der bekannteste unter einer Reihe von einst dem Donar heiligen Bergen im deutschsprachigen Raum ist der prominent sich über einem Hügelland erhebende Donnersberg in der Pfalz. Nach ihm wurde in der Zeit der Französischen Revolution das der französischen Republik angeschlossene linksrheinische Département Donnersberg oder Mont-Tonnère genannt.

Loki
Der germanische Mephisto

■ Die Vorstellungen von Loki und dem christlichen Teufel verschwimmen bei Franz von Stuck in seinem um 1890 entstandenen Gemälde *Luzifer*.

Loki ist der Teufel!, fanden mittelalterliche Christen, denn anscheinend schon in der Spätantike war der Germanengott Loki mit dem römischen Kulturgott Saturn gleichgesetzt worden, und Saturn hatte man damals, weil der Name so ähnlich klang, kurzerhand mit Satan, dem Teufel, gleichgesetzt. Noch eins kam hinzu, um aus Loki einen Teufel zu machen: Ein anderer Name für Satan war Luzifer, »Lichtbringer«, und Loki wurde in der germanischen Spätzeit gern mit dem Feuer- und Lichtdämon der Germanen, dem Riesen Logi, verwechselt. Dazu passte, dass Loki den Göttern tatsächlich das Feuer geraubt haben soll, um es den Menschen zu bringen. Das wiederum brachte Altertumsforscher wie Jacob Grimm dazu, ihn mit dem antiken Prometheus zu vergleichen, der dem antiken Mythos zufolge den Menschen das Feuer und – ähnlich wie Saturn – die Kultur überhaupt gebracht hat. Loki ist demnach sowohl ein Teufel als auch der größte Freund der Menschen: der Gott der Zivilisation.

Genauso widersprüchlich ist Loki in den Skaldenliedern und in der *Edda* des mittelalterlichen Island: Er ist einerseits der beste Freund der Götter und Menschen und wird von den Asen als einer der ihren betrachtet; andererseits ist er ihr schlimmster Feind.

Loki ist seiner Herkunft nach kein Gott, sondern ein Abkömmling von Riesen, und mit der Riesin Angrboda (die Angstmachende) zeugt er die größten Feinde der Götter und Menschen: den Fenriswolf, die Midgardschlange und die Höllengöttin Hel. Und doch hat er so gar nichts von der Grobschlächtigkeit eines Riesen.

Geschichtliche Einordnung:
Loki ist fast ausschließlich aus den Erzählungen der *Edda* bekannt. Es lässt sich allerdings vermuten, dass er als Kulturheros eine längere Vorgeschichte hatte. In der nordischen Folklore ist er als teuflischer Dämon noch lange lebendig geblieben.

Odin, der in dem schlauen und skrupellosen Loki seinesgleichen erkennt, nimmt ihn in die Halle der Asen auf, behandelt ihn wie seinen eigenen Sohn und schließt mit ihm Blutsbrüderschaft. Und für Thor, den Loki auf manchen seiner Heldenfahrten ins Riesenland begleitet, ist Loki der beste und hilfreichste Gefährte.

Loki ist aber auch ein großer Angeber, Schnellschwätzer und Wortverdreher. Daher erreichen die Zwerge, die in Lokis Auftrag das Goldhaar für Thors Gemahlin Sif, Thors Hammer Mjöllnir und Odins Speer Gungnir sowie den Ring Draupnir und andere Wunderdinge geschmiedet haben, dass sie Lokis Mund zunähen dürfen, weil er sie mit seinen Worten getäuscht hat. Doch lange halten die Fäden nicht, und schon bald tut Loki seinen Mund wieder auf.

Großmäulig verspricht er, den Göttern zu helfen, die den stärksten Riesen engagiert haben, um Asgard zu einer uneinnehmbaren Burg auszubauen, aber nun mit dessen unerfüllbarer Lohnforderung konfrontiert sind: Nichts weniger als die wunderschöne Freyja verlangt der Riese. Loki schließt einen förmlichen Vertrag mit dem Riesen mit einem Termin, bis zu dem er den Bauauftrag abgewickelt haben muss, wenn er den Anspruch auf seinen Lohn behalten will. Seelenruhig wartet Loki ab, bis der Riesen-Baumeister sein Werk mithilfe des gewaltigen Hengstes Savadilfari beinahe vollendet hat. Dann verwandelt er sich in eine rossige Stute, die Savadilfari weit von der Baustelle fortlockt und so verhindert, dass die Burg termingerecht fertiggestellt wird. Dank Lokis List bleibt Freyja frei, während die Götterburg so gut wie vollendet ist. Monate später gebiert Loki als Stute den achtbeinigen Hengst Sleipnir, das schnellste aller Pferde – nicht das erste Monster, das von Loki abstammt. Loki macht Sleipnir Odin zum Geschenk. Tatsächlich hat Loki die Götter gerettet, aber er hat mit seiner Rechtsverdreherei auch erreicht, dass die Feindschaft der Riesen gegenüber den Göttern noch erbitterter geworden ist.

Loki ist schlau, aber er hat noch eine andere sehr menschliche Eigenschaft: Er ist feige. Als er in die Gewalt des Riesen Thjazi gerät, der ihn mit dem Tode bedroht, ist er schnell bereit, für ihn Idun zu rauben, die Göttin, die mit ihren Wun-

TRICKSTER-GOTTHEITEN

In den Mythen vieler Völker gibt es Gottheiten, die Verwandlungsfähigkeit und Schlauheit verkörpern, unmoralische und ziemlich würdelose, gerade dadurch aber oft sympathische Gestalten. Die gelehrte Folkloristik nennt solche Gottheiten Trickster – trickreiche Götter. Typische Vertreter dieser Götterspezies sind Loki und der griechische Hermes.

■ Kopf des Gottes Loki. Skandinavischer Essestein, um 1000

■ Die Bestrafung Lokis, Darstellung des 19. Jh.s

deräpfeln die ewige Jugend der Götter garantiert. Als die Götter merken, dass Idun an ihrer Tafel fehlt und dass sie zu altern beginnen, zwingen sie ihrerseits Loki, die Göttin der ewigen Jugend zurückzuholen. Dank Freyjas Falkengewand gelangt Loki zu Thjazi, verwandelt Idun in eine Nuss und bringt sie zurück nach Asgard. Den Riesen, der ihn in der Gestalt eines Adlers verfolgt, erschlagen die Götter.

Loki ist nicht nur schlau und feige, sondern auch boshaft. Odin merkt nichts davon, aber sein Sohn Heimdall, der treue Wächter der Götterburg, hat stets ein Auge auf den nicht zur Götterfamilie gehörigen Emporkömmling. Doch auch er kann nicht verhindern, dass Loki den blinden Gott Hödr dazu anstiftet, seinen Bruder, den strahlenden Balder, zu töten. Nach dieser Untat flieht Loki und wird von den Göttern verfolgt. Thor fängt den Wandlungsfähigen, der sich in einen Lachs verwandelt und in einem Fluss versteckt hat, mithilfe des von Loki selbst gerade erst erfundenen Fischernetzes. Loki wird mit den Därmen seines eigenen Sohns Narfi an einen Felsen gefesselt, nachdem Narfi von seinem Bruder Vali, den die Götter in einen Wolf verwandelt haben, zerrissen worden ist. Über dem Felsen haust eine Schlange, die ihr Gift über Loki träufelt. Lokis treue Frau Sigyn versucht zwar, das Schlangengift mit einem Gefäß aufzufangen, aber immer, wenn sie es leert, fallen Tropfen des Gifts auf den Gefesselten, der sich dann vor Schmerz aufbäumt, sodass die ganze Erde bebt. Am Ende der Tage aber, zu Ragnarök, der Götterdämmerung, macht sich Loki ebenso von seinen Fesseln frei wie sein schrecklicher Sohn, der Fenriswolf. Seinen letzten Kampf führt er gegen seinen alten Feind Heimdall, mit dem er gemeinsam untergeht.

Die Götter – und das trifft nicht nur für die germanischen zu – mögen die Kulturheroen nicht, dank deren Erfindungen die Menschen von den Göttern unabhängiger werden. Und ihre Priester sind darauf bedacht, dass möglichst schlecht über sie berichtet wird. Dies Schicksal teilt Loki mit dem griechischen Prometheus und dem jüdisch-christlichen Teufel, dessen kulturstiftender Seite Goethe in der Mephisto-Gestalt seines *Faust* ein Denkmal gesetzt hat.

LOKI UND PROMETHEUS

Der Prometheus der griechischen Sage bringt den Menschen nicht nur das Feuer, sondern auch manche der Erfindungen, die die Zivilisation möglich machen. Aus Rache dafür, dass er ihren Wissensvorsprung verringert, schmieden ihn die Götter an den Kaukasus und schicken ihm einen Adler, der an seiner Leber hackt. Die Parallelen zu Loki liegen auf der Hand.

LOKI

QUELLEN

Die Germanen der Völkerwanderungszeit scheinen Loki als einen Kulturbringer verehrt zu haben; das jedenfalls legt seine Identifizierung mit dem menschenfreundlichen Kulturgott der Römer, Saturn, nahe, dessen Wochentag, der Samstag, in den skandinavischen Sprachen nach Loki heißt. In der ältesten schriftlichen Überlieferung von Loki, einem Gedicht des Skalden Thjódólfr ór Hvini aus dem 9. Jahrhundert, das vom Raub Iduns durch den Riesen Thjazi handelt, wird der Gott nur positiv als Freund Odins und Thors dargestellt. Man kann deshalb vermuten, dass seine bösen Züge, wie sie in jüngeren Gedichten der *Lieder-Edda* und Teilen der *Snorra-Edda* dargestellt werden, erst unter christlichem Einfluss ausgemalt worden sind, als aus Loki eine dämonische Teufelsgestalt wurde. Ein altes Motiv wiederum scheint Lokis Gegnerschaft zu Heimdall zu sein. In der skandinavischen Folklore ist Loki bis heute lebendig; so wird er in norwegischen Redewendungen bis heute als Verkörperung des Kaminfeuers erwähnt. Dies mag aber mit einer sehr alten Verwechslung zu tun haben, der von Loki mit dem Feuerdämon Logi. Dieser alten Verwechslung erliegt auch Wagner in seinem *Ring des Nibelungen*, in dem Loki als Feuergott auftaucht. Jacob Grimm hat in seiner *Deutschen Mythologie* viel dafür getan, die Vielfalt der folkloristischen Überlieferungen zu Loki zu dokumentieren und zu entwirren. Die romantischen Schriftsteller Skandinaviens und Deutschlands waren von dem widersprüchlichen Charakter Lokis fasziniert; so ist Loki in der Trilogie *Baldur der Gute* des Dänen Adam Oehlenschläger, die sich um Balders Tod dreht, die Hauptfigur. Friedrich de la Motte Fouqué brachte 1818 eine Tragödie mit demselben Titel auf die deutschen Bühnen, in der Loki nicht weniger wichtig ist als der Titelheld. In der symbolistisch-spätromantischen Literatur der Wende zum 20. Jahrhundert taucht der zwielichtige Loki immer wieder auf. Besonders in dieser Zeit ist Loki auch ein beliebtes Motiv der bildenden Kunst.

EMPFEHLUNGEN

Lesenswert:

Die Edda. Götterdichtung. Spruchweisheit und Heldengesänge der Germanen, übertragen von Felix Genzmer, eingeleitet von Kurt Schier, München 1992

Germanische Götterlehre, hrsg. und mit mythologischem Wörterbuch versehen von Ulf Diederichs, Köln 1984

Georges Dumézil: *Loki*, Darmstadt 1959

Adam Oehlenschläger: *Baldur der Gute*. Tragödie 1808

Hörenswert:

Richard Wagner: *Der Ring des Nibelungen*. Oper 1876

Bedřich Smetana: *Hakon Jarl*, Sinfonische Dichtung 1861

AUF DEN PUNKT GEBRACHT

Loki ist offenbar ursprünglich ein Kulturheros, eine menschenfreundliche Gottheit. Erst spät scheint er zu einer geradezu teuflischen Gestalt geworden zu sein. In der Überlieferung ist er eine eher zwiespältige Gottheit und gerade deshalb besonders interessant.

Balders Tod

Die große Tragödie der Edda

Geschichtliche Einordnung: Bereits in den althochdeutschen *Merseburger Zaubersprüchen* aus dem 10. Jh. wird Balder erwähnt. Seinen vollständigen Mythos kennen wir aber erst aus der *Edda* des 13. Jh.s. In diese mythische Erzählung sind aber auch schon Elemente des antiken griechisch-römischen Mythos, vielleicht auch christliche Vorstellungen, eingeflossen.

Die vielschichtigste und bewegendste unter den mythischen Erzählungen der *Edda* ist zweifellos die von Balders Tod. Sie erinnert an die großen Tragödienstoffe des antiken griechischen Mythos.

Balder, der einzige gemeinsame Sohn Odins und seiner Gemahlin Frigg, von dem wir wissen, ist beider Augapfel. Aber mehr noch, er ist der lichte Gott (das bedeutet wahrscheinlich sein Name) unter den Asen, stets gut und gerecht und damit für alle Götter ein Vorbild. In der Götterrunde nimmt er mit seiner treuen Frau Nanna einen der vornehmsten Plätze ein. Alle Götter achten ihn – nur sein blinder Halbbruder Hödr ist von Neid auf ihn zerfressen, nicht zuletzt, weil auch er Nanna liebt.

Balder ist unter den Göttern der sensibelste und nachdenklichste. Als sein junges Ross einmal seinen Fuß verrenkt, nimmt er das als böses Vorzeichen; und träumt darauf schlecht: der Fenriswolf habe sich von seinen Fesseln befreit und mache sich daran, Odin zu verschlingen und die Götterherrschaft zu stürzen.

■ Balders Tod. Isländische Illustration des 18. Jh.s zu Melsteds *Edda*

Als Balder Odin von seinem Traum erzählt, ist dieser alarmiert und begibt sich in die Unterwelt der Hel, wo er eine Völva – eine Seherin – mit seinen Zaubermitteln dazu zwingt, ihm über das weitere Schicksal der Götter Auskunft zu geben. Was sie Odin zu wissen gibt, ist niederschmetternd: Hödr werde Balder umbringen und zur Hel schicken, und danach werde es zu einer Katastrophe kommen. Er, Odin, aber werde einen Rächer für Balder zeugen. Zurück in Asenheim, unternimmt Odin mit Friggs Hilfe alles Göttermögliche, um zu verhindern, dass die Weissagung sich erfüllt. Die Götter lassen alle lebendigen Wesen und alle Dinge: Riesen,

Alben, Pflanzen, Steine, Erze, Krankheiten, Gifte und Waffen, schwören, dass sie Balder niemals etwas anhaben werden. Anscheinend tut der Schwur seine Wirkung, und die Götter machen sich ein Vergnügen daraus, mit Pfeilen, Speeren und Schwertern auf Balder zu zielen, um jedes Mal zu sehen, wie ihre Waffen an ihm abprallen. Nur der wachsame Heimdall warnt vor dem leichtsinnigen Spiel.

Der Hochmut der Götter ärgert nicht nur den blinden Hödr, der wegen seines Gebrechens an diesen Späßen nicht teilhaben kann, sondern auch Loki, der niemals wirklich Teil der Asengemeinschaft geworden ist. Heimtückisch geht er zu Frigg und fragt sie unter dem Vorwand, sicher gehen zu wollen, dass Balder auch wirklich nichts geschehen könne, ob tatsächlich alle Wesen den Schwur getan hätten. Frigg denkt nach, und tatsächlich fällt ihr ein Mistelzweig ein, der noch zu jung und unscheinbar war, um zu schwören. Sogleich macht sich Loki auf die Suche nach der Mistel. Er findet sie und überredet Hödr beim nächsten Wettschießen, den Mistelzweig auf die Sehne seines Bogens zu legen. Mit Lokis Hilfe zielt Hödr auf Balder und trifft. Der strahlende Gott bricht tot zusammen.

■ Gefesselter Teufel, das heißt eigentlich: Loki. Darstellung auf einem frühmittelalterlichen Kreuz in Kirkby Stephen, Cumbria, England

Das Entsetzen unter den Göttern ist groß, auch ihr Zorn auf die Schuldigen, aber mehr noch die Trauer um den geliebten Mann, Sohn und Bruder. Hödr selbst ist erschrocken über seine Tat. Loki weist alle Schuld von sich, zieht es aber vor zu verschwinden, als er merkt, dass alle ihn für den eigentlich Schuldigen halten. Thor spürt ihn, der sich in einen Lachs verwandelt hat, wenig später auf und fesselt ihn – für immer, wie er hofft – an einen Felsen. Doch das bringt Balder nicht zurück. Feierlich wird der Scheiterhaufen für ihn auf seinem Schiff Hringhorni aufgeschichtet, das brennend ins Totenreich fährt.

Frigg aber findet sich mit dem Tod ihres geliebten Sohnes nicht ab. Sie setzt buchstäblich Himmel und Hölle in Bewegung, um ihn wiederzuerlangen. Auf ihr Betreiben wird Balders Bruder Hermódr zu Hel

ORPHEUS

Die eddische Erzählung von dem Versuch, Balder aus dem Totenreich zu befreien, erinnert an den antiken Mythos von dem Sänger Orpheus, der seine geliebte Eurydike, um die alle Wesen trauern, zunächst aus dem Totenreich befreien kann, weil er die Unterweltgötter gerührt hat, sie dann aber doch endgültig verliert, weil er sich gegen ein Verbot auf dem Weg ans Licht nach ihr umsieht. Es ist gut möglich, dass die germanischen Skalden diese antike Sage kannten.

■ Hermódr, auf Sleipnir reitend, bittet Hel um seinen Bruder Balder. Spätmittelalterliche Buchillustration

geschickt, um Balder zurückzufordern. Dank Odins Wunderpferd Sleipnir, das er sich für seinen Höllenritt erbeten hat, dringt Hermódr bis zu der mächtigen Totengöttin vor. Und Hel lässt sich tatsächlich zu einem Handel herbei: Wenn wirklich alle Wesen aufrichtig und einhellig Balder beweinten, werde sie sich nicht gegen den Wunsch der ganzen Welt stellen und ihn wieder zu den Lebenden entlassen.

Die Götter senden nun Boten aus und bitten alle Wesen, Riesen und Alben, Tiere und Pflanzen und die leblosen Dinge von den Gestirnen bis hinab zu den einfachen Steinen, Balder zu beweinen. Das tun sie bereitwillig, und ihre Trauer ist echt. Die Götter sind schon gewiss, Balder bald wieder in ihre Arme schließen zu können. Doch dann kommt die Nachricht von einer ganz abgelegen hausenden Riesin namens Thökk, die sich zu trauern weigert: Was solle sie um einen der Asen trauern, wo diese doch den Riesen stets feindlich gesonnen seien und sie mit Lug und Trug um den ihnen gebührenden Rang gebracht hätten? Damit war die Hoffnung auf Balders Heimkehr zunichte gemacht; Hel behielt, wie stets, ihr Opfer. So hatten die oft üblen Streiche, mit denen sich die Götter viele Riesen zu Feinden gemacht hatten, doch noch Schlimmes zur Folge.

Nach Balders Tod kam die Welt nie mehr so recht in Ordnung. Zwar übernahm es sein Sohn Forseti, für Frieden zu sorgen und Recht und Ausgleich zu schaffen, aber Odin sann gegen den Rat Thors und Freyjas auf Rache an seinem eigenen Sohn Hödr.

Als ein Weissager ihm verkündet, die Tochter eines weit im Osten herrschenden Königs werde ihm den Rächer gebären, begibt er sich in den Dienst dieses Königs. Dessen Tochter, die schöne Rindr, findet ihn allerdings zu alt und verschmäht ihn, der sich ihr in verschiedenen Gestalten zu nähern versucht. Erst als Odin Rindr mit Wahnsinn schlägt und als heilkundige Alte in ihre Kammer gelangt, kann er ihren Widerstand brechen. Rindr wird wieder geheilt und bringt nach der üblichen Zeit ihren Sohn Váli zur Welt. Als Váli zu einem gewaltigen Krieger herangewachsen ist, berichtet ihm Odin, wie sein Bruder Balder von Hödr ermordet wurde. Váli begreift, dass es seine Sohnes- und Bruderpflicht ist, Vergeltung zu üben, und tötet Hödr.

Zum zweiten Mal hat nun ein Göttersohn einen anderen Göttersohn gefällt. Die Welt ist aus den Fugen geraten. Die Tragödie um Balder kündigt das Drama des Weltendes an.

SAXO GRAMMATICUS

Der sächsische Gelehrte, der um 1200 am dänischen Erzbischofshof in Lund wirkte, hat die auf Lateinisch geschriebene *Gesta Danorum*, eine Chronik des dänischen Herrscherhauses, verfasst. Die ersten neun der 16 Bände befassen sich mit der mythischen Vergangenheit des dänischen Königshauses, das seine Herkunft auf Balder zurückführte. Saxo verdanken wir eine eigene Version des Mythos von Balders Tod.

BALDER

QUELLEN

Die Geschichte von Balders Tod, seiner Bestattung und Beweinung wird ausführlich von Snorri dargestellt, der dabei auf ältere Lieder zurückgreift, die sich bis ins 10. Jahrhundert zurückverfolgen lassen. Die *Gesta Danorum* des Saxo Grammatikus sind die Quelle für die Geschichte von Odins Werbung um Rindr und die Zeugung des Rächers Váli. Rindr und Váli werden in der *Edda* nur gestreift. Auch in der Schilderung von Balders Tod setzt die von Saxo festgehaltene dänische Überlieferung eigene Akzente. Hier kämpft ein gar nicht behinderter Hödr (»Hotherus« bei Saxo) mit Balder um die wankelmütige schöne Nanna, und Balder fällt durch ein Zauberschwert, das Einzige, mit dem der Gott zu verletzen ist. Aus dem 10. Jahrhundert stammt der zweite der althochdeutschen *Merseburger Zaubersprüche*, eine Formel zur Behandlung der Fußverletzungen von Pferden. Darin wird auf eine Fußverrenkung von Balders »Fohlen« als ein allgemein bekanntes mythisches Ereignis angespielt. Dies lässt auf die Popularität Balders auch bei den Südgermanen der Zeit schließen. Die Deutung schon des ersten Worts des Spruchs gibt allerdings einige Rätsel auf. Der Spruch beginnt so: »Phol ende Uodan vuorun zi Holza. / du uuart demo Balderes volon sin vuoz birenkit.« (Phol und Wodan fuhren/ritten in einen Wald/Holz. Da ward dem Balders-Fohlen sein Fuß verrenkt). Wer ist Phol? Jacob Grimm erklärt Phol als einen anderen Namen Balders, was die Erzählung schlüssig macht. Dieser Zweitname des Gottes ist jedoch nirgends belegt. Vielleicht ist Phol auch einfach das Fohlen, also das Ross, mit dem Wodan unterwegs war. Dann müsste man sich freilich über die zwei unterschiedlichen so eng beieinanderstehenden Schreibweisen desselben Worts (»Phol« und »volon«) wundern. Oder ist Phol der Gemahl der weiter unten im Spruch auftauchenden zauberkundigen Göttin Volla, müsste also besser Vol geschrieben werden? Dann bildete er mit Volla ein göttliches Paar mit gleichlautenden Namen wie Freyr und Freyja, deren südgermanische Entsprechungen Vol und Volla dann wären … Es ist nicht immer einfach, Mythenquellen zu entschlüsseln.

EMPFEHLUNGEN

Lesenswert:
Germanische Göttersagen, nach den Quellen neu erzählt von Reiner Tetzner, Stuttgart 1992

Die Edda. Götterdichtung, Spruchdichtung und Heldengesänge der Germanen, übertragen von Felix Genzmer. Eingeleitet von Kurt Schier, München 1992

Georges Dumézil: *Loki*, Darmstadt 1959

John Lindow: *Murder and Vengeance Among the Gods. Baldr in Scandinavian Mythology*, Helsinki 1997

Adam Oehlenschläger: *Baldur der Gute*. Tragödie 1808

Hörenswert:
Johann Ernst Hartmann: *Baldurs Tod*. Oper 1779

Jón Leif: *Baldr* (op. 34). Musikalisch-choreographisches Drama 1991

AUF DEN PUNKT GEBRACHT

Die Erzählung von Baldurs Tod ist die dramatischste und bewegendste aller in der *Edda* überlieferten Mythen. Liebe und Verrat, Schuld und Sühne sind auf eine Weise miteinander verknüpft, wie die Weltliteratur sie sonst nur von den großen griechischen Tragödien kennt.

Fenriswolf, Hel und Midgardschlange

Die bösen Mächte der Unterwelt

Geschichtliche Einordnung: Die Mythen um Fenriswolf, Midgardschlange und Hel erzählt uns die *Edda*. Die Midgardschlange ist auch aus älteren Bildsteinen bekannt. Wie in den Mythen anderer Völker scheint die germanische Vorstellung von schlangenartigen Ungeheuern uralt zu sein.

Der Firnis der Zivilisation ist dünn – das bezeugen die Mythen mancher Völker. Die Götter besiegen die Mächte des Chaos und schaffen für sich und die Menschen eine geordnete Welt; aber niemals in den alten Religionen gelingt ihnen dies auf immer. Die Götter der Griechen fesseln nach einem langen Kampf die riesenhaften Titanen und schlangenartigen Ungeheuer der Vorzeit tief unter der Erde im Tartaros, aber die Unterirdischen stellen bis ans Ende der Welt eine Bedrohung dar; auch Christus muss in der Apokalypse am Ende der Zeiten noch einen Kampf mit einem urzeitlichen Ungeheuer, Leviathan oder Behemoth, bestehen. Den germanischen Göttern wiederum gelingt es nur mit Mühe, die Riesen aus der von ihnen geordneten Welt, Midgard, herauszuhalten und nach Utgard zu verbannen. Ohnmächtig aber sind sie gegen die menschenverschlingende Unterweltsgöttin Hel – Hölle. Hel ist halb schwarz und halb weiß und regiert die farblose Unterwelt, in der die Toten verschwinden. Selbst Götter können getötet werden und der Hel anheimfallen – wie Balder, der Lieblingssohn Odins und Friggs. Zwar können die Götter mit ihr über die Herausgabe des Toten verhandeln, aber da sie allzu harte Bedingungen stellt, erreichen sie nichts.

■ Biblisch-apokalyptische Vorstellungen erweisen sich als eng verwandt mit dem heidnischen Mythos der Midgardschlange: *Untergang des Leviathan*. Holzstich, 1865, nach einer Zeichnung von Gustave Doré

Odin rettet wenigstens die tapfersten Krieger vor dem unersättlichen Maul der Hel, indem er mithilfe der Walküren die auf der Walstatt gefallenen nach Walhall bringt.

Hel ist den Göttern keineswegs untertan, doch es sind die Menschen, die sie bedroht. Ihre finsteren Geschwister aber, der Fenriswolf und die Midgardschlange, stellen als Verkörperungen der Schicksals- und Naturgewalten eine Gefahr auch für die Götter dar.

Hel, Fenriswolf und Midgardschlange seien, so erzählt Snorri, die Kinder Lokis und der schrecklichen Riesin Angrboda gewesen, und als Loki zu den Göttern stieß, habe er den jungen Fenriswolf mitgebracht.

Die Götter ziehen den jungen Wolf mit auf, doch da er immer weiter wächst, wird er ihnen unangenehm. So beschließen sie, ihn auf einer abgelegenen Felseninsel zu fesseln. Doch mit Leichtigkeit zerreißt der Wolf die Ketten, in die sie ihn schlagen wollen; auch ein zweiter Fesselungsversuch misslingt. Nun wird die Situation für die Götter bedrohlich. Sie senden Freyrs treuen Boten Skírnir aus, um die Hilfe der kunstfertigen Zwerge zu erbitten. Diese verfertigen eine neue Fessel namens Gleipnir, und zwar aus ganz erstaunlichen Materialien: dem Geräusch einer Katze, dem Speichel eines Vogels, dem Atem eines Fisches, dem Bart einer Frau und den Wurzeln der Berge – kurz, lauter Dingen, die es für den gemeinen Verstand nicht gibt. Die Fessel ist entsprechend leicht, so leicht, dass der Fenriswolf gar nicht merkt, wie sie ihm umgelegt wird; aber er ist misstrauisch geworden und beharrt darauf, dass einer der Götter seine rechte Hand in sein Maul stecken muss, als Pfand dafür, dass ihm nichts Übles angetan wird. Týr, der Kriegs- und Rechtsgott, erklärt sich zum Opfer seiner Hand bereit, und der Wolf verschlingt sie, als er feststellt, dass er gefesselt ist. Ausgerechnet der Rechtsgott hat seine Schwurhand verloren – kein gutes Vorzeichen!

■ Thor fesselt den Fenriswolf. Holzstich des 19. Jh.s

Nachdem die Götter den Wolf an den Felsen gefesselt haben, stecken sie ihm zur Sicherheit noch ein Schwert aufrecht zwischen die aufgerissenen Kiefer, und der Geifer des Untiers fließt nun als ein übelriechender Fluss zu Tal.

Noch gewaltiger als der Fenriswolf ist die grässliche Midgardschlange. Sie liegt im Weltmeer und umschlingt die bewohnte Erde – Midgard. Wenn sie sich bewegt, bebt die Erde und schäumen die Wellen bis tief ins Land – so riesig ist sie.

Für die Menschen- und Götterwelt ist die Midgardschlange vielleicht die größte Gefahr. Sie ist die Verkörperung des feuchten Ele-

HÖLLE

Nach griechisch-heidnischem Vorbild benannten die frühen Christen den Ort der verdammten Toten Tartarus. Tartarus war zugleich der Gott dieser Unterwelt. Die Vorstellungen der Germanen kamen denen der alten Griechen nahe, nur dass für sie eine Göttin statt eines Gottes hier das Sagen hatte. Aus Tartarus wurde so Hel – die Hölle.

■ Hel als Herrscherin der unterirdischen Totenwelt. Populäre Darstellung, um 1900

ments, des riesigen Weltmeers, auf dem sich Menschen wie Götter in ihren kleinen Nachen nur unsicher bewegen und dessen Fluten die Landbewohner nur wenig entgegenzusetzen haben. Niemand ist sich dessen besser bewusst als Thor, der seine Aufgabe darin sieht, Midgard gegen Riesen und Ungeheuer zu verteidigen. Einmal versucht er, von einem Schiff aus die Schlange mit einem Ochsenkopf zu ködern, um ihr Haupt beim Auftauchen mit seinem Hammer Mjöllnir zu zerschmettern. Der Anschlag misslingt, da der Riese Hymir, der die Angelschnur mit dem Ochsenkopf an ihrem Ende halten soll, sie ängstlich durchschneidet, als er spürt, mit welcher Gewalt die Schlange an ihr zerrt. Nun lauert die Schlange weiter darauf, Verderben zu bringen.

Am Ende der Zeiten, der Götterdämmerung, wird der Fenriswolf sich losreißen und Sonne, Mond und Gestirne, schließlich Odin selbst, verschlingen und heulend durch die öde gewordene Welt rennen; die Midgardschlange wird auftauchen und sich einen letzten Kampf mit ihrem alten Feind Thor liefern; und Hel wird Menschen wie Götter zu sich hinabziehen. Die Götterordnung ist nicht von Dauer.

WASSERUNGEHEUER

In den Mythen vieler Völker spielen schlangenartige Wasserungeheuer wie die Midgardschlange eine große Rolle. Das beginnt bei den alten Babyloniern und setzt sich bei den Griechen und in der Bibel fort. Diese Meerschlangen sind die Urbilder der Drachen, denen wir in China ebenso wie in der griechisch-römischen Antike und im europäischen Mittelalter an vielen Stellen begegnen. Helden und Götter bewähren sich im Drachenkampf – vom antiken Perseus und dem christlichen Heiligen Georg bis zu Thor, Beowulf und Siegfried.

FENRISWOLF, HEL UND MIDGARDSCHLANGE

QUELLEN

Der Wolf als alter Feind des Menschen spielt in der Mythologie der Völker des Nordens seit jeher eine große Rolle. Als der »böse Wolf« der Folklore ist die mythische Wolfsgestalt bis heute lebendig geblieben. Die Geschichte des Fenriswolfs und seiner Fesselung durch die Götter, einschließlich der schönen märchenhaften Auflistung der Materialien, aus denen die Fessel Gleipnir besteht, erzählt Snorri. Bei ihm wird auch das Wüten des entfesselten Wolfs in der Götterdämmerung geschildert. In der *Völuspá* tritt der Wolf unter verschiedenen Namen als Gegner Odins und Týrs und als Verschlinger von Sonne und Mond auf. Christliche Teufelsvorstellungen dürften diese Schilderungen beeinflusst haben. In älteren bildlichen Darstellungen tritt allerdings auch schon das Motiv des Wolfs, der Odin verschlingt, und das des mit einem Schwert aufgesperrt gehaltenen Wolfsmauls auf.

Hel ist sicher keine alte germanische Göttin, sondern die späte Personifizierung der gleichnamigen germanischen Unterwelt (so wie der griechische Hades zugleich die Unterwelt wie auch ihr Herrscher ist). Sie wird erst in der *Edda* fassbar, und zwar als eine ziemlich sinistre Gestalt, denn zur Zeit der Entstehung der *Edda*-Schriften war Hel unter dem Einfluss des Christentums vom moralisch neutralen Totenreich zu einem Ort der Verdammnis und der Strafe geworden. Aus Hel wurde die christliche »Hölle«. Bedrohliche Schlangenwesen, die die ganz ursprüngliche Scheu der Menschen vor dem feuchten Element versinnbildlichen, gibt es in der Mythologie vieler Völker. So wissen wir nicht, ob die germanische Vorstellung von der Midgardschlange auf einer uralten Überlieferung beruht oder eine späte Entlehnung aus dem christlich-antiken Kulturkreis darstellt.

Die Midgardschlange begegnet uns zuerst auf Bildsteinen aus der Wikingerzeit, die Thors Fischzug darstellen. Diese Episode wird ausführlich in einem Lied der *Edda*, der *Hymiskviða*, beschrieben, aber auch in der *Gylfaginning* der *Snorra-Edda* geschildert. Die sicher sehr alte literarische Überlieferung von der Midgardschlange lässt sich immerhin bis ins 9. Jahrhundert zurückverfolgen. In der christlichen Literatur des Mittelalters wird die Midgardschlange mit den Ungeheuern Leviathan und Behemoth der christlich-jüdischen Apokalyptik verglichen. In den Höllen- und Teufelsdarstellungen der spätmittelalterlichen Malerei finden sich noch manche Reminiszenzen an die gräuliche Midgardschlange, aber auch an die alten Schilderungen der Ödnis im Lande der Hel.

EMPFEHLUNGEN

Lesenswert:

Die Edda. Götterdichtung. Spruchweisheit und Heldengesänge der Germanen, übertragen von Felix Genzmer, eingeleitet von Kurt Schier, München 1992

Germanische Götterlehre, hrsg. und mit mythologischem Wörterbuch versehen von Ulf Diederichs, Köln 1984

Adam Oehlenschläger: *Om Fenrisulven og Tyr* (Von Fenriswolf und Týr), in: *Nordens Guder*, 1819 (das erste bedeutende romantische Gedicht, das vom Fenriswolf handelt)

Wolfgang Hohlbein, Heike Hohlbein: *Midgard*, Hamburg 2005

Hörenswert:

Richard Wagner: *Götterdämmerung*. Oper 1876

AUF DEN PUNKT GEBRACHT

Der Firnis der Zivilisation ist dünn, wissen die Germanen: In der Unterwelt lauern finstere Mächte, die darauf aus sind, die Ordnung der Welt zu zerstören. Und Götter wie Menschen nähren die Kräfte der Zerstörung, indem sie selbst durch Mord und Verrat die Zwietracht unter den Mächten der Welt schüren.

Die Götterdämmerung

Das große Endzeitdrama der Edda

■ Der Fenriswolf frisst Odin. Steinrelief der Wikingerzeit, um 1000, von Kirk Andreas, Isle of Man

Hoffnung und Verzweiflung sind die Elemente großer Dramatik, und in aller Regel hat die Verzweiflung das erste Wort: » … es reißt die Fessel, es rennt der Wolf … Brüder kämpfen und bringen sich Tod, … Schwertzeit, Beilzeit, Schilde bersten, Windzeit, Wolfzeit, bis die Welt vergeht … Yggdrasills Stamm steht erzitternd … im Riesenzorn rast die Schlange … die Sonne verlischt, das Land sinkt ins Meer; vom Himmel stürzen die heiteren Sterne …« – es sind Verse von ungeheurer Wucht, in denen die *Völuspá,* das erste Lied der *Edda,* von Ragnarök, der Götterdämmerung, singt: von der Auflösung der Weltordnung und vom Endkampf der Asen mit den Ungeheuern der Vorzeit, mit dem Fenriswolf und der Midgardschlange und ihrer gesamten Brut.

Angekündigt hatte sich die Endzeittragödie schon, als der freundliche und gerechte, der strahlende Balder von seinem eigenen Bruder Hödr ermordet und der tückische Gott Loki gefesselt wurde, als die Riesin Thökk sich weigerte, um den toten Balder zu trauern, und als Odin begann, die gefallenen Krieger der Menschen, die Einherier, um sich auf Walhall zu versammeln, damit sie ihm in dem Endkampf, den er auf die Götter zukommen sah, beistünden. Mord und Ehebruch und Habsucht und Krieg wurden von nun an unter Göttern wie Menschen immer üblicher; die Ordnung der Welt wurde brüchig, die Weltesche wurde welk. Unterdessen erstarkten die Mächte des Chaos – bis schließlich der Fenriswolf und sein Vater Loki ihre Fesseln sprengten und die grässliche Midgardschlange ihr Haupt aus dem Meer erhob, während ihre Schlangenbrut aufs Land kroch.

GÖTTERDÄMMERUNG UND JÜNGSTER TAG

Vermutlich ist der heidnische Mythos von der Götterdämmerung um das Jahr 1000 entstanden, in dem die Christen weithin den Jüngsten Tag, das Ende der Welt, erwarteten. Manche Elemente der *Völuspá*-Dichtung wie der Kampf mit den Endzeit-Ungeheuern oder die Beschreibung der endzeitlichen Naturkatastrophen erinnern an die christliche Apokalyptik. Auf christliche Ideen scheint auch der Mythos von der Wiedergeburt der Erde nach einer letzten Katastrophe und von der Auferstehung Balders zurückzugehen.

Dreimal hintereinander wird nun die Welt von einem schrecklichen Winter heimgesucht, ohne dass es dazwischen Sommer geworden wäre; dann versengt und verbrennt der gewaltige Feuerriese Surtr, in dessen Gefolge die schrecklichen Muspellssöhne aus der Feuerwelt Muspellsheim heranrücken, das ganze Land von Midgard, soweit es nicht durch die von der Midgardschlange aufgepeitschten Meereswogen überflutet ist. Die Erde bebt, und die Regenbogenbrücke Bifröst stürzt ein, die Asgard mit Midgard verbunden hat – ob von den Erdbeben oder unter dem Gewicht des gegen Asgard vorrückenden Muspell-Heers, ist ungewiss. Trotz des Feuerscheins des von Surtr und seinen Gefährten entfachten Weltenbrands verdunkelt sich die Erde, denn der Fenriswolf verschlingt die Sonne. Ein anderer Wolf eifert ihm nach und verschlingt den Mond. Der Sternenhimmel bricht zusammen. Fern im Osten wird unterdessen das gräuliche Schiff Naglfar flott, das aus den Finger- und Fußnägeln der Toten gemacht ist (es ist umso gewaltiger, je mehr die Menschen es versäumen, den Toten die Nägel zu schneiden). Auf dem von dem Riesen Hrymr – es heißt auch: von Loki – gesteuerten Totenschiff nähern sich gewaltige Riesen, die den Göttern übel gesonnen sind.

Da bläst der treue Heimdall sein Horn, die Götter halten zum letzten Mal Rat und ziehen gemeinsam mit den Einheriern zu ihrem letzten Kampf. Auf dem Feld Vígrídr stellen sie sich den Ungeheuern. Heimdall kämpft mit seinem alten Feind Loki, und beide bleiben auf der Walstatt; Thor gelingt es endlich, seine alte Feindin, die Midgardschlange, zu töten, doch er stirbt an ihrem Gifthauch; Freyr unterliegt dem Feuerriesen Surtr, Týr wird von dem Höllenhund Garmr getötet, und auch Odin besteht seinen Kampf nicht; er wird von dem schrecklichen Fenriswolf verschlungen. Doch sein Sohn, der mächtige Vídarr, rächt ihn, indem er seinen starken Schuh auf den

Geschichtliche Einordnung: Von Ragnarök, der Götterdämmerung, erzählt die *Edda* am eindrucksvollsten in der *Völuspá*. Offenkundig ist die Schilderung dort von der *Apokalypse* der Bibel beeinflusst. Deshalb wird die Entstehung des Mythos in der Gestalt, die er in der *Edda* annimmt, meist auf das 10. Jh. datiert, in dem viele Christen den Weltuntergang erwarteten.

■ Christlich-apokalyptische Vorstellungen weisen mancherlei Ähnlichkeiten mit dem germanischen Mythos von der Götterdämmerung auf. *Das Jüngste Gericht*. Gemälde von Hieronymus Bosch, um 1504

ZYKLISCHE GESCHICHTSAUFFASSUNG

Im Unterschied zu den Christen kannten die Heiden des frühmittelalterlichen Nordeuropa kein Ziel und Ende der Geschichte, keine endgültige Erlösung. Vielmehr glaubten sie, dass sich die Geschichte der Welt, wenn auch nicht in immer derselben Weise, wiederhole: Nach der Götterdämmerung beginnt ein neues Zeitalter, auf das noch weitere folgen mögen. Man spricht in solchen Fällen von einer »zyklischen« Geschichtsauffassung. In der religiösen Folklore vieler Völker gibt es eine »zyklische« Auffassung der Weltgeschichte.

Unterkiefer des Untiers setzt und den Oberkiefer so weit aufreißt, bis das Kiefergelenk zerbricht. Die Einherier fallen unterdessen – zum zweiten Mal – gegen das grässliche Gewürm, das die Erde zu erobern trachtet. Aber sie machen auch diesen Bestien den Garaus.

Am Ende dieser letzten Schlacht ist die Erde, so wie sie die Götter eingerichtet hatten, vernichtet. Die Götter sind tot, aber auch die Ungeheuer, die sie bekämpften. Die Welt ist nicht den Mächten des Urchaos anheimgefallen, aber sie wird auch nicht die alte der Götter sein. Sie ist gewissermaßen jungfräulich. Und sie erneuert sich: »*Unbesät werden Äcker tragen; Böses wird besser; Balder kehrt heim* …« Eine bessere Welt entsteht, eine gerechtere, in der der wiedererstandene Balder friedlich zusammen mit seinem Bruder und Mörder Hödr herrscht, umringt von den jungen Göttern wie Odins Söhnen Vídarr und Váli oder Thors Söhnen Módi und Magni, die den Hammer Mjöllnir geerbt haben. Doch nicht nur Götter haben Ragnarök überlebt, sondern auch manche Mächte der Finsternis, die fürs Erste aber wieder in die Unterwelt verbannt sind: »*Der düstre Drache tief drunten fliegt, die schillernde Schlange aus Schluchtendunkel. Er fliegt übers Feld; im Fittich trägt Nidhöggr die Toten; nun versinkt er.*« Diese Verse, mit denen die *Völuspá* endet, besagen, dass Nidhöggr, die Schlange, die seit je an den Wurzeln der Weltesche Yggdrasill nagte, noch immer lebendig ist und dass die Toten tot bleiben und von dem neidischen Wurm zu Hel gebracht werden. Der Gegensatz von Licht und Dunkel, Gerechtigkeit und Missgunst, bleibt erhalten. Das Drama der Welterschaffung und des Untergangs dieser Welt wird sich wiederholen; Hoffnung und Verzweiflung werden im Drama des Weltenlaufs einander stets die Waage halten.

■ Heimdall bläst zu Beginn der Ragnarök sein Horn. Isländische Buchillustration des 18. Jh.s

DIE GÖTTERDÄMMERUNG

QUELLEN

»Ragnarök« bedeutet in der *Lieder-Edda* so viel wie »Götterschicksal(e)«. Vor allem in der *Völuspá* sind die Geschicke der Götter ganz von der Perspektive ihres Untergangs bestimmt; Göttermythologie und die Erzählung vom Untergang der Asen fallen weitgehend in eins. Auch in weiteren Liedern der *Edda* wird von Ragnarök erzählt, oder – was nichts anderes bedeutet – von aldar rök (»Weltende«) oder tíva rök (»Göttliches Schicksal«). Die *Gylfaginning*, der wichtigste Teil der *Snorra-Edda*, ist auf weite Strecken nichts als ein Kommentar zur *Völuspá*. Hier ist aber aus dem Plural ragnarök der Singular ragnarökr geworden, ein Wort mit einer neuen Bedeutung, die der von »Götterdämmerung« – das Wort hat sich seit Richard Wagners Oper eingebürgert – gleichkommt. Snorri ordnet die Darstellung der *Völuspá*, fügt manche Details hinzu und erklärt die Bedeutung mancher Dinge – zum Beispiel, warum das Schiff Naglfar nach Nägeln heißt und weshalb es gut ist, die Nägel der Toten zu beschneiden. Dem Zusammenhang zwischen der eddischen Ragnarök-Dichtung und der christlichen Apokalyptik ist bereits Jacob Grimm in seiner *Deutschen Mythologie* bis ins Einzelne nachgegangen. Er kommt zu dem Ergebnis, dass die Abhängigkeit der *Edda* von manchen christlichen Überlieferungen nicht zu leugnen sei, dass aber die Darstellung des Weltendes gerade in der *Völuspá* den oft verworrenen Schilderungen in den Apokalypsen ihre große Geschlossenheit und Wucht voraushabe. Richard Wagners auf der *Edda* fußende Oper *Die Götterdämmerung*, 1876 uraufgeführt, hatte enormen Einfluss auf die Kultur der Jahrhundertwende in ganz Europa: Wagner nahm Ideen des zeitweise mit ihm befreundeten Philosophen Friedrich Nietzsche in sein Opernkonzept auf, denen zufolge nur das Leben im Hier und Jetzt eine Rolle spielt, und dass der, der sein Leben voll und ganz ausleben will, auch mit seinem persönlichen Untergang rechnen muss. Um die Zeit der Wende vom 19. zum 20. Jahrhundert war das ganze intellektuelle Europa geradezu von einer Lust am Untergang ergriffen. Die Nazis in Deutschland vulgarisierten dann dieses Konzept, indem sie zum Ende des Zweiten Weltkriegs versuchten, der gesamten Bevölkerung Lust auf einen solchen heldenhaften Untergang zu machen: Die Deutschen hätten als Welteroberer gut gelebt und sollten bitte schön nach dem Scheitern des Weltherrschaftsprojekts ihres »Führers« heroisch untergehen. Hitler selbst hat sein Ende frei nach der »Götterdämmerung« inszeniert. Die Vorstellung einer neuen Götterdämmerung war so gruselig, dass sie auch noch die folgenden Generationen fasziniert hat.

EMPFEHLUNGEN

Lesenswert:

Die Edda. Götterdichtung, Spruchweisheit und Heldengesänge der Germanen, übertragen von Felix Genzmer. Eingeleitet von Kurt Schier, München 1992

J.R.R. Tolkien: *Der Herr der Ringe*. Stuttgart 2001 (auch in diesem Werk gibt es einen Endkampf, in dem freilich eindeutig die Guten siegen)

Hörenswert:

Richard Wagner: *Götterdämmerung*. Oper 1876

Torsten Rasch: *Völuspa*. Filmmusik 1998

Kjartan Ólafson: *Völuspá*. Audio-CD 2000

Sehenswert:

Der Untergang. Regie: Oliver Hirschbiegel; mit Bruno Ganz, Alexandra Maria Lara. D 2004

Völuspa. Regie: Alastair Gourlay, Uri Schwarz; mit Edwin Beschler. Kurzfilm USA 2002

AUF DEN PUNKT GEBRACHT

Nirgends erreichen die nordischen Götterlieder eine ähnliche dramatische Wucht wie in den Strophen des *Edda*-Lieds der *Völuspá*, die vom Untergang der Götter und ihrer Welt handeln. Hier lassen sie die christliche Apokalyptik hinter sich und erreichen die tragische Größe der altgriechischen Dramen.

Beowulf

Gemeingermanische Sagenwelt

Geschichtliche Einordnung: Der *Beowulf* ist ein germanisches Heldenlied aus dem England der Angelsachsen, das im 8. Jh. entstanden sein dürfte, also Jahrhunderte vor der *Edda*. Die Angelsachsen waren damals schon zum Christentum bekehrt, hingen aber auch alten germanischen Bräuchen und Anschauungen an, die sich mit denen decken, die die noch fast ganz heidnische *Edda* beschreibt.

Bis tief in die Zeit der germanischen Völkerwanderung hinein reicht die Entstehungsgeschichte des *Beowulf*-Epos. Es ist in einem sehr alten Englisch abgefasst; Ort der Handlung ist jedoch Dänemark, am Rande auch Schweden und das Reich der Franken. Die Geschichte, die es erzählt, stammt aus einer Zeit, in der alle germanischen Völker noch weithin dieselben Sitten und Überlieferungen teilten. Die alten Vorstellungen von der Ordnung der Welt und ihrer Bedrohung durch Riesen und Ungeheuer, von Heldenruhm, Gold und Trinkgelagen als den höchsten Gütern sind nur ganz oberflächlich christlich überformt, und mythisch-märchenhafter Dämonenglaube verschwimmt mit den Erinnerungen an geschichtliche Ereignisse.

Das Heldenepos setzt mit der Aufzählung der ruhmreichen Vorfahren des Dänenkönigs Hrothgar ein. Hrothgar selbst hatte nach vielen siegreich bestandenen Kriegen an seinem Königssitz die gewaltige Halle Heorot errichten lassen. Hier hatte er seine tapferen Krieger mit Met bewirten und mit ihnen die gemeinsam vollbrachten Heldentaten beim Gesang der Skalden noch einmal Revue passieren lassen wollen. Doch nun lag Heorot verwaist; denn jedes Mal, wenn die Männer in den letzten zwölf Jahren beisammengesessen hatten, war ein gräuliches Ungeheuer in den Saal gedrungen und hatte einen aus den Reihen der Krieger ergriffen, zerrissen und – gefressen. Grendel hieß der Unhold, und er stammte aus dem verfluchten Geschlecht Kains, das Besitz vom wüsten Land am Rande von Mittelerde ergriffen hatte.

Abend für Abend saß der grauhaarige Hrothgar in seinem Haus und trauerte um seine Männer und darum, dass ihm jede Freude des Alters genommen war. Er bedauerte, dass keiner seiner Männer die Kraft und den Mut aufbrachte, mit Grendel zu kämpfen und ihn zu töten. Er selbst war zu alt dazu.

■ *Beowulf.* Buchtitel eines deutschen Sagenbuchs von 1904.

Umso größer war seine Freude, als ihm die Ankunft eines Schiffes voller Helden gemeldet wurde, die das Land von dem Unhold befreien wollten. Sie waren aus dem Land der Gauten herübergefahren gekommen, und der gewaltige Beowulf war ihr Anführer, der Neffe und Herdgenosse des Gautenkönigs Hygelac.

Hrothgar begrüßte Beowulf aufs herzlichste und lud ihn zu einem Festmahl und Metgelage mit seinen Kriegern ein. Dort erinnerte er Beowulf daran, dass er seinem von Blutrache verfolgten Vater dereinst Asyl gewährt hatte, und dankte Gott, dass er ihm nun den Helden gesandt hatte, der es mit Grendel aufnehmen werde. Beowulf erinnerte in seiner Antwort daran, dass er schon Riesen gefällt und Meerungeheuer getötet habe; und so werde er auch Grendel vernichten. Wenn er aber unterläge, solle man ihn in seinem prächtigen Kettenhemd begraben, das vor langer Zeit Wieland der Schmied verfertigt hatte.

Der Dänenfürst Unferth, eifersüchtig auf Beowulf, versuchte, den Kriegerruhm des Gauten zu schmälern, doch unbeeindruckt davon überreichte Wealhtheow, Hrothgars Frau, dem Gast einen goldenen Becher als Zeichen ihrer Wertschätzung.

Müde und trunken lassen sich nun nach und nach die Krieger in der Halle zum Schlaf nieder. Nur einer wacht: Beowulf. Mitten

■ Angelsächsischer Eisenhelm aus der Entstehungszeit des *Beowulf*, frühes 7. Jh., aus dem Schiffsgrab von Sutton Hoo, Suffolk (England). London, British Museum

CHRISTENTUM UND HEIDENTUM IM »BEOWULF«

Die Angelsachsen der Zeit, in der das *Beowulf*-Epos seine endgültige Gestalt erhielt, bekannten sich bereits zum Christentum. So wird der Christengott als Helfer und Richter an manchen Stellen angerufen. Andererseits ist das Kriegerethos der Helden und ihre Einstellung zum Tod noch völlig heidnisch. So wird hier die Menschenwelt als Mittelerde – entsprechend dem Midgard der *Edda* – bezeichnet. Interessant ist die Gestalt Grendels, der einerseits den finsteren Riesengestalten der Edda ähnelt, andererseits aber als Abkömmling des biblischen Kain dargestellt wird. Nicht viel anders zu bewerten ist die Verbindung des Untergangs der Riesen in der germanischen Götterdämmerung mit der biblischen Sintflut, die die Runeninschrift auf dem Knauf des von Beowulf gegen Grendels Mutter geführten Schwerts herstellt. Hier sind wir an der Quelle der christlichen Dämonologie des Mittelalters, die sich aus den heidnischen Überlieferungen speist.

Die einflussreichste Übersetzung des *Beowulf* ins Deutsche (1859) stammt von Karl Simrock, der als derjenige berühmt geworden ist, der durch seine Übersetzung ins moderne Deutsch auch das *Nibelungenlied* populär gemacht hat. Wichtig ist auch die Übersetzung von Felix Genzmer (1950).

in der Nacht schwingt das Tor der Halle auf, und der schreckliche Grendel tritt ein. Sogleich ergreift er einen der schlafenden Krieger und reißt ihm mit seinen Zähnen die Glieder aus den Gelenken. Beowulf tritt Grendel entgegen. Ohne Waffen – die wären allemal ohnmächtig gegen das Monster gewesen – ringt er mit ihm, dass die Halle erbebt. Am Ende gelingt es Beowulf, dem Ungeheuer einen Arm am Schultergelenk auszureißen. Heulend und blutend sucht der Unhold das Weite.

Der ausgerissene Arm wird am nächsten Tag zum Siegeszeichen; niemand glaubt, dass das Ungeheuer bei einer solchen Wunde überleben wird. Die Krieger folgen Grendels Blutspur bis zu einem ekligen Tümpel im Walddickicht, dessen Wasser mit Blut vermischt ist. Grendel ist zur Hölle gefahren, heißt es. Reiterspiele werden veranstaltet, und am Abend singt der Sänger den Kriegern das Lied von dem Drachentöter Siegfried und von alten Fehden zwischen Dänen und Jüten. Auch der Neider Unferth erkennt nun Beowulfs Verdienst an. Schließlich legt Wealththeow Beowulf ein Halsband um, das an Pracht dem Götterhalsband Brisingamen nicht nachsteht.

■ Beowulf und Grendels Mutter kämpfen am Grund des Sees. Deutsche Buchillustration von 1904

Als nach diesem Siegesfest die Krieger in Schlaf versunken sind, öffnet sich erneut das Tor zur Halle, und hereintritt – an Grendels statt – Grendels Mutter, auch sie ein schreckliches Monster. Die Krieger zücken ihre Schwerter, doch die Unholdin entkommt mit einem der Männer als Beute und flieht ins Moor. Noch ist der Königssitz der Dänen nicht von der Dämonenplage befreit.

Doch Beowulf ist entschlossen, seine Mission zu beenden. Er zieht mit den Kriegern zu dem Tümpel, in dem Grendel verschwunden ist, und taucht in dessen Tiefe hinab. Dort findet er eine Riesenhalle und in ihr Grendels Mutter. Beim Kampf mit ihr

SIEGFRIED UND BEOWULF
Das *Beowulf*-Epos ist die älteste Quelle für die Sage von dem Drachentöter Siegfried, die wahrscheinlich fränkischen Ursprungs ist. Offenkundig ahmt der *Beowulf* die ältere Siegfriedsage in manchen Zügen nach. Dies ist ein Beleg dafür, dass die Stoffe, aus denen die Dichtersänger, die Skalden oder Barden, schöpften, bei allen germanischen Stämmen dieselben waren.

J.R.R. Tolkien gehört zu den wichtigsten Erforschern des *Beowulf*-Stoffs, wie aus seinem Aufsatz *The Monsters and the Critics* von 1936 hervorgeht. Er hat manche Namen und Begriffe (etwa: Middle Earth) aus dem *Beowulf* in sein neu-mythisches Epos vom *Herrn der Ringe* übernommen.

prallt sein gutes Schwert Hrunting an ihr ab, doch er ergreift ein Riesenschwert, das an der Wand hängt, und schlägt Grendels Mutter ebenso wie dem todwunden Grendel, der in der Halle liegt, den Kopf ab. Mit dem Kopf der Riesin und dem Knauf des inzwischen wie ein Eiszapfen geschmolzenen Riesenschwerts als Trophäen taucht er wieder auf. Vier Männer sind vonnöten, um das Haupt nach Heorot zu tragen. Hrothgar liest auf den Runen, die den Schwertknauf schmücken, die Geschichte von der Sintflut, die dereinst das Geschlecht der Riesen vernichtet hat, und freut sich über die endgültige Vernichtung ihres Geschlechts, während die Metbecher kreisen.

Beowulf kehrt nach Hause zurück und übergibt seinem Herrn Hygelac das wunderbare Halsband, das Hrothgars Frau Wealhtheow ihm als Zeichen seines Sieges umgelegt hatte. Hygelac indessen verliert es beim Kampf gegen die mit den Franken verbündeten Friesen, in dem er umkommt. Hygelacs Witwe trägt Beowulf die Krone an, doch der Held verzichtet zu Gunsten von Hygelacs minderjährigem Sohn Heardred, den er zum Krieger heranzieht. Als Heardred im Kampf gegen die Schweden fällt, wird Beowulf König der Gauten, und viele Jahre verteidigt er sein Land siegreich gegen die kriegerischen Nachbarn. Er meint schon – wie einst Hrothgar –, in Ruhe die Früchte seiner Taten genießen zu können, als ein Drache das Land in Angst und Schrecken versetzt.

■ Beowulf im Kampf mit dem Drachen. Illustration von J.H.F. Bacon zu M.I. Ebbutts *Hero-Myths and Legends of the British Race* (!), 1910

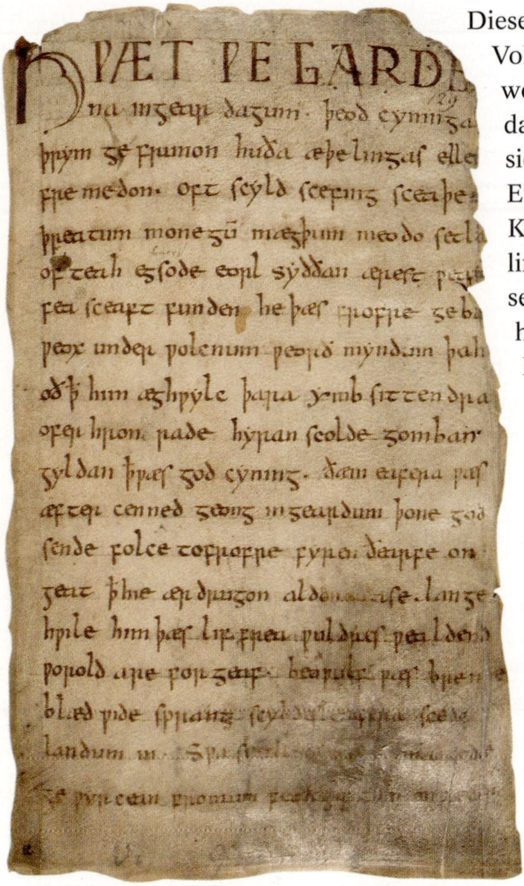

■ Erste Seite der einzigen erhaltenen *Beowulf*-Handschrift aus dem 10. Jh. London, British Library

Dieser Drache, der den Schatz eines untergegangenen Volkes bewacht, ist von Schatzräubern aufgeweckt worden. Feuerspeiend verwüstet das Ungeheuer das Land, und Beowulf, obschon alt geworden, sieht es als seine Pflicht an, das Untier zu töten. Einzig sein Neffe Wiglaf wagt es, ihm bei diesem Kampf zur Seite zu stehen. Mit Wiglafs Hilfe gelingt es Beowulf, den Drachen zu töten und sich seines Horts zu bemächtigen – allein, der Gifthauch des Ungeheuers bringt ihn um.

In seiner Leichenrede auf Beowulf beschimpft Wiglaf seine Landsleute als feige, weil sie den Kampf nicht gewagt haben, den ihr grauer König auf sich genommen hatte, und warnt sie nachdrücklich vor den bevorstehenden Kriegen mit ihren alten Feinden, den Franken und Friesen und Schweden.

Schließlich wird Beowulf, der nach einem langen ruhmreichen Leben im Kampf gefallene Held, feierlich verbrannt; über seinem Scheiterhaufen aber wird ein gewaltiger Grabhügel aufgeschüttet.

Anfang und Ende des *Beowulf*-Epos ähneln sich; das Leben des Helden zwischen diesen beiden Höhepunkten eines Heldenlebens erschließt sich nur andeutungsweise aus zahlreichen Rück- und Vorblicken, die das Leben Beowulfs in einen größeren Zusammenhang von Geschichte und Sage einbetten, in die gemeingermanische Sagenwelt, in der der Drachentöter Siegfried ebenso vorkommt wie Wieland der Schmied und Brisingamen, das Halsband der Freyja.

Der *Beowulf* ist nicht nur das älteste germanische Heldenepos, sondern bezeugt auch das hohe Alter anderer germanischer Sagenstoffe.

BEOWULF

QUELLEN

Das *Beowulf*-Epos, das wichtigste Denkmal altenglischer Literatur, ist in einer Handschrift aus der Zeit um 1000 erhalten. Diese *Beowulf*-Handschrift ist Teil einer Sammlung von im christlichen Geist gesammelten Geschichten, in denen Dämonen eine wichtige Rolle spielen. Das in der British Library in London aufbewahrte Manuskript ist schon während der Renaissance auf Interesse gestoßen. Daher kann man die seit einem Bibliotheksbrand fehlenden Teile aufgrund einer frühen Abschrift recht gut rekonstruieren. Das Epos besteht aus 3182 Langzeilen mit Stabreimen in einer Sprache, die keinem angelsächsischen Dialekt eindeutig zuzuschreiben ist und deshalb meist als Zeugnis einer frühen allgemein-altenglischen Literatursprache angesehen wird, obwohl es kaum andere Denkmäler einer solchen Sprache gibt. Vermutlich geht die aus der *Beowulf*-Handschrift überlieferte Textgestalt auf das 8. Jahrhundert zurück, eine Zeit, in der die Angelsachsen Englands die skandinavischen Wikinger noch nicht als Feinde erlebten und in der sie den sich anbahnenden Konflikt zwischen Wikingern und Franken, der zur Zeit Karls des Großen einen ersten Höhepunkt hatte, als quasi unbeteiligte Beobachter erlebten. Die im *Beowulf*-Epos überlieferten Kämpfe zwischen den Dänen und den mit den Franken der Merowingerzeit verbündeten Friesen lassen sich aufgrund der *Frankenchronik* des Gregor von Tours auf das Jahr 522 datieren. Der *Beowulf* ist nicht das einzige erhaltene Schriftdenkmal eines germanischen Heldenlieds aus seiner Zeit. Vor allem das althochdeutsche *Hildebrandslied* ist ihm in dieser Hinsicht zur Seite zu stellen. Aber im Unterschied zu den kürzeren Heldenliedern ist der *Beowulf* das einzige große durchkomponierte germanische Epos seiner Zeit, nur vergleichbar mit den etwa gleich alten altirischen Epen wie dem vom *Rinderraub von Cooley*. Die Komposition eines solchen Epos mit all seinen Anspielungen, Querverweisen und Vor- und Rückblenden setzt ein gerüttelt Maß an Gelehrsamkeit voraus, und so nimmt man wie bei den irischen Epen an, dass der oder die Verfasser auch die antike Literatur des Mittelmeerraums, vor allem Vergils *Äneis*, kannten. Auf die epischen Lieder der *Edda* weisen im *Beowulf* literarische Techniken wie die »Kenningar« voraus, die Verknüpfungen bestimmter wichtiger Dinge mit bekannten mythischen Ereignissen. Eine typische *kenning* ist der Vergleich des Beowulf von Wealththeow geschenkten Halsbands mit dem Götterhalsband Brisingamen.

AUF DEN PUNKT GEBRACHT

Das älteste germanische Heldenepos führt uns in die Zeit der Völkerwanderung, in der geschichtliche Überlieferung und märchenhafte Erzählungen noch nicht voneinander zu trennen sind.

EMPFEHLUNGEN

Lesenswert:

Beowulf, zweisprachige Ausgabe, hrsg. von Hans-Jürgen Hube, Wiesbaden 2005

Michael Crichton: *Schwarze Nebel*, Hamburg 2002. (Wikinger-Roman, der auf dem Beowulf-Stoff basiert)

J.R.R. Tolkien: *Der Herr der Ringe*. Stuttgart 2001

Hörenswert:

Elliot Goldenthal, Julie Taymor: *Grendel*. Oper 2006 (basiert auf dem *Beowulf*-Gedicht)

Sehenswert:

Beowulf. Regie: Graham Baker; mit Christopher Lambert. USA 1998

Beowulf & Grendel. Regie: Sturla Gunnarsson; mit Gerard Butler, Tony Curran. GB/C/Is 2005

Der 13. Krieger. Regie: John McTiernan; Antonio Banderas, Omar Sharif. USA 1999

Star Trek – Raumschiff Voyager, Episode 1.12 *Helden und Dämonen*. TV-Serie 1996 (ein Besatzungsmitglied begibt sich virtuell in die *Beowulf*-Sage und wird von Grendel entführt)

Besuchenswert:

Die alte Bischofsstadt Roskilde auf Seeland in Dänemark. Hier hat wahrscheinlich Hrothgars gewaltige Halle Heorot gestanden

Das British Museum in London, in dem die Funde von Sutton Hoo aus der Entstehungszeit des *Beowulf* aufbewahrt werden

Wieland der Schmied

Der große Held der kleinen Leute

Kunstfertigkeit, Geschicklichkeit und Intelligenz waren für unsere Vorfahren ein und dasselbe, und niemand verkörperte diese Eigenschaften besser als die geachtetsten Handwerker-Künstler der Zeit: die Schmiede. Wie die ziemlich brutale Sage von der Rache des Schmieds Wieland zeigt, konnte sich ein solcher Handwerker auch gegen einen König behaupten – wenn er die nötige Entschlossenheit und Intelligenz mitbrachte. Ein Mann aus dem Volke stellt sich mit dem Kriegeradel auf eine Stufe – in solchen Geschichten kann man den Ursprung demokratischen Denkens sehen.

Wieland stammte nicht wie etwa Siegfried aus einem mit den Göttern verschwägerten Königsgeschlecht, sondern war der Sohn eines Riesen, einer Gestalt am Rande der besseren Menschen- und Göttergesellschaft. Sein Vater gab das begabte Kind bei den noch geringeren Zwergen in die Lehre, die aber die Meister der Schmiedekunst waren. Die Zwerge sahen Wieland anfangs als guten Schüler, bald aber schon als gefährlichen Konkurrenten an und trachteten ihm nach dem Leben. Wieland entging dem Anschlag seiner Lehrmeister, tötete sie, nahm ihr Gold mit sich und wusste von nun an, wie wichtig ein gut geschmiedetes Schwert und ein gesundes Misstrauen waren.

Wieland kehrte zu dem heimatlichen Hof auf der dänischen Insel Seeland zurück, ging die gefährliche Ehe mit einer Walküre, Herwör, ein und lebte friedlich als Bauer, bis Herwör von ihm fortging. Sie hinterließ einen Zauberring, den Wieland auf seinem Amboss immer wieder nachbildete. Er war jetzt wieder Schmied.

Die Kunde von seinen Künsten und von dem Zauberring, den er besaß, drang zu dem Dänenkönig Nidung. Der habgierige

■ Der Zwerg Mime in Richard Wagners 1876 uraufgeführter Oper *Siegfried* auf einer zeitgenössischen Farblithographie. Bei Wagners Gestalt des Meisterschmiedes Mime, Siegfrieds Lehrmeisters, hat die Sagenfigur Wieland Pate gestanden.

König ließ Wieland überfallen, fesseln und als Sklaven an seinen Hof bringen; der Zauberring wurde dem Schmied geraubt. Nidung genoss es, sich von dem großen Schmied aufwarten zu lassen, war aber auch neugierig, mehr von seinen Künsten zu erfahren. So arrangierte er einen Wettstreit zwischen Wieland und seinem Hofschmied Amilias: Dieser sollte eine für jedes Schwert undurchdringliche Brünne, ein Panzerhemd, und einen ebensolchen Helm anfertigen, jener ein Schwert, das beide durchdringen konnte. Siegespreis war der Kopf des Unterlegenen. Wieland schmiedete daraufhin das Wunderschwert Mimung und spaltete damit Amilias samt seinem Helm und seiner Brünne von oben bis unten in zwei Häften. Wieland hatte gesiegt, sich aber auch als gefährlich erwiesen. Nidung begehrte das Zauberschwert sogleich für sich, Wieland zog es aber vor, seinem König eine schlechte Kopie von Mimung zu übergeben. Seine Vorsicht bewährte sich: Der Feind zog gegen das Land, Nidung musste sich zur entscheidenden Schlacht stellen, hatte aber seinen Glücksstein zu Hause vergessen. In seiner Not versprach Nidung demjenigen, der ihn herbeischaffen könne, die Hand seiner schönen Tochter Bödwild. Der Einzige, der ihn rechtzeitig herbeiholen konnte, war, dank seines Wunderrosses Skemming, Wieland. Als Wieland, gerade noch rechtzeitig, mit dem magischen Stein im Lager Nidungs anlangte, wurde er von dessen

■ Wieland der Schmied und die Königstochter Bödwild. Holzstich nach einem Gemälde von Markus Grönvold, 1878

WILHELM TELL

Eine zentrale Szene in dem Schweizer Nationalepos von Wilhelm Tell, das durch Schillers Drama im gesamten deutschen Sprachraum populär wurde, ist der durch den Landvogt Gessler erzwungene Schuss Tells auf den Apfel auf dem Kopf seines Sohnes. Das Motiv ist uralt und geht auf die Sage um Wieland und seinen Bruder Egil zurück. Wie Egil hatte auch Tell zwei Pfeile verborgen, die er für den Fall eines Fehlschusses gegen seinen Peiniger gerichtet hätte.

Geschichtliche Einordnung: Die Wielandsage gehört zu den ältesten bekannten germanischen Erzählungen. Sie lässt sich bis etwa 700 zurückverfolgen. Sie ist auch im *Beowulf* schon als bekannt vorausgesetzt. Sie ging in die *Edda* ein und findet sich in skandinavischen, deutschen und französischen Texten des Hochmittelalters.

Truchsess empfangen, der dem König den Stein selbst überreichen und so die Hand von dessen Tochter Bödwild erwerben wollte. Der Schmied aber tötete den Truchsess mit seinem Schwert Mimung.

Nidung gewann die Schlacht, aber er dachte nicht daran, einen Nicht-Edlen wie Wieland mit seiner Tochter zu verheiraten. Auf Drängen seiner Frau sorgte er vielmehr dafür, dass Wieland die Sehnen an Füßen und Schenkeln durchtrennt wurden – von dem zauberkräftigen Schmied sollte keine Gefahr mehr ausgehen können. Wieland, jetzt ein Krüppel, wurde auf eine kleine Insel verbannt, wo er für seinen König arbeiten musste.

Wieland sann auf eine Gelegenheit zu entkommen und, mehr noch, auf Rache. Die erste Gelegenheit zur Rache ergab sich, als eines Tages die beiden jüngsten Söhne Nidungs neugierig auf die Insel kamen und die kostbaren Geschmeide bewunderten, die der Schmied in einer Truhe verwahrte. Als sie sich über die Schatztruhe beugten, ließ Wieland deren schweren Deckel fallen und brach ihnen das Genick. Er fing das Blut der Kinder in Schweinsblasen auf, kochte und entbeinte ihre Körper; aus den Hirnschalen aber machte er goldene Becher, die er Nidung sandte.

Wenig später zerbrach der schönen Königstochter Bödwild ihr schönster Ring – dies war der Zauberring der Walküre Herwöd, den Nidung Wieland geraubt und seiner Tochter geschenkt hatte. Sie wusste, dass Wieland der Einzige war, der den Ring wieder richten konnte, und machte sich zu dem Schmied auf seine Insel auf. Wieland empfing Bödwild freundlich, machte sie mit Met betrunken und schlief mit ihr. Auch die Schändung

■ *Wieland der Schmied.* Gemälde von Moritz von Schwind, 1850. Wieland, dem durch den König die Beine gebrochen sind, schmiedet sich Flügel, um der Gefangenschaft zu entfliehen.

der Königstochter gab ihm Genugtuung.

Unterdessen hatte Nidung auf Wielands Rat hin dessen Bruder Egil, einen Meisterschützen, an seinen Hof berufen. Auch ihn suchte der König erst einmal zu demütigen: Er sollte sein Können beweisen, indem er aus gehörigem Abstand seinem Sohn einen Apfel vom Kopf schösse. Egil nahm drei Pfeile, legte einen davon auf die Sehne und traf den Apfel. Befragt, wozu er die beiden anderen Pfeile genommen habe, antwortete er freimütig, die seien für Nidung bestimmt gewesen, im Falle, dass er den Apfel verfehlt und sein Kind getroffen hätte.

■ Der antike Mythos von Dädalus und Ikarus ist in die Wielandsage eingeflossen. *Der Sturz des Ikarus.* Gemälde von Carlo Saraceni (1579–1620)

Egil schoss für seinen Bruder Wieland auf dessen Bitten die schönsten und größten Vögel, und aus deren Schwungfedern verfertigte der große Kunsthandwerker ein Federkleid mit gewaltigen Schwingen. Wieland bat Egil, das Federkleid anzuziehen und damit zu fliegen. Der Flug gelang, auch wenn Egil eine ziemliche Bruchlandung hinlegte, da er sich mit dem Wind statt, wie die Vögel, gegen ihn dem Boden näherte. Nach diesem Versuch wusste Wieland, dass er aus seinem Inselgefängnis würde entkommen und seine Rache genießen können. Er legte das Federgewand an, schwang sich in die Luft und ließ sich auf dem Dach von Nidungs Königshalle nieder. Höhnisch verkündete er dem König, dass er

DÄDALUS UND IKARUS

Es kann keinen Zweifel daran geben, dass die altgriechische Sage von dem zauberkundigen Schmied Dädalus, der mit nachgebildeten Vogelschwingen aus dem Gewahrsam des kretischen Königs Minos entkam, das Vorbild für die nordische Sage von Wielands Flug im Vogelgewand war. Das wussten auch schon die Skalden des mittelalterlichen Island. Auch die Geschichte von Dädalus' Sohn Ikarus, der mit den Vogelschwingen nicht recht umgehen konnte, findet sich nachgebildet in der Erzählung von Wielands Bruder Egil, der mit seinen Vogelschwingen nicht gut zu landen wusste.

■ Die älteste bekannte bildliche Darstellung der Sage von Wieland dem Schmied auf dem Kästchen von Auzon. Schnitzerei aus Walbein, Anfang 8. Jh. London, British Museum

seine Söhne getötet habe, aus deren Hirnschalen er nun trinke, und dass er seine Tochter geschwängert habe. Voller ohnmächtiger Wut gebot Nidung seinem Schützen Egil, auf den Bruder zu zielen, doch dieser traf – entsprechend einer Verabredung mit Wieland – nur die Blase unter Wielands Achsel, in der er das Blut von Nidungs Söhnen verwahrt hatte. Während auf Nidung das Blut seiner Söhne regnete, erhob sich Wieland triumphierend in die Lüfte.

Wie es in späteren Berichten heißt, starb Nidung kurz nach diesem für ihn so schmachvollen Ereignis; sein Sohn und Nachfolger aber habe seinen Frieden mit dem Kunstschmied gesucht und ihm seine Schwester Bödwild zur Gemahlin gegeben. Der Sohn Wielands und Bödwilds aber sei Witege gewesen, von dessen Heldentaten die Sagen um Dietrich von Bern berichten.

Wielands Rache an Nidung zeugt vom Ansehen des klugen Handwerkers bei den germanischen Geschichtenerzählern. Bei ihren mittelalterlichen Nachfolgern stand Wielands Triumph in noch höherem Ansehen; sie machten Wieland zum Ahnherrn eines adligen Heldengeschlechts. In der blühenden Handwerkskultur der mittelalterlichen Städte wollten gerade die kleinen Leute, dass Geschick und Intelligenz genauso viel wert sind wie adlige Herkunft. Die Wielandsage hat insofern etwas Demokratisches.

WIELAND DER SCHMIED

QUELLEN

Die älteste Quelle der Wielandsage sind Schnitzbilder auf dem aus Walbein gefertigten Kästchen von Auzon, das in Frankreich gefunden wurde, dessen Entstehung aufgrund der Runeninschriften aber in Nordengland um 700 vermutet wird. Die Sage, die auch im altenglischen *Beowulfslied* erwähnt wird, scheint von England über Norddeutschland nach Skandinavien gewandert zu sein und hat dabei sowohl in der französischen *(Véland le Forgeron)* als auch in der mittelhochdeutschen Literatur (im *Friedrich von Schwaben* aus dem 14. Jahrhundert) ihre Spuren hinterlassen. Von der weiten Verbreitung des Wielandstoffs zeugt auch die Apfelschussszene der schweizerischen Tellsage. Am reichsten ist aber die skandinavische Überlieferung: die norwegische Sage von Velent und die eddische Erzählung von Volund, die *Volundarkvida*. Die älteste skandinavische Überlieferung der Sage findet sich aber nicht in den Texten, sondern auf einem gotländischen Bildstein aus der Zeit um 800, auf dem zu sehen ist, wie Wieland die Söhne Nidungs tötet und sich im Vogelgewand in die Lüfte schwingt. Die *Volundarkvida* (wie auch der *Friedrich von Schwaben*) verbindet die Wielandsage mit dem uralten Märchen von den Schwanenjungfrauen, die wiederum mit den Walküren des germanischen Mythos zusammengebracht werden: Wieland erwirbt seine Walkürenfrau Herwöd, indem er das Schwanengewand versteckt, dem sie gerade entschlüpft ist, und er verliert sie, als sie das Versteck entdeckt. Diese Überlieferung ist die Verbindung der Wielandsage etwa mit dem Lohengrinstoff. In anderen skandinavischen Überlieferungen wie der eddischen *Thidrekssaga* wird die Gestalt Wielands über seinen Sohn Witege mit dem Sagenkreis um Dietrich von Bern verknüpft. Die isländischen Gelehrten des 13. Jahrhunderts, auf die die *Edda* zurückgeht, waren sich übrigens der Verwandtschaft des Wielandstoffs mit dem antiken Mythos von Dädalus und Ikarus völlig bewusst. Seit dem 19. Jahrhundert, dem Zeitalter der nordischen Renaissance, wurde die Wielandsage häufig nacherzählt und immer wieder auch in Bildern festgehalten.

EMPFEHLUNGEN

Lesenswert:
Germanische Heldensagen, nach den Quellen neu erzählt von Reiner Tetzner, Stuttgart (Reclam) 1996

Die Edda. Götterdichtung, Spruchdichtung und Heldendichtung der Germanen, übertragen von Felix Genzmer. Eingeleitet von Kurt Schier, München 1992

Hörenswert:
Jan Levoslav Bella: *Wieland der Schmied.* Oper 1926 (nach einem Entwurf von Richard Wagner von 1849/50)

Richard Wagner: *Siegfried.* Oper 1876

Besuchenswert:
Die dänische Insel Seeland, auf der so manche Sagen – wie die von Wieland – beheimatet sind, kann modernen Touristen noch etwas davon vermitteln, wie Viehhirten, Bauern und Schiffer einst zusammenlebten.

Im Nationalmuseum von Kopenhagen sind viele Zeugnisse aus dem Dänemark der frühen Wikingerzeit zusammengetragen.

AUF DEN PUNKT GEBRACHT

In der Sage von Wielands Rache triumphiert ein Handwerker, ein Mann aus dem Volk, über einen König und sein durch Geburt adliges Gefolge. Wenn man so will, ist dies das frühe Dokument einer demokratischen Geisteshaltung

Gudrun

Zweierlei Brautraub

Geschichtliche Einordnung: Geschichtlicher Hintergrund der Gudrunsage ist die Landnahme der Wikinger (Normannen) in der nordfranzösischen Normandie im 10. Jh. Im 12. Jh. verbreitete sich die Sage im deutschen Sprachraum, dann auch in Skandinavien.

Frauen zu rauben ist offenbar eine Lieblingsbeschäftigung der Männer in kriegerischen Gesellschaften – spätere Eheschließung nicht ausgeschlossen. Frauenraub kann schlimme Folgen haben – wie Helenas Raub durch Paris, aus dem der Trojanische Krieg entstand, oder der mehrfach versuchte Raub der schönen germanischen Göttin Freyja durch die Riesen, der zu verhängnisvollen Gewaltaktionen der Asen gegen die Riesen führte. Auch die listige Entführung Brunhilds durch Gunther mithilfe Siegfrieds – genau genommen kein Brautraub, sondern so etwas wie eine Brauterschleichung – endete in einer Katastrophe. Noch in unseren Tagen wissen sizilianische oder arabische Familienchroniken viel von den oft schrecklichen Folgen eines Brautraubs zu berichten. Von einem Brautraub, bei dem der Räuber seiner Beute nicht froh wurde, berichtet auch die weit verbreitete Gudrunsage.

Das mittelalterliche *Kudrunslied* beginnt allerdings mit der Schilderung eines Brautraubs mit glücklichem Ausgang: der Geschichte der Werbung von Gudruns Vater Hettel um ihre Mutter

■ Gudrun begegnet am Strand ihren Befreiern. Schulwandbild. Farblithographie von 1922

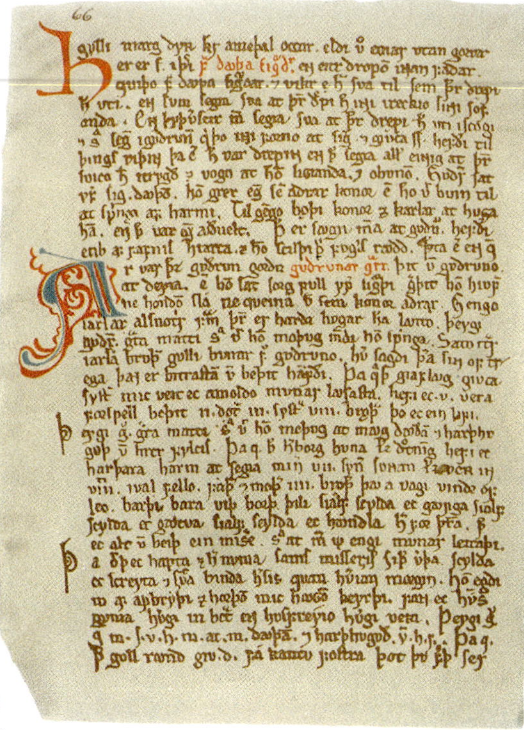

■ Der Anfang des Gudrunliedes in der ältesten Handschrift der *Edda (Codex Regius)*, um 1280. Kopenhagen, Königliche Bibliothek

Hilde. Der Dänenkönig Hettel hört davon, dass Hilde, die Tochter des irischen Königs Hagen, die liebreizendste Prinzessin sei, die jemals gesehen wurde. Von nun an ist für ihn nichts anderes mehr von Bedeutung, als Hilde zur Gemahlin zu gewinnen. Er rüstet eine Flotte unter der Führung seines getreuen Lehnsmanns Wate aus, die nach Irland fahren und Hilde für ihn gewinnen soll. Wates Aufgabe ist nicht leicht, denn bisher hat Hagen jeden Bewerber um die Hand seiner Tochter, wenn nötig mit Gewalt, vertrieben. Die dänischen Schiffe landen vor Hagens Burg, die Krieger aber, die auf ihnen gefahren gekommen sind, geben sich als Kaufleute aus und stellen die prächtigsten Waren in Buden auf dem Strand aus. Das Volk strömt herbei, und bald werden auch Hagen und Hilde neugierig und begeben sich zum Meeresufer. Die Dänen zeigen Hagen ihre schärfsten Klingen, während sie Hilde auf das Schiff locken, indem sie ihr bedeuten, dass dort noch weit wertvollere Geschmeide zu bestaunen seien als in den Buden am Strand. Als Hilde das Schiff Wates betreten hat, das das Dänengeschwader anführt, eilen alle Dänen zu ihren Schiffen, und Wate gibt das Zeichen zum Losmachen. Wutschnaubend sieht Hagen die Schiffe mit seiner Tochter entschwinden und befiehlt seinen Leuten, die eigenen Schiffe seefertig zu machen, damit er den Entführern folgen könne. Wate berichtet unterdessen Hilde von der Liebe seines Herrn Hettel zu ihr, und es gelingt ihm, sie auf ihren Bräutigam so neugierig zu machen, dass sie Hettel, als sie ihm am dänischen Strand zum ersten Mal begegnet, ebenso freudig begrüßt wie er sie. Es ist Liebe auf den ersten Blick. Als Hagen wenig später mit seinen Kriegern landet und gegen die Dänen losschlägt, wirft Hilde sich zwischen die beiden Vorkämpfer, ihren Vater Hagen und ihren Bräutigam Hettel. Da erkennt Hagen, dass er über seine Tochter nicht länger werde verfügen können, macht Frieden mit Hettel und gibt ihm Hilde zur Ehe.

So weit Hildes Geschichte, die sich auf ganz andere Weise bei ihrer Tochter Gudrun wiederholen sollte.

An der Seite ihres Bruders Ortwin wuchs Gudrun, die Tochter Hettels und Hildes, zu einer prächtigen Jungfrau heran. Und bald

Die Geschichte von der Werbung um Hilde ist aus dem mittelhochdeutschen Epos *Dukus Horant* aus dem 14. Jahrhundert bekannt. Der *Dukus Horant* ist nur in einem in hebräischer Schrift verfassten Manuskript auf uns gekommen: Auch die Juden der Zeit lasen gern romantische Heldenepen.

■ Wate bläst zum Sturm auf die Burg zur Befreiung Gudruns. Farbdruck, 1904, nach Max Koch. Illustration zu M. Kochs und A. Heuslers *Urväterhort. Die Heldensagen der Germanen,* Berlin 1904

schon meldeten sich die Freier, zuerst der mächtige Siegfried von Morland. Hettel und Gudrun wiesen ihn ab – mit der Folge, dass der gedemütigte Fürst zum Krieg gegen den Dänenkönig rüstete. Der nächste Freier war Hartmut, der Sohn des noch mächtigeren Normannenkönigs Ludwig. Als Dritter meldete sich schließlich Herwig, der König der Insel Seeland. Er war seit seiner Jugend mit Gudruns Bruder Ortwin befreundet und kannte Gudrun seit langem. Ihm gehörte das Herz der Dänenprinzessin. Und Herwig kämpfte um seine Gudrun; er zog vor Hettels Burg, und im Zweikampf überzeugte er den Dänenkönig davon, dass er ihm ebenbürtig war. Prächtig wurde nun die Verlobung von Gudrun mit Herwig gefeiert. Mitten in die Feier jedoch platzte die Nachricht, dass Siegfried von Morland in Seeland eingefallen war und das Land verwüstete. Herwig eilte sogleich in seine Heimat, und sein künftiger Schwiegervater Hettel kam ihm mit seinen Mannen zu Hilfe. Während sich Dänen und Seeländer mit den Morländern Siegfrieds schlugen, landeten von Hartmut befehligte Normannenschiffe bei Hettels von ihrer Besatzung entblößter Burg, raubten Gudrun mit ihrem Gefolge von Frauen und ließen eine verzweifelte Königin Hilde zurück. Nun war von der Feindschaft zwischen Hettel, Herwig und Siegfried von Morland nicht mehr die Rede; gemeinsam setzten sie den normannischen Räubern nach und stellten sie auf dem Wülpensand an der friesischen Küste. In einem tapferen Kampf, wäh-

DER TREUE JOHANNES

Im Grimm'schen Märchen vom *Treuen Johannes* ist die uralte Geschichte von der Entführung Hildes erhalten geblieben: Johannes, in dem man leicht den alten getreuen Wate wiedererkennt, freit für seinen König um die Tochter des »Königs vom Goldenen Dache«, die er wie der Wate der Sage mithilfe öffentlich ausgestellter Schätze auf sein Schiff lockt, um sie seinem König zuzuführen.

rend dessen Hettel sein Leben verlor, bewährten sie sich gegen die fremden Räuber, konnten aber nicht verhindern, dass die Normannen mit ihren Schiffen und ihrer Beute an schönen Frauen verschwanden.

Im Normannenland angekommen, dachte Gudrun allen Schmeicheleien und Drohungen zum Trotz nicht daran, die Ehe mit Hartmut einzugehen, sondern blieb ihrem geliebten Herwig treu. Hartmut war ritterlich genug, sie nicht mit Gewalt zu nehmen, doch seine Mutter Gerlind übernahm es, die stolze Dänin gefügig zu machen. Während Hartmut abwesend war, zwang sie Gudrun und ihre Freundinnen zu immer demütigerenden Arbeiten. Vielleicht hätte Gudrun diese Qualen nicht durchgehalten, wenn sie nicht ihre treue Magd Hildburg stets an ihrer Seite gehabt und in Hartmuts Schwester Ortrud eine heimliche Freundin gefunden hätte. Zwölf Jahre lang quälte Gerlind Gudrun; zuletzt zwang sie sie, am Meeresstrand im eiskalten Wasser Wäsche zu waschen.

Eines Tages aber schwamm ein sprechender Schwan auf Gudrun zu und kündigte ihr ihre Befreiung an. Gudrun warf die Wäsche ins Meer und eilte ebenso unverrichteter wie guter Dinge hinauf auf das Königsschloss. Dies versetzte Gerlind in Unruhe – zu recht, denn wenig später tauchten Dänen und Seeländer unter Führung Ortwins und Herwigs vor der Normannenburg auf.

■ Wikingerlandung. Szenenphoto aus *Alfred der Große, Bezwinger der Wikinger* (Regie Clive Donner) von 1968

DÄNEN UND NORMANNEN

Von Dänemark, vor allem von Jütland, aus suchten die Wikinger im 9. Jahrhundert die Küsten Norddeutschlands und Nordfrankreichs mit ihren Raubzügen heim. In der nordfranzösischen Landschaft der Normandie ließen sich die Nordmänner (Normannen) dauerhaft nieder und wurden bald zu mächtigen Feinden ihrer Stammverwandten, der räuberischen Wikinger. Dies ist der historische Hintergrund der Gudrunsage. Im 11. Jahrhundert gründeten die Normannen zuerst in England, dann in Sizilien die ersten typisch »feudalen« Staaten, in denen die Tugenden des Rittertums gefeiert wurden: Gefolgschaftstreue, Schonung gegenüber unterlegenen Gegnern und Achtung vor den Frauen – Tugenden, die die mittelalterlichen Fassungen der Gudrunsage prägen.

Im Kampf vor der Burg erschlägt Gudruns Bräutigam Herwig den Normannenkönig Ludwig; der alte Wate schickt sich unterdessen an, ihren Entführer Hartmut zu erschlagen. Gudrun bittet ihren geliebten Herwig aber um Schonung für ihren unglücklichen Verehrer, und Herwig gebietet Wate Einhalt. Ihre böseste Gegnerin, Gerlind, vermag Gudrun jedoch nicht vor Wates Zorn zu retten. Ihr Kopf rollt ihr vor die Füße.

Mit Hartmut und seiner Schwester Ortrud als Geiseln segeln die Dänen zurück in ihre Heimat, wo sie von der alten Königin Hilde empfangen werden. Hilde küsst ihren treuen Degen Wate, ihre Tochter Gudrun und ihren Sohn Ortwin, schließlich auch ihren Schwiegersohn Herwig. Für Gudrun und Herwig wird am Dänenhofe nun ein prächtiges Hochzeitsfest ausgerichtet; gleichzeitig werden zwei von Gudrun arrangierte diplomatische Heiraten gefeiert: die Hartmuts, des jungen Königs der Normannen, mit Gudruns bester Freundin Hildburg und die der Normannenprinzessin Ortrud mit dem Dänenprinzen Ortwin. Zwischen Dänen und Normannen herrscht hinfort Frieden.

Brautraub kann schreckliche Folgen haben, er kann aber auch zum Bündnis mächtiger Familien und dadurch zu einem langen Frieden führen. Davon weiß jede sizilianische Familiensaga zu berichten. Und auch für die Gudrunsage ist beides richtig.

■ Normannen fallen in die Normandie ein. Aus: *Le Petit Journal*, Paris 1911

GUDRUN

QUELLEN

Das mittelhochdeutsche *Kudrun*-Epos stammt wohl aus dem 13. Jahrhundert und gilt als in seiner literarischen Form dem *Nibelungenlied* verwandt. Mit seinem optimistischen Ende aber ist es geradezu ein ritterlich-humanistischer Gegenentwurf zum tragischen *Nibelungenlied*, dank der Protagonistin, die die höfischen Tugenden verkörpert. Erhalten ist das *Kudrunlied* nur in einer frühneuhochdeutschen Übersetzung aus dem *Ambraser Heldenbuch* des 16. Jahrhunderts. Die Stoffgeschichte der Gudrunsage, vor allem aber der Sage von Hilde und Hettel, die ihren ersten Teil ausmacht, lässt sich jedoch weit zurück verfolgen. So hat es auch eine altenglische und altskandinavische Hildesage gegeben; in reifster Form ist sie aus dem *Dukus Horant* überliefert, einem fragmentarischen mittelhochdeutschen Epos, das uns in einem Manuskript aus dem 14. Jahrhundert in hebräischer Schrift überliefert ist: Auch die deutschen Juden hatten sich die Hilde-/Gudrunsage zu eigen gemacht. Im *Dukus Horant* wirbt der dänische Herzog Horant für einen deutschen König um die griechische Prinzessin Hilde, deren Vater Hagen es zu überlisten gilt. Die populäre Geschichte vom Raub einer von schönen Geschmeiden leicht zu betörenden Prinzessin hat sich auch noch im deutschen Volksmärchen erhalten (Brüder Grimm, *Der treue Johannes*). Die Tatsache, dass Hilde im *Dukus Horant* eine griechische Prinzessin ist, verweist auf die Sage von *König Rother*, die Gegenstand eines der ersten mittelhochdeutschen Texte mit profanem Stoff ist (um 1160). Die Gestalt König Rothers geht auf die des Langobardenkönigs Autharius (Rothari) zurück, der Ende des 6. Jahrhunderts in Italien herrschte. Rother wirbt um die Tochter des Kaisers in Konstantinopel und entführt sie mit List. Der Kaiser entführt seine Tochter jedoch zurück, und erst nachdem sich Rother mit seinen Helden gegen die Heiden bewährt hat, muss der Kaiser den Langobardenkönig als seinen Schwiegersohn anerkennen. Die kaiserliche Prinzessin gebiert Rother Pippin, den Vater Karls des Großen, der der Vorläufer der mittelalterlichen Kaiser des Westens war. Der *König Rother* ist offenbar politische Tendenzliteratur aus der Zeit der Stauferkaiser, in der aus alten Überlieferungen eine Geschichte zusammengestellt wurde, die die Legitimität des westlichen Kaisertums gegen den als Finsterling dargestellten byzantinischen Kaiser beweisen sollte. Der damit in die Welt gesetzte Stoff erwies sich alsbald als populär: Von den kurzen Brautwerbungsepen wie denen von Hilde und Gudrun spricht man auch als Spielmannsepen, weil sie anscheinend gern während mittelalterlicher Feste von Spielleuten – gebildeten Gauklern – vorgetragen wurden.

EMPFEHLUNGEN

Lesenswert:

Das große Sagenbuch. Die schönsten Götter-, Helden- und Rittersagen, gesammelt und neu erzählt von Johannes Carstensen, Zürich 1992

Gerhard Aick: *Deutsche Heldensagen*, Wien 1956

Auguste Lechner: *Gudrun*, Stuttgart 1989

Heinz Rupp: *Nibelungenlied und Kudrun*, Darmstadt 1976

Hörenswert:

August Klughardt: *Gudrun*. Oper 1881

Felix Draeseke: *Gudrun*. Oper 1879–84

Besuchenswert:

Als Schauplätze der Gudrunsage sind der alte dänische Königssitz Roskilde ebenso besichtigenswert wie die Normandie mit ihren Burgruinen am Meer.

AUF DEN PUNKT GEBRACHT

In der Gudrunsage wird eine alte Überlieferung von Brautraubs- und Brautwerbungsgeschichten zusammengefasst. Dank der Heldin, die ein höfisches Frauenideal verkörpert, geht gut aus, was in archaischeren Sagen zu endlosen Massakern geführt hätte.

Wälsungenblut

Siegfrieds verwickelte Abstammung

■ Siegmund und Sieglinde in Hundings Hütte. Postkarte, 1902

Geschichtliche Einordnung:
In den Sigurdserzählungen der *Edda* des 13. Jh.s und in der nordischen *Völsunga saga* wird die Herkunft Sigurds oder Siegfrieds anders als im etwas früher entstandenen *Nibelungenlied* bis auf Odin zurückgeführt.

Wälsungen – so heißt in Richard Wagners *Ring des Nibelungen* das Geschlecht des Völsung, von dessen Geschicken die nordische *Völsunga saga* erzählt. Im Mittelpunkt dieser *saga* steht der Völsungensohn Sigurd, der aus dem deutschen *Nibelungenlied* auch als Siegfried bekannt ist. Bei Wagner wie im nordischen Epos dient die Erzählung von den Wälsungen/Völsungen, also Siegfrieds oder Sigurds Vorfahren, dazu, das Heldenlied von Siegfried/Sigurd einzuleiten und mit den alten Göttermythen zu verbinden. Bei Wagner ist das ziemlich einfach: Wäls (Völsung) ist niemand anderes als Wotan, und seine Kinder sind das früh auseinandergerissene Zwillingspaar Siegmund und Sieglinde, die einander in der Hütte von Sieglindes finsterem Gemahl Hunding begegnen. Beide entbrennen in Liebe zueinander, und als Sieglinde in Siegmund ihren Bruder erkennt, ist sie entschlossen, mit ihm zu schlafen, denn sie will einen Nachkommen von göttlichem Blut haben. Während Hunding durch einen Schlaftrunk betäubt ist, den Sieglinde für ihn bereitet hat, zeugen die beiden Wälsungen ihren Sohn Siegfried.

In der *Völsunga saga* und in den Sigurdsliedern der *Edda* ist Sigurds Herkunft erheblich verwickelter. Hier steht am Beginn von Sigurds Ahnenreihe ein gewisser Sigi, der vielleicht ein Abkömmling Odins ist. Sigi erlangt ein Königreich im Lande der Hunnen. Sein Sohn Rerir vergrößert die ererbte Königsmacht, hat aber lange Zeit keinen Nachkommen. So bittet er Frigg, die Geburtsgöttin und Frau Odins, um einen Sohn. Sie begibt sich darauf zu dem zaubermächtigen Riesen Hrimnir, der ihr einen Apfel überreicht, den ein von Frigg ausgesandter Rabe in Rerirs Schoß fallen lässt. Dieser Apfel befördert offenbar Rerirs Fruchtbarkeit, denn nach drei Wintern wird seine Frau – Rerir selbst ist inzwischen gefallen – durch einen Kaiserschnitt, den sie nicht überlebt, von Völsung entbunden.

Das Waisenkind strotzt schon früh vor Kraft und wird zu einem starken Krieger. Bereits in jungen Jahren wird Völsung König im Hunnenland. Er wird mit der Riesin Hljöd vermählt, der Tochter Hrimnirs, die ihm zehn Söhne schenkt, deren jüngster Sigmund ist – und eine Tochter, Signý. Sigmund und Signý sind von Kindheit an unzertrennlich. Als der mächtige Gotenkönig Siggeir aber um Signý wirbt, ist Völsung entschlossen, sie ihm zur Frau zu geben. An diesem Entschluss ändert auch eine erstaunliche Begebenheit nichts, nämlich dass während der Feierlichkeiten anlässlich von Siggeirs Brautwerbungsbesuch allein Sigmund das Schwert, das in einem Baumstamm in Völsungs Halle steckt, aus dem eisenharten Holz zu lösen vermag, nicht aber Siggeir. Das Schwert heißt hier Gram, und niemand Geringeres als Völundr, das ist Wieland der Schmied, hat es verfertigt. Es ist klar, dass ein solches Schwert magische Kräfte hat, und deshalb lässt Siggeir nichts unversucht, um es zu erlangen. Vergeblich versucht er, es Sigmund abzukaufen. Auch nachdem er mit seiner Braut Signý in seine Heimat zurückgekehrt ist, geht ihm die Schmach nach, die er durch den jungen Sigmund erlitten hat.

GESCHWISTERINZEST

Aus der Geschichte des Geschwisterpaars Sigmund und Signý, das gemeinsam den Helden Sinfjotli zeugt, weil nur ein gemeinsamer Sohn ihren Vater Völsung und ihre Brüder an ihrem Mann Siggeir rächen kann, wird bei Richard Wagner die inzestuöse Liebe von Siegmund und Sieglinde, wie die Eltern Siegfrieds bei ihm wie im *Nibelungenlied* heißen. Dadurch schafft er eine schwüle Atmosphäre, in der mythisches Raunen mit den sexuellen Obsessionen seiner Zeit zusammenfällt. Thomas Mann hat in seiner Erzählung *Wälsungenblut* geschildert, wie sehr dieser mythisch-musikalische Cocktail die Zeitgenossen beeindruckte.

Einige Zeit nach der Hochzeit mit Signý lädt Siggeir seinen Schwiegervater und dessen Söhne in sein Reich ein, aber nur, um sie zu überfallen und in Ketten zu legen. Eine Wölfin wird auf die Wehrlosen losgelassen, die sie langsam tötet. Nur Sigmund entgeht dem ihm zugedachten Schicksal, weil Signý heimlich seinen Leib und auch das Innere seines Mundes mit Honig beschmiert. Als die Wölfin, nachdem sie Sigmund ganz abgeleckt hat, ihr Maul in seinen Mund steckt, beißt Sigmund zu und tötet die Wölfin. Danach befreit er sich von seinen Fesseln und zieht sich mit Signýs Hilfe in eine Waldhöhle zurück.

Signý schickt die Kinder, die sie mit Siggeir hat, nacheinander zu Sigmund, damit er prüfe, ob sie ihren Vater und ihre Brüder an Siggeir rächen könnten. Sigmund jedoch findet sie alle ungeeignet und tötet sie. Schließlich begibt sich Signý in Gestalt eines alten Weibes zu ihrem Bruder,

■ Sigurd und der Zwerg Regin schmieden aus den Stücken von Sigmunds Schwert Gram Sigurds Schwert Balmung. Schnitzerei, um 1200, von dem Stabkirchenportal von Hylestad, Norwegen

um ihn zu verführen und mit ihm endlich den Rächer zu erzeugen. Dieser ist Sinfjotli. Als Sinfjotli elf Jahre alt ist, schickt Signý ihn zu seinem Vater Sigmund, der einen großen Krieger aus ihm macht. Zusammen ziehen Sigmund und Sinfjotli gegen Siggeir und kämpfen sich dank des Schwertes Gram bis zu dessen Burg durch. Sie setzen die Burg in Brand, und Signý, die sich in einem unlösbaren Loyalitätskonflikt findet, geht freiwillig mit ihrem Mann und ihren verbliebenen Kindern in den Flammen unter.

■ Noch einmal Siegmund und Sieglinde in Hundings Hütte. Szenenbild einer Aufführung der *Walküre* von Richard Wagner im Jahre 1908

Sigmund zieht mit Sinfjotli zurück in sein angestammtes Königreich. Er heiratet, aber seine Frau betrachtet die Heldentaten ihres Stiefsohns Sinfjotli voller Missgunst und vergiftet ihn, woraufhin Sigmund sie verstößt.

Nicht lange später verliebt sich Sigmund in die schöne Hjordis, um die auch Lyngvi, der Sohn des Königs Hunding, wirbt. Hjordis' Vater Eylimi entscheidet sich für den altgewordenen Sigmund als Schwiegersohn, und dieser nimmt Hjordis zu sich. Doch Hunding und sein Sohn finden sich damit nicht ab und ziehen gegen Sigmund und Eylimi zu Felde. Es kommt zu einem Kampf, den Odin selbst entscheidet, indem er Sigmunds Wunderschwert Gram an seiner Lanze Gungnir zerschellen lässt. Bevor der totwunde Sigmund stirbt, flüstert er seiner geliebten Hjordis, die mit Sigurd schwanger ist, noch zu, sie möge die Teile des Schwerts aufsammeln und für ihren Sohn bewahren.

TANTEN-INZEST
Brynhild ist wie alle Walküren eine Tochter Odins/Wotans und dadurch mit dem Odinsabkömmling Sigurd verwandt. Bei Wagner ist Siegfried der Enkel Wotans, und Brünhilde, wie die Walküre bei ihm heißt, ist deshalb seine Tante. Siegfrieds Liebesbeziehung zu Brünhilde ist somit ein Tanten-Inzest: Auch dies trägt zur schwülen Stimmung des *Rings des Nibelungen* bei.

Der junge Sigurd wird am Hof des Dänenprinzen Alf aufgenommen und danach dem göttlichen Schmied Regin in die Lehre gegeben. Neben seinem Schwert Balmung, das Regin für ihn aus den Einzelteilen von Gram schmiedet, verfügt Sigurd auch über ein Wunderpferd: Odin selbst hat ihm Grani zugeführt, einen Hengst, der von seinem eigenen achtbeinigen Wunderross Sleipnir abstammt. Dank Grani gelingt es Sigurd, den Feuerkreis, die »Waberlohe«, wie es im *Nibelungenlied* heißt, zu überwinden, der die Burg der Walküre Brynhild (Brunhild) umgibt. Sigurd erlöst die wehrhafte Jungfrau Brynhild aus ihrer Einsamkeit und schläft mit ihr. Doch er wird dadurch auch zum Todgeweihten, denn der Beruf der Walküren ist es, Helden mit sich in das Totenreich von Walhall zu führen.

Doch das ist eine andere Geschichte.

SIEGFRIEDS HERKUNFT

QUELLEN

Zusammen mit dem ein halbes Jahrhundert früher verfassten mittelhochdeutschen *Nibelungenlied* fasst die altnordische *Völsunga saga* aus der Mitte des 13. Jahrhunderts fast die ganze alte Überlieferung um den mythischen Helden Sigurd oder, wie er in Deutschland hieß, Siegfried, zusammen. Anders als im *Nibelungenlied* wird die Herkunft Sigurds in der *Völsunga saga* mit den alten heidnischen Göttermythen in Beziehung gebracht. Nur hier findet sich auch die Geschichte des Inzests von Sigurds Vater Sigmund mit seiner Schwester Signý, nur hier findet sich die Überlieferung von Sigurds Hengst Grani als einem Geschenk Odins an Sigurd, und nur hier findet sich die Überlieferung von Sigurds erster Liebesbeziehung zu Brynhild, die im *Nibelungenlied* stillschweigend vorausgesetzt wird, da Brunhild hier Siegfrieds Rückkehr als Bräutigam erwartet und tief enttäuscht ist, als er nur als Brautwerber für seinen Freund Gunther auftritt. Auf der anderen Seite ist die Überlieferung des *Nibelungenlieds* hinsichtlich der Eltern Siegfrieds, Siegmund und Sieglinde, die hier ein fränkisches Fürstenpaar vom Niederrhein sind, wahrscheinlich älter als die mythologisierende Geschichte von Siegfrieds göttlicher Herkunft. Die *Völsunga saga* gehört zu den im Hochmittelalter entstandenen und erst im Spätmittelalter schriftlich festgehaltenen *Fornaldarsögur* (Voraltersagen), in denen sich die Überlieferung der Wikingerzeit erhalten hat. In ihnen hat sich teilweise, wie auch im *Nibelungenlied*, die Erinnerung an die Zeit der germanischen Völkerwanderung erhalten. Noch ältere Quellen der Sigurds-/Siegfriedsgeschichte sind die Sigurdslieder der *Edda*, die von Helgi, Hunding und dem Tod Sinfjotlis und Regins erzählen. Sie dürften, zumindest in älteren Formen, dem Dichter der *Völsunga saga* bekannt gewesen sein. Noch im späten Mittelalter und in der frühen Neuzeit war in den deutschen Volksbüchern die Siegfriedsage lebendig, und in diesen volkstümlichen Fassungen der Sage haben sich Details aus wahrscheinlich sehr alten Überlieferungen erhalten, die sich weder in der *Völsunga saga* noch im *Nibelungenlied* finden. Richard Wagner, der im 19. Jahrhundert viel zu einer neuen Rezeption der alten Siegfriedsage beigetragen hat, griff weniger auf das *Nibelungenlied* als vielmehr auf die *Völsunga saga* zurück. Die spätere Verwendung des Stoffs, vor allem im Film, ist stets durch Wagners beliebte Oper beeinflusst gewesen.

AUF DEN PUNKT GEBRACHT

Die Herkunft des Helden Siegfried ist edel, aber in mancher Hinsicht auch bedenklich, denn sie ist von einem doppelten Inzest befleckt. Und so steht seine Laufbahn nicht nur unter einem guten Stern.

EMPFEHLUNGEN

Lesenswert:

Die Edda. Götterdichtung, Spruchweisheit und Heldengesänge der Germanen, übertragen von Felix Genzmer, eingeleitet von Kurt Schier, München 1992

Ulf Diederichs (Hg.): *Nordische Nibelungen. Die Sagas von den Völsungen*, von Ragnar Lodbrok und Hrolf Kraki, übertragen von Paul Hermann, München 1993

Ulrike Sterath-Bolz: *Isländische Vorzeitsagas 1*, München 1997

Das Nibelungenlied, übersetzt von Felix Genzmer, Anmerkungen und Nachwort von Bernhard Sowinski, Stuttgart 1992

Otfrid Ehrismann: *Nibelungenlied. Epoche, Werk, Wirkung*, München 2002

Arnulf Krause: *Die Geschichte der Germanen*, Frankfurt/M. 2002

Thomas Mann: *Wälsungenblut*, Frankfurt/M. 1991

Hörenswert:

Richard Wagner: *Der Ring des Nibelungen*; hier: *Das Rheingold, Die Walküre, Siegfried.* Oper 1876

Thomas Mann: *Wälsungenblut*. Gelesen von Will Quadflieg. Universal Music 2005. Audio-CD

Sehenswert:

Die Nibelungen. Regie: Uli Edel; mit Benno Fürmann, Kristanna Loken. D 2004

Die Nibelungen. Regie: Fritz Lang; mit Paul Richter, Marguerite Schön. D 1924

Das Geheimnis des Rheingolds
oder: Geld macht nicht glücklich

Geschichtliche Einordnung: Die Erzählung vom Kampf Siegfrieds mit dem Drachen und vom Nibelungenschatz wird im *Nibelungenlied* des frühen 13. Jh.s vorausgesetzt. Der Drachenkampf wird bereits im altenglischen *Beowulfslied* des 8. Jh.s erwähnt. In der *Edda* und anderen, nach dem *Nibelungenlied* entstandenen nordischen Erzählungen, die auf eine mündliche Erzähltradition zurückgreifen, wird der Nibelungenschatz mit den altgermanischen Göttern um Odin in Verbindung gebracht. Der Erzählstoff geht offenbar auf die Völkerwanderungszeit des 5.–7. Jh.s zurück.

Gold ist Geld, und Geld bedeutet Macht; und da jede Macht ihre Feinde hervorruft, bedeutet Gold Kampf oder Krieg und am Ende das Verderben seiner Besitzer. Das ist, kurz gefasst, die Moral der Überlieferung vom Rheingold oder dem Nibelungenschatz in der altnordischen *Völsunga saga* und im mittelhochdeutschen *Nibelungenlied*.

Die Geschichte von dem verhängnisvollen Reichtum beginnt dort, wo sich Heldensage und Göttermythos berühren: Odin, der Ase Hönir und Loki töten auf einer ihrer Wanderungen einen Otter, ohne zu ahnen, dass er der Sohn des mächtigen Hreidmar ist. Der aufgebrachte Hreidmar macht die Götter zu seinen Gefangenen und lässt allein Loki frei, der verspricht, für seine Mitgefangenen ein angemessenes Lösegeld aufzutreiben. Loki begibt sich nun zu dem Zwerg Andvari, der einen goldenen Ring, Andvaranaut, besitzt, der nicht nur an sich äußerst wertvoll ist, sondern auch unbegrenzt immer neuen Reichtum schafft. Wer Andvaranaut besitzt und ihn klug einzusetzen vermag, kann sich zum Herrn der Welt machen. Insofern ist der Ring ein angemessenes Lösegeld für die großen Götter.

Hreidmar weiß mit dem Ring, den er im Tausch mit den gefangenen Göttern erwirbt, und mit dem Schatz, der unaufhörlich aus diesem hervorgeht, allerdings nicht viel anzufangen. Die Götter

■ *Der Zwerg Alberich und die Rheintöchter.* Von Wagners Oper angeregtes Gemälde von Hans Makart, 1883

■ Siegfried schmiedet sein Schwert Balmung. Bildpostkarte nach einem Gemälde, um 1910

indes sind darauf aus, wieder die Kontrolle über den gefährlichen Ring zu erlangen. Ihre Geheimwaffe ist der Göttersspross Sigurd, den sie Regin, einem Sohn Hreidmars, der als sein Erbe auserkoren ist, als Pflegesohn anvertrauen. Regin ist es, der für Sigurd aus den Splittern des Götterschwerts Gram ein neues Schwert schmiedet, das Sigurd dadurch ausprobiert, dass er den Amboss, auf dem es geschmiedet worden ist, entzweihaut.

Regin macht Sigurd zum Verbündeten gegen seinen Bruder Fafnir, der sich den unermesslichen Schatz seines Vaters Hreidmar angeeignet hat und in der Gestalt eines Drachen über ihn wacht. Sigurd tötet den Drachen und badet in seinem Blut, dank dessen er eine Hornhaut erlangt, die ihn unverletzlich macht; nur an einer Stelle auf seinem Rücken, auf die sich ein Lindenblatt gelegt hat, bleibt er verletzlich. Regin drängt Sigurd nun, Fafnirs Herz am Feuer zu rösten und ihm zu essen zu geben. Neugierig probiert Sigurd selbst von dem gebratenen Drachenherzen und versteht auf einmal die Sprache der Vögel, die davon singen, dass Regin ihn umzubringen trachtet. Sigurd enthauptet daraufhin Regin und wird zum alleinigen Herrn des Schatzes.

Im *Nibelungenlied* wird der Sieg Siegfrieds, wie Sigurd hier heißt, über den Drachen nur am Rande erwähnt. Hier ist Siegfried Schiedsrichter zwischen Schildung und Nibelung, die wie Regin und Fafnir in der nordischen Sage beide Anspruch auf einen sagenhaften Schatz erheben. Als Lohn für sein Richteramt erhält er das Nibelungenschwert Balmung. Siegfried schafft auf ziemlich brutale Weise Gerechtigkeit, indem er beide Kontrahenten mit seinem neuen Schwert tötet. Danach muss er sich mit dem Zwerg Alberich, Nibelungs Gefolgsmann, auseinandersetzen, der den Schatz, der hier Nibelungenhort heißt, hütet und über die zahlreichen Mannen Nibelungs, die Nibelungen, gebietet. Siegfried gelingt es, dem Zwerg im

DRACHENKAMPF

Seit der Antike ist der Kampf eines Helden mit einem Drachen eines der beliebtesten Sagen- und Märchenmotive, angefangen mit der griechischen Geschichte von Perseus, der eine Prinzessin von einem Drachen befreit, über die christliche Legende von Sankt Georg, dessen Drachenkampf der Perseussage nachgebildet ist, bis zu Siegfried und zahlreichen weiteren Drachentötern der mittelalterlichen Literatur. In der deutsch-nationalromantischen Deutung des *Nibelungenlieds*, in der Siegfried mit dem germanischen Helden Arminius (»Herrmann der Cherusker«) verschmilzt, ist man soweit gegangen, den Drachen als den »Heerwurm« des Römergenerals Varus zu deuten, der einen Schatz bewachte, den Arminius an sich bringen konnte und der 1868 wunderbarerweise als »Hildesheimer Silberfund« wieder auftauchte.

■ Siegfried badet im Blut des Drachen. Szenenphoto aus Fritz Langs *Die Nibelungen – 1. Teil: Siegfried* von 1924

Kampf seine Tarnkappe zu entreißen und ihn zu besiegen. Er setzt Alberich als Treuhänder über seinen Schatz ein.

Nachdem Siegfried für seinen künftigen Schwager Gunther erfolgreich um seine ehemalige Geliebte Brunhild gefreit hat, fährt er noch einmal ins Land der Nibelungen, besiegt Alberich ein zweites Mal und nimmt einen Teil des Schatzes und die Mehrzahl der Nibelungenkrieger mit sich.

Der Siegfried des *Nibelungenlieds* verfügt nun über schier unbegrenzte Geldmittel und ein zahlreiches Gefolge. Aber Geld macht nicht glücklich. Während er um die Burgundenprinzessin Kriemhild (Gudrun in allen nordischen Sagen) wirbt, neiden die Burgunden ihm seinen Reichtum.

Siegfrieds Schatz ist sicherlich nicht der geringste Grund für seine Ermordung durch Hagen, den getreuesten Gefolgsmann des Burgundenkönigs Gunther. Nach Siegfrieds Tod nutzt seine Witwe Kriemhild den von ihm ererbten Reichtum, um sich mächtige Krieger zu verpflichten. Hagen, der fürchten muss, dass sie mit ihrem Geld eine Revolte gegen die Urheber des Mordes an Siegfried finanziert, nämlich gegen ihren königlichen Bruder Gunther und ihn selbst, fordert, den Schatz ihrer Verfügung zu entziehen. Vielleicht fürchten die Burgunden auch, dass Kriemhild den Schatz mit zu ihrem neuen Bräutigam, dem Hunnenkönig Etzel, nimmt. Hagen und Gunther veranlassen jedenfalls, dass Alberich den Teil des Schatzes herausgibt, über den er noch gebietet, und lassen ihn nach Worms schaffen. Dann wird der Nibelungenschatz in einer Nacht- und Nebelaktion aus den Gewölben, in denen er lagert, herausgebracht und im Rhein versenkt. Wo, das wissen nur Hagen und Gunther, und sie schwören einen Eid darauf, dass sie niemand anderem den Ort verraten werden. Auch als Etzel sie am Ende des *Nibelungenlieds* unter Folter nach diesem Ort befragt, bewahren sie Stillschweigen und müssen dafür sterben.

Glück gebracht hat der Nibelungenhort oder das Rheingold, wie der Schatz seit seiner Versenkung heißt, niemandem, und noch kein Schatzsucher – und davon hat es nicht wenige gegeben – hat ihn im Rhein gefunden. Vielleicht ist das auch gut so.

WAGNER UND TOLKIEN

Für Richard Wagner wird der *Ring des Nibelungen*, dessen Vorbild zweifellos der Andvaranaut der *Völsunga saga* ist, zum Symbol des kapitalistischen Reichtums, für den die Zwerge als Lohnsklaven in ihren unterirdischen Werkstätten schuften und um den die herrschenden Mächte ihren Krieg um die Weltherrschaft führen, kurz, zum Symbol des Verhängnisses. J.R.R. Tolkien knüpft in seinem Epos vom *Herrn der Ringe* an das Wagner'sche Vorbild an: Auch bei ihm bedeutet der Besitz des Ringes die Herrschaft über die Welt, und deshalb muss alles dafür getan werden, dass er nicht den Mächten des Bösen in die Hände fällt.

DER NIBELUNGENSCHATZ

QUELLEN

Die Erzählung vom Wunderring, den der Zwerg Andvari schmiedet, von Sigurds Lehre bei Regin, von seinem Kampf mit dem Drachen und vom Erwerb des von dem Drachen gehüteten Schatzes nimmt in der nordischen *Völsunga saga* des 13. Jahrhunderts einen zentralen Platz ein. Auch einige Lieder der *Edda* sind diesen Themen gewidmet: *Fafnismal*, *Reginsmal* und *Gripisspa*. Hinzu kommt die Erzählung im *Skaldskaparmál* der *Snorra-Edda*. In den Göttermythen der *Edda* gibt es zu Andvaranaut, dem Ring Andvaris, eine Parallele, nämlich den Ring Draupnir, den Zwerge einst für Odin, den obersten der Götter, geschmiedet haben: Draupnir, das heißt der Tropfende, hat die Eigenschaft, dass von ihm immer weitere Ringe abtropfen. Draupnir ist also die Quelle unerschöpflichen Reichtums und damit ein angemessenes Attribut Odins. Im noch vor den nordischen Quellen entstandenen *Nibelungenlied* steht der Drachenkampf Siegfrieds nicht im Zusammenhang damit, wie der Held den Nibelungenhort erringt. Hier spielt der Schatz erst nach Siegfrieds Tod eine Rolle, als er zum Machtmittel Kriemhilds wird und Hagen ihn deshalb im Rhein versenkt. Diese weitere Geschichte des Schatzes wird auch in der *Völsunga saga* erzählt. Die Überlieferung von Siegfrieds Kampf mit dem Drachen muss, auch wenn dieser im *Nibelungenlied* nur gestreift wird, nicht nur in der nordischen, sondern auch in der deutschen Überlieferung des Mittelalters weit verbreitet gewesen sein. Dafür spricht der große Erfolg des spätmittelalterlichen Volksbuchs vom *Hürnen Siegfried*, der sich in den Sagensammlungen des 19. und 20. Jahrhunderts noch fortsetzt. Im Volksbuch ist wie in der nordischen Überlieferung der Drachenkampf mit Siegfrieds Lehre bei einem zauberkundigen Schmied und dem Erwerb des Horts verbunden. Hier findet sich auch das Detail von dem Lindenblatt, das für die einzige Stelle verantwortlich ist, an der die Drachenhaut Siegfrieds verwundbar bleibt. Im 19. Jahrhundert nimmt Richard Wagner für seinen *Ring des Nibelungen* die Siegfried-/Sigurdsgeschichte im Wesentlichen so auf, wie sie in der *Völsunga saga* geschildert wird. Wagners Darstellung folgt im 20. Jahrhundert in den Grundzügen auch J.R.R. Tolkien mit seinem *Herrn der Ringe*.

AUF DEN PUNKT GEBRACHT

Die uralte Geschichte vom Rheingold zeigt uns, welch eine Rolle Gold und andere Schätze in der Kriegerkultur der Germanen in der Völkerwanderungszeit spielten: Sie verliehen Macht, und um ihretwillen wurden Kriege geführt.

EMPFEHLUNGEN

Lesenswert:
Nordische Nibelungen. Die Sagas von den Völsungen, hrsg. von Ragnar Lodbrog und Hrolf Kraki, übertragen von Paul Hermann, München 1993

Das Nibelungenlied. Mittelhochdeutscher Text und Übertragung, hrsg. und übersetzt von Helmut Brackert, Frankfurt/M. 1995

J.R.R. Tolkien: *Der Herr der Ringe*, Stuttgart 2001

George Bernard Shaw: *Ein Wagner-Brevier. Kommentar zum Ring des Nibelungen*, Frankfurt/M. 1999

Hörenswert:
Richard Wagner: *Der Ring des Nibelungen*. Oper 1876

Sehenswert:
Die Nibelungen. Regie: Harald Reinl; mit Uwe Beyer, Rolf Henninger. D 1966

Besuchenswert:
Die Nibelungenstraße in Deutschland, die vom Odenwald, wo Siegfried ermordet worden sein soll, nach Worms führt, in die alte Hauptstadt des Burgundenreichs.

Erlebenswert:
Alljährlich finden in Worms vor dem Nordportal des Doms die Nibelungenspiele statt; u.a. wird dort, mit prominenter Besetzung, Friedrich Hebbels Trauerspiel *Die Nibelungen* von 1862 aufgeführt.

Siegfried
Ein Mann zwischen zwei Frauen

Geschichtliche Einordnung: Der Siegfried des *Nibelungenlieds* aus dem frühen 13. Jh., der Sigurd der erst danach niedergeschriebenen nordischen Sage, ist offenbar, wie seine Erwähnung im *Beowulf* bezeugt, schon im 7. Jh. bei den germanischen Völkern bekannt. Wahrscheinlich war er ursprünglich ein Volksheld der Franken am Niederrhein in der frühen Völkerwanderungszeit.

Siegfried ist der Geliebte Brunhilds, der Frau seines Herrn Gunther, und der Ehemann von Gunthers Schwester Kriemhild. Diese verwickelte Konstellation wird im ersten Teil des *Nibelungenlieds* entfaltet. Dass sie zu nichts Gutem führen kann, kann man sich denken.

Die Schilderung beginnt damit, dass Siegfried, der Königssohn aus dem niederrheinischen Xanten, auf einer Kavalierstour nach Worms am Oberrhein, der prächtigen Residenz der Burgundenkönige, gelangt und sich unsterblich in Kriemhild, die schöne Schwester König Gunthers, verliebt. Er ist als Sohn des Königspaars Siegmund und Sieglinde, als Herrscher über die Nibelungen und Besitzer des Nibelungenhorts Gunther ebenbürtig, doch er muss einsehen, dass die Burgunden kein politisches Interesse daran haben, ihre Prinzessin dem Erbprinzen eines niederrheinischen Kleinkönigtums zur Frau zu geben. So sieht Siegfried nur eine Möglichkeit, Kriemhilds Hand zu erringen: Er muss seinen Stolz fahren lassen und in den Dienst des Burgundenkönigs treten, um sich diesem so unverzichtbar zu machen, dass er ihm keinen Wunsch mehr abschlagen kann.

Die erste Gelegenheit für Siegfried, sich Gunther zu verpflichten, ergibt sich, als die Sachsen und Dänen die Burgunden herausfordern und ihnen ihre Oberherrschaft aufzwingen wollen. In einem grandiosen Feldzug zwingt Siegfried sie zur Freundschaft mit seinem Herrn. Und niemand sieht ihn lieber als Sieger heimkehren als Kriemhild, die Königsschwester. Noch zögert Gunther jedoch, seine Schwester Siegfried zur Frau zu geben. Er verlangt einen weiteren Dienst. Er hat sich in den Kopf gesetzt, die wehrhafte Brunhild, die im fernen Norden über ihr eigenes Reich gebietet, zu seiner Gemahlin zu machen, und Siegfried soll ihn bei seiner Brautwerbung unterstützen. Im Falle des Erfolges soll Siegfried seine Schwester haben. Zusammen machen sie sich auf in das Land jenseits des Meeres.

Die Brisanz dieses Vorhabens für Siegfried wird erst richtig deutlich, wenn wir nicht nur das *Nibelungenlied* zu Rate ziehen, das an dieser Stelle etwas

■ Maria Marlow als Kriemhild in Harald Reinls Film *Die Nibelungen* von 1966

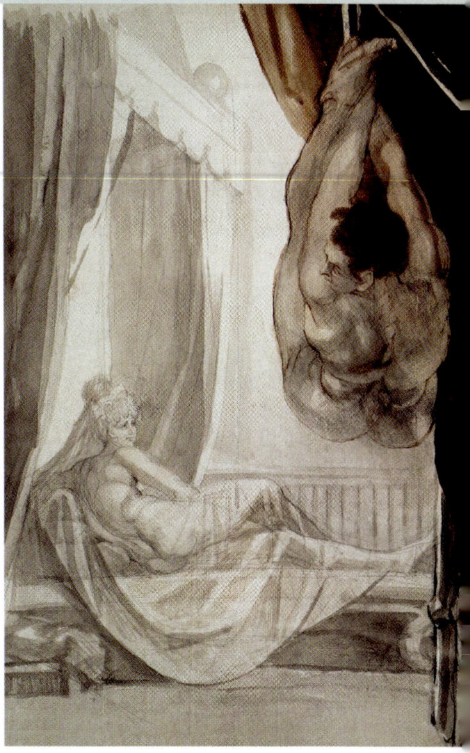

undeutlich ist, sondern auch die nordischen Quellen. Diesen zufolge hat Siegfried nämlich schon einmal ein Verhältnis mit der zauberkräftigen Walküre Brunhild gehabt. Dies erklärt jedenfalls, warum Brunhild im *Nibelungenlied* ziemlich irritiert darüber ist, dass nicht Siegfried, sondern der ihr weniger heldenhaft erscheinende Gunther um sie anhält.

Doch es gilt, was sie gelobt hat: Wer ihr im sportlichen Wettkampf überlegen ist, soll sie haben, wer ihr aber unterliegt, muss sterben. Im Vertrauen auf Siegfrieds Hilfe nimmt Gunther die gefährliche Wette an – und gewinnt sie, dank Siegfried, der, unsichtbar unter der Tarnkappe, die er einst dem Zwergen Alberich abgewonnen hat, seinen Dienstherrn zum Sieg trägt. Brunhild muss sich geschlagen geben und willigt in die Ehe mit Gunther ein. Um den Triumph perfekt zu machen, holt Siegfried noch seine ihm ergebenen Nibelungenkrieger herbei, und in einem prächtigen Schiffsgefolge langen Gunther und Brunhild in Worms an; Siegfried ist als Herold schon vorausgeeilt.

■ Brunhild beobachtet den von ihr gefesselt an der Decke aufgehängten Gunther. Feder- und Bleistiftzeichnung von Johann Heinrich Füssli, 1807

Niemand ist froher über die Ankunft Siegfrieds und Gunthers als Kriemhild, die auch ihre künftige Schwägerin freundlich begrüßt. Inmitten der Vorbereitungen zu Gunthers Hochzeit erinnert Siegfried den König an sein Versprechen, und der führt ihm seine Schwester zu. Alle freuen sich über diese Verbindung; alle bis auf Brunhild, die bemängelt, das der König seine Schwester einem Geringeren, einem Dienstmann, zur Ehe gibt. Gleichwohl wird prächtig eine Doppelhochzeit gefeiert.

Während Siegfried eine wunderbare Hochzeitsnacht verbringt, muss Gunther erfahren, dass seine Braut ihm an Körperkraft überlegen ist. Sie wehrt nicht nur seine Annäherungsversuche ab, sondern schnürt ihn sogar zu einem Bündel zusammen, das sie an einen Nagel in der Wand hängt. Nach diesem traumatischen Erlebnis bittet Gunther Siegfried noch einmal um seine Hilfe. In der

GAB ES EIN HISTORISCHES VORBILD FÜR SIEGFRIED?
Sowohl im mittelalterlichen Deutschland als auch in Skandinavien war Siegfried oder Sigurd eine der bekanntesten Sagengestalten. Und die Siegfriedsage ist alt, da sie in die Zeit des Burgundenstaats am Oberrhein und die Zeit des Hunnenkönigs Etzel oder Attila zurückweist, und damit in die Völkerwanderungszeit des 5. Jahrhunderts. Nationalistische deutsche Geschichtsromantiker des 19. Jahrhunderts gingen noch weiter in der Geschichte zurück und wollten in Siegfried niemand anderes sehen als den Germanenfürsten Arminius (»Hermann der Cherusker«), der im Jahre 9 n. Chr. den Römern eine schwere Niederlage beibrachte.

nächsten Nacht hat er den durch seine Kappe getarnten Helden aus den Niederlanden als Beistand mit im Schlafzimmer. Und Siegfried bricht Brunhilds Widerstand. Danach hat der Kraftzauber, der sie umgeben hat, verloren, und sie schickt sich in ihre Rolle als Ehefrau Gunthers. In ebendieser Nacht macht Siegfried allerdings einen Fehler, der ihn das Leben kosten wird: Er streift Brunhild ihren goldenen Ring vom Finger und schenkt ihn Kriemhild.

Monate später kommt Siegfried mit seiner Gemahlin Kriemhild vom Niederrhein zu einem Besuch nach Worms, und nun nimmt das Verhängnis seinen Lauf. Als Kriemhild beim morgendlichen Kirchgang vor ihrer Schwägerin durch die Kirchentür schreiten will, ruft Brunhild sie zurück: Es sei nicht geziemend, dass die Frau eines Dienstmannes den Vortritt vor der Königin habe. Kriemhild zischt zurück, Brunhild sei nichts als die Kebse ihres lieben Gemahls, Siegfried. Brunhild ruft für diese Beleidigung Zeugen herbei, denen Kriemhild triumphierend den Ring zeigt, den Siegfried der Königin einst im Bett abgestreift hat.

Brunhild ist tödlich gekränkt, und Hagen von Tronje, der älteste, klügste und getreueste Gefolgsmann Gunthers, fürchtet um dessen königliche Autorität, falls die Beleidigung der Königin ungesühnt bleibt. Er versucht Gunther und seine jüngeren Brüder, Gernot und Giselher, davon zu überzeugen, dass etwas unternommen werden muss. Die königlichen Brüder zögern, aber lassen Hagen gewähren. Der lockt Siegfried unter einem Vorwand aus Worms fort, lädt ihn zur Jagd im Odenwald ein und durchbohrt Siegfried hinterrücks mit seinem Speer, als der aus einer Quelle trinkt.

Hagen lässt Siegfrieds Leichnam nach Worms bringen und vor Kriemhilds Kemenate legen. Als Kriemhild ihren toten Gemahl entdeckt, ist sie untröstlich und schwört seinen Mördern Rache. Und die wird schrecklich sein.

Brunhild spielt von hier an im *Nibelungenlied* keine Rolle mehr. In der nordischen Überlieferung verzweifelt sie angesichts des von ihr mitverschuldeten und gewollten Todes ihres heimlich geliebten Siegfrieds und macht ihrem Leben selbst ein Ende.

■ Siegfrieds Ermordung. Kolorierte Federzeichnung, um 1480/90, aus Lienhard Scheubels Heldenbuch. Wien, Österreichische Nationalbibliothek

DAS LEBEN SIEGFRIEDS

QUELLEN

Die wichtigste Dichtung, die die Geschichte von Siegfried und Gunther, Brunhild und Kriemhild zum Thema hat, ist das um 1200 in so genannten Nibelungenstrophen verfasste mittelhochdeutsche *Nibelungenlied*. Die Nibelungenstrophe besteht aus vier paarweise gereimten und in der Mitte deutlich geteilten Langzeilen (»Uns ist aus alten maeren / wunders vil geseit«, heißt die erste dieser Zeilen). Das Versepos ist wohl die wichtigste mittelhochdeutsche Dichtung überhaupt und galt im späten 19. und frühen 20. Jahrhundert als deutsches »Nationalepos«. Der unbekannte Verfasser des *Nibelungenlieds* war wahrscheinlich ein gebildeter und weltoffener Kleriker im Donauraum zwischen Passau und Wien (dafür spricht seine Ortskenntnis in dieser Landschaft), der sowohl die mittelhochdeutsche Minnedichtung als auch die französische höfische Epik seiner Zeit gekannt haben muss. Das *Nibelungenlied* zerfällt in zwei Teile: Der erste kreist um die Gestalt Siegfrieds und endet mit seiner Ermordung, der zweite handelt von Kriemhilds Rache. Das *Nibelungenlied* geht auf alte Überlieferungen zurück, die sich, zum Teil in etwas anderer Gestalt, auch in den *Sigurdsliedern* der *Edda* und in der nordischen *Völsunga saga* erhalten haben. Während die erst nach dem *Nibelungenlied* schriftlich fixierte nordische Überlieferung Sigurd/ Siegfried als eine mit der heidnischen Götterwelt verwandte Gestalt aus einer alten Heldenzeit darstellt, ist der Siegfried des *Nibelungenlieds* ein perfekter Ritter, der sich in der höfischen Kultur des Hochmittelalters bewegt und mit den Benimmregeln und juristischen Feinheiten des Feudalsystems herumschlägt. Der Konflikt zwischen Gefolgschaftstreue und Liebe, der für das *Nibelungenlied* zentral ist, erinnert an die Themen der Ritterromane des Artuskreises wie *Lanzelot* oder *Tristan*. Die deutschen *Siegfried-Volksbücher* des späten Mittelalters enthalten Überlieferungen, die ebenso alt sind wie die des *Nibelungenlieds* und der nordischen Sigurdsage. Hier erfahren wir zum Beispiel, dass der durch sein Bad im Blute des von ihm erlegten Drachen gepanzerte »hürnene« Siegfried nur an einer Stelle an seiner Schulter verwundbar ist, wo seinerzeit ein Lindenblatt klebte. Diese Stelle trifft Hagen mit seinem Speer. Das Motiv von der verwundbaren Stelle eines sonst unverwundbaren Helden erinnert übrigens an die »Achillessehne«, die einzige verwundbare Stelle des Haupthelden von Homers *Ilias*. Die Wiederentdeckung des *Nibelungenlieds* und die Veröffentlichung der nordischen Sagen im 19. Jahrhundert machten Siegfried erneut zu einem populären Helden, der auch noch im 20. Jahrhundert als Filmheld Erfolg hatte.

AUF DEN PUNKT GEBRACHT

Das Leben Siegfrieds, des populärsten deutschen Sagenhelden, wird von zwei großen Frauengestalten bestimmt: Brunhild und Kriemhild. Erst sie machen Siegfrieds Biographie spannend.

EMPFEHLUNGEN

Lesenswert:

Das Nibelungenlied, übertragen von Karl Simrock, Köln 2005

Das Nibelungenlied. Mittelhochdeutscher Text und Übertragung, hrsg. und übersetzt von Helmut Brackert, 2 Bde., Frankfurt/M. 1995

Ulf Diederichs (Hg.): *Nordische Nibelungen. Die Sagas von den Völsungen*, von Ragnar Lodbrok und Hrolf Kraki, übertragen von Paul Hermann, München 1993

Friedrich Hebbel: *Die Nibelungen*, Ditzingen 1986

Hörenswert:

Richard Wagner: *Siegfried*. Oper 1876

Sehenswert:

Die Nibelungen. Regie: Uli Edel; mit Benno Fürmann, Kristanna Loken. D 2004

Die Nibelungen. Regie: Fritz Lang; mit Paul Richter, Marguerite Schön. D 1924

Besuchenswert:

Xanten am Niederrhein: Zwischen den Relikten der Römerzeit und des Mittelalters kann man Siegfrieds Herkunft erkunden

Die Nibelungenquelle im Odenwald: Hier soll Siegfried ermordet worden sein.

Der Untergang der Burgunden

Eine deutsche Tragödie

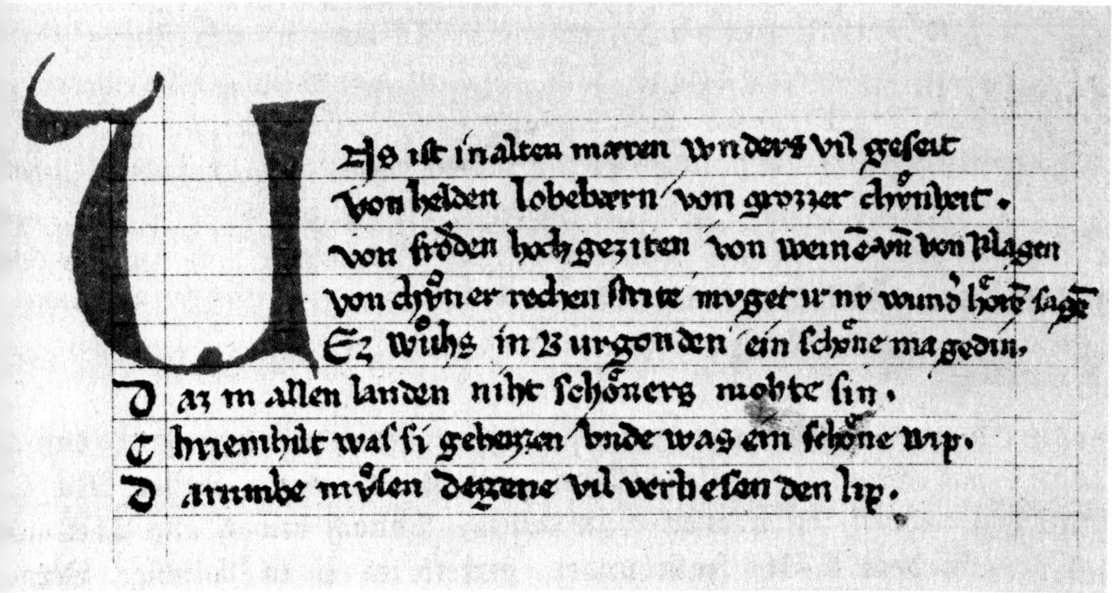
Vns ist in alten maren wnders vil geseit
von helden lobebærn von grozer chůnheit.
von frǒden hochgeziten von weinen vñ von klagen
von chůner recken strite muget ir nv wund hore sage
Ez wuhs in Burgonden ein schœne magedin.
Daz in allen landen niht schœners mohte sin.
Chriemhilt was si geheizen vnde was ein schœne wip.
Darumbe mvsen degene vil verliesen den lip.

■ Der Anfang des *Nibelungenliedes:* »Uns ist in alten maeren vonders vil geseit …«. Auszug aus der Handschrift A (Hohenems-Münchener Nibelungenhandschrift), 2. Hälfte des 13. Jh.s München, Bayerische Staatsbibliothek

Geschichtliche Einordnung: Der zweite Teil des hochmittelalterlichen *Nibelungenlieds,* dessen Inhalt sich auch in den *Atli-Liedern* der wenig später schriftlich niedergelegten *Edda* wiederfindet, berichtet in dichterischer Form von Ereignissen, die im 5. Jh. stattgefunden haben.

Die Sage vom Untergang der Burgunden, so wie sie im zweiten Teil des *Nibelungenlieds* wiedergegeben wird, ist von einer geradezu grotesken Grausamkeit. Männer, die zuvor Freunde waren, metzeln einander gnadenlos nieder, nur weil sie dem einen oder dem anderen Anführer zuvor unter ganz anderen Bedingungen Treue gelobt haben und weil dieser Anführer sie um seiner »Ehre«, also seines Status in der Kriegergesellschaft willen, bedenkenlos in den Kampf schickt. Niemand zögert, um Ehre und Treue willen sein eigenes Leben in die Waagschale zu werfen.

Die Grausamkeit des Kampfes wird dadurch noch hervorgehoben, dass diejenigen, die ihn ausfechten, keine Gestalten eines archaischen Mythos sind, sondern kultivierte und mit humanen Idealen aufgewachsene hochmittelalterliche Ritter. Der deutsche Leser von heute fragt sich erschrocken, ob diese Brutalität etwas Deutsches ist, wenn, wie lange Zeit versichert wurde, das *Nibelungenlied* und gerade sein Schluss das deutscheste Stück Literatur schlechthin ist.

Die Schilderung des Untergangs der Burgunden im *Nibelungenlied* beginnt damit, dass der mächtige Hunnenkönig Etzel um

Kriemhild, die immer noch in Trauer versunkene Witwe Siegfrieds, wirbt. Brautwerber ist sein stattlicher Gefolgsmann Rüdeger von Bechelaren, der die widerstrebende Witwe mit der Andeutung ködert, dass Etzel ihr Genugtuung für den Mord an ihrem Gemahl verschaffen könnte. Kriemhild willigt ein – obwohl Etzel ein Heide ist –, und ihre Brüder Gunther, Gernot und Giselher stimmen der Verbindung gegen den Rat Hagen von Tronjes, des getreuesten Gefolgsmanns Gunthers und Mörders Siegfrieds, aus politischen Gründen zu, denn Etzel ist der mächtigste Herr der Zeit. In einem prächtigen Zug die Donau abwärts gelangt Kriemhild an den Hof Etzels und wird dort gebührend empfangen.

Die bekannteste Übersetzung des *Nibelungenlieds* stammt aus dem 19. Jh.; es ist die in vielen Büchern verbreitete von Karl Simrock. Philologisch exakter sind die von Helmut de Boor (Leipzig 1959) und Helmut Brackert (Frankfurt/M. 1995)

Sieben Jahre später bittet Kriemhild ihren Gemahl Etzel, die Burgundenfürsten zu einem Hoffest einzuladen. Etzel ahnt, dass es ihr bei diesem Wunsch um ihre Rache an Hagen, dem Mörder Siegfrieds, geht, aber da er in einem möglichen Kampf mit den Burgunden auch die Möglichkeit sieht, das Rheingold in seinen Besitz zu bringen, gibt er seiner Frau nach.

Spielleute überbringen in Worms Etzels Einladung. Hagen warnt davor, sie anzunehmen, aber die königlichen Brüder Gunther, Gernot und Giselher finden es undiplomatisch, die Einladung eines so mächtigen Königs wie Etzel abzulehnen, und vor allem Giselher sehnt sich danach, seine Schwester Kriemhild wiederzusehen.

Mit großem Gefolge ziehen die Burgundenfürsten nun zur Donau. Als sie am Flussufer stehen und jemanden brauchen, der sie übersetzt, macht sich Hagen auf die Suche nach einem Fährmann und begegnet dabei einer Gruppe von Flussnixen, die ihm ein böses Ende seiner Reise prophezeien. Weiter donauabwärts werden sie in Bechelaren (dem heutigen Pöchlarn) von Etzels Lehnsmann, dem Markgrafen Rüdeger, freundlich empfangen. Der jüngste der königlichen Burgundenbrüder, Giselher, wird bei der Gelegenheit mit Rüdegers schöner Tochter verlobt. Nach dieser angenehmen Rast ziehen die Burgunden weiter nach Ungarn, wo Etzel Hof hält. Zur Begrüßung reitet ihnen Dietrich von Bern entgegen, Etzels bedeutends-

■ Wie Kriemhild zu König Etzel geführt wird. Deutsche Buchmalerei, 15. Jh., aus der sog. Hundeshagenschen Handschrift des *Nibelungenliedes*. Berlin, Staatsbibliothek

ter Dienstmann. Er warnt die Burgunden vor Kriemhild, die noch immer auf Rache für ihren geliebten Siegfried sinne. Kriemhild aber ist die Erste, die den Gästen aus Worms an Etzels Königshof entgegentritt. Liebevoll begrüßt sie Giselher, ihren Lieblingsbruder, doch feindlich tritt sie den anderen Burgunden entgegen. Was, fragt sie, ist aus ihrem Besitz, dem Nibelungenhort, geworden?

Von nun an steigert sich die Spannung Schritt für Schritt.

Misstrauisch geworden, weigern sich die Burgunden, als sie in ihr Quartier geführt werden, ihre Waffen abzugeben, wie es sonst für Gäste an einem fremden Hof üblich ist.

Schon bald zeigt sich, wie begründet ihr Misstrauen ist: Als Kriemhild Hagen und einen anderen burgundischen Recken, den Spielmann Volker, allein im Hof erblickt, erwacht mit dem erneuerten Schmerz über Siegfrieds Tod ihr Rachedurst: Sie weint vor Trauer und Wut, sodass ihre Hunnenkrieger sogleich zu ihr eilen, um Sühne für den Schmerz ihrer Königin zu erlangen. Vierhundert Hunnen rücken gegen Hagen und Volker vor. Doch als sie die Entschlossenheit der Helden sehen und Siegfrieds Schwert Balmung in Hagens Hand, schrecken sie zurück.

■ Margarete Schön als Kriemhild in Fritz Langs *Die Nibelungen* von 1923/24

Etzel scheint von der aufs Äußerste gespannten Atmosphäre nichts mitbekommen zu haben. Wie es von ihm erwartet wird, richtet er für die Gäste ein prächtiges Gelage aus. Satt, müde und trunken kehren die Burgunden am späten Abend in ihr Quartier zurück. Allein Hagen und Volker halten Nachtwache vor dem Saal, in dem ihre Kameraden schlafen. Hunnen schleichen im Finstren herum, doch wagen sie nicht, etwas zu unternehmen, solange die mächtigen Wachen dort stehen. Am Morgen nach ihrer Ankunft ziehen die Burgunden gewappnet zum Gottesdienst ins Münster, dessen Portal wiederum Volker und Hagen bewachen. Nach dem Gottesdienst lädt Etzel zum Kampfspiel, in dem manche Hunnen vergebens an den Burgunden ihr Mütchen zu kühlen versuchen.

Die Spannung ist mittlerweile mit Händen zu greifen, ein Showdown steht bevor, dessen Dramaturgie sich mit der jedes Westernfilms messen kann. Er beginnt damit, dass Etzels Bruder Blödel, von Kriemhild, die ihm Gold und Frauen verspricht, aufgestachelt, heimlich den Kampf vorbereitet. Er überfällt mit tausenden Hunnen die burgundischen Knappen, die unter dem Kommando von Hagens Bruder Dankwart abseits von ihren Herren untergebracht sind. Dankwart, mit dem feigen Anschlag konfrontiert, köpft Blödel auf der Stelle. In dem anschließenden Gemetzel fließt das Blut in Strömen, und am Ende überlebt als einziger Dankwart, der sich zur Königshalle durchkämpft, in der die Burgundenfürsten mit ihrem Gastgeber Etzel sitzen. Als die Helden der Burgenden den blutüberströmten Dankwart erblicken, ist der Verrat offenbar. Wutentbrannt köpft Hagen Ortlieb, den Sohn Etzels und Kriemhilds. Darauf ziehen alle Krieger im Saal ihre Schwerter und gehen aufeinander los. Dankwart sichert die Tür zum Saal, damit niemand entkommen und niemand von außen hineingelangen kann. Kriemhild und Etzel geraten in Bedrängnis und suchen Hilfe bei Dietrich und Rüdeger, die sich bisher zurückgehalten haben. Dietrich han-

■ Hans Adalbert Schlettow als Hagen Tronje in Fritz Langs *Nibelungen*-Verfilmung von 1923/24

DER HISTORISCHE HINTERGRUND

Im Jahre 413 überschreiten die Burgunder, ein aus der Ostseegegend kommender Germanenstamm, den Rhein und gründen unter einem König Gundahar (Gunther) in der Gegend um Worms ein Königreich von römischen Gnaden, das den größten Teil des Oberrheingebiets umfasst. 436/37 vernichten die Hunnen unter Attila (Etzel) im Bündnis mit Aëtius, dem römischen Heermeister Galliens, das Burgunderreich östlich des Rheins. 443 siedelt Aëtius die überlebenden Burgunder an die Saône und obere Rhône um, in die heutige französische Landschaft Burgund. Um 445, nachdem er seinen Bruder Bleda (Blödel) hat ermorden lassen, rüstet der Hunnenkönig Attila zur Eroberung des römischen Gallien. Dort wird er 451 in der Schlacht auf den Katalaunischen Feldern von Aëtius und seinen germanischen Bundesgenossen, unter ihnen die Burgunder, zurückgeschlagen. Auf Friedhöfen des 5. Jahrhunderts finden sich Gräber von Hunnen Seite an Seite mit Burgundergräbern, was belegt, dass die Völker auch friedlich zusammengelebt haben.

■ Die Burgunder verteidigen sich vor der brennenden Halle. Fresko aus dem Zyklus *Das Nibelungenlied* von Julius Schnorr von Carolsfeld, 1827–34 und 1843–67. München, Residenz

delt schließlich eine Kampfpause aus und für das Königspaar freies Geleit.

Die Burgunden, allein im Königssaal zurückgeblieben, beginnen die Leichen aus dem Saal zu werfen. Hagen verspottet Etzel, der seinerseits den von Hagen geraubten Nibelungenschatz fordert. Die tapfersten unter Etzels Leuten, voran die Thüringer und Dänen, fordern nun die Burgundenhelden Volker, Hagen, Dankwart, Gunther, Gernot und Giselher zu Zweikämpfen heraus – und fallen allesamt.

Unfähig, im Kampf Mann gegen Mann zu bestehen, setzen Etzels Leute nun den Königssaal in Brand. Die Flammen lodern in den Nachthimmel, und die glühenden Balken verströmen sengende Hitze. Die Burgunden überleben nur dadurch, dass sie das Blut ihrer gefallenen Gegner trinken. Als der Morgen graut, stehen die Burgunden immer noch kampfbereit da, während zigtausende Hunnen gefallen sind. Etzel und Kriemhild flehen nun Rüdeger an, seinem Lehnseid Folge zu leisten und ihr Leben zu schützen. Der zögert lange, denn seine Gegner wären seine Freunde, Verwandten und Schwäger. Doch er steht zu seinem Gefolgschaftseid. Bevor der Kampf beginnt, gewährt Rüdeger Hagen edelmütig Ersatz für seinen zerhauenen Schild. Rüdeger schlägt sich tapfer, doch er fällt durch das Schwert, das er selbst seinem, wie es schien, künftigen Schwager Gernot geschenkt hat; Gernot stirbt mit ihm. Nach Rüdegers Tod nehmen endlich auch Dietrichs Männer, die von seinem Heermeister Hildebrand geführten Amelungen, den Kampf auf, das letzte Aufgebot des Hunnenkönigs. Bei ihrem Angriff fallen Giselher und der Amelungenheld Wolfhart; Hildebrand entkommt schwerverwundet. Im Saal stehen nur noch Hagen und Gunther aufrecht. Da greift Dietrich von Bern ein. Großherzig bietet er den beiden Burgundenhelden freies Geleit in ihre Heimat an, wenn sie dies als Geiseln des Hunnenkönigs anträten. Empört weisen Gunther und Hagen diese Entehrung ab. Darauf fesselt Dietrich nach kurzem Kampf den völlig erschöpften Hagen, der in ein Verlies geworfen wird, und endlich auch Gunther. Kriemhild fordert nun von dem gefangenen Hagen den Nibelungenhort, doch der verlacht sie nur: Sie wisse doch, dass er seinem König geschworen habe, den Hort niemals zu verraten. Kriemhild lässt daraufhin Gunther den Kopf abschlagen und Hagen zeigen – nun sei er doch niemandem mehr einen Eid schuldig. Hagen bäumt sich in letzter Wut gegen Kriemhild auf, und sie selbst schlägt ihm mit Siegfrieds Schwert Balmung, das sie von Hagen zurückerobert hat, den Kopf ab. Zeuge dieser schrecklichen Szene ist Hildebrand, und er ist so erbost

NIBELUNGENTREUE

Die unter deutschen Nationalisten populäre Nibelungensage, vor allem ihr tragisch-heroischer zweiter Teil, führte zu einflussreichen politischen Wortprägungen. So nannte Reichskanzler v. Bülow 1909 die bedingungslose Bündnistreue des Deutschen Reichs zu Österreich-Ungarn, die sich zu Beginn des Ersten Weltkriegs als verhängnisvoll erweisen sollte, Nibelungentreue. Die nächste populäre dem Nibelungenstoff entlehnte Phrase war die an die Ermordung Siegfrieds erinnernde Rede vom »Dolchstoß« der Kriegsgegner in Deutschland »in den Rücken« der Front, mit der Feldmarschall von Hindenburg die Schuld für die militärische Niederlage von 1918 auf die »Heimatfront« abwälzte. Göring verglich am Ende des Zweiten Weltkriegs den (aussichtslosen) Endkampf Nazi-Deutschlands mit dem »Kampf der Nibelungen« und machte damit deutlich, dass die führenden Nazis entschlossen waren, möglichst viele Landsleute mit in ihren Untergang zu nehmen.

■ Etzel drängt Gunther, das Versteck des Nibelungenhortes zu verraten. Farbdruck, 1904

■ Hagen von Kriemhilde, Kriemhilde von Hildebrand erschlagen. Fresko aus dem Zyklus *Das Nibelungenlied* von Julius Schnorr von Carolsfeld (1794–1874), 1827–34 und 1843–67. München, Residenz

über den ehrlosen Mord an einem Gefangenen, dass er Kriemhild auf der Stelle tötet.

Merkwürdig berührt uns heute die Lust der Nibelungenhelden am eigenen Untergang und die Bedenkenlosigkeit, mit der sie möglichst viele andere in diesen Untergang mit hineinziehen. In der deutsch-nationalen Rezeptionsgeschichte des *Nibelungenlieds* seit dem 19. Jahrhundert jedoch ist diese Untergangslust im Namen der – militaristisch umgedeuteten – Ideale von »Ehre« und »Treue« immer wieder als Vorbild dargestellt worden. Diese verhängnisvolle Tradition gipfelte darin, dass die Nazi-Führer ihren eigenen Untergang im Jahre 1945 ebenso als Nachvollzug des heroischen Untergangs der Burgunden wie als Wiederholung der eddischen Götterdämmerung inszenierten.

Man kann die literarisch glanzvolle Darstellung des dramatischen Geschehens im *Nibelungenlied* aber auch genießen, ohne gleich selbst Lust auf das eigene heldenhafte Ende zu verspüren.

DER UNTERGANG DER BURGUNDEN

QUELLEN

Die wichtigste Quelle für die Sage vom Untergang der Burgunden ist das um 1200 von einem wahrscheinlich dem geistlichen Stand angehörigen süddeutschen Dichter verfasste *Nibelungenlied*. Diesem Dichter haben wir die großartige dramatische Komposition des Stoffes zu verdanken. Die älteren Quellen, auf die der Nibelungendichter zurückgreifen konnte, sind verlorengegangen; manche der alten Überlieferungen sind aber wohl in den altnordischen *Atli-Liedern* (Atli=Attila/Etzel) der *Edda* aus dem 13. Jahrhundert und in der *Völsunga saga* aus derselben Zeit erhalten. Hier ist es Atli/Etzel, der durch seine Gier auf das Nibelungengold die Handlung vorantreibt, während Gudrun/Kriemhild die Verbündete ihres Bruders Gunnar/Gunther und seines getreuen Dienstmanns Högni/Hagen bleibt. Am Ende tötet Gudrun ihre eigenen Kinder und setzt sie Etzel zum Mahl vor. Es ist viel darüber spekuliert worden, ob das *Nibelungenlied*, das deutlich in zwei Teile zerfällt – die Siegfriedsage und die vom Untergang der Burgunden –, überhaupt von einem einzigen Autor verfasst worden ist. Die einheitliche Autorschaft gilt heute jedoch aufgrund des durchgängigen Stils als gesichert. Nicht sicher ist dagegen, ob das *Nibelungenlied* auf eine einzige ältere Vorlage zurückgeht oder aus verschiedenen Überlieferungen zusammengefügt worden ist. Auch der Vergleich der Abweichungen in den verschiedenen (davon elf vollständigen) handschriftlichen Texten konnte darüber keinen Aufschluss geben. Es bleibt rätselhaft, wie die historischen Ereignisse der Völkerwanderung bis ins Hochmittelalter überliefert worden sind. Dass es sich hierbei um einen umfangreichen Stoffkomplex gehandelt hat, wird dadurch belegt, dass in der nordischen Überlieferung wie im *Nibelungenlied* die Sage vom Untergang der Burgunden mit der *Thidrekssaga*, der Sage um Dietrich von Bern, und mit dem *Waltharilied*, der Erzählung von Walther und Hildegunde, verknüpft ist. Beide, Dietrich und Walther, werden als Vasallen Etzels dargestellt. In der handschriftlichen Überlieferung ist das *Nibelungenlied* fast stets mit der *Nibelungenklage* verbunden, einem weniger kunstvollen Werk, das die wichtigsten Ereignisse des zweiten Teils des *Nibelungenlieds* zusammenfasst und mit der Schilderung der Thronbesteigung von Brunhildes und Gunthers Sohn in Worms und der der Heimkehr Dietrichs und Hildebrands nach Bern eine Fortsetzung des *Nibelungenlieds* andeutet. Im 18. Jahrhundert wurde das *Nibelungenlied* wiederentdeckt und seit den Forschungen Karl Lachmanns und der Brüder Grimm im frühen 19. Jahrhundert zu einem der wichtigsten Gegenstände der frühen Germanistik. Im weiteren Verlauf wurde es zu einem deutschen »Nationalepos« stilisiert.

AUF DEN PUNKT GEBRACHT

Wenig in der Literatur des Mittelalters ist beeindruckender als die Schilderung des Untergangs der Nibelungen im *Nibelungenlied*. Die in diesem Text zum Ausdruck kommende Lust am heroischen Untergang ist freilich mit großer Vorsicht zu genießen.

EMPFEHLUNGEN

Lesenswert:

Das Nibelungenlied, übertragen von Karl Simrock, Köln 2005

Das Nibelungenlied. Mittelhochdeutscher Text und Übertragung, hrsg. und übersetzt von Helmut Brackert, 2 Bde., Frankfurt/M. 1995

Otfrid Ehrismann: *Nibelungenlied. Epoche, Werk, Wirkung*, München 2002

Reinhold Kaiser: *Die Burgunder*, Stuttgart 2004

Hörenswert:

Nibelungenlied, gelesen und kommentiert von Peter Wapnewski, 4 Teile auf 8 CDs, Sender Freies Berlin/Der Hörverlag 1994

Sehenswert:

Die Nibelungen. Regie: Fritz Lang; mit Paul Richter, Marguerite Schön. D 1924

Zwölf Uhr mittags. Regie: Fred Zinnemann; mit Gary Cooper, Grace Kelly. USA 1952.
Der klassische Showdown in diesem Western erinnert deutlich an die Dramaturgie des Untergangs der Burgunden am Ende des *Nibelungenlieds*.

Besuchenswert:

Die Donau von Passau bis Wien mit manchen Erinnerungsorten an den Zug der Burgunden zu Etzels Hof.

Walther und Hildegunde

Ein Paar als Held

■ Kämpfende Ritter. Pfeilerrelief, 12. Jh. Großmünster Zürich

Unter den germanischen Heldenliedern, die gewöhnlich von männlichen Helden und von Frauen nur als Beute der Krieger oder als rächenden Witwen erzählen, ragt das Waltherlied hervor, dessen Held von Anfang an nicht ein Mann ist, sondern ein Paar: Walther und Hildegunde.

Die Geschichte der beiden Liebenden beginnt damit, dass der Hunnenkönig Etzel die fränkischen Fürstentümer westlich des Rheins bedroht. Hier herrscht König Gibich, der Stammvater des – anders als im *Nibelungenlied* – als fränkisch statt als burgundisch bezeichneten Herrschergeschlechts der Gibichungen, der Vater von Gunther, Gernot und Giselher, den aus dem *Nibelungenlied* bekannten Helden. Gibich erklärt sich bereit, Etzel seinen Schatz zu übergeben und Geiseln zu stellen, wenn dieser sein Land nicht mit Krieg überzieht. Diese Geiseln sind Hagen von Tronje und Hildegunde, die Tochter des mit ihm befreundeten Burgundenkönigs. Etzel gibt sich mit Schatz und Geiseln zufrieden. Tribut und Geiseln verlangt er aber auch von den Franken des weit im Westen gelegenen Aquitanien. Der Frankenkönig dieses Landes gibt seinen Sohn Walther, der schon als Kind mit Hildegunde verlobt worden ist, als Geisel an den Hof des Hunnenkönigs. Unter der Aufsicht Etzels und seiner Gemahlin Helche wachsen Hagen und Walther zu großen Kriegern heran; sie wer-

Geschichtliche Einordnung: Die älteste schriftliche Fassung des alten Sagenstoffs stammt aus dem England des 9. Jh.s. Die Erzählung geht auf Ereignisse des 5. Jh.s zurück, als Hunnen, Franken, Burgunden und Römer miteinander stritten. Der Waltherstoff ist sowohl mit dem des *Nibelungenlieds* als auch mit dem der Dietrichsage verknüpft.

den füreinander wie Brüder. Hildegunde aber wird als königliche Prinzessin herangezogen.

Im Dienste des Hunnenkönigs vollbringen Hagen und Walther manche Heldentat und empfangen dafür manche Ehrung, doch niemals vergessen sie ihre Heimat und Familie. Hagen versucht Walther immer wieder zur gemeinsamen Flucht vom Königshof der Hunnen zu bewegen, doch dieser will Etzels Hof nicht ohne Hildegunde, die er scheu liebt, verlassen. So flieht Hagen alleine und kehrt an den Hof der Gibichungen zu Worms am Rhein zurück. Erst Jahre später sieht auch Walther, der Hildegunde inzwischen seine Liebe gestanden hat und sie erwidert weiß, seine Stunde gekommen: Nach einem Sieg mit einem Gelage belohnt, sorgt er dafür, dass Etzel und alle Hunnen sich betrinken, und reitet in derselben Nacht mit Hildegunde davon – nicht ohne ihre Rosse zuvor mit den Schätzen der Hunnen beladen zu haben.

Nach einer langen Reise durch die Wälder, während derer sie stets fürchten müssen, von Häschern der Hunnen aufgegriffen zu werden, gelangen Walther und Hildegunde zum Rhein. Dem Fährmann, der sie übersetzt, geben sie zwei große Fische zum Lohn, die Walther noch in der Donau gefangen hat. Sogleich begibt sich der Fährmann an den Gibichungenhof in Worms, um die prächtigen Fische dort zu verkaufen. Hagen weiß sofort, woher die Fische kommen und dass nur sein alter Freund und Blutsbruder Walther sie zum Rhein gebracht haben kann; Gunther wiederum lässt sich von der schönen Prinzessin und den großen Schätzen berichten, die Walther mit sich führt. Er beschließt, den Reisenden aufzulauern und Beute zu machen.

Dort, wo der Weg zum Wasgenwald – heute sprechen wir von den Vogesen – hinaufführt, hat Walther für sich und Hildegunde eine Ruhestatt ausfindig gemacht, am

MINNELIEDER

Von Südfrankreich aus verbreitete sich im 11. und 12. Jahrhundert über das westliche Europa eine neue Literatur, die sich deutlich von den älteren Heldenliedern unterschied: die der Lieder der Troubadours und Trouvères oder Minnelieder. In ihnen werden nicht die Taten eines Helden besungen, sondern der Liebreiz von Frauen, die nicht nur schön, sondern auch »edel«, das heißt von hoher adliger Herkunft, zu sein hatten. In den Ritterromanen des späten 12. und 13. Jahrhunderts verbinden sich die Traditionen der Heldengesänge und Minnelieder zu romantischen Dichtungen. Am Beispiel der Sage von Walther und Hildegunde kann man gut die Entwicklung vom Heldenlied zum Ritterroman nachvollziehen, in dem Frauen eine gleichberechtigte Rolle im Vergleich zu den kühnen Recken spielen.

■ Der Hunnenkönig Etzel (Rudolf Klein-Rogge). Szenenphoto aus *Die Nibelungen – 2. Teil: Kriemhilds Rache* (Regie Fritz Lang) von 1923/24

■ Versöhnung. Sarotti-Schokolade-Bildchen, um 1910. »In dem schweren Streite verlor Gunter ein Bein, und Hagen büßte eine Auge ein, während Waltari die rechte Hand abgeschlagen wurde.«

leicht zu verteidigenden Eingang zu einer Schlucht. Hier stößt Gunthers Abgesandter, der aus dem *Nibelungenlied* bekannte Ortwin von Metz, auf die Flüchtlinge und teilt Walther mit, dass sein König Gunther den Schatz und die Prinzessin von ihm fordert. Walther bietet reichen Schmuck als Wegegeld, aber nicht mehr. Gunther reicht das nicht, und er lässt seine Helden der Reihe nach gegen Walther antreten. Doch alle seine Recken fallen unter Walthers Schwertschlägen. Nach den vielen bestandenen Kämpfen des Tages legt Walther sein müdes Haupt in Hildegundes Schoß, während Hagen einen bösen Traum träumt. Am nächsten Tag stehen allein Gunther und Hagen Walther gegenüber. Der Tronjer weigert sich lange, gegen seinen Blutsbruder anzutreten, doch Gunther erinnert ihn an seinen Gefolgschaftseid. Es kommt zum letzten Kampf, in dem sich das bewahrheitet, was Hagen geträumt hat: Walther zertrümmert Gunthers Schenkel, Hagen haut Walther die rechte Hand ab, und dafür sticht Walther Hagen ein Auge aus. Als Krüppel liegen die Helden auf der Walstatt, doch Hildegunde pflegt ihre Wunden und bringt sie dazu, sich zu versöhnen. Der Hunnenschatz Walthers wird gerecht verteilt, und als Freunde gehen die Krieger auseinander. Hildegunde bleibt selbstverständlich bei ihrem Erwählten, Walther.

Über Burgund, wo Walther als Schwiegersohn des Königs anerkannt wird, gelangt der Held aus Aquitanien mit Hildegunde in sein angestammtes Reich. Walther herrscht hier hinfort an Hildegundes Seite als König. An seiner Rechten trägt er einen ausgestopften Handschuh, mit seiner Linken weiß er jedoch noch lange das Schwert zu führen.

In der ältesten Walthersage spielt Hildegunde nur im Hintergrund eine Rolle, und dies dank der Tatsache, dass sie eine Prinzessin aus vornehmem Geschlecht ist. Im Hochmittelalter aber wird sie zum Zentrum der Erzählung: Sie ist die schöne Frau, um derentwillen die Ritter gegeneinander kämpfen, und sie ist die Treue, die stets zu ihrem Liebsten hält und mit ihm in eine glückliche Zukunft geht. Neben der Geschichte von Tristan und Isolde ist die von Walther und Hildegunde die schönste mittelalterliche Geschichte, in der ein Paar der Held ist.

Das dem Waltherroman entlehnte Motiv vom erschöpften Krieger, der seinen Kopf auf dem Schoß der Geliebten bettet, ist in manchen Ritter- und Fantasy-Filmen wieder aufgenommen worden; z.B. in *Braveheart* oder *Robin und Marian*.

WALTHER UND HILDEGUNDE

QUELLEN

Die Ursprünge der Sage von Walther und Hildegunde sind ebenso wie die des *Nibelungenlieds* und der Dietrichsage in der Völkerwanderungszeit des 5. und 6. Jahrhunderts zu suchen, der Zeit des Hunnenkönigs Attila (mittelhochdeutsch Etzel), des Zusammenbruchs des weströmischen Reichs und des Beginns der fränkischen Reichsbildung in Frankreich und Deutschland. Die historischen Ereignisse sind durch spätlateinische Schriftsteller einigermaßen gut dokumentiert. Bei den germanischen Völkern wurden sie in Heldenliedern festgehalten, die mündlich überliefert wurden. Im 9. Jahrhundert wurden die alten Überlieferungen dann schriftlich fixiert: Zuerst im altenglischen *Waldere*-Lied, das in einer Handschrift der Königlichen Bibliothek in Kopenhagen erhalten geblieben ist. Hier sind Walther, Hildegunde (Hildgyth) und Gunther die Hauptpersonen. Hildegunde tritt, ganz in altgermanischer Tradition, dadurch hervor, dass sie ihren Waldere zum Kampf ermutigt. Viel umfangreicher als das nur fragmentarisch erhaltene *Waldere*-Lied ist der *Waltharius*, ein im frühmittelalterlichen Latein in Hexametern wie die *Ilias* Homers verfasstes Heldenepos, das wahrscheinlich im alemannischen Raum (St. Gallen?) um dieselbe Zeit entstanden ist. Der unbekannte, aber zweifellos gelehrte Autor des Epos kannte nicht nur die altgermanischen Heldenlieder, sondern auch Vergils *Äneis*, das große Vorbild für alle Heldenepen der mittelalterlichen Literatur, und erreichte eine Synthese zwischen antiker und germanischer Tradition. So schuf er ein Heldenepos, das für die volkssprachlichen – mittelhochdeutschen oder altfranzösischen – Romane späterer Zeit vorbildhaft wurde. In der altnordischen (*Atli-Lied*) und mittelhochdeutschen Literatur (Dietrichzyklus) wird die Geschichte von Walther und Hildegunde an vielen Stellen erwähnt, sie ging auch in die spätmittelalterlichen Volksbücher ein und von dort in die Sammlungen »deutscher Sagen« der Biedermeierzeit des 19. Jahrhunderts, wie die *Deutschen Volksbücher* von Gustav Schwab. Seitdem ist der Stoff stets bekannt geblieben.

AUF DEN PUNKT GEBRACHT

Die Sage von Walther und Hildegunde geht auf ein uraltes Heldenlied zurück, in dem eine Frau eine gleichberechtigte Rolle neben einem Helden spielt. Das ist bei altgermanischen Sagen ungewöhnlich und deshalb bemerkenswert.

EMPFEHLUNGEN

Lesenswert:

Gustav Schwab: *Die deutschen Volksbücher*, 2 Bde., 1836–37

Karl Simrock: *Das kleine Heldenbuch*, Stuttgart 1844

Das Waltharilied, hrsg. von Volker Ebersbach, Hanau 1988

Das Waltharilied und die Waldere-Bruchstücke, übersetzt von Felix Genzmer, Stuttgart 1966

Paul Klopsch: *Waltharius*, in: *Die deutsche Literatur des Mittelalters. Verfasserlexikon*, Bd. 10, Berlin 1999

T.J. Armstrong: *Die Bruderschaft*, München 2002
(historischer Roman über den Spielmann/Krieger Walther und seine Geliebte Hildegunde)

Hörenswert:

Marco Aurelio Marliani, Michael William Balfe: *Ildegonda nel carcere (Hildegunde im Kerker)*. Oper 1837

Besuchenswert:

Der landschaftlich sehr reizvolle Weg von der mittleren Donau bei Budapest bis zur Donauquelle bei Donaueschingen und von dort über den Schwarzwald bis Worms am Rhein: Der Weg, den sowohl Walther und Hildegunde als auch, in umgekehrter Richtung, die Burgunden des *Nibelungenlieds* genommen haben.

Dietrich von Bern und seine Schwurbrüder

Auch eine Tafelrunde

Dietrich von Bern ist neben König Artus, Siegfried und Kaiser Karl wohl die bedeutendste Gestalt der mittelalterlichen Sagenwelt. Und so kommt es, dass die Dietrichsage wie die Artus- oder die Karlssage die Sagen um eine ganze Reihe weniger großer Helden aufgenommen hat. Auch um Dietrich gibt es so etwas wie eine Tafelrunde, und ihre Haupthelden sind der getreue Hildebrand, der starke Heime, der tolpatschige Dietleib und der tragische Verräter Witege.

Dietrichs Vater Dietmar herrschte über die Stadt Bern, das ist Verona in Italien. Seine Gefolgsleute nannten sich Amelungen. Dietmar zu dienen, verhieß Ruhm und Abenteuer, und so wollte auch Hildebrand, der Sohn des Herzogs von Venedig, ein Amelung werden. Gern nahm Dietmar den edlen Hildebrand in seine Dienste und machte ihn zum Waffenmeister seines Sohnes Dietrich. Hildebrand unterwies Dietrich im Waffenhandwerk wie in

■ Witege und Heime im gemeinsamen Kampf gegen einen Gegner. Illustration zu M. Kochs und A. Heuslers *Urväterhort. Die Heldensagen der Germanen*, Berlin 1904

allen höfischen Tugenden und wich dem Prinzen nicht von der Seite. Ihr erstes gemeinsames Abenteuer erlebten sie, als sie in einem abgelegenen Wald einen bösartigen Zwerg überwältigten, der seine Freiheit von Dietrich mit dem kostbarsten Schwert erkaufte, das Zwerge je geschmiedet hatten: Nagelring.

Hildebrand blieb nicht lange der einzige Recke, auf den Dietrich zählen konnte. Im Schwabenland hatte der junge Heime vom Waffenruhm Dietrichs gehört und sich, kraftstrotzend wie er war, vorgenommen, den jungen Amelungenfürsten herauszufordern. Er ritt nach Bern und forderte Dietrich zum Zweikampf. Der Kampf wurde für Dietrich schwerer, als er erwartet hatte, und vielleicht hätte er ihn verloren, wenn Heimes Schwert nicht beim entscheidenden Schlag gegen Dietrichs berühmten Helm Hildegrim zerbrochen wäre. Dietrich erkannte die Ebenbürtigkeit seines Gegners und schonte sein Leben. So gewann er einen getreuen Waffengefährten.

Die Kunde von Dietrichs Heldentaten drang unterdessen bis nach Dänemark. Witege, der Sohn Wielands des Schmieds, vernahm sie und brannte ebenfalls darauf, sich mit dem berühmten Helden zu messen. Wieland sah ein, dass er Witege nicht würde zurückhalten können, schmiedete ihm eine prächtige Rüstung und übergab ihm sein berühmtes Schwert Mimung und sein Ross Skemming. Auf seinem Weg nach Süden wurde Witege von einer Bande Wegelagerer überfallen, erwehrte sich aber heldenmütig der Überzahl. Dabei beobachteten ihn Hildebrand und Heime, die sich gerade in der Gegend befanden. Sie boten Witege Brüderschaft an, und gemeinsam machten die Helden die Räuber end-

■ Die Gipfel der Berggruppe des Rosengartens in den Südtiroler Dolomiten. Hier soll Laurin mit seinem Schatz gehaust haben.

Geschichtliche Einordnung: Parallel zur gelehrten lateinischen Geschichtsschreibung des 6. Jh.s über den mächtigen Gotenkönig Theoderich ist das germanische Heldenlied von Theoderich als *Dietrich von Bern* entstanden. In der germanischen Sage wurden die Heldentaten Dietrichs mit den Liedern verknüpft, die von den Taten Siegfrieds und Walthers und vom großen Hunnenkönig Etzel (Attila) berichteten. In der hochmittelalterlichen Literatur Deutschlands und Skandinaviens war Dietrich ein ähnlich beliebter Held wie König Artus.

BITEROLF UND DIETLEIB
Wohl erst spät sind die Heldengestalten Biterolf und sein Sohn Dietleib in die Dietrichsage einbezogen worden. Ihnen ist ein umfangreicher mittelhochdeutscher Heldenroman aus dem 13. Jahrhundert gewidmet, der vor allem unter dem Titel *Biterolf* bekannt ist. Darin geht es hauptsächlich um die Suche Dietleibs nach seinem Vater Biterolf und die glückliche Wiederbegegnung beider am Hof des Hunnenkönigs Etzel.

gültig unschädlich. Als Witege in der Nacht darauf schlief, tauschte Heime allerdings vorsichtshalber Witeges Mimung gegen sein eigenes Schwert – die Macht von Wielands Zauberschwert war ihm bei den Kämpfen des Tages etwas unheimlich geworden.

Als Freunde ziehen Witege, Heime, Hildebrand und ihre Begleiter nun nach Bern. Witege lässt sich allerdings nicht von seinem Vorsatz abbringen, sich mit Dietrich zu messen. Es kommt zum Zweikampf, den Dietrich zu gewinnen scheint, als das Schwert Heimes, das Witege unwissentlich führt, an Dietrichs Panzer zerbricht. Als Dietrich den wehrlosen Witege nicht zu schonen gewillt ist, obwohl Heime ihn nachdrücklich dazu auffordert, gibt dieser Witege sein Schwert Mimung zurück. Mit dessen Hilfe gewinnt nun wiederum Witege die Oberhand im Zweikampf, und erst nachdem auch Dietrichs Vater, König Dietmar, eingeschritten ist, wird der Kampf abgebrochen. Dietrich und Witege reichen sich die Hand, und Witege gehört von nun an zu Dietrichs Mannen – freilich nicht zu den getreuesten unter ihnen.

■ Georg August Koch als Hildebrand in Fritz Langs *Nibelungen*-Verfilmung von 1923/24

Zwischen Witege und Heime entwickelt sich eine gefährliche Rivalität. Als Dietrich bei einem Gelage aus einer Laune heraus sein Schwert Nagelring dem treuen Heime schenkt – er selbst verfügt immer noch über das nicht minder gewaltige Schwert Eckesachs –, verhöhnt der eifersüchtige Witege Heime: Selbst dieses Schwert tauge nichts, solange es von einem Schwächling geführt werde. Da Dietrich Heime vor dieser Beleidigung nicht sogleich in Schutz nimmt, eilt dieser wütend aus dem Saal und prescht davon. Nach langer Irrfahrt schließt er sich einem Räuberhaufen an, in der Hoffnung, sich so Ruhm und Reichtum zu erwerben. Das Räubergeschäft geht ihm leicht von der Hand, bis er auf würdige Gegner trifft: den Dänenfürsten Biterolf und

■ Fritz Alberti als Dietrich von Bern in Fritz Langs *Nibelungen*-Verfilmung von 1923/24

seinen Sohn Dietleib. Als einziger der Räuber kommt Heime mit dem Leben davon. Reumütig zieht er zu Dietrich nach Bern zurück.

Auch Dietleib sucht die Nähe Dietrichs, um den sich die größten Helden der Zeit versammelt haben. Seine Eltern haben ihn stets für einen Taugenichts gehalten und ihm keinerlei ritterliche Erziehung angedeihen lassen; umso mehr drängt es ihn nun, sich selbst und ihnen das Gegenteil zu beweisen. Dietrich nimmt Dietleibs Dienste als Waffen- und Pferdeknecht an. Dietrich ist seit dem Tod seines Vaters Dietmar König der Amelungen und befindet sich gerade auf dem Weg nach Rom zu einem Hoffest, das sein Onkel ausrichten will, der mächtige König Ermrich, der längst ein Auge auf das Reich seines jungen Neffen geworfen hat. Dietleib zieht mit Dietrich und erhält die Aufgabe, die Waffen und Pferde der Amelungen zu hüten, während die Könige feiern. Das wird Dietleib schnell langweilig, und so lädt auch er römische Herren ein, mit ihm zu tafeln. Als sein eigenes Geld ausgegangen ist, verpfändet er die ihm anvertrauten Gegenstände und feiert weiter. Als Dietrich mit seinen Recken heimreiten will, steht Dietleib als Betrüger da, der seine Pfänder nicht auslösen kann. Der stärkste von Ermrichs Männern übernimmt es, dem Taugenichts eine Lektion zu erteilen. Er fordert Dietleib zu einem sportlichen Wettkampf heraus, nach dem der Verlierer seinen Kopf verlieren soll. Dietleib gewinnt aber in allen Disziplinen, und so gehört das Haupt seines Gegners ihm. Ermrich rettet seinem besten Mann das Leben, indem er für Dietleib die Pfänder auslöst und noch einiges drauflegt. Heime erkennt nun in Dietleib den mächtigen Kampfesgegner von einst, und Dietrich zollt ihm Bewunderung. Von nun an ist Dietleib kein Knecht mehr, sondern verschworenes Mitglied des engsten Kreises um den Berner.

Die Verbindung zwischen Dietrich und Dietleib sollte noch enger werden, und das kam so: In den Bergen unweit von Verona hauste ein Zwergenkönig namens Laurin, der Dietrichs Oberhoheit über sein unterirdisches Reich keineswegs anerkennen woll-

AMELUNGEN

Die Amelungen und ihr Königshaus, die Amaler, das angeblich in Bern, das ist Verona in Oberitalien, residierte, gab es wirklich: Es waren die Ostgoten, die um die Wende des 5. zum 6. Jahrhundert in Italien herrschten. Spätantike Historiker haben die Geschichte des ostgotischen Königshauses niedergeschrieben. Dietrich ist niemand anderes als der König Theoderich (»der Große«) der Geschichtsbücher, sein Vater Dietmar heißt dort Thiudimir, und sein Name weist auf den altgermanischen Kriegsgott Ziu hin. Ein Verwandter des Amalergeschlechts war der Gotenführer Witigis. Er stand Pate für die Sagengestalt des Witege.

■ Münzbildnis Theoderichs des Großen, des Königs der Ostgoten und historischen Vorbilds für den Dietrich der Sage

te. Zornig machte sich Dietrich allein mit Witege auf, den Wicht zu suchen – trotz der Warnungen Hildebrands. Die beiden Recken wären dem Zwergenkönig schmählich unterlegen, wenn nicht der um seinen Herrn besorgte Hildebrand mit Dietleib hinter ihnen hergeritten wäre. Der weise Hildebrand verriet nun seinem Herrn die besonderen Vorkehrungen, die man im Kampf gegen Zwerge treffen muss, und schließlich wurde Dietrich Laurins Herr. Er fesselte den Zwergenkönig und nahm aus den Gewölben der Zwerge, was die Rösser an Edelsteinen tragen konnten: Die wertvollste Beute, auf die er im Bergesinneren stieß, war aber Dietleibs Schwester Künhild, die die Zwerge dort unten gefangengehalten hatten.

Die Gemeinschaft der Recken, die sich um den jungen Dietrich versammelt haben, zerbricht, als der finstere Ermrich das Königreich seines Neffen mit Gewalt erobert und dieser gezwungen ist, zu Etzel, dem Hunnenkönig, ins Exil zu gehen. Hildebrand bleibt an der Seite seines Königs, auch Dietleib geht mit an Etzels Hof; Heime zieht sich wieder in die Wälder zurück, Witege jedoch, der immer Unzuverlässige, tritt in die Dienste Ermrichs.

Ein König wie Dietrich oder Artus kann die größten Helden seiner Zeit um sich scharen, aber er kann sich nie sicher sein, dass sie an seiner Seite bleiben. Zumal, wenn sich um sie eigene Sagen ranken, in deren Mittelpunkt sie selbst stehen. So muss Dietrich wie Artus erleben, dass der wichtigste Freund zum erbitterten Gegner werden kann.

DIETRICH VON BERN

QUELLEN

In der Sagenüberlieferung von Dietrich lebt die Erinnerung an den historischen Ostgotenkönig Theoderich aus dem Geschlecht der Amaler fort, der 526 gestorben ist. Theoderich schuf in Italien ein mächtiges Reich, das eine vermittelnde Position zwischen dem oströmischen Reich im Osten und dem Frankenreich der Merowinger im Westen einnahm. Dies gilt nicht nur machtpolitisch, sondern auch kulturell: Die Ostgoten fühlten sich einerseits als Römer, andererseits aber auch der germanischen Tradition verpflichtet. So kam es, dass römische Gelehrte an Theoderichs Hof die Geschichte der Ostgoten niederschrieben, während germanische Barden dieselbe Geschichte in ihren Heldenliedern besangen. Während die Geschichte von Theoderichs/Dietrichs Aufenthalt bei den Hunnen und der Wiedereroberung seines angestammten Königreichs tatsächliche historische Ereignisse verarbeitet, sind die Erzählungen von seinen Jugendabenteuern der germanischen Folklore entnommen und verarbeiten auch Stoffe aus anderen Heldenliedern. Als Sagengestalt erscheint Dietrich zum ersten Mal in dem altenglischen *Waldere*, dem aus dem 9. Jahrhundert überlieferten Fragment eines Heldenlieds, in dessen Mittelpunkt Walther steht. Nach dem Vorbild der älteren Artusepik entsteht im 13. Jahrhundert ein ganzer Kranz von in mittelhochdeutscher Sprache geschriebenen Geschichten um Dietrich von Bern, die sämtlich im »Bernerton«, einer besonderen rhythmischen Strophenform, zu der eine einheitliche Melodie passt, abgefasst sind. In diesen gesungen vorgetragenen epischen Versgedichten kämpft Dietrich gegen Drachen, Riesen und Zwerge. Berühmt geworden ist das *Virginal*, eine Heldendichtung aus dem 13. Jahrhundert, in der Dietrich eine jungfräuliche Zwergenprinzessin aus den Klauen eines Ungeheuers befreit, der wohl auf Südtiroler Folklore zurückgehende *Laurin*-Roman und das *Eckenlied*, in dem Dietrich die Riesen Ecke und Fasolt bezwingt. Eine andere Handschrift schildert den Kampf Dietrichs mit dem Polenfürsten *Wenezlan*. Zur Dietrichepik gehört auch der umfangreiche Roman von *Biterolf und Dietleib*.

Die Dietrichsgeschichten, die schon früh in England und Norddeutschland im Umlauf waren, wurden im 13. Jahrhundert in der norwegischen *Thidrekssaga* zusammengefasst, die in veränderter Gestalt auch nach Island und nach Schweden gelangte. In Deutschland blieb der Dietrichstoff, über gedruckte »Volksbücher« verbreitet, bis ins 17. Jahrhundert populär. In Nord- und Mitteleuropa erlebte er im 19. Jahrhundert eine Renaissance.

EMPFEHLUNGEN

Lesenswert:

Germanische Heldensagen, nach den Quellen neu erzählt von Reiner Tetzner, Stuttgart 1996

Frank Ausbüttel: *Theoderich der Große. Gestalten der Antike*, Darmstadt 2003

Joachim Heinzle: *Einführung in die mittelhochdeutsche Dietrichepik*, Berlin 1999

Sehenswert:

Die Nibelungen. Teil 2: Kriemhilds Rache. Regie: Fritz Lang; mit Paul Richter, Marguerite Schön. D 1924

Besuchenswert:

Die schöne Stadt Verona in Italien, das Bern der Sage, die antike und mittelalterliche Denkmäler gleichermaßen bewahrt.

Laurins Rosengarten in den Dolomiten, nicht weit von Verona. Die phantastischen Berggestalten lassen einen noch heute leicht glauben, dass sich im Inneren dieser Berge einmal ein ganz besonderes Reich befand.

AUF DEN PUNKT GEBRACHT

Die Geschichten, die um Dietrichs Jugend kreisen, demonstrieren, wie der Mythos eines ganz großen Helden viele andere Heldengeschichten an sich zieht. Insofern gleicht die Dietrichepik dem Artuszyklus.

Dietrichs Rückkehr
oder: Die Überlieferung als »Stille Post«

Geschichtliche Einordnung: Historischer Hintergrund für die »Rabenschlacht« ist der Sieg des Ostgotenkönigs Theoderich über den in Italien herrschenden germanischen Heerführer Odoaker im Jahre 493. Die Sage wird zuerst im althochdeutschen *Hildebrandslied* erzählt und mit den Kämpfen der Burgunder, Franken und Hunnen, im *Nibelungen-* und *Waltherlied* verbunden.

Bei der Überlieferung von Sagenstoffen geht es ähnlich zu wie bei dem beliebten Gesellschaftsspiel »Stille Post«. Hier flüstert der Erste in einer Runde seinem Nachbarn einen Satz zu, den dieser wieder an seinen Nachbarn weitergibt und so weiter, bis der Satz in völlig entstellter Form wieder am Ausgangspunkt angelangt ist. Es liegt dabei überhaupt nicht im Interesse der Mitspieler, den Satz so getreulich wie möglich zu »überliefern« – und so ist es auch bei der Sagenüberlieferung, die keine Rekonstruktion geschichtlicher Ereignisse sein will, sondern eine spannende Erzählung, die dadurch nur noch interessanter wird, dass sie »wirkliche« Ereignisse wiederzugeben beansprucht. Dafür ist die Sage von Dietrichs Rückkehr aus dem Exil am Hof des Hunnenkönigs Etzel in seine italienische Heimat und seinem Sieg über seinen Widersacher Ermrich ein Musterbeispiel. Gut siebenhundert Jahre liegen zwischen den der Sage zugrundeliegenden Ereignissen und ihrer schriftlichen Fixierung im Hochmittelalter, wahrlich Zeit

■ Der Bischof von Ravenna übergibt 493 Theoderich – dem Dietrich der Sage – die Stadt. Holzstich, um 1860

genug, um die »stille Post« ihr Werk tun zu lassen.

In der Sage von Dietrichs Rückkehr zieht Ermrich, Dietrichs Onkel und König von Rom, auf Anstiftung eines bösen Beraters mit einem gewaltigen Heer gegen Bern, um Dietrich vom Thron zu stoßen. Dietrich flieht über die Alpen in den Machtbereich des Hunnenkönigs Etzel. Sein getreuer Hildebrand bleibt an seiner Seite, doch sein alter Freund Heime geht seiner eigenen Wege, während der größte unter den Helden, die bisher an seiner Seite gestanden haben, Witege, sich mit manchen anderen Recken auf die Seite Ermrichs schlägt. Über Bechelaren an der Donau, wo er Freundschaft mit dem Markgrafen Rüdeger schließt, gelangt Dietrich an Etzels Hof, wo er freundlich aufgenommen wird. Dietrich bewährt sich im Dienst des Hunnenkönigs als großer Kriegsheld, und so kann Rüdeger Etzel dazu überreden, Dietrich bei der Wiedergewinnung seines angestammten Königreichs zu helfen; auch Etzels Frau Helche ist Dietrichs Fürsprecherin. So ziehen schließlich die Männer Rüdegers, eine große Schar Hunnen unter der Führung der jungen Söhne Etzels und Dietrich mit seinen verbliebenen Getreuen gemeinsam nach Italien, wo sie bald auf das riesige Heer Ermrichs treffen. Es kommt zum größten Ereignis der gesamten Dietrichsage: der »Rabenschlacht«. Dietrich und seine Gefährten scheinen bereits die Oberhand zu gewinnen, als Witege mit seiner Abteilung vorrückt und die Hunnenprinzen tötet. Ihm wirft sich Dietrichs Bruder Diether entgegen. Witege hat diesen Zweikampf nicht gewollt, doch er muss um sein Leben kämpfen. Diether fällt unter den Streichen von Witeges Wunderschwert Mimung. Als Dietrich davon erfährt, gibt

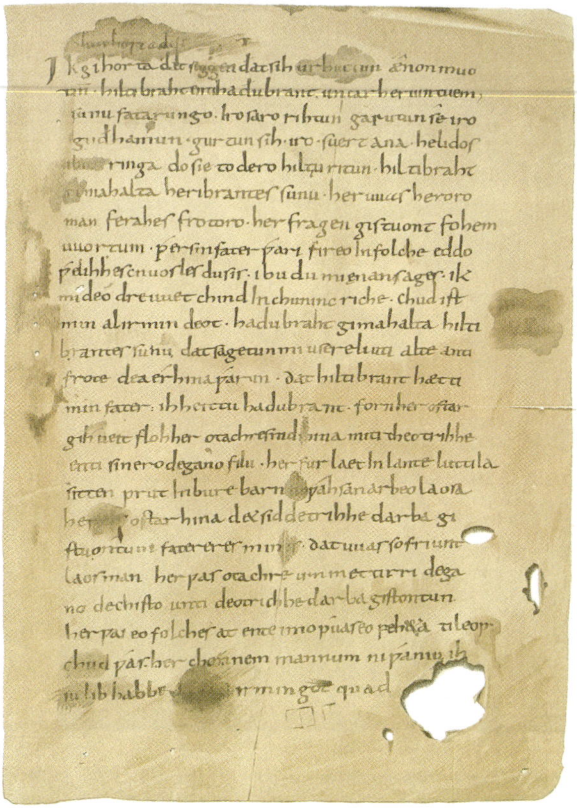

■ Das *Hildebrandslied.* Seite 1 der einzigen erhaltenen, um 850 in Fulda entstandenen Handschrift. Sie befindet sich in der Hessischen Landesbibliothek in Kassel.

DAS HILDEBRANDSLIED

Das *Hildebrandslied,* das vom tragischen Zweikampf zwischen Hildebrand und seinem Sohn Hadubrand berichtet, ist als Fragment aus dem 9. Jahrhundert erhalten geblieben. Es ist das älteste Heldenlied, das in deutscher (althochdeutscher) Sprache überliefert ist, und gehört darüber hinaus – neben dem altenglischen *Beowulf* – zu den ältesten Schriftdenkmälern, in denen sich die germanischen Heldengesänge erhalten haben.

■ Der Hunnenkönig Attila, der Etzel der Sage. Französische Glasmalerei, 1883

er seinem Ross Falke die Sporen und stürzt sich auf den Freund aus alten Tagen. Witege will nicht gegen seinen Schwurbruder kämpfen und wendet sich zur Flucht. Dietrich verfolgt ihn bis zum Adriastrand, doch Witege reitet ins Meer hinein – und ward nie wieder gesehen.

Die große Schlacht ist gewonnen, doch Dietrich muss nun zu Etzel zurückkehren, um sich für den Tod der Königssöhne, die ihm anvertraut waren, zu rechtfertigen. Er wird in Gnaden aufgenommen, muss jedoch an Etzels Hof bleiben. Diese Vorsichtsmaßnahme Etzels bewährt sich, als Dietrich, Hildebrand und ihr Freund Rüdeger Jahre später – Königin Helche ist gestorben, und ihr ist Siegfrieds Witwe Kriemhild als Etzels Frau nachgefolgt – das Leben des Hunnenkönigs und seiner Gemahlin gegen die Burgunden um Gunther, Gernot und Hagen verteidigen. Die Burgunden müssen sterben, und mit ihnen Dietrichs Freund Rüdeger. Nach diesem schrecklichen Gemetzel entschließt sich Dietrich, auf eigene Faust und ohne ein Heer mit Hildebrand ein weiteres Mal nach Italien zu ziehen und sein Reich zurückzugewinnen.

Sie zwingen manche Gegner in Zweikämpfen nieder, ziehen bedeutende Recken mit ihrem Gefolge auf ihre Seite und stehen bald mit einem ansehnlichen Heerbann vor Bern, das ist Verona in Italien. Stadtherr von Bern von Ermrichs Gnaden ist aber niemand anderes als Hadubrand, Hildebrands Sohn. Tapfer reitet er Dietrichs Leuten entgegen, und der erste Ritter, auf den er stößt, ist sein Vater Hildebrand. Es kommt zum Zweikampf, der unentschieden hin- und herwogt. In einer Verschnaufpause fragt Hildeband Hadubrand nach seiner Herkunft und erfährt so, dass sein Gegner der eigene Sohn ist. Hadubrand hält jedoch Hildebrands Beteuerung, sein Vater zu sein, für eine Finte und hiebt weiter auf ihn ein. Vielleicht haben Vater und Sohn einander umgebracht; in der hochmittelalterlichen Version der Sage aber erkennt Hadubrand schließlich seinen Vater, und beide ziehen Seite an Seite mit Dietrich triumphal in Bern ein. Zur selben Zeit stirbt in Rom der greise Ermrich, und Dietrich begibt sich in die alte Kaiserstadt, um zum Herrscher über ganz Italien zu werden.

Dietrich regiert dort lange Jahre; er muss zusehen, wie seine Frau, die Hunnenprinzessin Herrat, und sein alter Freund Hildebrand sterben, und er erlebt die Freude, seinen alten Freund Heime, der aus den Wäldern zurückkehrt, wieder in seine Arme schließen zu können. Er besiegt noch manche Ungeheuer und wird schließlich von einem schwarzen Ross abgeholt, das ihn davonträgt: in den Himmel, in die Hölle oder in das Reich der alten Germanengötter – das weiß niemand.

DIE HUNNEN UND DIE DEUTSCHEN

Es muss die spätromantischen deutschen Gelehrten, die in den mittelalterlichen Heldenmythen die Vorbilder für ein heldenhaftes Deutschtum suchten, sehr geärgert haben, dass die Hunnen und ihr König Attila oder Etzel in diesen Sagen stets einen guten Leumund haben. Das *Nibelungenlied*, in dem die Burgunden an Etzels Hof zugrunde gehen, mochten sie noch gelten lassen, obwohl auch hier die Hunnen nicht schlechter dargestellt werden als die Burgunden. Aber die positive Rolle der Hunnen in der Dietrichsage oder im Waltherlied kam ihrer rassistischen Grundeinstellung, derzufolge das »christlich-germanische Abendland« sich 451 auf den katalaunischen Feldern von der »asiatischen Gefahr« der Hunnen befreit hatte, gar nicht entgegen. Dies dürfte dazu beigetragen haben, dass Dietrich im Vergleich zu Siegfried bei der Wiederentdeckung der germanischen Heldensagen im 19. Jahrhundert nur eine nachgeordnete Rolle spielte.

Und nun zu den historischen Tatsachen: Dietrich ist niemand anderes als der Ostgotenkönig Theoderich, der auch der Große heißt und von 497 bis zu seinem Tod 536 über Italien herrschte. Er residierte nicht in Verona – dem Bern der Sage –, sondern in Ravenna, einer Stadt, deren Name in dem Wort »Rabenschlacht« – Schlacht von Ravenna – überliefert ist. Sein Oberherr war keineswegs der Hunnenkönig Attila (oder Etzel, wie er in der mittelhochdeutschen Literatur heißt), der zu dieser Zeit schon nicht mehr lebte, sondern der Kai-

■ Tafelrunde an Etzels Hof. Szene aus Fritz Langs *Die Nibelungen* von 1923/24

DIETRICHSAGE UND NIBELUNGENLIED
Zusammen mit dem *Waltherlied* bilden Dietrich- und Nibelungensage einen einzigen umfangreichen Komplex von Stoffen aus der Völkerwanderungszeit, in dessen Mittelpunkt der Hunnenherrscher Etzel steht. Die Bedeutung der Sagenfigur Etzel/Attila wird auch durch die *Atli-Lieder* der *Edda* bezeugt.

ser in Konstantinopel. Im Auftrag des oströmischen Kaisers beseitigte Theoderich die Herrschaft des germanischen Heerführers Odoaker, der den letzten weströmischen Kaiser 476 gestürzt hatte, über Italien. Odoaker selbst hatte in seinen jungen Jahren eine Zeit als Geisel am Hof Attilas in Ungarn zugebracht. Auch hinter Witege steht eine historische Gestalt, nämlich Witigis, ein Ostgote aus bester Familie, der nach Theoderichs Tod 536 König wurde. Gegenüber den Franken im Norden und den Oströmern im Osten musste er manche Zugeständnisse machen, die ihm als Verrat angekreidet wurden; schließlich musste er mit ansehen, dass Belisar, der General des oströmischen Kaisers Justinian, Italien wieder zu einem gewöhnlichen Verwaltungsbezirk des Römischen Reiches machte.

Unter den germanischen Stämmen machte die Kunde von einem der Ihren – Theoderich oder Dietrich – die Runde, der ein mächtiges Königtum erobert hatte. Dietrich wurde ein Liebling der Sage, und die machte aus ihm einen Helden mit vielen märchenhaften Zügen, einem Drachentöter und Zwergenbezwinger, der später auch alle höfischen Rittertugenden des Hochmittelalters in sich vereinte. Die römische Kirche allerdings bekämpfte den Dietrichmythos, denn für sie war Theoderich ein Ketzer, weil er wie alle Ostgoten dem Arianismus anhing, einer von der offiziellen Kirche als ketzerisch verdammten frühchristlichen Glaubensrichtung. Kirchliche Autoren ließen ihn auf einem Rappen zur Hölle fahren – was bei manchen Sängern aber zu einem Ritt in eine bessere Welt umgemünzt wurde. Was es wirklich mit dem Ostgotenherrscher Theoderich auf sich hatte, wusste nur noch eine Handvoll gelehrter Mönche, die die Schriften der antiken Historiker abschrieben. Dank ihnen können wir heute am Beispiel Dietrichs ziemlich genau – viel besser als im Falle des Britenkönigs Artus – vergleichen, was Geschichte und was Sage ist und wie die »stille Post« der Überlieferung den Stoff verändert hat.

■ Das monumentale Grabmal Theoderichs in Ravenna, erbaut um 520

DIETRICH UND THEODERICH

QUELLEN

Der historische Hintergrund der Dietrichsage ist uns vor allem aus den Schriften des Historikers Cassiodor (um 485 – um 580) bekannt, eines vornehmen Römers, der ebenso wie der berühmte Philosoph Boethius am Hof des Ostgotenkönigs Theoderich (451–526) in Ravenna wirkte. Durch ihn sind viele Erlasse und Briefe Theoderichs überliefert. Seine *Gotenchronik* ist uns aus der Bearbeitung seines Zeitgenossen Jordanes überliefert. Diese und andere Quellen berichten davon, wie Theoderich sowohl der Überlieferung seines Stammes, der Ostgoten, als auch der römischen Reichsidee verpflichtet war und in Italien ein Königtum errichtete, das germanische ebenso wie römische Traditionen fortsetzte. Theoderich betrieb eine Schaukelpolitik zwischen dem Kaiser in Konstantinopel einerseits und den mächtigen Königreichen der Franken und Westgoten andererseits, aufgrund deren er in Italien relativ freie Hand hatte. Aus der spätantiken Geschichtsschreibung wissen wir auch, dass Dietrichs Gegenspieler Ermrich niemand anderes ist als Odoaker, der germanische Heerführer, dem Theoderich die Herrschaft über Italien entriss. In denselben Quellen finden wir aber auch, dass der Name Ermrich auf den des Ermanarich, eines Vorfahren Theoderichs, zurückgeht. Die Erzählungen der germanischen Barden wiederum verbreiteten den Ruhm Theoderichs/Dietrichs bei allen germanischen Völkern. Dort wurden seine Heldentaten in Form von Heldenliedern nacherzählt und über die Jahrhunderte überliefert. Die ältesten schriftlichen Quellen, die die Verbreitung der Dietrichsgeschichten bezeugen, sind das altenglische *Waldere*-Lied und das althochdeutsche *Hildebrandslied*, beide aus dem 9. Jahrhundert. In der mittelhochdeutschen Dichtung des 13. Jahrhunderts gibt es eine ganze Reihe von im »Bernerton« – der die Zugehörigkeit zum Dietrichstoffkreis bezeugt – abgefassten Heldenromanen. Über Norddeutschland verbreitete sich der Stoff auch in Skandinavien, wo mit der norwegischen *Thidrekssaga* im späteren 13. Jahrhundert ein Roman entstand, der fast die gesamte Dietrichsüberlieferung zusammenfasst. Ihm zur Seite stehen die *Atli-Lieder* der *Edda*, in deren Zentrum der Untergang der Burgunden steht. Der Dietrichstoff überschneidet sich mit dem vom Untergang der Burgunden im *Nibelungenlied*. Auch das *Waltharilied* gehört in den Umkreis der Dietrich-Romane. In den gedruckten spätmittelalterlichen »Volksbüchern« war der Dietrichstoff weit verbreitet. Die Philologen des 19. Jahrhunderts verglichen erstmals den Sagenstoff mit der historischen Überlieferung.

EMPFEHLUNGEN

Lesenswert:
Germanische Heldensagen, nach den Quellen neu erzählt von Reiner Tetzner, Stuttgart 1996

Das Nibelungenlied. Mittelhochdeutscher Text und Übertragung, hrsg. und übersetzt von Helmut Brackert, Frankfurt/M. 1995

Hörenswert:
Siegfried Wagner: *Banadietrich.* Oper 1909

Sehenswert:
Sturm über Europa – Die Völkerwanderung. 4-teilige TV-Doku ZDF 2002. VHS

Besuchenswert:
Ravenna: In der Stadt erinnern sowohl die Kirchen mit ihren großartigen Mosaiken als auch der so genannte Palast Theoderichs (ein spätantikes Wohngebäude) und das monumentale Grabmal Theoderichs an den großen Ostgotenkönig.

Aachen: Die römischen Säulen im karolingischen Oktogon des Domes wurden von Karl dem Großen aus Ravenna herbeigeschafft. Sie sollten eine antike Größe wiederaufleben lassen, die für den Frankenherrscher noch als die Prachtentfaltung im Italien Theoderichs greifbar war.

AUF DEN PUNKT GEBRACHT

An der Geschichte von Dietrichs Rückkehr lässt sich exemplarisch zeigen, wie historische Ereignisse in die Sagenüberlieferung eingegangen sind.

Beim Tutatis!

Die geheimnisvolle Religion der Kelten

■ Menschenopfer an den Gott Teutates. Ausschnitt aus der Reliefplatte des Kessels von Gundestrup, 1. Jh. v. Chr. Kopenhagen, Nationalmuseum

»Beim Tutatis!« ist die Fluch- und Wunschformel der Comic-Heldenfiguren Asterix und Obelix, dank deren heute viele Menschen Grundkenntnisse von der Weltanschauung der Gallier, der Kelten im Gebiet des heutigen Frankreich, erworben haben. Sehr viel mehr als diese Grundkenntnisse haben auch die Gelehrten nicht, selbst wenn sie aus dem Vergleich der Berichte antiker Autoren mit den Mythen, die christliche Mönche im Irland des frühen Mittelalters niedergeschrieben haben, einige Schlüsse über die alte keltische Religion ziehen können. Und wo man wenig weiß, blüht die Spekulation: Da ist kein Held der Artussagen, der nicht mit keltischen Göttern in Verbindung gebracht wird, und keine edle Frau aus diesen Sagen, die nicht zuvor Fee und davor Göttin war.

Trotz aller Unkenntnis können wir festhalten: Tutatis oder Teutates war einer der großen Götter der Kelten. Das wissen wir durch Cäsar, den römischen Eroberer Galliens, und durch den nur wenig jüngeren römischen Dichter Lukan. Nach Lukan hatten die Gallier drei große Götter: Teutate(i)s, Taranis und Esus. Teutates war der Kriegsgott der keltischen Stämme, den Cäsar mit dem römischen Kriegsgott Mars identifiziert hatte. Taranis wiederum war der Gott, den Cäsar mit dem römischen Göttervater Jupiter gleichgesetzt hatte, dem mächtigen Gott des Donners. Esus schließlich wird von Lukan als »der gute Gott« bezeichnet; er ist ein Fruchtbarkeitsgott und entspricht dem altirischen Gott Dagda, dem Vater der Brigit, der großen keltischen Göttin, die Cäsar mit der römischen Kultur- und Wissensgöttin Minerva gleichsetzt.

Cäsar zufolge waren aber weder Teutates noch Taranis oder Esus der wichtigste Gott der Gallier; diese Ehre kam vielmehr einem Gott zu, den er mit Merkur gleichsetzt, dem listigen Gott

KULTURHEROEN

Die großen Errungenschaften der menschlichen Kultur – das Feuer, der Ackerbau, die Metallverarbeitung, die Webkunst – führten die Menschen in vielen Kulturen auf menschenfreundliche göttliche Helden – Kulturheroen – zurück. Was der Gott Lug für die alten Kelten, war der erfinderische Loki für die Germanen. Bei den Griechen war es der Titan Prometheus, der den Menschen das Feuer brachte. Die Menschen haben die Kulturheroen immer verehrt, doch sie mussten dabei vorsichtig sein, denn die Götter waren oft zornig auf die Kulturheroen, die ihren Wissens- und damit Machtvorsprung vor den Menschen verringerten.

Geschichtliche Einordnung: Die ältesten schriftlichen Nachrichten über die Kelten und ihre Weltanschauung stammen von griechischen Autoren des 3. Jh.s v. Chr. Cäsar und andere lateinische Schriftsteller haben Weiteres berichtet. Diese ältesten Quellen lassen sich aber erst im Licht der in schriftlicher Form etwa im 7. Jh. n. Chr. einsetzenden irisch-keltischen Sagenüberlieferungen deuten.

des Handels und des Handwerks. Dieser Gott scheint derselbe zu sein, den die alten Iren unter dem Namen Lug oder Lugh verehrten: ein Licht- (das bedeutet der Name) und Sonnengott. Er wird bei den Iren auch »der mit den langen Armen« genannt, denn sein Symbol sind drei lange gebogene Arme, die von einem Zentrum ausgehen. Sie symbolisieren die Sonne mit ihren Strahlen. Dieses Sonnensymbol ist im Kunsthandwerk der Kelten, auf Fibeln, Armreifen oder Schwertscheiden aus Bronze oder Gold häufig anzutreffen. Mehr als ein bloßes Symbol des Lug, nämlich Lug selbst in pflanzlicher Gestalt, ist der Lebensbaum, der als verschlungenes Ornament Schmuckstücke und andere edle Gebrauchsgegenstände der Kelten ziert. Lug ist der Gott des Lebens, weil er auch der Gott der Kultur ist. Dies macht seinen Vorrang unter den Göttern zumindest zu Friedenszeiten aus.

Die Vielfalt seiner Fähigkeiten drückt eine Episode aus einem irischen Mythos aus, in der der Gott – hier heißt er mit einem seiner Beinamen Samildánach, das heißt der Viel-Handwerker – Einlass am Hof des irischen Hochkönigs in Tara begehrt. Er erklärt, er sei Zimmermann. Als der Torhüter sagt, Zimmerleute seien schon genug da, erklärt er nacheinander, dass er auch noch Schmied, Waffenkundiger, Harfenspieler, heldenhafter Krieger, geschichtskundiger Dichter, Zauberer, Arzt, Mundschenk und Kunsthandwerker sei. Jedes Mal sagt der Türsteher: »Haben wir schon.« Doch als der König davon erfährt, erklärt er, dass es niemand gebe, der alles dieses zusammen sei, und begrüßt den Gast

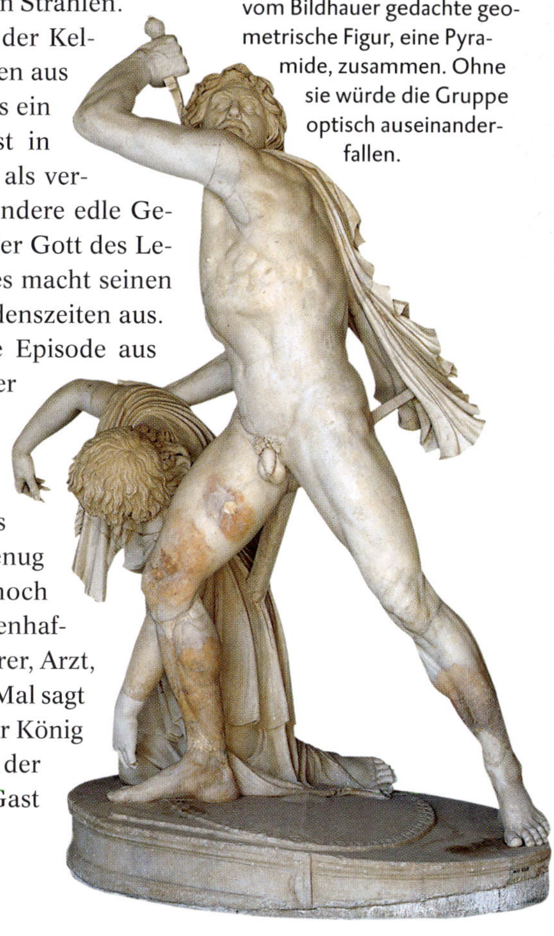

■ *Der Gallier und seine Frau,* Marmor, Höhe 2,11 m, römische Kopie, Rom, Thermenmuseum.
Die gegensätzlichen Bewegungen der Figuren fasst eine vom Bildhauer gedachte geometrische Figur, eine Pyramide, zusammen. Ohne sie würde die Gruppe optisch auseinanderfallen.

■ Der Gott Taranis, ein Rad und verschiedene Tiere. Ausschnitt aus der Reliefplatte des Kessels von Gundestrup, 1. Jh. v. Chr. Kopenhagen, Nationalmuseum

mit dem ihm gebührenden Respekt. Lug ist also ein vergöttlichter »Kulturheros«, wie ihn viele alte Zivilisationen kennen.

Der altirische Lug ist aber noch mehr, nämlich der Herrscher über die zahlreichen Götterstämme der Tuatha Dé Danann, der Abkömmlinge der göttlichen Urmutter Dana oder Danu, deren Gestalt auf alte mutterrechtliche Traditionen hinweist.

Lug ist als Herrscher der Götter auch der Prototyp des irdischen Herrschers, des Königs. Er muss sich mit der Königin vereinen, um die Fruchtbarkeit der Felder sicherzustellen und mächtige Nachkommen zu zeugen. So zeugt Lug mit Ethne (Eithne), der Erde Irlands – nach der wohl jüngeren Überlieferung hingegen mit der Königs-Schwester Dechter –, Cú Chulainn, den größten Helden der irischen Epen.

Die Ordnung, die die Götter gegen die Monster der Urzeit schufen – diese sind als vielfach verschlungene Drachen neben dem Lebensbaum das beliebteste Dekorationsmotiv der keltischen Kunst – ist zuallererst die Ordnung von Zeit und Raum, bevor sie

BRIGIT

Brigit (Bridgid, Brigida, Brigitte) ist eine irische Heilige des 5. Jahrhunderts, eine Enkelschülerin des heiligen Patrick. Es ist anzunehmen, dass sie von den frühen Christen Irlands mit der heidnischen Göttin Brigit, der Tochter des Dagda, identifiziert wurde, die als Fruchtbarkeits- und Kulturgöttin seit jeher bedeutend war.

auch die Ordnung der Gesellschaft wird. Symbol dieser Ordnung ist das Radkreuz, das als »Keltenkreuz« im Mittelalter zum christlichen Symbol wurde, aber viel älter ist. Wie die Arme des Kreuzes sind die alten irischen Königreiche Ulster, Leinster, Munster und Connacht in den vier Himmelsrichtungen um den Mittelpunkt Midhe (heute die Grafschaft Meath) angeordnet, an dem alle vier Königreiche Anteil haben. Im Mittelpunkt von Midhe, in Tara, hatte der Hochkönig seinen Sitz. Diese Anordnung hatte wenig mit der politischen Wirklichkeit zu tun, aber sie trug dazu bei, dass Irland sich stets als kulturelle Einheit begriff.

Eine solche räumliche Ordnung um einen Mittelpunkt ist keineswegs nur in Irland zu finden; vielmehr weist auch der Name der uralten oberitalienischen Stadt Mailand (lateinisch Mediolanum), einer keltischen Gründung, darauf hin, dass sie der Mittelpunkt (Med-) der oberitalienischen Gaue war – so wie sie es bis heute ist.

Ebenfalls viergeteilt war der keltische Kalender, dessen Jahr im Spätherbst mit einem großen Fest beginnt, das später mit dem christlichen Allerheiligenfest in eins gesetzt wurde. Der heidnische Charakter dieses Festes hat sich in den Bräuchen von Halloween bis heute erhalten (das Wort Halloween stammt allerdings aus der christlichen Ära, es kommt von »all hallows eve«, das heißt »Vorabend von Allerheiligen«). Das nächste große Fest ist das Spätwinterfest, aus dem möglicherweise der Karneval Nordeuropas hervorgegangen ist; ihm folgt das Maifest, das den Beginn des Sommers anzeigt, und das Mittsommerfest.

Das Fest des Jahresbeginns hatte auch die Funktion, die zeitliche und die räumliche Anordnung der Welt in Einklang zu bringen, denn es war das Fest, in dem Oben und Unten, die oberirdische und die unterirdische Welt, einander begegneten. In christlicher Zeit und bis heute hat sich der Brauch erhalten, dass die Tage um das Allerheiligenfest – Halloween – auch die Zeit sind, in der die Menschen mit den Toten in der Unterwelt kommunizieren.

Diese Unterwelt spielte bei den Kelten eine große Rolle: Lug, der Lichtgott, hatte einen unterirdischen Gegenspieler, den die Iren Donn nannten. Donn war der Gott der Finsternis,

TARA
Das von einem Iren gegründete Gut im amerikanischen Georgia, das im Zentrum von Margaret Mitchells Jahrhundertroman *Vom Winde verweht* steht, heißt Tara – nach dem mythischen Mittelpunkt Irlands.

■ Grabkreuz in Form eines keltischen Kreuzes (Ring- oder Radkreuz). Bevor das Kreuz bei den Kelten ein christliches Symbol wurde, versinnbildlichte es die Ordnung der Welt.

DRUIDEN

Das altirische Wort »Druid« ist zur Bezeichnung der keltischen Priester überhaupt geworden, die zusammen mit dem Kriegeradel über die einfachen Bauern herrschten. Bei allen indoeuropäischen Völkern, von Indien bis Irland, scheint sich ursprünglich eine gebildete Priesterschicht mit den Kriegern die Herrschaft geteilt zu haben. Ähnlich wie die Krieger mussten die Druiden bei den Kelten eine lange Ausbildung durchlaufen, bis sie alle Geheimnisse und Fertigkeiten ihres Standes kannten. Darüber berichtet schon Cäsar in seinem Gallischen Krieg. In Gallien verboten die Römer im 1. Jahrhundert das Druidenwesen, doch noch im 3. Jahrhundert ist dort von wahrsagenden Druidinnen die Rede. Der frühe Erfolg des Christentums in Irland und Britannien wird oft damit erklärt, dass viele Abkömmlinge von Druidenfamilien zu christlichen Priestern und Mönchen wurden.

aber auch der Verwalter unterirdischer Paradiese. Die vielen Doppelgesichter, die es in der keltischen Kleinkunst gibt, scheinen darauf hinzudeuten, dass Lug und Donn als zwei Seiten derselben Medaille galten.

Die Druiden, die keltischen Priester, deren hervorragende Rolle seit Cäsar bezeugt ist, scheinen Spezialisten des Unterweltkults gewesen zu sein, denn sie versprachen den Kriegern der Könige, denen sie dienten, für den Fall ihres Heldentods ein Weiterleben in einem unterirdischen oder auf fernen Inseln angesiedelten Paradies – einer »Anderswelt« wie dem Avalon der Artussage. Druiden und Sänger spannen das Thema noch weiter aus, indem sie wichtigen Helden wie Artus oder Lanzelot auch eine Herkunft aus der Anderswelt, aus der Verbindung von irdischen Königen mit unterirdischen Feen andichteten.

Die paradiesische keltische Anderswelt fasziniert auch noch die Dichter der feudalen Ritterzeit im 12. und 13. Jahrhundert. Sie erhält im Gralsmythos oder in der Thannhäusersage ein christliches Gewand, aber sie bleibt erhalten als Versprechen an tapfere Krieger auf ein wunderbares Jenseits.

Auch wenn der Name des alten Kriegsgotts Teutates im Kult des paradiesischen Kriegerjenseits und der Feenwelt der späten Kelten untergegangen ist, so triumphiert doch sein kriegerischer Geist. Beim Tutatis!

■ Keltischer Krieger mit Beute. Etruskische Skulptur aus hellenistischer Zeit, um 180–150 v. Chr. Ausschnitt aus einem Tempelfries aus Civita Alba. Bologna, Museo Civico

DIE KELTEN

QUELLEN

Die Kelten breiteten sich etwa vom 8. Jahrhundert v. Chr. vom Voralpenland über ganz Westeuropa bis nach Norditalien, Spanien und Irland aus; im 3. Jahrhundert v. Chr. erlebte Europa eine weitere Wanderung kriegerischer Keltenstämme; in dieser Zeit zogen sie nach Kleinasien, wo sie von dem hellenistischen König von Pergamon geschlagen und in Anatolien angesiedelt wurden, und eroberten kurzfristig Rom. In Britannien und Irland scheinen in dieser Zeit kriegerische Keltenstämme vom Kontinent die alten keltischen Bauerngebiete erobert und eine neue Herrschaftsform etabliert zu haben. Der Name der Kelten (lateinisch Gallii, griechisch Galatoi) hat sich nicht nur in dem römischen Namen des heutigen Frankreich, Gallien, erhalten, sondern auch in dem Namen von Wales (ursprünglich Gwales) in Großbritannien sowie in dem Namen Galizien/Galicien für Landschaften in Anatolien, nördlich der Karpaten und in Nordwestspanien. Für die frühen Deutschen war »welsch«, also keltisch, der Name für Fremde im Süden und Westen schlechthin. Im Kunsthandwerk aller keltisch besiedelten Gebiete findet man für eine Reihe von Jahrhunderten ähnliche typische Motive der keltischen Kunst wie die drei Sonnenstrahlen, den Lebensbaum und den Drachen; diese Motive deuten auf gemeinsame religiöse Traditionen, lassen sich aber erst mithilfe schriftlicher Quellen interpretieren. Die ältesten dieser Quellen sind griechische Schriftsteller, die vom Verhalten der keltischen Krieger in Kleinasien im 3. Jahrhundert berichten; danach müssen wir uns auf Cäsars *Gallischen Krieg* stützen und auf das große Epos über den Machtkampf zwischen Cäsar und Pompeius, das der Dichter Lukan verfasste, bevor er von Kaiser Nero 65 n. Chr. in den Tod getrieben wurde. Diese Quellen lassen sich je-doch erst im Vergleich mit den altirischen Epen deuten, die zwar meist erst zu Beginn des zweiten nachchristlichen Jahrtausends schriftlich aufgezeichnet wurden, aber in ihrem Kern bis in die Zeit Cäsars, das erste Jahrhundert v. Chr., zurückgehen. Hier erfahren wir, dass die irischen Helden ihre Stammbäume auf Götter und weibliche Gottheiten (Feen) zurückführten, deren Namen – auch im Vergleich mit den Götternamen anderer indoeuropäischer Völker – einigen Aufschluss über die Götternamen bei den antiken Kelten geben.

AUF DEN PUNKT GEBRACHT

Die beste Quelle für die weit in die Antike hineinreichende Vorstellungswelt der Kelten sind die aus altchristlicher Zeit überlieferten irischen und britischen Mythen, die ihrerseits die Quellen für die Artusromane des Hochmittelalters sind.

EMPFEHLUNGEN

Lesenswert:

Gaius Iulius Caesar: *Der gallische Krieg*, übersetzt von Marieluise Deissmann, Ditzingen 1980

Sylvia Botheroyd, Paul F. Botheroyd: *Lexikon der keltischen Mythologie*, München 2003

Das Sagenbuch der walisischen Kelten. Die vier Zweige des Mabinogi, hrsg. von Bernhard Maier, München 1999

Arnulf Krause: *Die Welt der Kelten*, Frankfurt/M. 2004

Ingeborg Clarus: *Keltische Mythen*, Düsseldorf 2000

Martin Kuckenburg: *Die Kelten in Mitteleuropa*, Stuttgart 2004

Hörenswert:

Enya: *The Celts*. Reprise/Wea 1995. Audio-CD

Sehenswert:

Asterix – Operation Hinkelstein. Regie: Philippe Grimond; Zeichentrickfilm BRD/F 1988

Besuchenswert:

Berlin, Pergamonmuseum, mit dem Altar, der den Sieg der Griechen über die Kelten feiert

Rom, Kapitolinische Museen: Sterbender Gallier aus Pergamon

Erlebenswert:

Newgrange, Grabanlage und keltisches Heiligtum im Boyne Valley, etwa 50 km nördlich von Dublin; Einlass ins Hügelgrab und Simulation der Wintersonnwende.

Cú Chulainn

Der irische Achill

Geschichtliche Einordnung: Die altirische Sage von Cú Chulainn liegt uns seit dem 12. Jh. in schriftlicher Form vor, doch ihre Ursprünge liegen offenbar tief in der vorchristlichen Ära des irischen Keltentums, also vor dem 4. Jh.

■ Der junge Cú Chulainn tötet den Hund des Culann. Buchillustration von Stephen Reid, 1909

Cú Chulainn, oder, in der vereinfachten englischen Schreibweise, Cuchulinn, ist der größte Held des altirischen Mythos, und wie alle wirklich bedeutenden Helden, wie Herakles oder Achill, war er ziemlich brutal und ein Halbgott.

Dechter, die Schwester des großen Königs Conchobar, der in Ulaid (das ist das heutige Ulster) auf seiner Burg Emuin Macha residierte, hatte ein unter mysteriösen Umständen in einem Bauernhaus geborenes Knäblein, bei dessen Geburt sie Hilfe geleistet hatte, zu sich genommen und es herzlich liebgewonnen. Doch bald schon starb der Junge. Als Dechter aber in der Nacht nach seinem Tode trauernd auf ihrem Bett saß, erschien ihr der Knabe, jetzt in Mannesgestalt, und verkündete ihr: Er sei Lug, der Lichtgott aus dem Volk der Göttermutter Dana. Und er werde ihr jetzt beiwohnen, auf dass sie ihn selbst wiedergebäre. So wurde Dechter schwanger.

Manche meinten zwar, ihr Bruder, König Conchobar, habe Dechter selbst geschwängert, doch dagegen stand das Zeugnis des Elfensohns Sualtach, dem Conchobar seine schwangere Schwester zur Frau gab: Er, Sualtach habe sie als Jungfrau befunden. Wie dem auch sei: Setanta, dem Dechter bald das Leben schenkte, war kein gewöhnlicher Sterblicher. Dafür sprechen schon die Taten, die er als Kind vollbrachte.

Als Setanta fünf Jahre alt war, teilte er seiner Ziehmutter mit, dass er nun ein Krieger werden wolle. Mit seinen Spielzeugwaffen wanderte er nach Emuin Macha und wurde alsbald zum Anführer der Knaben, die dort in der Kunst des Kampfes ausgebildet wurden.

Eines Tages, als Conchobar seinen Hof verließ, um der Einladung des Schmieds Culann zu einem Gelage nachzukommen, sah er die Knaben bei ihren Geschicklichkeitsspielen, voran Setanta, den Sohn seiner Schwester. Er freute sich über seinen Neffen und rief ihm zu, er möge doch auch an dem Fest des Culann teilnehmen. Die Einladung war eine große Ehre, und sobald der Unterricht zu Ende war, eilte Setanta zum Schmied Culann. Conchobar hatte allerdings während des Gelages seinen Neffen längst vergessen und deshalb seinen Gastgeber nicht daran gehindert, seinen schrecklichen Hund loszumachen, der nachts das Haus bewachte. Dieser Hund fiel Setanta an, als er sich näherte, doch der kindliche Held erschlug ihn auf der Stelle. Für Culann war dies ein herber Verlust. Der unerwartete Gast hatte einen Frevel an seinem Gastgeber verübt. Deshalb sprach Setanta selbst das Urteil über sich: Er werde so lange die Stelle von Culanns Hund vertreten, bis dessen Nachkommen den Hof würden beschützen können. Alle lobten diese Selbstverpflichtung, und Setanta hieß von nun an Cú Chulainn, das heißt Hund des Culann.

■ Cú Chulainn zwingt Aife, ihm zu Willen zu sein. Moderne Darstellung von David Johnson

Als Cú Chulainn sieben war, ging er zu seinem Onkel Conchobar und verlangte von ihm die Waffen eines Kriegers. Er erhielt die besten, dazu einen Streitwagen und einen ausgezeichneten Wagenlenker. Sogleich fuhr er hinaus bis an die Grenze von Ulaid, wo er seine erste Waffentat vollbrachte. Er erschlug drei fremde Krieger, brannte ihren Hof nieder und fuhr am Abend zurück nach Emuin Macha, seinen Wagen mit den abgetrennten Köpfen der Getöteten geschmückt.

Als Conchobar vernahm, dass ein wilder Krieger mit blutigen Köpfen am Wagen sich seiner Burg näherte, wusste er sogleich, dass dies nur Cú Chulainn sein konnte und dass er im Mordrausch war. Um ihn zur Ruhe zu bringen, schickte er ihm fünfzig nackte Frauen entgegen, die ihn auf andere Gedanken bringen sollten. Doch Cú Chulainn schlug die Augen nieder und fuhr an ihnen vorbei in den Hof von Emuin Macha. Dort ließ der König den Knaben aus dem Wagen heben und in ein Fass mit kaltem Wasser stecken. Das erste Fass zerbarst auf der Stelle, das Wasser im zweiten kochte über, und erst im dritten kam Cú Chulainn zur Ruhe. Frisch gebadet schritt er nun zum Nachtmahl, das er zu Füßen des Königs zu sich nahm.

■ Cú Chulainns Streitwagen. Moderne Darstellung von David Johnson

Als Cú Chulainn herangewachsen war, verliebte er sich in die schöne Emer, die Tochter des listigen Forgall. Als dieser die Verliebten miteinander turteln sah, beschloss er, die Verbindung seiner Tochter mit dem, wie er fand, wahnsinnigen Wüterich zu verhindern. Er verkleidete sich als gallischer Händler und begab sich an den Hof Conchobars, dem er Gold und gallischen Wein versprach. Nachdem er so das Vertrauen des Königs erschlichen und dieser ihm stolz die Kraft und Geschicklichkeit seines Neffen vorgeführt hatte, gab er zu wissen, dass dies alles nichts gegen die Kriegskünste des Domnall in Alba (Schottland) sei. Das wollten die Männer von Ulaid nicht auf sich sitzen lassen, und so zog Conchobar mit Cú Chulainn übers Meer.

Als Domnall, der Schotte, nach einigen Wettkämpfen einsehen musste, dass er seine irischen Gastfreunde nicht würde bezwingen können, sandte er sie weiter zu der grausamen Scáthach. Conchobar riefen Regierungsgeschäfte allerdings zurück nach Irland, und so machte sich Cú Chulainn allein auf die Suche nach Scáthach und gelangte nach einigen Abenteuern auch zu ihr. Der junge Krieger gefiel der Scáthach, mehr aber noch ihrer Tochter Uathach. Mit deren Hilfe gelang es ihm, die Spitze seines Speers auf Scáthachs Brust zu setzen. So erlangte er von ihr das Versprechen, ihn alle geheimen Kampfkünste zu lehren. Außerdem sagte sie ihm seine Zukunft voraus: nämlich dass er großen Ruhm als Krieger erwerben, aber früh sterben werde. Dies schreckte Cú Chulainn aber keineswegs.

Scáthach lag in erbitterter Fehde mit einer anderen Gauherrscherin namens Aife. Mit ihr focht Cú Chulainn für seine Herrin einen harten Kampf aus, den er nur durch eine List gewann. Er zwang Aife, ihm zu Willen zu sein,

KRIEGERLEBEN

Die Helden der altirischen Sage unterscheiden sich nicht viel von den Helden Homers oder denen der nordischen *Edda:* Sie leben für den Kampf, sie kämpfen für ihren Ruhm, und sie genießen ihren Ruhm, wenn sie beim Trinkgelage den ihnen angemessenen Platz einnehmen können. Sie genießen auch die Gunst der Frauen, deren sie sich notfalls mit Gewalt versichern; sie müssen aber auch mit ihnen ebenbürtigen Frauen, mit starken Kriegerinnen wie den Amazonen oder den Walküren kämpfen. Sie kämpfen, zeugen Söhne und sterben – ihr früher Tod macht sie erst wirklich zu Helden.

und sagte voraus, dass sie ihm einen Sohn gebären werde. Dann schenkte er ihr einen goldenen Ring, den sie ihrem Sohn als Erkennungszeichen geben sollte.

Nachdem er Aife bezwungen hatte, war Cú Chulainn mit Scáthach quitt und konnte nach Irland zurückkehren. Er begab sich nach Tara, dem Sitz des Hochkönigs, und nahm dort seine geliebte Emer zur Frau.

Die Ehe war glücklich – bis Cú Chulainn im Traum zwei wunderschöne Frauen, Siden (Feen), erschienen, die ihn in ihr Reich lockten. Mitten in der Nacht erhob sich Cú Chulainn von seinem Lager und begab sich zu dem heiligen Stein, wohin die Traumgestalten ihn gerufen hatten. Hier fand er den Eingang zur Anderswelt. Er bewährte sich auch in dieser Welt, im Kampf gegen die Widersacher der Feen, und wurde dafür von der lieblichen Fann, der Herrscherin der Feen, mit reicher Liebesgunst belohnt. Trotzdem drängte es ihn bald schon wieder zu seinem König Conchobar, zu seinem Freund Conall Cernach und zu seiner Frau Emer.

Fann ließ ihn ziehen, vereinbarte aber an einer magischen Eibe einen ständigen Treffpunkt. So war Cú Chulainn hin- und hergerissen zwischen Diesseits und Anderswelt. Als Emer dies begriff, gab sie ihren Freundinnen Dolche in die Hand, ließ diese durch Druidenzauber bewehren und begab sich nächtens mit ihnen zu der Eibe, wo ihr Gemahl sich mit Fann traf. Es wäre zu Blutvergießen gekommen, wenn nicht Fanns Ehemann, der große Zauberer Mananann, dazwischengetreten wäre und Fann hätte schwören lassen, ein für alle Mal von Cú Chulainn zu lassen.

Die Kriegerfürstin Aife hatte unterdessen den Sohn Cú Chulainns geboren, Conlai. Als dieser zum Krieger geworden war, bat er seine Mutter, auf Abenteuer ziehen zu dürfen. Sie musste ihn gewähren lassen und gab ihm den goldenen Ring, den sie für ihn von seinem Vater erhalten hatte, mit auf den Weg. Stracks begab sich Conlai nach Irland und forderte dort ebenso keck, wie es sein Vater gewesen war, alle Krieger zum Zweikampf heraus. Als König Conchobar befürchten musste, seine besten Krieger an den jungen Herausforderer

■ Cú Chulainns Werbung um Emer. Buchillustration von Stephen Reid, 1909

■ Der Stein Cloghafarmore bei Knockbridge in Irland. Hier soll Cú Chulainn aufrecht stehend gestorben sein.

zu verlieren, bat er Cú Chulainn, dem Wüten des Fremden Einhalt zu gebieten. So stellte Cú Chulainn, ohne es zu wissen, seinen eigenen Sohn zum Kampf. Erst nach langem harten Ringen gewann er die Oberhand, und als er Conlai getötet hatte, erblickte er erschrocken an dessen Hand den Ring, der ihn als seinen Sohn auswies.

Nachdem er seinen eigenen Sohn erschlagen hatte, war Cú Chulainn tief betrübt. Er ging allen Kämpfen aus dem Weg und blieb in seiner Kammer. Bis eines Nachts sein Schwert von der Wand fiel. Er musste, dies bedeutete das Zeichen, wieder kämpfen, und die Hexen, denen er auf seinem Weg zur Grenze von Ulster begegnete, bedeuteten ihm, dass dies sein letzter Kampf sein werde. Cú Chulainn erschlug viele Feinde, doch diese schleuderten seine Lanze, der verheißen war, dermaleinst einen König zu töten, gegen ihn zurück. Die Lanze tötete seinen Wagenlenker, doch Cú Chulainn schickte sie zurück und tötete den frechsten seiner Feinde. Die Lanze kehrte abermals zurück und tötete sein Ross; Cú Chulainn tötete nun mit ihr einen weiteren Gegner, doch die Lanze wurde zurückgeschleudert und traf ihn in den Bauch. Tödlich verwundet, wankte Cú Chulainn zu einem aufrecht stehenden Stein und band sich mit seinem Gürtel daran fest, denn er wollte aufrecht sterben.

Jetzt erst näherte sich Conall Cernach, Cú Chulainns Milchbruder, mit einer großen Schar tapferer Ulster-Krieger dem Schlachtfeld. Sie stellten die, die Cú Chulainn getötet hatten, und sie schlugen ihnen die Köpfe ab. Die reihte Conall auf einer Espengerte auf und trug sie zu Emer, zum Zeichen, dass ihr Gatte getötet, aber auch gerächt war. Dann legte er die Köpfe auf dem prächtigen Steinmal, das für Cú Chulainn als Grab bereitet war, nieder.

Der göttliche Held war gefallen, in jungen Jahren, was bei seinem Lebenswandel nicht sehr verwundert. Und die Sänger säumten nicht, seine Heldentaten zu besingen. Das war im alten Irland nicht anders als zuvor im alten Griechenland oder in Skandinavien Jahrhunderte später.

CHRISTENTUM UND ALTIRISCHER HEIDENKULT

Die ziemlich getreuliche Überlieferung der altirischen Sagen verdanken wir frühchristlichen Mönchen, die in Latein und ihrer keltischen Muttersprache aufzeichneten, was die Barden einer verflossenen Zeit gesungen hatten. So kommt es, dass christliche Ideen in die heidnische Überlieferung eingeflossen sind. Die Geschichte von der Verkündigung an Dechter und der anschließenden jungfräulichen Geburt Cú Chulainns z. B. ist ziemlich offenkundig der biblischen Erzählung von der Geburt Jesu nachgebildet.

CÚ CHULAINN

QUELLEN

Die Sagen um Cú Chulainn sind aus verschiedenen altirischen Quellen überliefert. Die von seiner Geburt stammen aus alten Aufzeichnungen, die bei R. Thurneysen, *Die irische Helden- und Königssage bis zum 17. Jahrhundert*, wiedergegeben sind. Von den Jugendtaten des Cú Chulainn und einer Reihe seiner großen Kämpfe kündet das irische Epos *Táin Bó Cuailnge* (*Der Rinderraub von Cooley*), dessen wichtigster Held Cú Chulainn ist und das uns im *Book of Leinster* aus dem 12. Jahrhundert in schriftlicher Form vorliegt. Wieder einer anderen Quelle, dem *Book of the Dun Cow*, entstammt die Geschichte von Cú Chulainns Werbung um Emer (*Tochmarc Emire*). Von Cú Chulainns Ausflug in die Anderswelt wird wieder an anderer Stelle berichtet. Von dem Kampf zwischen Cú Chulainn und seinem Sohn Conlai ist am ausführlichsten im *Gelben Buch von Lecan* die Rede; Cú Chulainns Tod wird dagegen im *Book of Leinster* geschildert. Über das Alter der Überlieferungen ist viel spekuliert worden: Dass Cú Chulainn als Halbgott, als Sohn des »keltischen Hermes«, des viel verehrten Sonnengotts Lug, aufgefasst wurde, spricht dafür, dass er ein Heros war, den die Kelten bereits in der Antike mit nach Irland brachten. Manche Forscher haben auch vermutet, dass Cú Chulainn eine vermenschlichte Form des alten keltischen Fruchtbarkeitsgotts Esus sei, von dem römische Autoren berichten. In dem Paar, das Cú Chulainn und sein Milchbruder Conall Cernach darstellen, meinen Mythenexperten wiederum das altindoeuropäische Brüderpaar Castor und Pollux wiederentdeckt zu haben. Historisch gesicherter ist es, dass die Geschichten um Cú Chulainn bei aller dichterischen Übertreibung und allen märchenhaften Erzählungen ein getreues Abbild der keltischen Kriegerkultur in Irland vor der Christianisierung sind: Dazu gehören die ritualisierten Zweikämpfe mit der exakten Schilderung der eingesetzten Waffen sowie die Festbankette, bei denen Met und – bei den ganz Reichen – Wein getrunken wird und bei denen die Rangordnung der Krieger eine große Rolle spielt. Dies ist die Rangordnung vom König als dem mächtigsten Grundbesitzer, der nur formal die Oberherrschaft eines Hochkönigs anerkennt, herab zu seinen wichtigsten Kriegern und Handwerkern, die allesamt reiche Höfe besitzen, bis zu den einfachen Bauern und Angehörigen des Hausgesindes. Auch die Frauen spielen in dieser Rangordnung eine Rolle, als mächtige Herrscherinnen und Kriegerinnen, aber auch als züchtige Jungfrauen und Freiwild für die Krieger. Schließlich zeugt die keltische Überlieferung auch von einem magischen Weltbild, in dem Druiden und Hexen, Vorzeichen und Prophezeiungen eine größere Rolle spielen.

AUF DEN PUNKT GEBRACHT

Die Geschichte des altirischen Helden Cú Chulainn bezeugt in idealer Weise die Nähe der Mythen der europäischen Völkerwanderungen zu den antiken Heldenliedern, wie Homer sie festgehalten hat.

EMPFEHLUNGEN

Lesenswert:

Keltische Sagen aus Irland, hrsg. von Martin Löpelmann, München 2004

Rudolf Thurneysen: *Die irische Helden- und Königssage bis zum 17. Jahrhundert*, Halle 1921

Ronan O'Domhnaill: *Alte irische Mythen und Legenden*, Remshalden-Grundbach 2002

Irish Sagas, hrsg. von Myles Dillon, Dublin 1959/1968

Manfred Böckl: *Der Hund des Culann*, Stuttgart 2003

Hildegard L. C. Tristram (Hg.): *Studien zur Táin Bó Cúailnge*, Tübingen 1993

Hörenswert:

Matthew Shlomowitz, Alison Carruth, Scott Wilson: *The Cattle Raid of Cooley or The Show*, experimentelle Oper 2003

Granville Bantock: *Cuchullan's Lament*, in: *Two Heroic Ballads*. Orchesterwerk 1944

The Decemberists: *The Tain*. Pop-EP 2005. Audio-CD

The Pogues: *The Sickbed of Cuchulinn*, Punksong 1985. Audio-CD

Sehenswert:

Celtic Legends – Irish Legends. DVD 2006

Erlebenswert:

Eine Bahnfahrt von Dublin aus entlang der irischen Ostküste führt u.a. nach Dundalk, dem Geburtsort Cú Chulainns

Der Rinderraub von Cooley

Die irische Ilias

Geschichtliche Einordnung: Das größte unter den altirischen Epen scheint zuerst im 7. Jh. von frommen Mönchen aufgezeichnet worden zu sein, dürfte aber auf das 4. Jh. zurückgehen, auf die Zeit eines heidnischen, aber schon mit der römischen Zivilisation in Berührung gekommenen Keltentums.

Táin Bó Cuailnge, der *Rinderraub von Cooley,* gilt als das größte Epos der altirischen Literatur, als die *Ilias* der Kelten. Das Epos ist nur ein Teil des *Ulsterzyklus* von altirischen Heldenliedern, die aus Nordostirland stammen und in deren Zentrum der Held Cú Chulainn (Cuchulinn) steht, der »irische Achill«. Die Ursprünge der Sage gehen auf die Zeit um Christi Geburt zurück, die Zeit, in der die Iren in Kontakt mit dem römischen Reich Cäsars kamen. Conchobar, der König von Ulaid (Ulster), um den viele irische Sagen kreisen, gilt als historische Gestalt aus dieser Zeit. Deshalb sind die Geschichten um den Rinderraub von Cooley, auch wenn sie erst seit dem 7. Jahrhundert von christlichen Mönchen aufgezeichnet wurden, beredte Zeugnisse der altirischen heidnischen Kultur vor der Christianisierung.

■ Cú-Chulainn-Denkmal in der Hauptpost von Dublin; es dient der Erinnerung an die Opfer des Osteraufstands der Iren gegen die Engländer 1916.

Das Epos vom Rinderraub beginnt im Schlafzimmer der Königin Medb, der »Metberauschten«, und ihres Gemahls Ailill, König des westirischen Reichs Connacht. Die Eheleute streiten sich, wer in ihrem Königreich mächtiger sei. Sie zählen ihre ererbten Besitztümer auf, die einander nicht nachstehen, und am Ende siegt Ailill, weil er einen Stier besitzt, den Findbennach, der in ganz Irland seinesgleichen sucht. Medb ist untröstlich wegen dieses Vorsprungs ihres Ehemanns und lässt in ganz Irland nach einem Stier fahnden, der es mit dem ihres Gemahls aufnehmen kann. Schließlich hört sie von einem Stier, dem Donn von Cuailnge in Ulster, der jeden Tag fünfzig Kühe so heftig bespringt, dass sie schon am nächsten Tage kalben, und entsprechend ein Wunder an männlicher Kraft ist. Den will Medb haben, und sie verspricht dem, der ihn ihr verschafft, Land und Vieh und Sklavinnen und »die Freundschaft ihrer Hüfte«. Doch die in Ulster wohnenden Hüter des Wunderstiers wollen ihren Schatz auch für all dies nicht herausgeben.

Wer Medb nicht freiwillig zu Willen ist, dem nimmt sie mit Gewalt, was sie begehrt. Sie rüstet deshalb zum Krieg gegen die Leute von Ulster, und ihrem Gemahl Ailill bleibt nichts anderes übrig, als an der Seite seiner Frau an dem Feldzug teilzunehmen. Aber auch ihr Liebhaber Fergus ist dabei, der ehedem König in Ulster war, bevor ihn Conchobar, der jetzt in dieser irischen Landschaft herrschende König, entthronte und ins Exil zwang.

Wenn Iren in den Krieg ziehen, befragen sie zuvor die Mächte des Himmels und der Erde nach den Aussichten ihres Unternehmens. Der Druide, den Medb befragt, und eine Side (irisch Fee), der sie im Wald begegnet, prophezeien ihr nichts Gutes für das Gelingen ihres Kriegszugs, Medb ficht das aber nicht an; sie ist es zufrieden, dass ihr selbst eine glückliche Heimkunft vorhergesagt wird.

■ Königin Medb. Moderne Darstellung von David Johnson

Als Medbs Heerbann sich Ulster nähert, sind die ersten Nachrichten gut: König Conchobar und einige seiner wichtigsten Mitstreiter liegen im symbolischen Kindbett und sind damit unabkömmlich.

Für sie fährt jedoch der junge Held Cú Chulainn mit seinem Kriegswagen den Angreifern aus Connacht entgegen und besiegt allein ihre gesamte Vorhut.

Medb schilt die Männer, die dem Kampf gegen Cú Chulainn aus dem Wege gehen, Feiglinge und verspricht denjenigen, die gegen ihn anzutreten wagen, das Bett ihrer schönen Tochter Finnabir. Ein Held nach dem anderen fällt durch die Hand Cú Chulainns. Schließlich gelingt es Medb, auch Fer Diad, den alten Waffenbruder Cú Chulainns, dazu zu bewegen, den Kampf aufzunehmen. Dieser Kampf wogt drei Tage lang hin und her, bis auch Fer Diad von den Waffen seines Freundes zerfleischt wird. Cú Chulainn beweint den Gefallenen; er klagt die ränkesüchtige Medb als die Schuldige an Fer Diads Tod an und schwört ihr Rache.

Cú Chulainn hat in unzähligen Zweikämpfen viele Wunden erlitten, die an sei-

MÄNNER-KINDBETT

Wie in manchen anderen Kulturen, etwa im modernen Polynesien, war es im alten Irland Brauch, dass die Männer das Kindbett ihrer Frauen mit durchlitten. Die größten Krieger waren unabkömmlich, wenn ihre Frauen in den Wehen lagen und gerade geboren hatten. Der Respekt der Kriegergesellschaft vor der weiblichen Fortpflanzungsfähigkeit erstreckte sich auch auf die weibliche Monatsblutung. Frauen galten nicht selten als den Männern gleichberechtigte Kriegerinnen, doch während der Menstruation waren sie tabu, auch im Krieg.

■ Cú Chulainn trägt seinen alten Waffenbruder Fer Diad, den er in einem tragischen Kampf töten musste. Illustration von E. Wallcousins aus Charles Squires *Celtic Myth and Legend*

ner Kraft zehren. Doch gerade noch zur rechten Zeit erhält er Unterstützung durch Conchobar und seine Männer. Nun beginnt auch Fergus, der Ulster-Mann in Diensten der Connachter und Medbs Bettgenosse, zwischen der Loyalität zu seiner Königin und der zu seinen alten Clangenossen zu schwanken. Medb und die Leute von Connacht müssen sich zurückziehen. Einer Abteilung ihres Heers ist es unterdessen aber gelungen, den Stier von Cuailnge samt fünfzig Kühen und vielen Viehknechten zu rauben. Cú Chulainn verfolgt Medb und die ihren und stellt die Königin in einem Wald; er lässt sie jedoch gehen, als er erfährt, dass sie sich hierhin wegen ihrer Monatsblutung zurückgezogen hat.

So gelingt es Medb am Ende doch noch, den Stier von Cuailnge nach Connacht zu führen, obwohl sie auf ihrem Kriegszug die besten Männer verloren hat – so wie es die Druiden geweissagt hatten.

In Connacht trifft der geraubte Stier, der Donn von Cuailnge, auf den Findbennach von Cruachan, den Stier des Königs Ailill. Die Stiere werden aufeinander losgelassen. Sie kämpfen und verfolgen einander über die ganze irische Insel. Der Donn von Cuailnge gewinnt bald die Oberhand, spießt den Findbennach auf seine Hörner und verstreut seine Körperteile und sein Blut über die ganze Insel; aus ihnen entstehen Berge, Täler und Flüsse. Schließlich gelangt der Donn von Cuailnge wieder in seine Heimat in Ulster, wo er völlig erschöpft verendet.

Wie in der *Ilias* Homers geht es im Rinderraub von Cooley um einen großen Krieg, der aus nichtigem Anlass entsteht, um den Kampf großer Helden, um Treue und Verrat. Hier wie da wird das Kampfgeschehen auf einer mythisch-religiösen Ebene begleitet. Druiden prophezeien hier den Fortgang des Geschehens wie dort die griechischen Seher, und Siden (Feen) greifen wie die griechischen Götter auf der Seite ihrer Lieblinge ins Geschehen ein. Selbst die Streitwagen spielen in beiden Epen eine zentrale Rolle, obwohl sie zur Zeit Homers in Griechenland wie zur Zeit der Entstehung des irischen Epos in Irland bereits eine längst veraltete Kriegstechnik waren.

DER RINDERRAUB VON COOLEY

QUELLEN

Táin Bó Cuailnge, der *Rinderraub von Cooley*, ist das Hauptwerk der mittelalterlichen Literatur Irlands. Die Dichtung gehört zum *Ulsterzyklus*, der teilweise in Handschriften des 12. Jahrhunderts erhalten ist, vor allem im *Book of Leinster*, der wichtigsten Quelle der altirischen Epik. Das *Book of Leinster* wurde zwischen 1151 und 1201 unter anderem in dem einflussreichen irischen Kloster von Kildare zusammengestellt. Es ist in wissenschaftlicher Form von E. Windisch herausgegeben worden (Leipzig 1905). Aufgrund von Hinweisen im *Book of Leinster* und anderen Schriften kann man zurückschließen, dass die Erzählungen, die den Stoff des *Rinderraubs von Cooley* ausmachen, bereits im 7. Jahrhundert von irischen Mönchen aufgezeichnet wurden, die wiederum auf Erzähltraditionen zurückgreifen konnten, die auf das 4. Jahrhundert zurückgehen. Diese ältesten Erzählungen beruhen auf Ereignissen der Zeit um Christi Geburt, wenn die Theorie stimmt, dass der Ulster-König Conchobar eine historische Gestalt ist. Für das Alter der Überlieferung sprechen archaische Kriegersitten wie der Viehraub, der auch in zahlreichen griechischen Mythen eine wichtige Rolle spielt, das Aufspießen von Köpfen besiegter Gegner ebenso wie die Nutzung des Streitwagens als wichtigster Kriegswaffe. Ein spezifisch irischer alter Brauch war es, das Hirn gefällter Gegner mit Kalk zu vermischen und wie einen magischen Stein aufzubewahren. Besonders archaisch erscheint im europäischen Vergleich die hervorgehobene Rolle der Frauen und der weiblichen Gottheiten wie der Kriegerkönigin Medb und der Siden (Elfen), die in das Kampfgeschehen zugunsten ihrer Lieblingshelden eingreifen – überall sonst ist die Männerherrschaft viel eindeutiger. Kriegerkult und Kult starker Frauen sprechen zusammengenommen dafür, dass wir es bei der altirischen Kultur mit einer patriarchalischen Kriegergesellschaft der Kelten zu tun haben, die eine ältere neolithische Bauerngesellschaft gerade erst überlagert hat. Die Parallele zum griechischen Mythos, in dem sich ebenfalls eine jüngere kriegerisch-patriarchalische von einer älteren mutterrechtlich-bäuerlichen Schicht unterscheiden lässt, liegt auf der Hand. Die Geschichte des *Rinderraubs von Cooley* wurde im späten 19. Jahrhundert im Rahmen des »Celtic Revival« wiederentdeckt und trug viel zur Rückbesinnung der Iren auf ihre kulturelle Vergangenheit und damit zur irischen Nationalbewegung des frühen 20. Jahrhunderts bei.

AUF DEN PUNKT GEBRACHT

Der Rinderraub von Cooley ist die älteste heidnische Sage, die erstmals durch christliche Gelehrte überliefert worden ist. Sie ähnelt frappierend den ältesten Sagen der griechischen Antike.

EMPFEHLUNGEN

Lesenswert:

Der Rinderraub, nach der englischen Übertragung der *Táin Bó Cuailnge* von Thomas Kinsella, deutsche Übersetzung von Susanne Schaub, München 1976

Rudolf Thurneysen: *Die irische Helden- und Königssage bis zum 17. Jahrhundert*, Halle 1921

Martin Löpelmann: *Keltische Sagen aus Irland*, München 2004

Irish Sagas, hrsg. von Myles Dillon, Dublin 1959/1968

Sylvia Botheroyd: *Irland. Mythologie einer Landschaft. Ein Reise- und Lesebuch*, Darmstadt 1996

Ronan O'Domhnaill: *Alte irische Mythen und Legenden*, Remshalden-Grundbach 2002

Hörenswert:

Matthew Shlomowitz, Alison Carruth, Scott Wilson: *The Cattle Raid of Cooley or The Show*, experimentelle Oper 2003

The Decemberists: *The Tain*. Pop-EP 2005. Audio-CD

Sehenswert:

Celtic Legends – Irish Legends. DVD 2006

King Arthur. Regie: Antoine Fuqua; mit Ioan Gruffudd, Clive Owen, Keira Knightley. USA/Irland 2003

Elfen und Feen

Das Andere Volk

Geschichtliche Einordnung: Die Folklore von zauberkräftigen Feen ist bereits in spätrömischen Quellen aus Gebieten mit keltischer Bevölkerung dokumentiert.

Jedes Kind in England wächst mit Elfengeschichten auf und ist jederzeit darauf gefasst, einem solchen Geschöpf aus einer anderen Welt zu begegnen: einem kleinen, zarten und freundlichen, zuweilen auch zu allerhand Schabernack aufgelegten weiblichen Wesen, das vielleicht eine Glockenblumenblüte als Hut trägt und sich mit Flügeln fortbewegt, die denen von Schmetterlingen oder anderen Insekten gleichen. In der anderen Welt, in der sich die Elfen gewöhnlich aufhalten, leben sie ähnlich wie Menschen zusammen, sie bilden ein Volk. Zum Elfenvolk gehört nicht nur die weibliche Elfe, sondern auch der männliche Elf oder Elbe. Bei genauerer Betrachtung sind auch nicht alle Elfen gut und freundlich, sondern haben – wie die Menschen – auch böse, hinterhältige und den anderen Elfen wie den Menschen feindlich gesonnene Artgenossen.

In der angelsächsischen Elfenfolklore sind die germanischen Überlieferungen von den Elfen, Elben oder Alben mit der keltisch-romanischen Feen-Mythologie zusammengewachsen, zwei Tradi-

■ Die Elbenfürstin Galadriel (Cate Blanchett) mit Frodo (Elijah Wood). Szenenphoto aus *Der Herr der Ringe – Teil 1: Die Gefährten* von 2001

tionen, die trotz aller Unterschiede von Anfang an manche Gemeinsamkeit aufwiesen.

Dies ist nicht verwunderlich, denn die Vorstellung von Wesen, die einer anderen als der Menschenwelt angehören und gleichwohl uns fortwährend umgeben, ist anscheinend so alt wie die Menschheit. Überall in der Welt wird von nichtmenschlichen, aber den Menschen ebenbürtigen und in mancher Hinsicht auch überlegenen Wesen erzählt, die die Natur beleben, vor allem dort, wo sie den Menschen unheimlich ist: im Wald, im Wasser, auf den Bergen und unter der Erde. Diese Wesen können aber auch unmittelbar bei den Menschen wohnen, als Hausgeister. Sie sind Naturwesen, aber sie können auch die Geister der Toten sein. Sie greifen helfend oder schadend in das Schicksal der Menschen ein. Sie interessieren sich für Menschen, sie können sogar in Liebe für sie entbrennen, aber sie bleiben ihnen auch fremd, denn sie gehören nun einmal zu ihrem eigenen Volk.

■ *Die Morgenelfe.* Gemälde von Fritz Zuber-Bühler, 1870

Die alten Griechen hatten ihre Nymphen und Dämonen, die Römer ihre kleinen Hausgötter und Genien. Die Alben, Alfe(n) oder Elfen der germanischen Völker konnten gut oder böse sein, Alben des Lichts oder des Dunkels. Sie waren kleiner als Menschen, dafür aber mit Zauberkräften begabt. Die Dunkelelfen, von denen die *Edda,* die isländische Sammlung der germanischen Mythen, spricht, sind kleine Männchen oder Weibchen, die unter der Erde leben; sie sind nicht von den Zwergen des Volksmärchens zu unterscheiden, und ihr geheimnisvolles unterirdisches Reich öffnet sich nur selten für Menschen, so wie sie auch nur selten aus dem Inneren der Erde auftauchen. Die Lichtelfen hingegen sind wunderschön, ätherische Idealbilder der Menschen.

Unter dem Einfluss des Christentums, das zwischen Gut und Böse viel schärfer unterschied als die Heiden, wurden die Lichtelfen zu engelhaften geflügelten Wesen, die Dunkelelfen aber zu hässlichen, bucklichten Dämonen. Sie verursachten den Albtraum – den Albentraum – und wurden zu Teufeln, denn ihre Heimat war unter der Erde, wo die Christen auch die Hölle ansiedelten.

Die frommen Verbreiter des Christentums hatten einen guten Grund zu betonen, dass alles Treiben unter der Erde von Übel sei, denn sie hatten die vor allem im keltischen Kulturkreis fest ver-

SHAKESPEARES FEEN

In Shakespeares *Sommernachtstraum* wird das in der Folklore des zeitgenössischen England beliebte »kleine Volk« durch klassische Bildung geadelt – so geht der Name der Fee Titania auf einen Beinamen der Göttin Diana bei Ovid zurück.

■ *Der Traum des Schäfers.* Gemälde von Johann Heinrich Füssli, 1793, nach einer Szene aus John Miltons *Paradise Lost.* London, Tate Gallery

wurzelte Vorstellung zu bekämpfen, dass unter der Erde, auf dem Grund von Gewässern oder auf fernen Inseln paradiesische Zustände herrschten, wo schöne Feen – die keltischen Feen waren noch mächtiger als die germanischen Elfen – sterbliche Männer zu ihren Ehemännern machten und manchem auf Erden gestorbenen Helden ein angenehmes Weiterleben ermöglichten. Aus den altirischen Mythen wie dem von Cú Chulainn, aber auch aus den Artussagen sind manche solcher Geschichten bekannt. Besonders einflussreich war der Mythos von Avalon, von dem man nicht weiß, ob es eine Insel oder doch eine Stätte unter der Erde war. Während die Kirche die heidnischen Vorstellungen von solchen Zauberwesen bekämpfte und Frauen, die sich in Zauberkünsten auskannten und deshalb als Feen angesehen wurden, mehr und mehr als Hexen verfolgte, erfreuten sich Sagen von Glück oder Unheil spendenden schönen Frauen auf dem Grunde des Meeres oder dem von Flüssen und Seen in der mittelalterlichen Literatur großer Beliebtheit, sowohl im Artus-Sagenkreis als auch in den vielen Geschichten von Melusinen, Undinen und ähnlichen Wasserfrauen, die sich mit gewöhnlichen Menschen verbinden. Auch das *Nibelungenlied* kennt liebliche Flussnixen.

In England, wo germanische und keltische Vorstellungen von der Anderswelt sich mischten und die Vorstellungen von Elfen und Feen verschmolzen, blieb die Elfen- und Feenfolklore noch lange lebendig und hielt auch Einzug in die große Literatur der Neuzeit – so in Shakespeares *Mittsommernachtstraum*. In Frankreich wurde die »Feengeschichte« (conte de fées) zum Synonym für eine volkstümliche Märchenerzählung, und in Deutschland konkurrierten aus Frankreich stammende Feenmärchen bis zur Zeit der Brüder Grimm mit den älteren germanischen Märchenmotiven von Zwergen und Alben. Alle Europäer kennen irgendwelche Sagen oder Märchen von Elfen, Feen oder Nixen, nicht nur englische Kinder.

MÄRCHENFEEN

Feen kommen in vielen, meist aus Frankreich stammenden, europäischen Volksmärchen vor; die meisten von ihnen sind gut, manche aber auch schlecht. In dem ursprünglich französischen und von den Brüdern Grimm in ihre Sammlung deutscher *Kinder- und Hausmärchen* aufgenommenen Märchen von *Dornröschen* treten zwölf gute und eine dreizehnte, böse, Fee auf, die für hundert Jahre das der Prinzessin bestimmte gute Schicksal aufzuhalten vermag.

ELFEN UND FEEN

QUELLEN

In der Folklore der Elfen und Feen, die besonders im englischen Sprachraum bis heute lebendig ist, sind germanische, keltische und romanische Vorstellungen verschmolzen. Das Wort Elfe/Albe ist germanischen Ursprungs; die isländische *Edda* spricht vom »kleinen Volk« der Alben, die sich in zwei Gruppen teilen: die Lichtalben und die Dunkelalben. Die Lichtalben leben in den Wäldern und Feldern, die Dunkelalben unter der Erde. Aus den Dunkelalben der germanischen Überlieferung wurden die Zwerge und Trolle der deutschen und skandinavischen Überlieferung. Feen sind ursprünglich gallorömische Schicksalsgöttinnen. Fata, das spätlateinische Wort, aus dem »Fee« hervorging, ist eigentlich die Mehrzahl von fatum, Schicksal; aus diesem Plural des Neutrums wurde eine weibliche Einzahl (die im Lateinischen auch auf -a endet). Das Schicksal wurde also in Frauengestalten personalisiert. Die Fata/Fee der Römer in Westeuropa verschmolz mit der keltischen Vorstellung von göttlichen Frauen, die unter der Erde oder im Wasser, in Wäldern und Feldern ihr eigenes Reich hatten. Viele Geschichten von Feen, die meist in Gewässern hausen, sind aus der altirischen Literatur der frühchristlichen Zeit überliefert, und manche von ihnen kann man bis in die Erzählungen des Hochmittelalters, zum Beispiel die Artussagen, weiterverfolgen. Wasserfeen werden auf Deutsch auch Nixen genannt, nach einem alten germanischen Wort für Wasserwesen. Die männliche Nixe, der »wilde Wassermann«, heißt auch »Nöck«. Nachdem die germanischen Angelsachsen England erobert hatten, verschmolzen hier die Vorstellungen von Feen und Elfen. Parallel zu diesem Verschmelzungsprozess breiteten sich christliche Vorstellungen aus, die aus Lichtelfen Engel und aus Dunkelelfen höllische Dämonen machten. Engel nahmen die Gestalt von Lichtelfen und guten Feen an; Dunkelelfen und böse Feen wurden dem Dämonenreich der Hölle zugeschlagen – auch wenn es immer noch, wie im deutschen Volksmärchen, auch gute Zwerge gab. In der englischen Folklore spielen die Elfen bis heute eine große Rolle, in der französischen sind die Feen bis heute beliebt, während die Deutschen anscheinend vor allem die Zwerge lieben.

AUF DEN PUNKT GEBRACHT

In den Gestalten der Elfen und Feen verschmelzen, zuerst in England, altgermanische und keltisch-romanische heidnische Überlieferungen. Diese mythischen Wesen sind bis in die neueste Zeit in der europäischen Folklore lebendig geblieben.

EMPFEHLUNGEN

Lesenswert:

Die Reise in die Anderswelt. Feenmärchen und Feengeschichten aus Irland, hrsg. von Frederik Hetmann, Krummwisch 2005

Ditte Bandini, Giovanni Bandini: *Das Buch der Elfen und Feen*, Wiesbaden 2006

Betty Bib: *Das große Feen-Handbuch*, Münster 2006

Gerald Axelrod: *Wo die Zeit keine Macht hat. Feen, Hexen und Druiden in der Sagenwelt Irlands*, Freiburg 2000

William Butler Yeats: *Die Gedichte*, München 2005

J.R.R. Tolkien: *Der Herr der Ringe*, Stuttgart 2001

Hörenswert:

Henry Purcell: *The Fairy Queen*. Oper 1692

Carl Maria von Weber: *Oberon*. Oper 1826

Richard Wagner: *Die Feen*. Oper 1834

Sehenswert:

A Midsummer Night's Dream. Regie: Max Reinhardt und William Dieterle; mit Mickey Rooney, Olivia de Havilland, James Cagney. USA 1935

A Midsummer Night's Sex Comedy. Regie: Woody Allen; mit Woody Allen, Mia Farrow, José Ferrer. USA 1982

Ein Sommernachtstraum. Regie: Michael Hoffman; mit Michelle Pfeiffer, Rupert Everett, Kevin Kline, Sophie Marceau. USA/D 1999

Die Artussage
oder: Mythos und politische Propaganda

■ Artus wird vom Erzbischof gekrönt; das Schwert Excalibur steckt im Stein. Buchmalerei, um 1300

Im Mittelalter wurde König Artus in ganz Europa in einem Atemzuge mit dem biblischen König David genannt, mit Alexander und Cäsar, den größten Herrschern der Antike, und mit Karl dem Großen, auf dessen Reich die Königtümer des Mittelalters in Westeuropa zurückgingen. Artus war die Verkörperung eines mittelalterlichen Königs schlechthin, er war der ideale König.

Wie aber gelangte ein Britenkönig aus damals schon grauer Vorzeit zu einem solchen Ruhm? Was von ihm überliefert war, bevor der Waliser Geoffrey (Galfred) von Monmouth um 1138 seine *Historia regum Britanniae* (Geschichte der Könige Britanniens) schrieb, in der Artus die zentrale Rolle spielt, war so wenig, dass es moderne Historiker nicht einmal als Beleg für die reale historische Existenz eines Königs Artus gelten lassen. Aus den spärlichen schriftlichen Quellen, aber gewiss noch mehr aus der volkstümlichen Überlieferung in seinem heimatlichen Wales, in denen auch ein Druide namens Merlin große Bedeutung hatte, schuf Geoffrey seine Geschichte vom heroischen Widerstand der Briten gegen die angelsächsische Landnahme unter der Führung des Königs Artus, und er widmete sein auf Lateinisch geschriebenes Werk den normannischen Herrschern, die ein Jahrhundert zuvor England erobert hatten. Denn er wusste, dass es der Legitimation des aus Frankreich stammenden englischen Königs und seines Adels diente, wenn er ihre Eroberung als Rache an den angelsächsischen Invasoren und als Erneuerung der legitimen britischen Herrschaft darstellte. Vielleicht war er sogar mit einer solchen Darstellung beauftragt worden. Kein Wunder, dass Geoffreys Artusgeschichte,

Geschichtliche Einordnung:
Im 12. Jh., nach der Eroberung Englands durch die Normannen, griff Geoffrey von Monmouth auf die Berichte von den Kämpfen zwischen keltischen Briten und Angelsachsen im 5. Jh. und auf keltische Volkssagen zurück, um die normannische Herrschaft in England zu rechtfertigen. Im Zentrum steht der sagenhafte Britenkönig Artus, der von nun an in der Literatur des Hochmittelalters zum Ideal eines christlichen Königs wird.

gerade weil sie der politischen Propaganda diente, bei dem normannischen, französisch sprechenden englischen Hochadel und seinen Verwandten auf dem Kontinent schnell populär wurde.

Um dieselbe Zeit wie Geoffrey wirkte Marie de France, eine Dichterin aus der französischen Familie der Plantagenet, die den englischen König stellte. In ihren auf Altfranzösisch abgefassten Lais – einer streng gereimten Dichtungsform – verarbeitete sie die keltische Überlieferung der Bretagne. Bei Marie de France sind die heroischen Kriegererzählungen jedoch nur noch der Hintergrund für romantische Liebesgeschichten und religiöse Themen. Darin drückt sich aus, dass die Adelskultur in Europa sich verfeinert hatte. Die Ritter an den Höfen der Fürsten und Könige hatten einen komplizierten Verhaltenskodex ausgebildet, in dem der Respekt vor Frauen und Geistlichen eine große Rolle spielte und in dem das Kriegertum ausgetüftelten Ehrenregeln unterworfen war. Der ritterliche Adel war nicht nur zur entscheidenden Kraft in der mittelalterlichen Gesellschaft geworden, sondern hatte darüber hinaus auch kulturelles Selbstbewusstsein erlangt. Mann und Frau in diesen Kreisen hatten lesen gelernt, und man wollte nicht nur lateinisch geschriebene kirchliche Erbauungsliteratur und allzu viel Vorbildung verlangende antike Autoren lesen, sondern auch spannende Geschichten in der eigenen Sprache.

Der Erste, der im Geist dieses Rittertums aus den Artusgeschichten Geoffreys und keltischen Stoffen wie denen, die Marie de France verarbeitet hatte, in der Volkssprache verfasste große Romane machte, war Chrétien de Troyes, ein Franzose, der im letzten Drittel des 12. Jahrhunderts wirkte. Im Mittelpunkt seiner Romane standen die großen Liebenden unter den Helden von Artus' Tafelrunde: zu-

BRITEN GEGEN ANGELSACHSEN

Den historischen Hintergrund der Artussage bildet die Landnahme der aus dem heutigen Norddeutschland und Dänemark stammenden Angeln, Sachsen und Jüten in England, die im 5. Jahrhundert begann und die ein Teil der germanischen Völkerwanderung ist. Die römischen Legionen zogen sich damals aus Britannien zurück und überließen es der römischen und romanisiert-keltischen Bevölkerung, sich gegen die Eindringlinge zu wehren und ihr Christentum gegen die germanischen Heiden zu verteidigen. Die römische Zivilisation brach zusammen, und die britischen Kelten kehrten zu einer altertümlichen Stammesorganisation zurück. Ihr in den Artussagen verklärter Widerstand gegen die Angelsachsen konnte nicht verhindern, dass sie in die Randgebiete Britanniens zurückgedrängt wurden: nach Cornwall (von wo sie in die gallische Bretagne übersetzten, um sich dort anzusiedeln), nach Wales und Schottland. Manche romanisierte Briten zogen sich auch nach Irland zurück, das sie zu einer Hochburg des frühen Christentums machten.

■ Richard I. Löwenherz als mittelalterlicher Idealkönig. Holzstich, 1866

erst Erec mit seiner geliebten Eneide, dann Iwain und Lanzelot – der sich zum wichtigsten Helden der Artussagen entwickelte –, schließlich der Gralssucher Parzival. Doch es war in diesen Romanen stets Artus, dessen Königtum den Taten der Helden einen Sinn verlieh. Er gab die Maßstäbe von Ehre, Großmut und Treue vor, denen sich die Helden seiner Tafelrunde unterwarfen. Und für die Leser der Romane wurde er nur noch bewundernswerter, wenn er sich immer wieder als fehlbarer Mensch erwies. Aus dem Königtum Artus' erwuchs schließlich das Gralskönigtum, das Ideal des gottgeweihten christlichen Königtums schlechthin.

Diese romanhafte Königsidee diente der Legitimation des christlichen Königtums der Kreuzfahrerzeit: Friedrich Barbarossa in Deutschland, Richard Löwenherz in England und der heilige Ludwig in Frankreich. Die Artusromane waren nun zur Propaganda für die Königsidee überhaupt geworden, die sich im Hochmittelalter von der älteren Idee des christlichen Kaisertums emanzipierte. Für das ältere Mittelalter war der Frankenkönig Karl der Große, der das antike Kaisertum wiederbelebt hatte, die ideale Herrschergestalt schlechthin gewesen. Um ihn rankten sich die Heldenerzählungen der französischen »Chansons de geste«, etwa das Lied von Roland. Im Hochmittelalter jedoch galt Artus überall als das Musterbild des Königs. Nach dem Vorbild der Epen des Chrétien de Troyes entstanden im 13. Jahrhundert die mittelhochdeutschen Artusromane, vor allem die Gottfrieds von Straßburg (*Tristan und Isolde*) und Wolframs von Eschenbach mit seinen Gralsromanen *Parzival* und *Titurel*. Wenig später entstanden auch in den Niederlanden, in Italien und in Spanien zahlreiche weitere Artusromane; in England traten in Mittelenglisch verfasste volkstümlichere Artuserzählungen neben die französischsprachigen Romane.

Am Ende des Mittelalters, in der Zeit der Rosenkriege in England, unternahm es der Waliser Sir Thomas Malory – ein windiger Geschäftsmann und großartiger Schriftsteller –, die Inhalte der gesamten Artusepik zusammenzufassen und als durchgehende Erzählung zu präsentieren. Man

■ Marie de France, französische Dichterin und Verwandte König Heinrichs II. von England. Französische Buchmalerei, um 1280. Paris, Bibliothèque Nationale

ahnt, dass er sein Werk gern einer der Parteien, die damals um die englische Krone kämpften, den Lancaster oder den York, zu Propagandazwecken verkauft hätte: Die Möglichkeit, sich auf »King Arthur« als Vorgänger berufen zu können, hätte gewiss der einen oder anderen Gruppierung genutzt. Doch am Ende diente Malorys Opus ausschließlich dem Geschäftserfolg eines frühbürgerlichen Kapitalisten: 1485 brachte der Londoner Drucker William Caxton Malorys Werk unter einem Titel heraus, der nicht nur in

■ Der Artusmythos ist im 20. Jh. noch sehr lebendig: In dieser Filmszene aus Henry Hathaways *Prinz Eisenherz* von 1954 wird Prinz Eisenherz – der 1937 in den USA als Comic-Held (»Prince Valiant«) das Licht der Welt erblickt hat, von König Artus in die Tafelrunde aufgenommen.

ARTUS UND DIE ANTIKE LITERATUR

Der vorbildliche Heldenroman, den alle christlichen gelehrten Mönche des frühen Mittelalters kannten, war die *Aeneis* des römischen Dichters Vergil. So konnte es nicht ausbleiben, dass Äneas, der trojanische Held, der Rom gründen half, erheblich auf die Artusgestalt abfärbte. Ein anderer antiker Held, der bei den Christen des Westens wie des byzantinischen Ostens und bei den muslimischen Arabern gleichermaßen populär war, war Alexander der Große. Auch die Gestalt Alexanders half bei der Herausbildung der idealen Königsgestalt des Artus.

■ Ein Segelschiff mit Königin und Soldaten. Französische Buchmalerei des 15. Jh.s, aus einem Codex, der die *Historia regum Britanniae* des Geoffrey von Monmouth enthält.

schlechtem Französisch formuliert, sondern auch ziemlich irreführend war: *Le Morte Darthur* (Artus' Tod). Dennoch erreichte der Artusstoff in gedruckter Fassung eine bis dahin ungeahnte Verbreitung. Caxtons Kunden waren die Bürger der Städte, die allmählich den Adel als führende Gesellschaftsschicht ablösten, aber dessen Ideale von Mut und Ehre bewunderten.

Dank Malory blieb der Artusstoff vor allem im englischen Sprachraum populär; auf seine Darstellung stützen sich auch noch die zahlreichen Hollywoodfilme, die den Artusmythos bis in unsere Tage am Leben halten. Nicht zuletzt dank dieser Filme ist Artus bis heute lebendig. Sie künden von den arturisch-amerikanischen Idealen wehrhafter Gerechtigkeit und Toleranz gegenüber allen, die dieselben Überzeugungen teilen.

Der Artusstoff verdankt seine Verbreitung der politischen Propaganda, und bis heute hat sich nichts daran geändert.

DIE ARTUSSAGE

QUELLEN

Vor Geoffrey von Monmouths *Historia regum Britanniae* gab es nur wenige Berichte von den Abwehrkämpfen der Briten gegen die angelsächsischen Eroberer Englands, und erst relativ spät spielt in ihnen die Gestalt des Artus eine wichtigere Rolle. Die wichtigste der Quellen, aus denen Geoffrey schöpfte, war der Bericht eines frommen britischen Mönchs, des heiligen Gildas, aus der Mitte des 6. Jahrhunderts über die Kämpfe zwischen den von römischer Kultur und Christentum geprägten keltischen Briten und den heidnischen angelsächsischen Eindringlingen. Gildas beklagt darin den Verfall der Sitten bei den Briten – den Rückfall in kriegerische Barbarei –, dem sie die angelsächsische Plage zu verdanken hätten. Gildas schreibt auch von dem Sieg an einem Mons Badonis, einem Berg wohl in der Gegend der heutigen Grenze Englands zu Schottland, den die Briten um 500 unter ihrem König Ambrosius Aurelianus errungen hätten. Artus wird bei Gildas nicht erwähnt. Gildas' Aufzeichnungen wurden von dem britischen Gelehrten Beda Venerabilis, dessen Schriften in ganz Europa Verbreitung fanden, in seiner aus dem 7. Jahrhundert stammenden Geschichte der britischen Kirche genutzt. Aber auch hier findet sich der Name Artus nirgends. Erst in einer anonymen *Historia Britonum* aus dem frühen 9. Jahrhundert begegnet uns Artus als Heerführer britischer Könige, der mit Gottes und der Jungfrau Maria Hilfe die Angelsachsen schlägt und entscheidenden Anteil an der Schlacht am Mons Badonis hat. In den *Annales Cambriae* aus dem 10. Jahrhundert ist Artus vollends an die Stelle des Ambrosius Aurelianus getreten – er ist jetzt selbst der König der Briten. In einem Text des Hermann von Tournai schließlich, der kurz vor der *Historia regum Britanniae* Geoffreys verfasst wurde, erscheint Artus bereits als der »in den Sagen der Briten berühmte König Arthurus« – es muss also zu dieser Zeit schon viel von Artus erzählt worden sein. Einen guten Eindruck von der keltischen, durch fahrende Sänger lebendig gehaltenen Erzähltradition, der bereits Geoffrey, mehr aber noch Chrétien und andere Artusdichter vieles verdanken, vermitteln die ebenfalls im Hochmittelalter schriftlich festgehaltenen irischen Heldenmythen, vor allem der *Rinderraub von Cooley*. Diese Tradition ging durch Marie de France (um 1130 – um 1200) in die französischsprachige Hochliteratur ein. Zu der heidnisch-keltischen trat im Hochmittelalter eine von christlichen, aus den apokryphen (von der Kirche nicht anerkannten) Evangelien gespeiste Legendentradition, die sich im Gralsmythos mit der Welt der Artussagen verbindet.

AUF DEN PUNKT GEBRACHT

Der Artusmythos hat viel mit politischer Propaganda zu tun: Keltische Überlieferung sollte die Herrschaft der Normannen in England sichern helfen und musste darüber verchristlicht werden; die Königslegende von Artus sollte außerdem den seit Karl dem Großen in Europa umgehenden Kaiserlegenden Paroli bieten.

EMPFEHLUNGEN

Lesenswert:

Heinz Ohff: *Artus, Biographie einer Legende*, München 1993

Geoffrey Ashe: *Kelten, Druiden und König Arthur. Mythologie der Britischen Inseln*, Düsseldorf 2003

Fran Doel, Geoff Doel, Terry Lloyd: *König Artus und seine Welt. Ein Streifzug durch Geschichte, Mythologie und Literatur*, Erfurt 2000

Franz Baumer: *König Artus und sein Zauberreich. Eine Reise zu den Ursprüngen*, München 1993

T. H. White: *Der König auf Camelot*, Stuttgart 2004

Mark Twain: *Ein Yankee aus Connecticut an König Artus' Hof*, München 2004

Miguel de Cervantes: *Don Quichote*, München 1997

Hörenswert:

Benjamin Britten: *King Arthur*, Suite for Orchestra 1937

Sehenswert:

Die Ritter der Tafelrunde. Regie: Richard Thorpe; mit Robert Taylor, Mel Ferrer, Ava Gardner. GB 1953

Excalibur. Regie: John Boorman; mit Nigel Terry, Patrick Stewart, Liam Neeson. USA 1981

Prinz Eisenherz. Regie: Henry Hathaway; mit Robert Wagner, James Mason. USA 1954

Besuchenswert:

Artus' Grab in Glastonbury im englischen Somersetshire

Uther Pendragon

An der Schnittstelle von Geschichte und Mythos

■ König Uther und der Zauberer Merlin. Englische Buchmalerei, um 1307/27, aus Peter de Langtofts *Chronicle of England*. London, British Library

Geschichtliche Einordnung:
In der Gestalt von Uther Pendragon, König Artus' Vater, verbindet sich die historische Überlieferung aus der Zeit der Landnahme der Angelsachsen in England während des 5. Jh.s mit keltischen Heldensagen. Aus dieser Mischung von Historie und Mythos wird die Sage von König Artus hervorgehen.

Wir befinden uns im 5. Jahrhundert: Die Römer haben ihre Legionen aus Britannien zurückgezogen, um wenigstens Gallien, das heißt die Rheingrenze, verteidigen zu können. In Britannien herrscht Anarchie. Kleinkönige übernehmen die Macht. Sie sind Kelten, fühlen sich aber auch als Römer. Als Römer haben sie die neue Reichsreligion, das Christentum, angenommen, als Kelten glauben sie aber auch an den Zauber der Druiden. Was wir über sie aus den Sagen erfahren, geht auf die Preislieder der alten Barden zurück, das heißt politische Propagandaliteratur der Völkerwanderungszeit, die immer von den magischen Elementen einer untergehenden Religion und Weltauffassung durchsetzt ist. Natürlich sind das keine verlässlichen historischen Quellen, aber die einzigen, die wir haben.

Und so stellt sich die Geschichte dieser Zeit nach den Quellen dar: Die keltischen Könige, allesamt große Krieger, streiten auf ritterliche Art um die Vormacht im Lande. Nur einer von ihnen, Vortigern, durchbricht die Regeln des edlen Wettstreits, indem er Krieger von jenseits des Meeres zu Hilfe holt: Angelsachsen, die unter der Führung ihrer Könige Hengist (Hengst) und Horsa (Ross) mit ihren Schiffen an den Ostküsten Britanniens landen und schon bald einen Großteil des fruchtbaren Bodens Britanniens besiedeln. Vortigern macht sich mit ihrer Hilfe zum Oberherrn Britanniens; zugleich legitimiert er die Landnahme der heidnischen Angelsachsen, indem er Rowena, die Tochter Hengists, heiratet.

Die keltischen Briten müssen sich in den Westen ihrer Insel zurückziehen, nach Wales, Cornwall und Westschottland. Einige von ihnen setzen von Cornwall auf den Kontinent über, in die Bretagne, wo sie neue keltische Königreiche gründen.

Ein gewisser Constantin ist der Letzte, der im Namen Roms noch über Britannien geherrscht hat, doch er wird von Vortigern verdrängt. Sein Sohn und Nachfolger Aurelius Ambrosius kämpft um das Erbe seines Vaters, das er mithilfe seines im bretonischen

Exil geborenen Bruders Uther Pendragon in langen Kämpfen auch zurückerobert. Doch da wird Aurelius von seinen Feinden vergiftet. Die Trauer um ihn und der Zorn auf seine heimtückischen Gegner führt noch einmal dazu, dass die Briten ihre Kräfte sammeln. Dazu trägt vor allem der mächtige Druide Merlin bei, der sich von Vortigern, dem er zuvor gedient hat, trennt und in den Dienst des Aurelius Ambrosianus und nach dessen Tod in den Uther Pendragons tritt.

Mit dem Auftritt des großen Zauberers sind wir vollends in der Welt des Mythos und der Sage angelangt: Die weitere Geschichte von Uther Pendragon und seinem Sohn Artus ist durch keine historischen Zeugnisse belegt, dafür aber umso spannender.

Uther Pendragon bedeutet so viel wie furchtbares Drachenhaupt, und Uther erweist sich in der Tat als schrecklicher Krieger. Nach der Beisetzung seines Bruders lässt er sich feierlich zum König krönen. Der Letzte, der zu den Feierlichkeiten anreist, ist Herzog Gorlois von Cornwall. Er kommt in Begleitung seiner Frau Ygerna – was ihm zum Verhängnis wird, denn Uther Pendragon entbrennt sofort, als er Ygerna sieht, in Leidenschaft zu ihr. Dies entgeht Gorlois nicht, und Hals über Kopf kehrt er mit seiner Frau nach Hause zurück, auf seine Burg Tintagel, die auf einem Felsen im Meer steht.

Da Gorlois seinen Treueid nicht mehr hat leisten können, hat Uther einen einleuchtenden Grund, ihn zu bekriegen. Gorlois gelingt es, wenn auch nur mit Mühe, die Krieger des Königs in Cornwall aufzuhalten; Uther ist indes völlig aufgewühlt, denn jede Stunde, die ihn von Ygerna trennt, empfindet er als unerträgliche Qual. Da hilft ihm

VORTIGERN
Der Widersacher Uther Pendragons ist wohl eine historische Gestalt. Die Quellen berichten, der Brite Vortigern habe die Angeln und Sachsen ins Land geholt. Dabei ist nicht klar, ob er dies getan hat, um sich gegen die anderen Britenfürsten durchzusetzen oder um sich der barbarischen Scoten und Picten aus dem Norden Schottlands zu erwehren.

■ Landung der Sachsen an der britischen Küste. Deutsche Buchillustration von 1873

■ Blick auf Tintagel Castle in Cornwall, die sagenhafte Burg, auf der Uther und Ygerna Artus zeugten.

Merlin, der Zauberer, der weiß, dass es hier nicht nur um die Lust des Königs geht, sondern um Höheres. So verleiht er Uther die Gestalt des Gorlois. Die so getäuschte Ygerna lässt ihn ein, und Uther erreicht, als der Tag vorüber ist, endlich, wonach er sich so gesehnt hat: In der Nacht wird Artus gezeugt.

Zur selben Zeit wird Gorlois mit seinen Leuten endlich besiegt und getötet. Uther, jetzt wieder in seiner eigenen Gestalt, überzeugt sich davon an Ort und Stelle, nimmt Tintagel als Eroberer ein und die schöne Witwe Ygerna mit dem Recht des Eroberers zu sich.

Als Artus geboren ist, tritt Merlin vor den König und fordert das Kind für sich. Merlin sorgt dafür, dass der kleine Artus bei einem guten und loyalen Ritter, Ector, großgezogen und auf seine künftigen Aufgaben vorbereitet wird.

Nach Artus haben Uther Pendragon und Ygerna noch ein Kind, nämlich die rätselhafte Morgause. Morgause wird König Lot von Orkney heiraten und mit ihm bedeutende Söhne haben: den gewaltigen Gawain und seine heldenhaften Brüder, die sich unter den Rittern der Tafelrunde ihres Onkels auszeichnen werden. Sie wird aber auch die Mutter des finsteren Mordred sein, der Artus' Ende herbeiführt.

Eine weitere Tochter Uther Pendragons ist Morgane, die Fee. Ihre Mutter ist aber nicht Ygerna, sondern eine ganz und gar der keltischen Zauberwelt entstammende Frauengestalt, mit der der König sich einlässt. Morgane ist also die Halbschwester des Artus und der Morgause und diejenige, die Artus mit der keltischen Mythenwelt verbindet.

Uther Pendragons Glück als König und Gemahl der schönen Ygerna ist keine lange Dauer beschieden. Er liegt schon auf dem Krankenbett, als ihm dank Merlins Beistand noch einmal ein großer Sieg über die Angelsachsen gelingt. Er entgeht jedoch der Rache seiner Feinde nicht.

Nun beginnt die Geschichte von Uthers Sohn Artus, die mehr aus dem unerschöpflichen Fundus der keltischen Erzähltradition schöpft als aus der geschichtlichen Überlieferung. Den mittelalterlichen Lesern war es gleich, ob sie historisch korrekt war. Für sie war eine Geschichte umso wahrer, je schöner sie erzählt war. Auch ein Gesichtspunkt.

FOSTERAGE

Im keltischen Adel Britanniens und Irlands gab es die Sitte, männliche Erben in jungen Jahren an einen befreundeten Fürstenhof zu geben, damit sie dort auf das Kriegerleben vorbereitet wurden. Offenkundig diente dies der friedlichen Verbindung zwischen einzelnen mächtigen Clans. In den Artussagen gibt es wie in den irischen Sagen viele Beispiele für diesen Brauch, der in der historisch-ethnologischen Forschung Fosterage genannt wird. Eines davon ist, dass Artus seine Kindheit bei Ector verbrachte.

UTHER PENDRAGON

QUELLEN

Die ältesten Quellen, die von Uther Pendragon und seinem Widersacher Vortigern, der die Angelsachsen nach Britannien holte, berichten, sind der britische Mönch Gildas aus der ersten Hälfte des 6. Jahrhunderts und der große Gelehrte Beda Venerabilis aus der Zeit um 700. Sie erwähnen auch die Vorfahren Uthers, die noch in der römischen Kultur verwurzelt sind. Der Nächste, der von Uther berichtet, ist Geoffrey von Monmouth in seiner *Historia regum Britanniae* (Geschichte der Könige Britanniens, um 1138). Geoffrey führt die Geschichte der britischen Könige bis auf einen gewissen Brutus, einen Urenkel des Äneas, zurück. Damit stellt er seine Geschichtsschreibung in die Tradition des römischen Dichters Vergil, der von der sagenhaften Gründung Roms durch den Trojaner Äneas erzählt. Geoffrey kannte die antiken Autoren, aber sicher auch die Schriften Gildas' und Bedas. Darüber hinaus muss er die meist mündliche keltische Überlieferung gekannt haben – welches seine Quellen waren, ist allerdings umstritten. Geoffrey (oder Galfred) wirkte unter den normannischen Königen, die weniger als hundert Jahre zuvor England von den Angelsachsen erobert hatten. Den Normannenherrschern und ihren Baronen kam die Wiederentdeckung des Kampfs der christlichen Briten gegen die Angelsachsen in der grauen Vorzeit zupass. Sie konnten sich nun als Nachfolger des Artus und seiner heroischen Vorfahren wie Uther Pendragon fühlen. Geoffrey greift in anderen Schriften auch die britische Überlieferung von dem großen Zauberer Merlin auf und macht Merlin zu einem Propheten nicht nur der Artusherrschaft, sondern auch der Normannenherrschaft in England, die verwirklichen soll, was Artus noch nicht vergönnt war. Die geschickte Orientierung an den Bedürfnissen der politischen Propaganda erklärt den großen Erfolg von Geoffreys Schriften, die Geschichtliches, antike Mythen und teilweise heidnische keltische Überlieferung auf romanhafte Weise verknüpfen. Geoffreys lateinisch geschriebenes Werk wurde zum Ausgangspunkt der zahlreichen Artusepen und -romane, die seit dem 12. Jahrhundert entstanden, zunächst auf Französisch, denn diese Sprache war auch die der normannischen Herrschaftsschicht Englands.

EMPFEHLUNGEN

Lesenswert:

Helmut Birkhan: *Keltische Erzählungen vom Kaiser Artus*, 2 Bde., Ketwig 1989

Kai Brodersen: *Das römische Britannien. Spuren seiner Geschichte*, Darmstadt 1998

Sibylle von Reden: *Die Megalith-Kulturen. Zeugnisse einer verschollenen Urkultur*, Ostfildern 1978

John Steinbeck: *König Artus und die Heldentaten der Ritter seiner Tafelrunde*, München 2000

Stephen Lawhead: *Die Pendragon-Saga*. 4 Bde., Vierkirchen 2004

Marion Zimmer Bradley: *Die Nebel von Avalon*, Frankfurt/M. 2000

Hörenswert:

Rutland Boughton: *Birth of Arthur*. Oper 1920

Sehenswert:

King Arthur. Regie: Antoine Fuqua; mit Ioan Gruffudd, Clive Owen, Keira Knightley. USA/Irland 2003

Merlin. Regie: Steve Barron; mit Sam Neill, Isabella Rosselini, Rutger Hauer. TV-Miniserie USA/UK 1998. DVD

Besuchenswert:

Der Felsen von Tintagel in Cornwall, wo Uther Pendragon mit Ygerna seinen Sohn Artus zeugte.

Stonehenge, die mythische Begräbnisstätte von Uther Pendragon und seinem Bruder Aurelius Ambrosianus; Merlin soll die gewaltigen Steine aus Irland geholt und auf der Ebene von Salisbury wiedererrichtet haben.

AUF DEN PUNKT GEBRACHT

In der Geschichte von Artus' Vater vermischen sich spätantike historische Überlieferung und Mythos. Halb können wir Uther als historische Gestalt noch fassen, halb bleibt er eine sagenhafte Figur.

Artus und Avalon

Stochern im Nebel der Geschichte

■ Die Abtei von Glastonbury in Südengland. Hier soll sich das sagenhafte Avalon befinden, die letzte Ruhestätte König Artus'. Für die Legende aus dem 12. Jh., in dieser Abtei habe man die Gräber Artus' und Ginevras gefunden, gibt es keinen archäologischen Beweis, doch die Gräber werden bis heute gezeigt.

Die großen Stoffe der nordeuropäischen Sagenwelt gehen auf die Zeit der germanischen Völkerwanderung, also ins fünfte und sechste Jahrhundert, zurück. Die Historiker pflegten von dieser Zeit als einem dunklen Zeitalter zu sprechen, weil sie angesichts nur spärlicher schriftlicher Nachrichten kaum etwas von ihm wussten. Heute wissen sie etwas mehr – dank neu erschlossener archäologischer Quellen und einer ausgeklügelten Auswertung der Dokumente –, also stochern sie nun statt im Dunkel im Halbdunkel, oder besser: im Nebel. Und kein Wort vermag dieses keltisch-mittelalterliche Halbdunkel zwischen Geschichte und Mythos, das oft zu einem mystisch wabernden Nebel wird, besser zu bezeichnen als Avalon, das Wort, mit dem die britischen Kelten das paradiesische Jenseits bezeichneten, in dem ihre toten Helden und wunderschöne Feen lebten.

Die vielfältigen in den Artusepen des Hoch- und Spätmittelalters enthaltenen Hinweise auf weit ältere Überlieferungen gehören zu den wichtigsten Nachrichten über die dunkle Zeit der ausgehenden Antike und des ganz frühen Mittelalters. Doch diese Quellen sind nicht leicht zu deuten, denn sie stammen aus einer Zeit, die selbst kaum zwischen geschichtlichen Ereignissen und der magischen Gegenwart des Mythos unterscheiden konnte. Sie handeln nicht nur von Helden und Königen, die es gegeben hat oder gegeben haben mag, sondern auch von Feen und Zauberei, vom Raum der realen Geschichte ebenso wie von einer »Anderswelt«, die sich unvermit-

telt unter dem Spiegel von Seen, in Felsengrotten oder tief im Innern der Wälder auftut, einer Welt, in der die Toten wieder lebendig sind und mit den Lebenden ihr Spiel treiben.

So gelangen wir über die Artussagen in eine keltische Mythenwelt, in der die Menschen mit den Sinnen erfahren, was doch zerrinnt, wenn man danach greifen will – wie bei Erscheinungen im Nebel oder jenen seltsamen Luftspiegelungen, für die es die Bezeichnung »Fata Morgana« gibt.

■ Die Dame vom See (Miranda Richardson). Szenenphoto aus Steve Barrons Film *Merlin* von 1998

»Fata« bezeichnet auf Lateinisch »Schicksal«, aber auch diejenige, die das Schicksal kennt, die »Fee«. Die Fee Morgane (Morgana) – Fata Morgana –, die zum Inbegriff einer trügerischen Luftspiegelung wurde, ist eine der berühmtesten Feen. Die Halbschwester des Artus ist oftmals die Widersacherin des großen Königs und verwünscht ihn, doch am Ende ist sie diejenige, die ihn heimholt in ihr magisches Feenreich, nach Avalon, auf die »Apfelinsel«, eine Insel der Seligen eines keltischen Mythos. Morgane hat eine Schwester, Morgause, die eine weniger gute Zauberin ist, aber noch mehr als ihre Schwester für Artus zur Verkörperung seines Verhängnisses wird, nachdem der König ein ehebrecherisches Verhältnis mit ihr hatte. Morgauses Gemahl Lot, ein König aus dem hohen Norden Britanniens, der Vater Gawains und anderer Helden, ist ursprünglich auch kein einfacher Sterblicher; diese Gestalt geht anscheinend auf den keltischen Lichtgott Lug zurück.

Noch eine dritte Fee spielt in der Artusgeschichte eine wichtige Rolle, die »Dame vom See«, die Artus sein Zauberschwert Excalibur verschafft. Sie ist es auch, die Lanzelot, Artus' großen Gegenspieler, als Kind zu sich nimmt und auf dem Grund ihres Sees aufzieht, um auf diese Weise das Schicksal des Königs mitzubestimmen. Vermutlich ist die Dreizahl der wichtigen Feen der Artussage kein Zufall, denn der Feenglaube hat seinen Ursprung wahrscheinlich darin, dass die heidnischen Kelten Schicksalsgöttinnen (Matronen) verehrten, die wie

FEEN

Das lateinische Wort für Schicksal heißt fatum, in der Mehrzahl fata. Aus fata wurde im Spätlateinischen ein weiblicher Nominativ Singular, und aus diesem neuen Wort »fata« wurde französisch fée, englisch fairy. In England und in Frankreich sind die Feen – nicht zuletzt dank der Artussagen – Teil der Folklore geblieben, wie etwa Shakespeares *Mittsommernachtstraum* bezeugt. Märchen heißen auf Englisch und Französisch »Feengeschichten« (contes de fées, fairy tales), und über Westeuropa und aus den Artussagen sind Feen auch in das deutsche Volksmärchen eingewandert, obwohl die germanische Folklore keine Feen kannte.

ihre germanischen, lateinischen und griechischen Schwestern, die Nornen, Parzen und Moiren, stets in der Dreizahl auftraten.

Die Helden der mittelalterlichen Artussagen sind also auf verschiedene Weise, durch Abstammung oder Liebesverhältnisse, mit der feeischen Anderswelt und damit mit uralten mythischen Überlieferungen verbunden. Das gilt auch für die schöne Königin Ginevra, die Gattin des Artus und Geliebte seines besten Tafelrundenritters, Lanzelot. Der Zauber, der von ihr ausgeht, lässt sich möglicherweise auf alte Fruchtbarkeitskulte zurückführen, in denen eine weibliche Gottheit des Jahreszyklus zwischen den Verkörperungen von Winter (Artus) und Sommer (Lanzelot) hin- und hergerissen ist.

■ Die Sage von der Toteninsel Avalon machte auf spätromantische Künstler großen Eindruck. *Die Toteninsel.* Gemälde von Arnold Böcklin, 1880. Basel, Kunstmuseum

Ein ganzer Berufsstand war bei den Kelten mit der Aufgabe betraut, zwischen Diesseits und Anderswelt zu vermitteln: die Druiden. Sie spielen in den alten irischen Sagen, etwa im *Rinderraub von Cooley,* eine wichtige Rolle als Berater der Könige. Der bekannteste aller Druiden ist Merlin geworden, dem Artus seine erstaunliche Karriere verdankt.

So begibt sich Artus einer uralten keltischen, womöglich schon auf das 6. Jahrhundert zurückgehenden Überlieferung zufolge in das der Anderswelt zugehörige Land Annwfn (Avalon), um dort einen Kessel zu rauben, dessen magische Kraft ihm im Kampf gegen die Angelsachsen zugute kommen soll. (Heilige Kessel sind seit jeher bei den Kelten wichtige Elemente des von den Druiden versehenen Kults gewesen, das weiß jeder Asterix-Leser.) Artus scheitert mit dem Versuch, den Kessel zu rauben, doch von nun an verkörperte das heilige Gefäß die Hoffnung, mithilfe magischer Kräfte einem scheinbar ausweglosen Schicksal zu entkommen. In den christlichen Zeiten, als sich der Stoff der keltischen Artusmythen über ganz Europa verbreitete, musste diese Hoffnung christlich eingefärbt werden; aus dem magischen Kessel von Annwfn wurde eine Schale oder ein Kelch oder, mit dem keltischen Wort dafür: der Gral. So könnte es jedenfalls gewesen sein. Genaues wissen wir nicht; wir stochern in der Grauzone zwischen Geschichte und Mythos, im Nebel von Avalon.

Geschichtliche Einordnung:
Die frühesten Hinweise auf die altkeltischen Vorstellungen von der Anderswelt finden wir in irischen und walisischen Schriften des frühen Hochmittelalters, die ihrerseits auf Quellen des 6. Jh.s zurückverweisen. In der im 12. Jh. entstehenden hochmittelalterlichen Artusepik ist die Vorstellung von der Anderswelt, insbesondere von dem mythischen Avalon, an vielen Stellen dingfest zu machen. Die heidnischen Paradiesvorstellungen verbinden sich hier auch mit den christlichen vom Heiligen Gral.

ARTUS UND AVALON

QUELLEN

Die ältesten Quellen zu den heidnisch-keltischen Motiven des Artuskreises finden sich in der keltischen Literatur von Irland und Wales. In Irland, wo die älteste volkssprachliche (also nichtlateinische) Literatur Europas entstanden ist, sind für das 10. Jahrhundert Listen mündlich weitergegebener uralter epischer Lieder bezeugt, die dann im 11. und 12. Jahrhundert aufgezeichnet wurden. Diese Lieder wurden von berufsmäßigen Sängern, die auch als Druiden galten, vorgetragen. Am wichtigsten unter ihnen sind die des *Ulsterzyklus* um den Helden Cú Chulainn und den *Rinderraub von Cooley*. Manche Motive aus den Artussagen finden sich bereits hier, und Feen, die hier Siden heißen, sind in allen Geschichten gegenwärtig. Auch in Wales wurden Lieder von berufsmäßigen Barden weitergegeben. Die ältesten dieser Lieder, wie das von Artus' Reise nach Annwfn, um den Zauberkessel zu rauben, gehen auf die vielleicht aus Nordengland oder Schottland stammenden und historisch für das 6. Jahrhundert bezeugten Dichter Aneirin und Taliesin zurück. Aus derselben Zeit stammen auch die düsteren Prophezeiungen des Merlinus oder Myrddin, die zuerst auf Latein durch Geoffrey von Monmouth im 12. Jahrhundert schriftlich festgehalten wurden. Erst im 13. und 14. Jahrhundert wurde auf Walisisch der Erzählzyklus *Mabinogion* in Prosa aufgezeichnet, in dem die wichtigsten Stoffe der Artussagen ähnlich erzählt werden wie bei dem ersten großen französischen Dichter von Artussagen, Chrétien de Troyes. Obwohl die Geschichten des *Mabinogion* auf eine mündliche Erzähltradition zurückgehen, ist unklar, ob sie älter sind als die Erzählungen Chrétiens, denn über die von britischen Kelten besiedelte Bretagne hatte sich der Artusstoff schon seit langem auch auf dem Kontinent ausgebreitet. Im Falle der berühmten Fee Morgane – der »Fata Morgana« – können wir davon ausgehen, dass der Name erst auf die Kreuzzugszeit zurückgeht, denn der Name Morgana leitet sich von dem griechisch-lateinischen Wort »margarita« für »Perle« her, das über das arabische Wort margan, das im Arabischen aber »Koralle« bezeichnet, als geheimnisvolles Wort für etwas Schönes schlechthin in den Sprachschatz des europäischen Mittelalters gelangt ist. Wales, Cornwall und die Bretagne waren bis weit ins Hochmittelalter Gebiete mit einer weitgehend einheitlichen Sprache sowie einer Dichtung und Folklore, in der sich heidnisch-keltische und christliche Elemente noch lange mischten. Dies ist das Gebiet, aus dem die Artussagen stammen.

AUF DEN PUNKT GEBRACHT

In den Artusromanen vermengt sich heidnisch-keltische mit christlich-germanischer Überlieferung. Aus dieser Vermischung entstehen nebelhafte Grauzonen, die am besten mit dem Zauberwort »Avalon« bezeichnet sind.

EMPFEHLUNGEN

Lesenswert:

Tom Cowan: *Die Schamanen von Avalon. Reisen in die Anderswelt*, Kreuzlingen 2002

Geoffrey Ashe: *König Arthur. Die Entdeckung von Avalon*, München 1987

Marion Zimmer Bradley: *Die Nebel von Avalon*, Frankfurt/M. 2000. (In ihrem Roman von 1982 stellt Zimmer Bradley Morgane ins Zentrum ihrer Geschichte und deutet dadurch den Artus aus feministischer Perspektive neu.)

Dion Fortune: *Die Seepriesterin*, Arnstadt 2003

Hörenswert:

Georg Friedrich Händel: *Alcina* (HWV 34). Oper 1735

Carlyon Lyle: *Idylls of the King*. Klavierstücke 1920

Van Morrison: *Avalon Sunset*. Folk-/Popalbum 1989. Audio-CD

Roxy Music: *Avalon*. Popalbum 1982. Audio-CD

Sehenswert:

Die Nebel von Avalon; Regie: Uli Edel; mit Anjelica Huston. TV-Film D 2001. DVD

Merlin. Regie: Steve Barron; mit Sam Neill, Isabella Rosselini, Rutger Hauer. TV-Miniserie USA/UK 1998. DVD

Avalon. Regie: Barry Levinson; mit Armin Mueller-Stahl, Elizabeth Perkins. USA 1990

Das Leben des Artus

Ein grandioses Scheitern

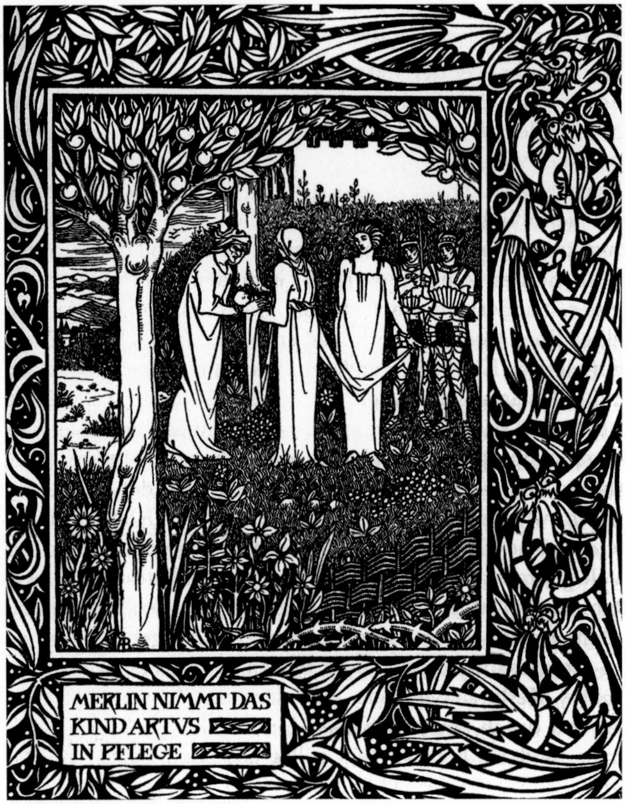

■ *Merlin nimmt das Kind Artus in Pflege.* Illustration von Aubrey Beardsley, 1893, zu einer unter dem Titel *The Book of King Arthur and His Knights of the Round Table* erschienenen Ausgabe von Thomas Malorys *Morte Darthur*

Die Geschichte des Königs Artus ist eine Geschichte von grandiosen Anfängen und einem ebenfalls grandiosen Scheitern. Artus ist kein ganz gewöhnlicher Sterblicher, doch auch kein Heiliger oder Zauberer. Er ist vielmehr ein Mensch mit großen Ambitionen, aber auch menschlichen Unvollkommenheiten. Er unterliegt ebenso den Zwängen seiner menschlichen Natur wie auch denen der Geschichte. Und eben deshalb ist er der Inbegriff eines großen Menschen. Als solcher wurde er zum Ideal der Ritter und Fürsten des Mittelalters, und als solcher gehört er bis heute zu den interessantesten Gestalten der Weltliteratur.

Artus, der Sohn des Britenkönigs Uther Pendragon und seiner feenhaften Gemahlin Ygerna, steht seit seiner Geburt unter dem Schutz des Zauberers Merlin. Merlin ist es, der den kleinen Artus, während sein Vater gegen die angelsächsischen Invasoren Britanniens kämpft, bei Pflegeeltern unterbringt: bei Sir Ector und seiner – in der Überlieferung namenlosen – Frau. Dort wird er zusammen mit seinem Milchbruder Kay zum Ritter erzogen.

Merlin ist es auch, der seine schützende Hand über den erst fünfzehnjährigen Artus hält, als dieser nach dem Tod seines Vaters in dessen Fußstapfen treten will. Er sorgt dafür, dass Artus der einzige unter den Bewerbern um die Krone ist, dem es gelingt, ein Schwert aus einem Felsblock zu ziehen, mit dem es scheinbar unzertrennlich verwachsen war. Nach dieser Probe wird Artus zum König gekrönt. Der junge König muss sich allerdings sogleich des Angriffs von elf Königen aus dem Norden erwehren, die ihm seine Würde als Oberhaupt aller Briten streitig machen. Mit der Hilfe

ARTUS' TAFELRUNDE

Artus tafelte mit seinen Rittern an einem runden Tisch. Dies bedeutete, dass der Tisch keinen Kopf hatte und die Tafelrunde kein eindeutiges Oberhaupt. Der König war nur Erster unter Gleichen, die Tafelrunde eine gleichsam demokratische Gemeinschaft. Wie viele Ritter an der Tafelrunde Platz hatten, darüber schwanken die Angaben erheblich. Nach den meisten Angaben hatte die Tafelrunde weit mehr Plätze als der Tisch, dessen Platte in der englischen Königskathedrale von Winchester – einem der Orte, die Anspruch darauf erheben, das wahre Camelot zu sein – bis heute gezeigt wird. Diese aus dem 13. oder 14. Jahrhundert stammende Platte weist neben Artus vierundzwanzig Rittern einen Platz zu, unter denen sich natürlich die berühmtesten befinden.

Geschichtliche Einordnung: In der epischen Literatur des Hochmittelalters entwickelt sich die Gestalt des Königs Artus vom heldenhaften christlichen Streiter gegen die heidnischen Angelsachsen zum idealen christlichen König und schließlich zum Vorläufer des religiösen Gralkönigtums der Kreuzzugszeit.

des listenreichen Merlin, aber auch dank der Tapferkeit von Sir Ector und Kay wird Artus der Widersacher Herr; darüber hinaus gelingt es ihm, die Könige Bors und Ban im keltischen Frankreich jenseits des Ärmelkanals, also in der Bretagne, von ihren Bedrängern zu befreien und so zu seinen Bundesgenossen zu machen.

Den Widerstand des letzten der Nordkönige, des Königs Lot von Orkney, kann Artus brechen, nachdem er mit dessen Frau Morgause geschlafen hat, die Lot als Spionin in sein Lager geschickt hat. Mit Morgause zeugt er einen Sohn, Mordred. Morgause ist aber – was Artus nicht weiß – seine Schwester, ihr Sohn also die Frucht eines sündhaften Inzests. Dies kann für Artus' Zukunft nichts Gutes bedeuten. Schlimme Vorzeichen verkünden ihm, dass Mordred ihn dereinst vernichten wird. Erneut lädt Artus große Schuld auf sich, als er alle Kinder, die am selben Tag wie Mordred ge-

■ In dieser französischen Buchmalerei des 15. Jh.s zu Robert de Borons *L'Estoire de Saint Graal* sind die Gralsritter nach dem Vorbild von Artus' Tafelrunde um einen runden Tisch versammelt.

EXCALIBUR

Das Schwert war es, das einen Ritter zum Ritter machte, mehr noch als seine Lanze, sein Schild, sein Ross und seine übrige Rüstung. Entsprechend groß ist die Rolle, die das Schwert des Artus, des Ideals christlichen Rittertums, spielte. Das Schwert eines Helden war etwas auf magische Weise Lebendiges und trug deshalb auch einen Namen. Bei Geoffrey von Monmouth, der im 12. Jahrhundert als Erster eine Biographie des Artus verfasste, heißt Artus' Schwert Caliburn; es ist in der jenseitigen Feenwelt, in Avalon, geschmiedet worden. Bei Geoffrey taucht auch der Name von Artus' Lanze und Schild auf: die Lanze heißt Rod, und der Schild Pridwen. Aus dem wohl keltischen Wort Caliburn wird später das latinisierte Excalibur. Excalibur stammt nicht – oder jedenfalls nicht unmittelbar – aus Avalon, sondern von der Herrin eines Sees, also von einer Wasserfee.

boren worden sind, zusammentreiben und auf einem Schiff aussetzen lässt. Das Schiff zerschellt an den Klippen vor Tintagel in Cornwall, der Burg, auf der Uther Pendragon mit Ygerna sowohl Artus als auch Morgause gezeugt hat. Nur eines der Kinder überlebt, Mordred.

In den Kämpfen, die seine Herrschaft begründen, erwirbt Artus aus den Reihen seiner Mitkämpfer, aber auch aus denen seiner Gegner, die Freunde und Vasallen, die von nun an seine Tafelrunde bilden: seinen Milchbruder Kay, die gallischen Könige Bors und Ban sowie die rechtmäßigen Söhne Lots von Orkney und der Morgause, nämlich Gawain, Galeris, Agrawain und Gareth, die Halbbrüder Mordreds also. Irgendwann, nachdem Artus auf mysteriöse Weise über seine eigene Herkunft aufgeklärt worden ist und seine Mutter kennengelernt hat, erfährt er auch von der Existenz einer weiteren feenhaften Verwandten: seiner Halbschwester

■ Artus (Clive Owen) zieht in die Schlacht. Szenenphoto aus Antoine Fuquas Film *King Arthur* von 2003

Morgane, deren Gemahl Urien er zu seinem Freund machen kann und deren Sohn Iwein zu einem der ruhmreichsten der Artusritter werden wird.

Als Artus schon als siegreicher Großkönig gilt, erwächst ihm in dem König Pellinore noch einmal ein mächtiger Gegner; nur mit Merlins Hilfe entgeht er der Niederlage im Zweikampf mit ihm. Die Erfahrung, dass Artus über zauberkräftige Hilfe verfügt, bewegt Pellinore, ihn als seinen Oberherrn anzuerkennen; er und seine Söhne Lamorak und Torre werden ebenfalls Mitglieder der Tafelrunde. Auch Parzival, der erst später zu der Rittergemeinschaft stößt, ist ein Sohn des Pellinore.

Artus ist als Haupt der Tafelrunde anerkannter Herrscher über die britischen Könige, und er rechtfertigt seine Würde, indem der die Angelsachsen vernichtend schlägt, die den keltischen Briten die Herrschaft über ihre Insel streitig machen, und ansonsten Milde und Gerechtigkeit walten lässt, sodass das Land sich von den langen Kriegen erholt.

■ Schlacht zwischen den Heeren König Artus' und Lanzelots. Französische Buchmalerei des frühen 14. Jh.s zu *Le Roman de Lancelot du Lac, et de la mort du Roi Artu.* London, British Library

Inzwischen in der Blüte seiner Mannesjahre, residiert Artus auf seiner mächtigen Burg Camelot, die meist im heutigen Südwales angesiedelt wird. Sichtbares Zeichen seiner Königsgewalt ist das Schwert Excalibur, das ihm von einer Fee geschenkt worden ist. Diese namenlose Fee – die »Dame vom See« – herrscht über einen zauberischen See, aus dem ein Arm herausragt, der das Schwert hält. Merlin ist es, der Artus zu dem See schickt, wo dieser unerschrocken das Schwert an sich nimmt, das für einen großen Herrscher bestimmt ist: Seine Schneide durchfährt jede gegnerische Rüstung, und seine Scheide macht ihren Träger unverwundbar.

Trotz Excalibur ist Artus jedoch nicht unverwundbar, denn auch er hat, wie Achill oder Siegfried, seine verwundbare Stelle, nämlich seine romantische Liebe zu Ginevra (französisch Gueniëvre, englisch Guinevere). Er erfährt von der Schönheit der Königstochter, er wirbt um sie – gegen den Rat seines alten Ratgebers Merlin – und macht die um etliches Jüngere zu seiner Gemahlin. Die Ehe wird nicht glücklich. Schon bald wird gemunkelt, der

König und die Königin führten eine »Josephsehe«, eine ebenso keusche Ehe wie Joseph und die Jungfrau Maria. Artus' eheliche Keuschheit hindert ihn allerdings nicht an außerehelichen Liebesabenteuern. Dennoch ist Ginevra als Gastgeberin neben Artus der Mittelpunkt der Tafelrunde; die Ritter vollbringen ihre Taten zwar aus Treue zu König Artus, oft aber noch mehr, um seiner Gemahlin zu gefallen und mit ihrem Lächeln belohnt zu werden.

Ihr Lächeln betört auch den jugendlichen Lanzelot, den Sohn des Königs Ban, als er nach Camelot kommt und sich durch eine Reihe von Heldentaten Artus' Wohlwollen und einen Sitz an seiner Tafel sichert. Aus Lanzelots scheuer Bewunderung für Ginevra und ihrem spontanen Wohlgefallen für den jungen Helden entsteht eine Liebe, die sie beide nicht zu unterdrücken vermögen, auch wenn Ginevra sich zurückzieht und Lanzelot neue Abenteuer sucht, um seine Geliebte zu vergessen.

Als der verschlagene Meneagant, der entartete Sohn des Königs Bagdemagus von Gorre im Norden Britanniens, Ginevra durch ein völlig unritterliches Täuschungsmanöver entführt, sind es die größten Helden der Tafelrunde, Gawain und Lanzelot, die sich aufmachen, ihre Königin zu befreien. Nach vielen Abenteuern gelingt es den beiden, Ginevra unversehrt nach Camelot zu Artus zurückzubringen – aber, so wird erzählt, erstmals nicht als Jungfrau, denn sie hat mit Lanzelot im fernen Gorre die Erfüllung ihrer Liebe gefunden.

■ Sean Connery als König Artus und Julia Ormond als Königin Guenevere in Jerry Zuckers Film *Der 1. Ritter* von 1994

Ein frühes Bilddokument der Artussage: König Artus auf der Gralssuche. Ausschnitt aus dem 1163–66 entstandenen Fußbodenmosaik im Dom von Otranto (Italien)

Ginevra und ihr Befreier Lanzelot treffen auf Camelot nun häufig aufeinander, und bald ist es ein offenes Geheimnis am Hof von Camelot, dass sie ein Verhältnis haben.

Morgane, Artus' Halbschwester, intrigiert aufgrund dieser Gerüchte gegen Ginevra, der sie ihre Stellung neidet. Aber es ist ausgerechnet der finstere Mordred, den Artus großmütig in Camelot aufgenommen hat, der den Skandal von Ginevras Verhältnis mit Lanzelot öffentlich macht. Zusammen mit einigen bewaffneten Rittern überrascht er Lanzelot und Ginevra in der gmeinsamen Schlafkammer. Ginevra wird nun zur Gefangenen ihres Ehemanns.

Artus, der begreift, dass es jetzt um seine Ehre als Mann und König geht, verurteilt sie zum Scheiterhaufen. Nicht alle seiner Ritter finden dies gerecht, und so spaltet sich die Tafelrunde in Anhänger Artus' und Lanzelots. Als Ginevra hingerichtet werden soll, bricht Lanzelot mit seinen Leuten in Camelot ein, tötet in seinem Zorn eine Reihe seiner alten Freunde und befreit Ginevra.

Daraus entsteht ein Krieg zwischen den christlichen Rittern, der so erbittert geführt wird, dass der Papst in Rom sich genötigt fühlt einzugreifen. Er verlangt, dass Ginevra ihrem Ehemann ausgeliefert wird, aber auch, dass Lanzelot frei bleiben soll. Auf dieses Urteil hin sendet Lanzelot Ginevra in einem prächtigen Zug zu Artus, der sie in Gnaden wieder aufnimmt.

Artus ist indessen alt geworden; die besten seiner Ritter suchen nicht länger Heldentaten zum Ruhm der Tafelrunde zu vollbringen, sondern haben sich einem höheren Ziel zugewandt: der Suche nach dem Gral. Ohnmächtig muss Artus zudem mitansehen, dass sein eigener Sohn, Mordred, gegen ihn rüstet.

Es ist ein gewaltiges Heer, das Mordred gegen Artus aufbietet, um ihm die Königswürde streitig zu machen, und es ist eine gewaltige Schlacht, in der Artus' Ritter und die Mannen Mordreds aufeinanderprallen. Am Ende sind beide Heere so erschöpft wie ihre Anführer. Artus und Mordred sind schwer verwundet, als sie

sich am Abend der Schlacht Auge in Auge gegenüberstehen. Artus hat sein Schwert Excalibur samt seiner wundertätigen Scheide verloren, doch es gelingt ihm noch, seine Lanze in den Leib des Verräters, seines Sohns, zu bohren. Mordred ist nun tot, aber auch Artus liegt im Sterben. Er wird in eine Kapelle gebracht, in der sein sterblicher Leib zurückbleibt. Dieser wird in der Abtei von Glastonbury beerdigt, dort, wo auch Joseph von Arimathia begraben ist, der den Heiligen Gral nach England gebracht hat. Doch diese Legende von Artus' Grab ist nicht unbedingt die Wahrheit, denn anderen Quellen zufolge finden sich bei dem sterbenden König Feen ein, die ihn auf einem Schiff nach Avalon entführen, in das keltische Reich der Seligen.

Artus ist gescheitert, aber so grandios, dass seiner noch lange gedacht werden wird: als des beinahe idealen christlichen Königs.

■ Artus (Nigel Terry) tötet seinen Sohn Mordred (Robert Addie). Eine Szene aus John Boormans Film *Excalibur* von 1981

MORDRED

Perfekt besetzt Artus' Sohn Mordred die Rolle des Schurken im Lebensdrama des Königs: Als nichtehelicher Sohn trachtet er nach dem Thron seines Vaters, den dieser ihm nicht vererben will, obwohl er Mordred in seinem typischen, an Naivität grenzenden, Edelmut in seine Tafelrunde aufgenommen hat. Mordreds Mutter Morgause vertritt mit ihrer Schwester Morgane das heidnisch-feeische Element in Artus Ahnenreihe, das der christliche König verraten hat; beide Schwestern sind deshalb nicht gut auf ihren Halbbruder zu sprechen. Morgause und Mordred müssen sich überdies durch Artus' Heirat mit Ginevra zurückgesetzt fühlen, die einzig mögliche Mutter eines legitimen Artus-Nachfolgers. Es gibt Erzählungen, in denen Mordred Ginevra im Londoner Tower gefangenhält und, indem er vorgibt, Artus sei gefallen, sie zur Ehe zwingt und einen Sohn mit ihr zeugt. Dank dieses Sohns wäre er wirklich im Sinne der genealogischen Vorstellungen des Mittelalters der einzig legitime Artus-Nachfolger gewesen.

DAS LEBEN DES ARTUS

QUELLEN

Die Legende vom heroischen König Artus steht am Anfang aller Sagen und Erzählungen um die Ritter seiner Tafelrunde wie Lanzelot, Parzival oder Tristan. Die Keimzelle aller mittelalterlichen Romane um Artus und die Artusritter ist die Artusgeschichte, die im Zentrum der *Historia regum Britanniae* (Geschichte der britischen Könige) des Geoffrey von Monmouth steht, eines Schriftstellers des 12. Jahrhunderts. In den klassischen, meist auf Französisch verfassten Artusromanen des späten 12. und 13. Jahrhunderts ist Artus jedoch niemals der eigentliche Held des Geschehens, sondern die Gestalt, auf die sich alle Helden der Artusrunde und alle Gralsritter beziehen und die dadurch alle diese Ritterromane zu Teilen eines einzigen gewaltigen Epos macht. Erst in einem umfangreichen, *Morte Darthur* (»Artus' Tod«) betitelten Werk aus dem 15. Jahrhundert, das sich weniger mit dem Tod als vielmehr dem Leben des Artus befasst, wird die Geschichte des Artus, die aus den um die Ritter seiner Tafelrunde kreisenden Romane nur bruchstückweise bekannt war, umfassend dargestellt. Es stammt aus der Feder des Gauners Sir Thomas Malory, der es bis 1470, zum Teil im Gefängnis, schrieb und 1480 bis 1489 bei William Caxton in London drucken ließ, dem Pionier der Kunst des Buchdrucks in England. Caxton redigierte Malorys Manuskript recht freizügig, und Malorys Buch war lange Zeit nur in der Caxton'schen Druckfassung bekannt. 1934 wurde jedoch auch Malorys Manuskript wiederentdeckt, das umfangreicher ist als das, was Caxton druckte, und in manchen Dingen von der Druckfassung abwich. Auf Thomas Malory und William Caxton geht die umfangreiche englische Artusliteratur zurück, die vor allem in der Romantik des 19. Jahrhunderts blühte: Der Landpfarrer Robert Stephen Hawker machte sich die Wiederentdeckung des Artusmythos zur Lebensaufgabe, und der Großdichter Alfred Tennyson machte in seinen *Idylls of the King* Hawkers romantische Ideen populär. Die »präraffaelitischen« Maler in England trugen ihren Teil zur Artus-Renaissance bei. Seitdem blüht vor allem dort die Artusliteratur, und der Artusmythos samt dazugehöriger, im 19. Jahrhundert entwickelter Ikonographie, ist bis heute eine wichtige Inspirationsquelle für Fantasyromane und Hollywoodfilme.

EMPFEHLUNGEN

Lesenswert:

Thomas Malory: *König Artus*, 3 Bde., Frankfurt/M. 1977

Alfred Tennyson: *Idylls of the King*, Harmondsworth 1983

John Steinbeck: *König Artus und die Heldentaten der Ritter seiner Tafelrunde*, München 2000

Robert Stephen Hawker: *Cornish Ballads and other Poems*, London 1928

König Artus und seine Tafelrunde. Europäische Dichtung des Mittelalters, hrsg. von Karl Langosch, Stuttgart 1980

Helga Botermann: *Wie aus Galliern Römer wurden. Leben im Römischen Reich*, Stuttgart 2005

Phyllis Briggs: *King Arthur and the Knights of the Round Table*, London 1957

Sehenswert:

Camelot. Regie: Joshua Logan; mit Richard Harris, Vanessa Redgrave. USA 1967

Der erste Ritter. Regie: Jerry Zucker; mit Richard Gere, Julia Ormond, Sean Connery. USA 1995

King Arthur. Regie: Antoine Fuqua; mit Ioan Gruffudd, Clive Owen, Keira Knightley. USA/Irland 2003

Hörenswert:

Henry Purcell: *King Arthur, or The British Worthy*. Oper 1691

Besuchenswert:

Tintagel in Cornwall, der Felsen, auf dem Artus gezeugt wurde

Glastonbury mit den angeblichen Gräbern von Artus und Ginevra, der Ort auch, an dem sich der Artus- und Avalon-Mythos mit dem von Joseph von Arimathia und dem Heiligen Gral trifft

Winchester, die alte englische Königsstadt, die mit Camelot identifiziert wird. In der Kathedrale von Winchester wird der Tisch der Tafelrunde gezeigt.

AUF DEN PUNKT GEBRACHT

Artus, der ideale König, ist deshalb literarisch so ergiebig, weil er trotz aller Stärken auch die menschlichen Schwächen in typischer Weise verkörpert.

Merlin

Der Druide des Königs und die Frauen

■ Die Zeugung Merlins durch den Satan mit einer reinen Jungfrau. Französische Buchmalerei des 13. Jh.s zu Robert de Borons *Histoire de Merlin*. Paris, Bibliothèque Nationale

Geschichtliche Einordnung: Dank der Gestalt des Druiden Merlin sind die christlich-mittelalterlichen Sagen um König Artus mit den heidnisch-keltischen Vorstellungen vom Druidentum verknüpft. Die Gestalt des Druiden Merlin taucht in der schriftlichen Überlieferung zuerst bei Geoffrey von Monmouth im 12. Jh. auf, beruht aber sicherlich auf einer weit älteren keltischen Überlieferung.

Schon in den ältesten Quellen wird klargestellt: Merlin ist kein gewöhnlicher Mensch. Er sei von einem Luftgeist mit einer Jungfrau gezeugt worden, berichtet sein erster Biograph, Geoffrey von Monmouth, der Begründer des Artusmythos im 12. Jahrhundert. In späteren christlichen Quellen heißt es, der Teufel höchstselbst sei der Erzeuger Merlins gewesen. Denn Merlin ist Druide, keltischer Zauberkundiger, und die Kirchenleute mochten Druiden nicht, denn sie waren ihre Konkurrenten – von denen sie in Irland und Britannien übrigens auch einiges abschauten. Wie alle Druiden steht Merlin mit einem Bein im Diesseits, mit dem anderen aber in der keltischen Anderswelt. Doch in der Anderswelt herrschen vor allem Frauen, und Frauen werden es auch sein, die Merlin die Grenzen seiner Zaubermacht aufzeigen.

Davor steht aber eine beachtliche druidische Erfolgsgeschichte. Druiden dienen mit ihren aus einer anderen Welt entlehnten Künsten den Herrschern im Diesseits, die bedeutendsten unter ihnen den Königen, der größte aber, Merlin selbst, dem größten aller britischen Könige: Artus. Seinen ersten Auftritt als Druide hat Merlin allerdings am Hof eines anderen Königs: dem des Vortigern, des finsteren Gegenspielers von Artus' Vater Uther Pendragon. Vortigern wird damals im Norden von den Pikten und Scoten (auf die der Name der Schotten zurückgeht), im Osten von den Angeln und Sachsen bedrängt und beschließt auf Anraten seiner Druiden, als sichere Rückzugsmöglichkeit in Wales einen festen Turm zu errichten. Doch die Grundmauern des Turms werden, kaum gemauert, immer wieder vom Erdboden verschluckt. Die Druiden empfehlen ein Menschenopfer: Ein edler Knabe soll gesucht und sein Blut und Hirn mit dem Mörtel für das Mauerwerk vermischt werden. Die Wahl fällt auf Merlin. Als er an den Hof Vortigerns gebracht wird, hat der junge Druide einen Traum: Er sieht unter der Erdoberfläche einen See, in dem ein weißer und ein roter Drache schlummern; und er sieht die Drachen erwachen und gegeneinander kämpfen, bis der weiße den roten Drachen tötet. Merlin erzählt seinen Traum Vortigern, der lässt unter den Fundamenten des Turms graben, wo man in der Tat auf ein Gewässer stößt, dem bald die Drachen entsteigen. Sogleich kommt es zum Kampf zwischen ihnen, an dessen Ende beide tot auf dem Platz liegen. Nun kann Vortigern seinen Turm bauen, und jetzt erst deutet ihm Merlin seinen Traum: Der rote Drache sei niemand anderes als er, Vortigern, und auch er werde im Kampf gegen einen weißen Drachen fallen.

DRACHEN

Drachen sind gräuliche Mischwesen, die die Elemente Wasser, Feuer, Erde und Luft gleichermaßen repräsentieren, und sie stehen für Macht und Kraft. Ihre Geschichte lässt sich bis in den alten Orient zurückverfolgen. Von hier gelangten sie in die griechisch-römische Vorstellungswelt, und von dieser in die der Kelten und Germanen. Drachendarstellungen gibt es schon in der antiken Kunst der Kelten des europäischen Kontinents, bei den Iren und den Briten erfreuten sie sich besonderer Beliebtheit. Den roten und den weißen Drachen aus Merlins Traum finden wir bis heute im Wappen des Fürstentums Wales.

Merlins Prophezeiung erfüllt sich, als der rechtmäßige König Aurelius Ambrosianus mit seinem Bruder Uther Pendragon nach Britannien zurückkehrt und Vortigern schlägt. Kurz darauf stirbt Aurelius, und Merlin setzt ihm ein gewaltiges Grabdenkmal, indem er den Steinkreis von Stonehenge aus Irland auf die Ebene von Salisbury versetzt. Nun dient Merlin dem neuen König Uther Pendragon. Doch ohne Uthers Wissen arbeitet er an seinem eigenen großen Plan: dem eines Königreichs des Friedens und der Gerechtigkeit. Dafür verschafft Merlin, der in die Zukunft zu blicken vermag, seinem Herrn den Sieg über seinen Rivalen Garlois von Cornwall, dank dessen dieser die schöne Ygerna zur Frau erringt. Denn nur so kann Artus, der künftige König, gezeugt werden.

Gleich nach Artus' Geburt nimmt sich Merlin der Erziehung des Prinzen an, und nach Uthers Tod sorgt er dafür, dass Artus trotz seiner Jugend als König anerkannt wird. Merlin ist es schließlich, der Artus das Zauberschwert Excalibur verschafft und ihm dabei hilft, sich gegen die anderen Könige Britanniens durchzusetzen. Er ist es auch, der dem König rät, seine

■ Merlin neben dem Turm, vor dem der rote mit dem weißen Drachen kämpft. Buchmalerei, um 1350, zu dem französischen Versroman *Roman de Brut*. London, British Library

■ Die Fee Nimue verwandelt Merlin in einen Stein. Gemälde von Edward Burne-Jones, 1874

ehemaligen Gegner zu Rittern seiner Tafelrunde zu machen. Sein Herr soll nicht nur durch das Schwert, sondern auch durch Gerechtigkeit, Großzügigkeit und Weisheit herrschen. Nicht zuletzt dank Merlins Weisheit wird Artus' Residenz Camelot zum strahlenden Mittelpunkt einer ritterlichen Welt. Aber Merlin weiß auch, dass das Reich von Camelot nur von kurzer Dauer sein wird, dass sein Traum vom Untergang der Drachen auch die Weissagung von Artus' Ende ist. Dennoch stemmt er sich gegen das Eintreten seiner eigenen Prophezeiungen, doch er muss einsehen, dass seine Macht gegen den Zauber schöner Frauen nichts auszurichten vermag. So gut er kann, schützt er Artus noch vor den Nachstellungen seiner missgünstigen Halbschwester, der Fee Morgane, vergeblich aber versucht er die verhängnisvolle Verbindung Artus' mit der schönen Ginevra zu verhindern.

Schließlich erwischt es ihn selbst. Obwohl Merlin besser als jeder andere weiß, dass schöne Frauen, zumal, wenn sie Feen sind, nicht nur Glückseligkeit, sondern auch Unheil bringen, verfällt der weißhaarige Mann den Reizen einer blutjungen Fee namens Nimue. Sie ist die Tochter des Königs Pellinore, den Merlin mit Artus versöhnt und nach Camelot gebracht hat, und die Halbschwester Parzivals. Nimue lauscht Merlin manche seiner Zaubersprüche ab, und schließlich gelingt es ihr, ihren allzu alten Liebhaber – tausend Jahre habe er damals schon gelebt, sagen manche – in einen Stein zu verwandeln. Merlin nimmt so das Schicksal seines Königs vorweg – durch eine Frau unterzugehen.

Es heißt aber auch, Merlin habe sich aus seiner Versteinerung wieder befreien können und einem britischen König – vielleicht einem Nachfolger des Artus – bei einer letzten großen Schlacht zur Seite gestanden, nach deren Verlust er fünf Jahrzehnte lang durch das »wüste Land« – »waste land« hat in der englischen Literatur eine symbolisch hoch aufgeladene Bedeutung – irrte, das die Beseitigung der römisch-keltischen Zivilisation durch die germanischen Barbaren hinterlassen hatte.

Wie dem auch sei – die schönen Frauen haben Merlins Traum von einem starken Friedensreich wie eine Seifenblase zerplatzen lassen. Sein Untergang ist aber auch der der heidnischen Feenwelt.

MERLIN

QUELLEN

In dem dem kymrischen Barden Aneirin zugeschriebenen Heldengedicht *Y Gododdin*, das von einem von Südschottland aus vorgetragenen Feldzug der britischen Kelten gegen die Angelsachsen um 580 und von ihrer vernichtenden Niederlage berichtet, ist von einem Dichter Merlin, Sohn des Morfryn, die Rede. Aneirins Werk, das gewiss auf eine alte mündliche Überlieferung zurückgeht, wurde im 13. Jahrhundert schriftlich festgehalten. Ebenso alt scheinen die um 1300 unter dem Namen des mythischen britischen Dichter-Druiden Taliesin, der im 6. Jahrhundert gelebt haben soll, gesammelten Gedichte zu sein, in denen sowohl Artus als auch Merlin eine Rolle spielen. Unter Merlins Namen sind im 13. Jahrhundert auch geheimnisvolle Naturdichtungen aufgezeichnet worden, darunter ein Gespräch, in dem Merlin beschreibt, wie er in der Schlacht von Arthuret (!), die 573 stattgefunden haben soll, in Südschottland seinen König verlor und danach fünfzig Jahre in einem wüsten Land umherirrte. Geoffrey von Monmouth (um 1100–1154), dem eigentlichen Begründer des Artusmythos, waren diese Überlieferungen bekannt, und er griff in seiner *Vita Merlini* (Leben Merlins) darauf zurück. Auf Geoffrey lässt sich auch die Sage von der Herkunft Merlins zurückverfolgen. Seinem Werk über die Geschichte der britischen Könige (*Historia regum Britanniae*) fügt Geoffrey die Prophezeiungen Merlins (*Prophetiae Merlini*) bei, in denen der junge Merlinus Ambrosius den Untergang der britischen Könige, aber auch ihre Wiederkehr und den Sieg über die Angelsachsen vorhersagt. Solche Prophezeiungen tauchen in der britischen Überlieferung bereits seit dem 9. Jahrhundert auf. Hier werden sie dem halb sagenhaften britisch-keltischen Autor Nennius in den Mund gelegt, der sich seinerseits ebenso auf Merlinus beruft. Nach der normannischen Eroberung Englands wurden diese Prophezeiungen zu Propagandaschriften für die neuen Herrscher, die als die Rächer der altangestammten britischen Herrscher dargestellt werden. Bei dem walisischen Schriftsteller Giraldus Cambrensis (um 1146–1223) einem Kenner der keltischen Überlieferung, erscheint Merlin als »Myrddin«. In den großen französischsprachigen und dann in Mittelhochdeutsch und anderen Volkssprachen Europas fortgeführten Artusromanen wird die Rolle Merlins im Zusammenhang mit der Artusgestalt weiter ausgeschmückt. Den letzten Stand und die Zusammenfassung der mittelalterlichen Überlieferung bietet Thomas Malorys *Morte Darthur* (1485 gedruckt).

AUF DEN PUNKT GEBRACHT

Merlin ist ein Weiser und ein Zauberer, mit einem Teil seines Wesens lebt er in der Anderswelt, die von mächtigen Frauen beherrscht wird. Am Ende erweist sich der Zauber der Frauen als stärker als seine magische Macht. Mit Merlin stirbt auch die heidnische Welt.

EMPFEHLUNGEN

Lesenswert:
Karl Leberecht Immermann: Merlin. *Eine Mythe*, Wiesbaden 1977 (Voller Ironie stellt Immermann dar, dass die von Merlin inspirierten Gralssuchereien keine Chance haben: Der geheimnisvolle Topf entschwindet unwiederbringlich gen Osten.)

T. S. Eliott: *The Waste Land and Other Poems*, Harmondsworth 2003

Tankred Dorst: *Merlin oder das Wüste Land*, Frankfurt/M. 1985

T. H. White: *Der König auf Camelot*, Stuttgart 2004

Johann Wolfgang Goethe: *Kophtisches Lied*, Gedicht 1827

Heinrich Heine: *Wie Merlin, der eitle Weise*, in: *Neue Gedichte*, Ditzingen 1996

Willi Fährmann: *Der König und sein Zauberer*, Würzburg 1993

Dorothea Schlegel: *Die Geschichte des Zauberers Merlin*, München 1988

Nikolay Tolstoy: *Auf der Suche nach Merlin*, München 1987

Hörenswert:
Felix Draeseke: *Merlin*. Oper 1903–05

Fabio Zuffanti, Victorian Heyward: *Merlin*. The Rock Opera 2002

Sehenswert:
Merlin. Regie: Steve Barron; mit Sam Neill, Isabella Rosselini, Rutger Hauer. USA/UK 1998

Tristan und Isolde

Der Triumph einer gotteslästerlichen Liebe

Geschichtliche Einordnung: Der gewiss aus älteren keltischen Erzähltraditionen stammende Stoff wird für uns zuerst in französischsprachigen Texten des 12. Jh.s fassbar. Von da an tritt die Sage von Tristan und Isolde einen erstaunlichen Siegeszug durch alle Literaturen des westlichen Europa an. Höhepunkt dieser Entwicklung ist der mittelhochdeutsche *Tristan* des Gottfried von Straßburg.

Bevor Shakespeare *Romeo und Julia* schrieb, war *Tristan und Isolde* die berühmteste und beliebteste Liebesgeschichte in Europa, in immer neuen Varianten aufgeschrieben und weiter ausgeschmückt, auf »Minnekästchen« aufgemalt und von frommen Stiftsdamen in endloser Arbeit als Bildergeschichte in riesige Teppiche eingewebt.

Bis heute wirkt die in den Tristan-Erzählungen entwickelte »romantische« Liebesvorstellung nach, in der die Liebenden ihre Leidenschaft nicht einfach als Naturereignis hinnehmen, sondern bewusst zum Mittelpunkt ihres Lebens machen. Damit fordern sie die Religion heraus, denn für diese darf nur Gott und die kindlichergebene Liebe zu ihm der Dreh- und Angelpunkt des Menschenlebens sein: Eine Liebe wie die Tristans und Isoldes ist gotteslästerlich.

Die Liebe ketzerisch wie eine Religion zelebriert zu haben ist schon zu seiner Zeit Gottfried von Straßburg vorgeworfen worden, der im ersten Jahrzehnt des 13. Jahrhunderts den bedeutendsten Tristanroman geschaffen hat. Bei ihm beginnt die Geschichte damit, dass Tristan als Lehnsmann seines Onkels, des Königs Marke von Cornwall (»Kurneval« im Mittelhochdeutschen), dessen alten Feind, den irischen König Morold, im Kampf erschlägt. Morold aber ist der Vater der blonden Isolde – ein schlechtes Vorzeichen für eine große Liebe. Und doch ist es Tristans Kampf gegen Morold, der ihn mit Isolde zusammenbringt. Denn sterbend flüstert Morold seinem Überwinder zu, dass das Schwert, mit dem er ihm schwere Wunden beigebracht hat, vergiftet war und dass nur seine Schwester, die Königin Isolde, Tristan heilen kann. In der Tat heilen die Wunden nicht, und so lässt Tristan sich nach Irland übersetzen. Als Spielmann erwirbt er das Vertrauen der Königin Isolde, und während er ihrer schönen jungen Nichte, Isolde der Blonden, Unterricht in Saitenspiel und Ge-

■ Tristan trinkt den Liebestrank. Französische Buchmalerei von 1470 zu Gautier de Moaps *Livre de Messire Lancelot du Lac*. Paris, Bibliothèque Nationale

sang gibt, heilt diese tatsächlich seine Wunden. Als Freund verabschiedet Tristan sich von den beiden Isolden und kehrt guten Mutes zurück nach Tintagel (Tintajol bei Gottfried), der Burg seines Onkels Marke.

Die Ritter von Cornwall drängen indes Marke, sich eine Frau zu suchen, um einen Erben zu zeugen. Tristan selbst bietet sich dem König als Brautwerber an: Die blonde Isolde aus Irland sei die ideale Frau für ihn. Marke erteilt ihm den Auftrag, für ihn um die Hand der Prinzessin anzuhalten, und Tristan begibt sich erneut nach Irland. Die Tatsache, dass dort ein übler Drache das Land verwüstet, gibt ihm die Gelegenheit, die Gunst der beiden Isolden zu erringen. Er besiegt das Untier, ist aber von seinem Gifthauch auf den Tod krank. Nur weil die Königin selbst sich des tapferen Drachentöters annimmt, kommt Tristan wieder zu Kräften. Eine wichtige Rolle bei seiner Genesung spielt aber auch die hingebungsvolle Pflege, die die blonde Isolde dem Helden angedeihen lässt. Während sie sich um Tristan kümmert, untersucht sie allerdings auch sein Schwert und findet darin eine Scharte, in die genau der

■ *Wie König Marke Sir Tristan fand.* Illustration von Aubrey Beardsley zu Thomas Malorys Artusbuch

TRISTANS HERKUNFT

Natürlich war Tristan, der Held, aus königlichem Geschlecht. Doch Morgan, der König der Bretagne, hatte seinen Vater Riwalin erschlagen; seine Mutter Blancheflur, die Schwester Markes von Cornwall, war allein mit ihrem Söhnchen zurückgeblieben, das sie, da alles so traurig war, Tristan wie »triste« – traurig nannte. Das ist natürlich eine Volksetymologie der mittelalterlichen Dichter; in Wirklichkeit war Tristan ein alter keltischer Heldenname. Blancheflur starb, Tristan aber wurde, wie Artus, Lanzelot und andere Helden, bei einem Getreuen seines Vaters aufgezogen. Seine erste große Heldentat war übrigens, seinen Vater an Morgan zu rächen.

Splitter passt, den man aus der tödlichen Wunde ihres Vaters gezogen hat. Isolde wendet sich nun von Tristan, dem Mörder ihres Vaters, ab, folgt aber auf Anraten ihrer königlichen Tante der Brautwerbung – schließlich war es nicht König Marke, der ihren Vater erschlagen hat.

Die ältere Isolde, die manche Zauberkünste kennt, gibt ihrer Nichte nicht nur die treue Brangäne als Vertraute mit, sondern dieser auch einen Liebestrank, den sie Marke bei Bedarf einflößen soll, damit er Isolde stets treu bleibt. Doch während der Überfahrt geschieht das Unverhoffte: Isolde begehrt etwas zu trinken, und da Brangäne gerade nicht zur Stelle ist, gießt eine unkundige Dienerin ihr und Tristan den zauberischen Liebestrank ein – und augenblicklich entbrennen beide in grenzenloser Liebe füreinander.

In der altkeltischen Entstehungszeit des Tristanmythos war ein Liebeszauber noch eine handfeste magische Angelegenheit; jede Fee konnte ihn heraufbeschwören, und wen er traf, der war willenloses Opfer des Zaubers. Bei Gottfried und seinen Zeitgenossen besteht jedoch kein Zweifel daran, dass der Liebestrank für sie nur ein Symbol dafür ist, dass die Liebe plötzlich und unerwartet über zwei Menschen kommen kann und ihre ganze Persönlichkeit von einem Moment zum anderen erschüttert.

Trotz seiner Liebe zu Isolde tut Tristan seine Vasallenpflicht: Als er mit ihr in Cornwall Land betritt, schickt er Boten zu Marke, der ihnen entgegenzieht und seine Braut mit dem gebührenden Aufwand heimholt. Isolde heiratet Marke, aber ihre Liebe gilt nach wie vor Tristan, und Tristan kann nicht anders, als seine Treue zu Marke gegenüber seiner Liebe zu Isolde hintanzusetzen. Immer wieder treffen sich die Liebenden heimlich, bis die ersten Ritter aufmerksam werden und Marke drängen, besser auf seine Gemahlin zu achten. Die Liebenden werden ertappt, leugnen aber ihre Treulosigkeit. Marke beschließt darauf, ein Gottesurteil herbeizuführen, das auf einer einsamen Insel ergehen soll, auf die er Isolde bringen lässt. Am Inselstrand wartet ein einsamer Mönch, der Isolde vom Boot trägt; in der Brandung stürzt er mit ihr, aber er hält sie sicher in seinen Armen. Als Isolde vor Gericht gefragt wird, ob sie ihrem Mann treu geblieben sei, antwortet sie unter Eid, sie habe niemals in eines anderen Armen gelegen als denen ihres Mannes – und jenes Mönches am Inselstrand. Die-

WEISSES UND SCHWARZES SEGEL

Die mittelalterlichen Dichter waren gebildet und kannten die antike Literatur. Anders ist es nicht zu erklären, dass sie ein Motiv aus der altgriechischen Theseus-Sage übernahmen, nämlich dass ein schwarzes Segel im Unterschied zu einem weißen Unglück verheißt und dass das versehentliche oder böswillige Hissen des schwarzen Segels einen Menschen in den Tod treiben kann.

■ Ludwig Schnorr von Carolsfeld und seine Gattin Malwina in den Titelrollen der Münchner Uraufführung von Richard Wagners *Tristan und Isolde* am 10.6.1865

ser aber war natürlich niemand anderes als Tristan. Isolde hat trotzdem die Wahrheit gesprochen, besteht dadurch das Gottesurteil und wird von Marke wieder in Gnaden aufgenommen.

Aber auch danach können Isolde und Tristan nicht voneinander lassen. Sie sind zu stolz, der gesellschaftlichen Norm den Vorrang vor ihren Gefühlen zu geben. Als Marke selbst sie in einer schmählichen Lage überrascht, flüchten sie gemeinsam in einen Wald, wo sie in einer kalten Grotte hausen und von Tristans Jagdbeute leben. Eines Tages jedoch gelangt auch Marke auf der Jagd zu dieser Liebesgrotte und legt sein Schwert zwischen Tristan und Isolde, die nebeneinander schlafen. Da Isolde von dem entbehrungsreichen Waldleben erschöpft und krank ist, nimmt Tristan diesen Vorfall zum Anlass, um Marke um Vergebung zu bitten. Er möge Isolde zu sich nehmen; er selbst werde davonziehen. Und so geschieht es.

Isolde bleibt bei ihrem rechtmäßigen Gemahl, und Tristan zieht nach Camelot, um sich dem Kreis der Artusritter anzuschließen.

■ Tristans Tod im Beisein von Isolde und Isolde Weißhand. Holzstich nach einem Gemälde von Gustav Adolf Goldberg, um 1890

Von hier aus sucht er ruhelos nach neuen Abenteuern. Seine Suche führt ihn schließlich ins Land Arundel, dessen Königsburg er von ihren Belagerern befreit. Er verliebt sich in die Tochter des Burgherrn, Isolde mit den weißen Händen – einfach nur, weil sie denselben Namen trägt wie seine Geliebte – und heiratet sie. Hier bricht Gottfrieds *Tristan* ab, und das Ende der Geschichte von Tristan und Isolde müssen wir anderen Quellen entnehmen.

Darüber, ob die Ehe zwischen Tristan und Isolde Weißhand je vollzogen worden ist, streiten sich die mittelalterlichen Autoren, sicher aber ist für alle, dass Tristan Isolde die Blonde nicht vergessen hat. Auf den Tod wund nach einem schrecklichen Kampf, bittet Tristan seine Frau, nach der blonden Isolde zu schicken, damit er sie noch einmal wiedersieht. Die blonde Isolde solle ein weißes Segel hissen lassen, wenn sie selbst an Bord ist, ein schwarzes aber, wenn sie nicht kommen kann. Isolde Weißhand tut, was ihr Mann sie geheißen hat. Doch als das Schiff mit dem gehissten weißen Segel sich nähert, kann sie ihre Eifersucht nicht mehr bezwingen. »Es ist ein schwarzes Segel«, flüstert sie ihrem Mann zu, und da verschwindet die letzte Lebenskraft aus Tristans Körper.

■ Venus in der sonst der Madonna vorbehaltenen »Mandorla« wird von Achilles, Tristan, Lanzelot, Samson, Paris und Troilus verehrt. Mittelitalienischer »Brautteller« aus der 1. Hälfte des 15. Jh.s Paris, Louvre

Als Isolde angelangt ist, kniet sie neben der Bahre ihres Geliebten nieder, küsst den Toten auf den Mund und haucht ihr nun sinnlos gewordenes Leben aus.

Die Liebe ist es allein, die dem Leben einen Sinn verleiht. Diese Botschaft von *Tristan und Isolde* beeinflusste sogar die Religion: Die Gottesmutter wird im Spätmittelalter immer mehr als »minnecliche« Jungfrau dargestellt, und auf einem italienischen an der Schwelle zur Renaissance entstandenen Bild sehen wir Tristan und die anderen großen Liebenden der Literatur, die eine nackte Venus verehren, die in einem Strahlenkranz, wie er sonst der Heiligen Jungfrau vorbehalten ist, über ihnen schwebt. Die Madonna und die klassische Verkörperung der sinnlichen Liebe verschwimmen so ineinander. Welch eine Lästerung!

DIE GROSSEN LIEBENDEN

Thomas Malory, der große englische Artusbiograph des 15. Jahrhunderts, war der Erste, der die Parallelen in den Dreiecksverhältnissen Lanzelot–Ginevra–Artus und Tristan–Isolde–Marke herausgearbeitet und damit den beiden größten Liebespaaren des Mittelalters – Ginevra und Lanzelot wie Tristan und Isolde – ein gemeinsames Denkmal gesetzt hat.

TRISTAN UND ISOLDE

QUELLEN

Der mittelhochdeutsche *Tristan* des gelehrten Straßburger Dichters Gottfried ist eines der bedeutendsten Werke der mittelalterlichen Literatur. Das Erstaunliche an ihm ist, wie modern die Liebenden wirken. Die Liebe ist hier nicht mehr einfach nur körperliche Leidenschaft, sondern nach dem Vorbild der Gottesliebe in der christlichen Mystik der Zeit äußerst verfeinert. Vor allem die Hochachtung vor den Frauen trägt zu dieser Verfeinerung bei. Sie sind nicht mehr nur Objekte männlichen Begehrens, sondern gleichberechtigte Partnerinnen. Gottfried selbst gibt als seine Quelle den »Engländer Thomas« (Thomas d'Angleterre) an, einen wahrscheinlich am Hof Heinrichs II. in der Mitte des 12. Jahrhunderts in London wirkenden, französisch schreibenden Autor. Thomas' Werk ist nur in Fragmenten erhalten, liegt aber auch den nordischen (norwegischen und isländischen) Bearbeitungen des Tristanstoffs zugrunde, die im 13. Jahrhundert beginnen. Auch in anderen französischsprachigen Quellen des 12. Jahrhunderts spielt die Tristangestalt eine wichtige Rolle, so in einem der »Lais« der Marie de France. Der große Chrétien de Troyes soll einen Roman *Del roi Marc et d'Iseut la Blonde* (»Vom König Marke und Isolde der Blonden«) geschrieben haben, der aber nicht erhalten ist. In seinem *Cligès* missbilligt Chrétien den fortgesetzten Ehebruch Isoldes. Anfang des 13. Jahrhunderts entstand der »Prosa-Tristan«, der aus dem Französischen in praktisch alle europäischen Sprachen übersetzt und ein früher Bestseller wurde. In Italien und Spanien entwickelte sich im 14. Jahrhundert eine reiche Tristan-Literatur, die bereits für ein bürgerliches Publikum geschrieben wurde. Auch in der mittelenglischen Spielmannsdichtung spielte Tristan eine Rolle. Diese Texte gehen auf den *Tristan* des Thomas d'Angle-terre zurück, während Thomas Malory für seine Darstellung der Geschichte von Tristan und Isolde in seinem großen Artusepos *Le Morte Darthur* auf den *Prosa-Tristan* zurückgriff. Wichtige Quellen der Tristan-Überlieferung sind auch die Bildzyklen, die sich vor allem auf Fliesen, Teppichen und Brautkästchen des Spätmittelalters finden. Auf einem um 1400 entstandenen bemalten »Geburtsteller« – solche Teller wurden in Florenz und Oberitalien anlässlich einer Geburt verschenkt – finden wir einen besonders deutlichen Hinweis auf die religiöse Dimension der romantischen Liebe. Hier sehen wir Tristan und andere Minnehelden, wie sie eine in einer »Mandorla« (einem mandelförmigen Strahlenkranz, wie er sonst nur der Heiligen Jungfrau zukommt) erscheinende nackte Venus verehren.

AUF DEN PUNKT GEBRACHT

In der Geschichte von Tristan und Isolde gipfelt in der mittelalterlichen Literatur eine Tendenz, die Liebe – oder Minne – zum Wichtigsten im Menschenleben überhaupt zu erklären. Schon den Zeitgenossen war klar, dass dies eine Herausforderung der christlichen Religion war.

EMPFEHLUNGEN

Lesenswert:

Gottfried von Straßburg: *Tristan*, hrsg. von Peter Wapnewski, übersetzt von Rüdiger Krohn, Stuttgart 1985

Dieter Kühn: *Tristan und Isolde des Gottfried von Straßburg*, Frankfurt/M. 2003

Günter de Bruyn: *Tristan und Isolde*, Berlin 1975

Diana L. Paxson: *Der Zauber von Erin. Der Roman von Tristan und Isolde*, Bergisch Gladbach 2002

Hörenswert:

Richard Wagner: *Tristan und Isolde*. Oper 1865

Sehenswert:

Feuer und Schwert. Regie: Veith von Fürstenberg; mit Peter Firth, Leigh Lawson. D 1981

Tristan und Isolde. Regie: Kevin Reynolds; mit James Franco, Sophia Myles, Rufus Sewell. GB/USA/D/Tsch 2006

Tristan and Isolt. Regie: Tom Donovan; mit Richard Burton, Kate Mulgrew. Irland 1979

Besuchenswert:

Das Britische Museum in London, wo die Fliesen mit einem Tristan-Bildzyklus aus Chertsey Abbey (um 1270) aufbewahrt werden.
Tintagel in Cornwall; in der Klosterruine auf dem Felsen soll sich das Grab der beiden Liebenden befinden.
Kloster Wienhausen bei Celle mit seinen mittelalterlichen Tristan-Wirkteppichen (nach 1300)

Gawain

Der Held des Königs und der Frauen

Geschichtliche Einordnung: Die Gawaingestalt stammt aus der alten keltischen Überlieferung; in die schriftliche Überlieferung tritt er Mitte des 12. Jh.s ein. Ihre literarisch wertvollste Ausprägung erhält die Gawainsage im England des späten 14. oder beginnenden 15. Jh.s.

Gawain spielt eine hervorragende Rolle unter den Rittern von Artus' Tafelrunde. Nur sein engster Gefährte und gefährlichster Konkurrent, Lanzelot, konnte es mit ihm aufnehmen. Doch für den König war Gawain wegen seiner unverbrüchlichen Treue zweifellos der wichtigere. Wie Artus selbst verkörpert Gawain die ritterlichen Tugenden von Tapferkeit und Frauendienst, aber auch deren Kehrseiten: Brutalität und Schürzenjagd. Gawain geht mit Artus unter und überlässt einer neuen, vergeistigteren Rittergeneration die Bühne: der der Gralsritter. Anders als manche dieser zuweilen etwas blassen Gestalten ist er jedoch in der Überlieferung als Vertreter eines kraftstrotzenden Kriegertums höchst lebendig geblieben, nicht zuletzt als einer, der die Frauen verstand und achtete.

Gawain ist der Sohn des auf seine Unabhängigkeit von Artus bedachten Königs Lot von Orkney. Er stammt also aus dem hohen Norden der britischen Inseln. Er ist der ältere Bruder der nach ihm ebenfalls zum Artuskreis gestoßenen Ritter Gaheris, Agrawain und Gareth und wie diese Neffe des Königs, denn die Mutter der »Orkney-Brüder« ist die feenhafte Artus-Schwester Morgause, die allerdings auch Artus' eigenem missratenen Sohn Mordred das Leben geschenkt hat, Gawains Stiefbruder.

■ Sir Gawain macht König Artus und Königin Ginevra seine Aufwartung. Englische Buchmalerei zu dem Versroman von *Gawain und dem grünen Ritter*, um 1360

Gawains Vater Lot wird im Krieg mit Artus von König Pellinore, der zuvor ins Artus-Lager gewechselt ist, erschlagen, und der Druide Merlin prophezeit seinem König Artus, dass Gawain ihn eines Tages rächen wird.

Dass diese Warnung nicht ohne Grund ausgesprochen wurde, deutet sich bereits während des denkwürdigen Pfingstfests an, zu dem Artus seine Hochzeit mit Ginevra feiert: Zwei Plätze an der Tafelrunde, so stellt sich vor Beginn der Feierlichkeiten heraus, sind noch unbesetzt –

und das darf nicht sein. Sogleich stellen sich zwei Anwärter auf diese Plätze vor, die durch ihre Herkunft und eine Reihe von Heldentaten geeignet erscheinen, zu Artusrittern geschlagen zu werden: Gawain und sein Bruder Gaheris. Aber auch ein wichtiges Mitglied der Tafelrunde, König Pellinore, an dessen Händen das Blut von Gawains Vater Lot klebt, schlägt einen Kandidaten vor: seinen Sohn Torre. Dank seines mächtigen Fürsprechers wird Torre noch vor Gawain zum Ritter geschlagen, und Gaheris muss damit vorliebnehmen, der Knappe seines Bruders zu sein. Gawain

■ Gawain im Kampf um die Befreiung edler Jungfrauen. Französische Buchmalerei aus dem Jahr 1344

DIE ORKNEY-BRÜDER

Gawain, Gaheris, Agrawain und Gareth, die Söhne von Lot, dem König des fernen Inselreichs Orkney, und Artus' Schwester Morgause, stehen im Mittelpunkt der Artusrunde und damit auch der Artusromane. Sie kämpfen einen tragischen Kampf um ihre Familienehre gegen Artus' treuen Gefährten Pellinore, der ihren Vater Lot getötet hat, gegen dessen Sohn Lamorak, der ihre Mutter verführt, gegen ihre Mutter selbst und schließlich gegen Ginevra, die ihren Stiefbruder Mordred, den Sohn des Artus und der Morgause, verachtet, und ebenso gegen Mordred, der als – wenn auch illegitimer – Sohn des Artus einen höheren Rang beansprucht als sie. In diesen widersprüchlichen Ehrenhändeln werden sie selbst füreinander zu Gegnern. Eine tragische Familiengeschichte.

ist voller Zorn über diese Zurücksetzung und sucht den Kampf mit Pellinore und Torre. Gaheris hält ihn zurück, und Ginevra sorgt dafür, dass an der Tafelrunde zum Tag ihrer Hochzeit Frieden herrscht.

Während das Fest noch im Gange ist, springt ein weißer Hirsch in den Königssaal und über die Tafel, verfolgt von einem weißen Hund. Der weiße Hund reißt ein Stück Fleisch aus der Flanke des Hirschen, und das verzweifelte Wild reißt im Sprung einen unbekannten Ritter um, der wütend den weißen Hund ergreift und mit ihm vom Hof sprengt. Wenig später gelangt eine Dame, die auf einem weißen Zelter sitzt, in den Saal und beklagt sich bei Artus über den Verlust ihres weißen Hundes. Schließlich reitet ein weiterer fremder Ritter mit geschlossenem Visier herein, setzt die Dame auf sein Ross und entführt sie aus der Burg.

Artus kann diese Angelegenheit, die offenbar eine tiefere Bedeutung hat, nicht auf sich beruhen lassen, und schickt Gawain auf sein erstes Abenteuer als Mitglied der Tafelrunde: Er soll den weißen Hirschen nach Camelot zurückbringen. Torre hingegen soll den weißen Hund ausfindig machen, und Pellinore die Dame.

Torre stellt den Ritter, der den Hund entführt hat, und besiegt ihn im Zweikampf. Pellinore bringt tatsächlich die weiße Dame in die Königsburg, aber er hat auf seiner Suche nach ihr große Schuld auf sich geladen. Er hat einem von einem Raubritter bedrohten Fräulein keine Hilfe geleistet, um keine Zeit zu verlieren, – das verstößt gegen die elementarsten Grundsätze der Ritterlichkeit. Das Fräulein, so klärt Merlin Pellinore auf, war aber niemand anderes als Elaine, Pellinores eigene Tochter. Pellinore, so ahnt man, ist nunmehr todgeweiht.

■ Gawains Bruder Gareth tritt gegen einen Unhold an. Stich nach einer Zeichnung von Henry Ryland (1856–1924)

Gawain aber ist noch erfolgloser als Pellinore. Nicht nur, dass er hat mitansehen müssen, wie der weiße Hirsch von seiner eigenen Meute zerrissen worden ist; er hat – wenn auch aus Versehen – eine unschuldige Dame erschlagen, nämlich die Gemahlin des Ritters, dem der Hirsch gehörte. Sie hatte sich zwischen ihren Mann und Gawain geworfen, als dieser ihn im Zweikampf besiegt hatte und gerade im Begriff war, ihn zu enthaupten. Gawain hatte nicht recht getan, denn ein wahrer Ritter tötet keinen

■ Königin Ginevra besucht den verwundeten Gawain an seinem Bett. Englische Buchmalerei zu dem Roman von *Gawain und dem grünen Ritter,* um 1360

Gegner, der um Gnade fleht, und dass er eine Unschuldige getötet hatte, war für ihn nur die gerechte Strafe. Für diese Schuld verurteilt die Tafelrunde als Ehrengericht Gawain dazu, sein Rittertum den wehrlosen Frauen zu weihen. Dies nimmt Gawain, der eine Schwäche für wehrlose Frauen hat, allerdings gern auf sich.

Nichts illustriert das Ideal der Ritterlichkeit gegenüber Frauen besser als die berühmte Geschichte von *Gawain und dem grünen Ritter:* Dieser vom Scheitel bis zur Sohle grüne Recke (grün ist sogar sein Pferd) sprengt eines Neujahrstages in den Saal von Camelot, schwingt eine Axt, verhöhnt die Runde, wirft die Axt unter die Ritter und sagt, jeder könne ihm, dem nunmehr Unbewaffneten, antun, was er wolle, aber übers Jahr werde er mit ihm abrechnen. Artus ergreift wütend die Axt gegen den Eindringling, doch Gawain nimmt sie ihm aus der Hand und schlägt dem Grünen das Haupt ab. Der setzt es sich ganz ruhig wieder auf und trabt davon. Das Wiedersehen, so raunt der Grüne Gawain zu, soll an einer grünen Kapelle geschehen. Noch vor Ablauf des Jahres ist Gawain unterwegs auf der Suche nach der Kapelle. Auf einer Burg, von der sich herausstellt, dass sie ganz in der Nähe einer grünen Kapelle

■ Der enthauptete grüne Ritter in der Halle König Artus'. Englische Buchmalerei des 14. Jh.s

liegt, wird er vom Schlossherrn, einem großen Jäger, gastfreundlich aufgenommen. Gawain und sein Gastgeber kommen überein, alles, was sie erringen, brüderlich zu teilen. So lebt Gawain in Freuden von dem Wildbret, das sein Freund herbeischafft. Er flirtet auch, wie es seine Gewohnheit ist, mit der wunderschönen Herrin der Burg – trotz der misstrauischen Blicke einer hässlichen Alten, die auf der Burg allgegenwärtig zu sein scheint. Und er gibt seinem Freund, dem Burgherrn, ganz naiv die Hälfte der von seiner Frau empfangenen Küsse zurück. Schließlich erhält er von der Dame einen grünen Zaubergürtel, den er unter seiner Rüstung trägt. Den teilt er freilich nicht. An Neujahr begibt er sich zur Kapelle, wo auch der grüne Ritter auftaucht, und es kommt zum Zweikampf. Die Axtschläge des grünen Ritters scheinen an dem Zauber des grünen Gürtels abzuprallen, nur eine kleine Wunde zieht Gawain sich zu. Doch als er zum Gegenangriff übergeht, bleibt der grüne Ritter unverwundbar. Lachend steigt er vom Pferd und eröffnet Gawain, dass er gegen einen Ritter aus der Anderswelt keine Chance habe. Weil Gawain sich aber an sein Versprechen gehalten habe, alles mit ihm zu teilen, könne auch er ihm nichts anhaben, nur die Streifwunde sei eine Bestrafung dafür, dass er den Empfang des Gürtels verschwiegen habe. Die hässliche Alte, so stellt sich nun heraus, ist

KOPF AB UND AUF

Die Vorstellung, dass jemand sich den Kopf abschlagen lassen und anschließend wieder aufsetzen (lassen) kann, geht auf die keltische Folklore zurück. Mit der Geschichte von *Gawain und dem grünen Ritter* erlangt sie in Europa Verbreitung. Sie geht zum Beispiel in die Novellen der italienischen Renaissance ein, in denen das inzwischen bürgerliche und im Unterschied zu den mittelalterlichen Rittern weniger risikobereite Lesepublikum davor gewarnt wird, sich den Kopf abschlagen zu lassen, auch wenn damit die Verheißung großen Reichtums verbunden ist – denn der Kopf könnte immerhin verkehrt herum oder schief wieder aufgesetzt werden. In den Märchen der Brüder Grimm taucht das Motiv wieder auf: im *Märchen von Einem, der auszog, das Fürchten zu lernen* und im *Treuen Johannes.*

niemand anderes als Artus' missgünstige Halbschwester, die Fee Morgane, die die in ihren Augen allzu weltfremden Ideale ihres Bruders von der Edelkeit der Ritter auf die Probe stellen wollte. Diesmal hat sie verloren, und Gawain kehrt ehrenvoll nach Camelot zurück.

Aber Morgane gibt nicht auf. Eines Tages schickt sie ihrem Bruder einen gräulichen Hexenmeister, der ihm den Tod verheißt, wenn er nicht dieses Rätsel löst: Was begehren die Frauen vor allem anderen? Artus, dem spontan keine Antwort einfällt, schickt seinen getreuen Gawain aus, um die richtige Antwort in Erfahrung zu bringen. Der zieht los und begegnet einem alten hässlichen Weib namens Ragnell, das ihm die richtige Antwort verspricht, wenn er sie heirate. Gawain, ganz treuer Vasall seines Königs, schlägt ein. Und dies ist die Antwort, die er nun erhält: Frauen wollen unabhängig sein und möglichst ihre Männer beherrschen. Gawain, nun verheiratet, wird für seine ritterliche Vasallentreue belohnt: Ragnell verwandelt sich in die schönste der Frauen, jedenfalls für die Nacht. Sie gibt ihm nun auf zu wählen, ob er sie tags oder nächtens schön haben will, und er gibt die einzig richtige Antwort: Das möge sie selbst bestimmen. Fortan ist Gawains Gemahlin zu jeder Tages- und Nachtzeit die reizendste der Frauen.

Auch in Gawains nächstem Abenteuer geht es um schöne Frauen: Ein Ritter namens Beaumains (»der mit den schönen Händen«) fordert die Tafelrunde heraus, zusammen mit anderen mächtigen Rittern, von denen einer gar aus Indien herbeigereist ist. Zwei feenhafte Frauen, Lyonet und Lyoness, spielen in dem sich nun entwickelnden Konflikt die Rolle von Doppelspioninnen zwischen dem Lager Gawains und dem von Beaumains. Nach einigen harten Kämpfen und heißen Flirts stellt sich heraus, dass Beaumains in Wahrheit niemand ande-

■ Ritter Beaumains, das ist Gawains Bruder Gareth, im Zweikampf. Buchillustration von Walter Crane, um 1911

res ist als Gawains jüngster Bruder Gareth. Nun im Bunde mit den Tafelrundenrittern, besiegt Gareth einige schlimme Finsterlinge, wobei ihm Agrawain zur Seite steht, der dritte der Orkney-Brüder nach Gawain und Gaheris und vor Gareth. Gareth und Agrawain qualifizieren sich mit diesen Taten zu Rittern der Tafelrunde. Gareth gewinnt die Liebe von Lyoness, während Agrawain Lyonet bekommt. Das Happy End wird noch einmal infrage gestellt, als Gawain und Gareth sich im Wald begegnen und einander nicht erkennen. Sie hätten sich gegenseitig umgebracht, wäre Lyonet nicht wie aus dem Nichts erschienen und hätte das Missverständnis aufgeklärt. – Der Leser macht sich seine Gedanken darüber, wie diese Episode tiefenpsychologisch zu deuten ist …

Gawain ist jetzt ein berühmter Ritter und Gemahl einer standesgemäß feenhaften Frau; aber eins bleibt ihm noch zu tun: den Tod seines Vaters zu rächen. Die Gelegenheit ergibt sich anlässlich einer großen Schlacht, in der Artus nur mit Mühe und dank Gawains Heldentaten die Oberhand gewinnt. Das Entsatzheer unter Führung Pellinores kommt zu spät, um noch eingreifen zu können. Das Zuspätkommen kann als Verrat ausgelegt werden. Das tut Gawain und findet damit endlich einen Vorwand, seinen Vater zu rächen: Er tötet Pellinore mithilfe seines Bruders Gaheris. Der wütet noch weiter; Gaheris reist ins ferne Orkney und erschlägt dort seine Mutter Morgause, die er im Bett mit Lamorak, einem Sohn des Pellinore, überrascht, samt ihrem Liebhaber.

▪ Iwein, der Ritter mit dem Löwen, im Kampf mit einem Drachen. Französische Buchmalerei des 15. Jh.s

IWEIN

Iwein (mittelenglisch Ywain, mittelfranzösisch Yvain, walisisch Owein, nordisch Ivan), Sohn des Königs Urien und der Fee Morgane, Artus' Halbschwester, gehört zusammen mit Gawain zu den ältesten, beinahe noch als historische Gestalten greifbaren, Artusrittern. Seinen Taten ist der erste der Artusromane des Chrétien de Troyes gewidmet, der um 1170 verfasste *Yvain*, in dem – für Chrétien und die weitere Entwicklung der Artusromane typisch – keltische und romanische Überlieferungen kombiniert werden. Chrétien folgt der mittelhochdeutsche Iweinroman Hartmanns von der Aue, in dem ähnlich wie in der Gawainüberlieferung die verschlungenen Abenteuer des Helden verfolgt werden. Auch in Skandinavien war »Ivan« ein beliebter Held. In der mittelenglischen Literatur gibt es einen Roman, der sich ausschließlich mit dem Aufeinanderstoßen von Gawain und Ywain befasst.

Die Gewalttaten der Söhne Lots von Orkney führen zur Fehde zwischen Gawain und Iwein, dem Sohn der Morgane, einem der großen Ritter an Artus' Hof: Die Tafelrunde droht wegen dieser Familienzwistigkeiten auseinanderzubrechen, und Gawain, der treueste Ritter seines Königs, muss sich für eine Weile aus Camelot zurückziehen. Als er zurückkehrt, wird er Zeuge des kometenhaften Aufstiegs des jungen Lanzelot am Hof von Camelot. Als der üble Meneagant die Königin, Ginevra, nach Gorre entführt, ist Gawain der Erste, der ihre Spur verfolgt. Doch ist es letztlich Lanzelot, der Ginevra befreit – und sich damit Gawains Anerkennung und Freundschaft erwirbt.

Als der junge Parzival nach Camelot kommt, ist Gawain für ihn sogleich das große Vorbild; als Parzival sich jedoch wie viele andere Ritter auf die Suche nach dem geheimnisvollen Gral macht, bleibt Gawain verständnislos zurück; seine Welt ist nicht die eines christlichen Mysteriums, sondern die von Abenteuern um schöner Frauen willen, von Familienauseinandersetzungen und Ausflügen in die alte heidnische Anderswelt.

Vor die schwerste Entscheidung seines Lebens wird Gawain gestellt, als Lanzelots Verhältnis mit Ginevra ruchbar wird und er zwischen seiner Freundestreue zu Lanzelot und seiner Vasallentreue zu Artus, den die Königin mit Lanzelot betrogen hat, wählen muss. Unglücklich zieht er mit Artus in den Krieg gegen Lanzelot und stirbt schließlich an den Verwundungen, die Lanzelot, sein Freund, ihm zugefügt hat.

GAHERIS UND OREST

Es ist eine blutrünstige Geschichte: Gawains Bruder Gaheris erwischt seine Mutter, die Fee Morgause, im Bett mit Lamorak, dem Sohn des Pellinore, der seinen Vater getötet hat. Rachedurstig bringt er die Mutter und ihren Liebhaber um. Er hat nun seinen Vater, wie es sich gehört, gerächt, aber er hat die Schuld auf sich geladen, ein Muttermörder zu sein. Diese Geschichte erinnert an den griechischen Mythos von Orest, der seine Mutter und ihren Liebhaber Ägisth tötete, nachdem beide seinen Vater Agamemnon ermordet hatten. Weder Gaheris noch Orest wurden ihrer vom Gesetz der Blutrache diktierten Mordtat froh, und es scheint, dass die mittelalterlichen Dichter der Gawainepen die antike Tragödie Orests kannten.

Selbst noch nach seinem Tod setzt sich Gawain für seinen König ein, nämlich als er Artus vor seiner letzten Schlacht gegen Mordred im Traum erschien, umgeben von all den schönen Frauen, die er vor Unholden gerettet hat, und ihn davor warnt, ohne Lanzelot den Kampf zu wagen. Dieses Bild fasst noch einmal zusammen, was Gawain war: der, der die Frauen versteht, der treue Vasall und Freund und der immerwährende Krieger, kurz, der ideale Ritter.

■ Gawain und seine Brüder Gareth, Gaheris und Agrawain im Kampf gegen Lamorak. Englische Buchillustration von 1927

GAWAIN

QUELLEN

Gawain ist der neben Lanzelot, Parzival und Tristan am häufigsten genannte Artusheld. Schon bei Geoffrey von Monmouth, von dem die Artusliteratur ihren Ausgang nimmt, spielt er eine wichtige Rolle, dann auch in dem frühen (1155) Roman *Brut* des Anglonormannen Wace, in dem zum ersten Mal der runde Tisch der Tafelrunde erwähnt wird. Der *Brut*-Roman ist eine der Quellen für Chrétien de Troyes, bei dem Gawain als bloßer Haudrauf und Frauenheld schlecht wegkommt, vor allem im Kontrast mit dem ernsthaften Gralssucher Parzival. Bei Chrétiens französischen Nachfolgern wird er gar zu einem reulosen Sünder. Doch zuvor, in den ältesten und vielfach sicher auch mündlichen Quellen, muss er eine große Gestalt gewesen sein. Als Walwanus (Gauriel bei Konrad von Stoffeln in der mittelhochdeutschen Literatur; Walewein im Mittelniederländischen) spielt er in der nichtfranzösischen Literatur des europäischen Kontinents eine große Rolle. Der *Wigalois* des Wirnt v. Grafenberg macht Gawains Sohn Wigoleis zum Titelhelden. Unter dem Namen Gwalchmei ist Gawain auch einer der großen Helden der walisischen Literatur des Mittelalters. Schon im mittelhochdeutschen Prosa-*Lanzelot* wird er als Artus' Begleiter in seiner letzten Schlacht gewürdigt, und im *Iwein* Hartmanns von Aue wie in Wolframs *Parzival* wird er zum Vorläufer der Gralsritter: Seine ritterliche Liebe zu den Frauen wird zum Vorbild der mystisch-christlichen Liebe zum geheimnisvollen Gral. In England war Gawain der Heros mancher Versromanze; hier wird er auch zum Begleiter der christlichen Helden der Kreuzzüge wie des Bawdewyn (Balduin), des ersten christlichen Königs von Jerusalem. Die mittelenglische Versdichtung *Gawain und der grüne* Ritter, ein Juwel der Artusliteratur, ist laut J. R. R. Tolkien, dem Autor von *Der Herr der Ringe*, der das Werk 1925 in philologisch exakter Gestalt herausbrachte, um 1400 entstanden. In diesem Roman erscheint Gawain als der perfekte Ritter. Tolkien hat sich als junger Gelehrter über diese Geschichte mit den Themen und der Erzählweise der Artusgeschichten vertraut gemacht. Spätmittelalterliche Webteppiche wie die im Hôtel de Cluny in Paris aufbewahrten visualisieren wunderbar die mittelalterliche Welt weißer Hirsche, edler Jagdhunde und anderer symbolisch hoch bedeutender Elemente der Ritterromane, die insbesondere an die Gawaingeschichten anknüpfen.

AUF DEN PUNKT GEBRACHT

Gawain verkörpert die Ideale eines noch nicht von den religiösen Vorstellungen der Kreuzzugszeit angekränkelten und deshalb mit der heidnischen Überlieferung noch eng verbundenen Rittertums. Er ist ein rabiater Krieger, aber auch ein großer Frauenkenner, zugleich ein absolut loyaler Gefolgsmann seines Königs.

EMPFEHLUNGEN

Lesenswert:

J.R.R. Tolkien: *Sir Gawain und der grüne Ritter*, Stuttgart 2004

Brüder Grimm: *Der treue Johannes und Märchen von einem, der auszog das Fürchten zu lernen*, in: *Kinder- und Hausmärchen*, München 2005

J. R. R. Tolkien, *Der Herr der Ringe*. Stuttgart 2001

Joachim Bumke: *Höfische Kultur. Literatur und Gesellschaft im hohen Mittelalter*, München 2002

Hörenswert:

Harrison Birtwistle: *Gawain*. Oper 1991

Richard Blackford: *Sir Gawain and the Green Knight*. Oper 1978

Richard Peaslee: *Sir Gawain and the Green Knight*. Oper 2001

Sehenswert:

King Arthur. Regie: Antoine Fuqua; mit Ioan Gruffudd, Joel Edgerton, Keira Knightley. USA/Irland 2003

Der Herr der Ringe. Regie: Peter Jackson; mit Elijah Wood, Viggo Mortensen. Neuseeland/USA 2001–2003

Besuchenswert:

Das Hôtel de Cluny in Paris mit seinen wunderbaren spätmittelalterlichen Tapisserien.

Lanzelot

Der ideale Ritter und König Artus' Nebenbuhler

Geschichtliche Einordnung: In der keltisch-britischen Überlieferung, die im walisischen *Mabinogion* des 13. Jh.s ihren späten Niederschlag gefunden hat, dürfte Lanzelot schon lange eine wichtige Rolle gespielt haben, bevor Chrétien de Troyes, der Begründer der hochmittelalterlichen Epik, ihn im späten 12. Jh. zur wichtigsten Figur des Artus-Sagenkreises machte.

Unter den Rittern von Artus' Tafelrunde ist zweifellos der wichtigste Lanzelot, der seinem König nicht nur seine Gemahlin, sondern auch seinen Rang als erster der christlichen Ritter streitig macht.

Wie Artus ist auch Lanzelot königlichen Geblüts. Seine Eltern sind der König Ban von Benwick, das anscheinend in der Bretagne liegt, und dessen Gattin Elaine. Als Lanzelot zur Welt kommt, wird Ban gerade von Claudas, wohl einem römischen Heerführer, hart bedrängt und muss fliehen. In dieser schwierigen Lage nimmt sich die Fee Ninienne, die am Grunde eines Sees wohnt, des kleinen Lanzelot an, der hinfort auch Lanzelot vom See heißt. Ninienne ist für Lanzelot, was Merlin für Artus ist: Sie rät ihm und schützt ihn mit den zauberischen Mitteln, die ihr zur Verfügung stehen. Und sie lehrt ihn besser, die Frauen zu verstehen, als Merlin es seinem Schützlng mit auf den Weg geben konnte.

In einem Wald am Grunde von Niniennes See wird Lanzelot zum Ritter erzogen und wächst darüber zu einem schönen und außerordentlich kräftigen Jüngling heran. Sein Brustkorb sei etwas arg groß gewesen, heißt es, aber seine Geliebte Ginevra wird das damit entschuldigen, dass nur in einen solchen Brustkorb ein so großes Herz wie das seine gepasst habe. Von seiner Ziehmutter erhält er einen wundertätigen Ring, der ihn gegen jeden Zauber unempfindlich macht, und als er achtzehn ist, wird er von Ninienne mit einer weißen Rüstung ausgestattet und zu Artus nach Camelot geführt.

Lanzelot stößt bei den Rittern der Runde, bei Artus und vor allem bei der Königin, Ginevra, sogleich auf großes Wohlwollen. Der alte Kämpe Iwein erhält den Auftrag, seine Ausbildung zum Ritter zu vollenden. Scheu geht er den wohlgefälligen Blicken Ginevras aus dem Wege und wartet ungeduldig auf Ge-

■ Lanzelot küsst Ginevra. Französische Buchmalerei, um 1350

legenheit, sich mit ritterlichen Taten hervorzutun. Von Ninienne hat er den Ratschlag empfangen, dass er nur dann lieben soll, wenn er dadurch besser und nicht schlechter wird – da ist er sich bei Ginevra zunächst nicht sicher –, und dass er sich in möglichst vielen »Aventüren« bewähren soll.

Schon bald hat Lanzelot sich durch heldenhafte Auftritte so viel Achtung verschafft, dass er von Artus zum Ritter geschlagen wird. Wenig später gelingt ihm die erste wirkliche Großtat: Er besiegt den finsteren Herrn der traurigen Burg Dolorose-Garde, der mit zauberischen, also im Sinn des ritterlichen Ehrenkodex unfairen Mitteln so manchen Ritter und so manche edle Frau zu Gefangenen gemacht oder ermordet hat. Niniennes Wunderring – guter Zauber ist im Gegensatz zum bösen erlaubt – hat ihm geholfen, mit dem Finsterling fertig zu werden. Ginevra ist von Lanzelots Heldentum so begeistert, dass sie die Stätte, an der ihr Freund seinen Triumph errungen hat, persönlich in Augenschein zu nehmen wünscht. Doch da stellt sich heraus, dass Lanzelot noch keineswegs den bösen Zauber der Burg gebrochen hat, denn die Königin findet sich als Gefangene auf Dolorose-Garde wieder.

■ Lanzelot und seine Gefährten verlassen die Burg Dolorose-Garde, das spätere Joieuse-Garde. Französische Buchmalerei von 1310 zu *Le Roman de Lancelot du Lac, et la Mort du Roi Artu*

Natürlich ist es Lanzelots Aufgabe, seine Königin, die längst auch schon seine Herzenskönigin ist, aus der verwunschenen Burg zu befreien. Das gelingt ihm nach schweren Kämpfen, in denen er Zaubermaschinen wie kupferne Ritter und einen flammenspeienden Drachen überwindet. Jetzt ist sein Sieg endgültig – Dolorose-Garde, die Trauerburg, wird zu Joieuse-Garde, der Freudenburg: Lanzelots Burg.

Spätestens nach diesem Abenteuer wissen Ginevra und Lanzelot, dass sie einander lieben, aber sie wissen nicht, wie sie zueinanderkommen können, sie, die Königin, und er, der Vasall des Königs. Aber völlig unerwartet bekommen die Liebenden ihre Chance.

Das größte aller Abenteuer Lanzelots, das auch das seiner Liebe ist, hat Chrétien de Troyes in einem der ersten großen Artusro-

LE CHEVALIER DE LA CHARETTE
Der Roman des Chrétien de Troyes von Lanzelot als »Ritter des Schinderkarrens« war die Initialzündung zur gesamten hochmittelalterlichen Artusepik. Hier wurden vom Helden nicht nur Kriegerqualitäten verlangt, sondern auch ein bedingungsloser Frauendienst. Allein ein Zögern wie das Lanzelots, bevor er um seiner Geliebten willen den Schinderkarren bestieg, hatte schier endlose Folgen. Schon wenig später, noch bei Chrétien, war es der Gral, der den Rittern ähnliche moralische Hochseilakte abverlangte.

mane unter dem Titel *Le chevalier de la charette* erzählt, das heißt »Der Ritter vom Schinderkarren«. Es beginnt damit, dass der finstre Meneagant, Sohn des guten alten Königs Bagdemagus von Gorre, Ginevra und Artus' Milchbruder und Seneschall Kay mittels einer Hinterlist entführt. Gawain nimmt sofort die Verfolgung auf, Lanzelot, dem eine innere Stimme zugeflüstert hat, dass Ginevra in Gefahr ist, stößt zu ihm. Doch weder Gawain noch Lanzelot wissen, wo sie nach Entführern und Entführten suchen sollen. Aber es gibt seltsame Zeichen: Lanzelot begegnet einem von einem Zwergen geführten und von einem Esel gezogenen Schinderkarren und vermutet zu Recht, dass es damit seine besondere Bewandtnis haben muss. Nach kurzem Zögern besteigt er den Karren und macht sich damit zum Gespött der Leute am Wegesrand. Doch er gelangt auf diese Weise, Gawain hinterdrein, zu einer Burg, von deren Turm aus sie Ginevra und Kay mit ihren Peinigern davonziehen sehen. Zwischen ihnen und den Entführten liegt jedoch ein großer Fluss, den sie nicht überqueren können. Lanzelot stößt, während er den Fluss unschlüssig entlangreitet, auf ein Fräulein, das ebenfalls in die Hände von Entführern geraten ist. Er befreit die junge Dame, und die besteht darauf, sich ihm aus Dankbarkeit hinzugeben. Lanzelot erfüllt diese Ritterpflicht mehr schlecht als recht, weil er immer an Ginevra denken muss. Am folgenden Morgen zeigt das Fräulein ihm den Weg zu einer Brücke über den Fluss, die aus der scharfen Schneide eines riesigen Schwerts besteht. Mit blutenden Füßen überwindet Lanzelot die Schwertbrücke und befindet sich nun im Königreich Gorre. In der Hauptstadt des Landes wird er von König Bagdemagus empfangen und fordert die Herausgabe Ginevras. Doch die will sich von Lanzelot nicht befreien lassen, denn sie verübelt ihrem Ritter sein Zögern vor dem Besteigen des

■ Lanzelot auf dem Schinderkarren. Französische Buchmalerei von 1350

■ Lanzelot überwindet die Schwertbrücke, die zum Königreich Gorre hinüberführt. Französische Buchmalerei von 1350

Schinderkarrens: Der wirkliche Ritter einer Dame hätte keinen Augenblick gezögert. Verzweifelt irrt Lanzelot nun umher und wird durch den Pöbel von Gorre gefangengenommen. Man spielt ihm übel mit, und es breitet sich das Gerücht aus, er sei tot. Ginevra hört davon; sie ist untröstlich und verweigert jede Nahrung. Nun heißt es, Ginevra sei gestorben. Lanzelot will sich das Leben nehmen, ermannt sich aber und beschließt, sich auf Bagdemagus' Burg von Ginevras Tod persönlich zu überzeugen. Tatsächlich gelangt er in das Gemach der Totgeglaubten, vor dem der verwundete Kay schlafend wacht. So begegnen sich die Liebenden wieder, und diesmal stößt ihre Liebe auf kein Hindernis.

Ginevra ist noch Jungfrau, als sie zum ersten Mal mit Lanzelot schläft – ihre Ehe mit Artus ist nie vollzogen worden. Und so geschieht es, dass Meneagant am nächsten Morgen das blutige Laken sieht, das Ginevras erste Liebesnacht bezeugt. Er lässt Lanzelot in einem Turm einmauern. Gawain, der nun auch am Hof von Gorre angelangt ist, sucht Lanzelot zu befreien, findet ihn aber nicht. Es ist eine Prinzessin von Gorre, die Lanzelot aus seinem Turm erlöst – wieder einmal bewährt sich, dass Lanzelot ein »homme à femmes«, ein Frauenliebling, ist. Lanzelot kann nun als unbekannter Ritter an einem Turnier am Hof von Gorre teilneh-

■ Galahad, Lanzelots Sohn, zieht im Angesicht von König Artus das Schwert aus dem Stein.

men. Er siegt, muss sich in den folgenden Turniergängen aber geschlagen geben, weil Ginevra es von ihm verlangt. Erst nach dieser letzten Prüfung erlaubt ihm seine Herzenskönigin, wieder zu siegen. Als Turnierheld darf er nach dem Ratschluss des Bagdemagus Ginevra wieder nach Hause geleiten.

Meneagant ist damit nicht einverstanden; er lockt Ginevra, Lanzelot, Gawain, Kay und ihr Gefolge, als sie sich bereits auf dem Heimweg befinden, in einen Hinterhalt und verlangt Ginevra für sich. Im Zweikampf ist Lanzelot der Sieger, Meneagant verliert seinen Kopf. Freudig, aber, was Lanzelot und Ginevra anbetrifft, mit gemischten Gefühlen, zieht die Karawane gen Camelot.

Dort muss Lanzelot wieder hinter seinem König zurücktreten, doch er bleibt Ginevras Liebhaber. Zugleich aber ist er einer der wichtigsten Ritter an der Tafelrunde des Königs. Anlässlich der aufkeimenden Gralsbegeisterung an Artus' Hof muss er jedoch erkennen, dass er vielleicht doch nicht derjenige ist, der das Rittertum zu seiner höchsten Blüte bringen kann. An einem der Pfingstfeste, zu denen die Gralritter stets in eine mystische Stimmung kommen, beraten die Ritter gerade darüber, was es mit einem Stein, in dem ein Schwert steckt, auf sich haben könne, der irgendwie nach Camelot gelangt ist. Er erinnert an den Stein, aus dem Artus seinerzeit zum Beweis seiner Berufung zum König das Schwert gezogen hat. Da führt ein Einsiedler einen siebzehnjährigen Jüngling in die Runde, dem das Kunststück, das Schwert aus dem Stein zu ziehen, auf Anhieb gelingt – wie seinerzeit Artus. Der junge Mann, so erfährt Lanzelot jetzt erst, ist Galahad, sein Sohn, den er mit Elaine, der Tochter des Königs Pellinore, gezeugt hat. Lanzelot, so ahnt es die Runde, ist jetzt nicht mehr der erste aller Ritter, und schon gar nicht sein Konkurrent Gawain: Eine neue Generation, die der Gralsritter, wird von nun an die Führung der christlichen Ritterschaft übernehmen.

Und doch ist Lanzelot das Vorbild aller Gralsritter; seine unbedingte Liebe zu seiner Herrin Ginevra hat ihre mystische Liebe zum Gral vorgeprägt. Es sind nicht die Gralsritter, sondern die schwachen, die neidischen und eifersüchtigen unter den Mitgliedern der Tafelrunde, voran Artus' missratener Sohn Mordred, die dafür sorgen, dass Lanzelots Liebesverhältnis mit Ginevra auffliegt. Artus fühlt sich gezwungen, Ginevra wegen ihrer Untreue zum Scheiterhaufen zu verurteilen; Lanzelot befreit im letzten Augenblick seine Geliebte, und dann kommt es zum Krieg zwischen Artus und Lanzelot und damit zur Spaltung der Tafelrunde. Artus belagert Lanzelot zuerst in seiner Burg Joieuse-Garde, dann in seiner bretonischen Heimat, in Benwick, und es ist Gawain, der den Kampf gegen seinen alten Waffengenossen Lanzelot, den Herausforderer seines Königs, organisiert.

MINNESANG

Im 11. Jahrhundert kommt zuerst in Südwesteuropa eine neue Form weltlicher Dichtung auf, in der einfache Ritter – Troubadours oder Trouvères – einer höhergestellten Dame, in der Regel der Frau ihres in der Adelshierarchie vorgesetzten Herrn, Treue geloben: Die Gefolgschaft zu dem Herrn, dem Gemahl der Angebeteten, wird zum Dienst an der Herrin. Das letzte Ziel, nämlich mit der Angebeteten zu schlafen, bleibt den Troubadours, Trouvères oder Minnedichtern in aller Regel verwehrt. Aber dass dieses Ziel angestrebt wird, lässt sich nicht verleugnen, wie in den Geschichten von Lanzelot oder Tristan deutlich wird, in denen die Ideale des Minnesangs romanhafte Gestalt annehmen.

■ Lanzelot (Richard Gere) und König Artus (Sean Connery). Szenenphoto aus Jerry Zuckers Film *Der 1. Ritter* von 1995

■ Hier ist es Galahad, der Ginevra zu Artus zurückführt. Buchmalerei, um 1300, aus dem *Roman du Merlin*

Der Krieg gipfelt im Zweikampf zwischen Lanzelot und Gawain, der lange unentschieden hin- und herwogt, bis Gawain seinen Wunden erliegt. Artus zieht enttäuscht, aber auch beeindruckt von der Ritterlichkeit Lanzelots, von Benwick ab, doch die öffentliche Moral – in Gestalt des Papstes – gebietet, dass Lanzelot die geliebte Ginevra zu ihrem rechtmäßigen Gemahl zurückschickt.

Als es wenig später zum Entscheidungskampf zwischen Artus und seinem gegen alles Recht das Königtum für sich beanspruchenden Sohn Mordred kommt, will Lanzelot seinem König zu Hilfe kommen, doch da ist es schon zu spät.

Fern von seiner geliebten Ginevra, die nach Artus' Tod den Schleier genommen hat, und zu schuldbeladen, um am Wettkampf der Edelsten um das Gralskönigtum teilzunehmen, verabschiedet Lanzelot sich aus der bunten Welt des Rittertums und wird Eremit. Er kann aber nicht anders, als seine Ginevra noch einmal in ihrem Kloster in Amesbury zu besuchen. Es ist eine tragische Begegnung. Die ungebrochen Liebenden wissen, dass es ihre Pflicht ist, Buße zu tun, und dabei bleibt es. Ein letztes Mal sieht Lanzelot Ginevra, als er an ihr Totenbett gerufen wird. Selbstlos sorgt er dafür, dass sie in Glastonbury an Artus' Seite begraben wird. Er selbst stirbt wenig später auf seiner Burg, die nun wieder Dolorose-Garde heißt.

Lanzelot hat seinem Herrn und König stets nach Kräften und, soweit es seine Ehre zuließ, treu gedient. Er hat Artus' Frau geliebt, weil er nicht anders konnte, doch er hat das Recht des Königs als Ehemann geachtet, ohne seine Liebe zu verleugnen. Er hat Ritterstolz, Vasallentreue und Dienst an der Frau zu vereinen gewusst und damit seinen Herrn und Nebenbuhler in der Rolle des idealen Ritters übertroffen.

LANZELOT

QUELLEN

Zweifellos geht die Gestalt des Lanzelot auf keltisch-britische Sagen zurück; dafür spricht allein schon seine feeische Erziehung bei der »Dame du Lac«, der Herrin des Sees. Man hat in ihm sogar einen keltischen Frühlings-Fruchtbarkeitsgott gesehen. Im walisischen *Mabinogion* aus dem 13. Jahrhundert, in dem ältere Sagen gesammelt sind, taucht ein heldenhafter Krieger namens Llwch Lleminiawg auf, auf dessen Namen der des Lanzelot zurückzuführen sein könnte. Literarisch greifbar wird Lanzelot jedoch erst bei Chrétien de Troyes, dem Begründer der Artusliteratur am Ende des 12. Jahrhunderts. Zuerst taucht er in Chrétiens erstem Epos *Erec et Eneide* (um 1170) auf, als drittwichtigster Ritter von Artus' Tafelrunde nach Gauvain (Gawain) und Erec. Auch taucht er in Chrétiens etwa fünf Jahre später verfassten *Cligès* auf. In Chrétiens *Chevalier de la Charrete* dagegen ist Lancelot (Lanzelot) allein der Held: Für seine Herrin Gueniѐvre (Ginevra) nimmt er es sogar auf sich, in einem Schinderkarren dem Gespött der Leute ausgesetzt zu werden. In diesem Roman berichtet Chrétien von der Befreiung Gueniѐvres (Ginevras), die ins Königreich Gorre entführt worden ist, durch Lancelot. Bei Chrétien wird Lancelot ganz und gar zum Ritter, der sein Leben den Frauen weiht; damit wird zum Thema der epischen Literatur, was die Minnedichter bis dahin nur in Versen zum Ausdruck gebracht hatten. Bald nach 1200 verfasst Ulrich von Zatzighofen auf Mittelhochdeutsch einen Lanzelotroman, der auch auf andere Qellen als Chrétien zurückgreift. Bei ihm wird zum Beispiel die Erziehung Lanzelots bei der »Dame du Lac« ausgeführt. Im 13. Jahrhundert entsteht in Frankreich der Prosa-*Lancelot*, ein umfangreiches Werk, in dem die Lanzelotgeschichte bereits mit der Eroberung des Grals zusammengebracht wird. Lanzelots jungfräulicher Sohn Galahad ist es hier, der Lanzelots Liebschaften auf einer höheren, religiösen Ebene wiederholt. Der Prosa-*Lancelot* wird, mit einigen Änderungen, auch ins (Mittelhoch-) Deutsche übersetzt und zum Ausgangspunkt für Wolframs von Eschenbach *Parzival*. In England spielen die Abenteuer Lanzelots in den weit verbreiteten Artusgeschichten schon eine gewichtige Rolle, bevor Thomas Malory sie gegen Ende des 15. Jahrhunderts in seine Zusammenfassung aller mittelalterlichen Artussagen (*Morte Darthur*) integriert.

AUF DEN PUNKT GEBRACHT

Lanzelot ist der ideale Vertreter einer jüngeren christlichen Kriegergeneration, die die im keltischen Heidentum verwurzelten älteren Artuskrieger herausfordern. So macht auch Lanzelot Artus seinen Rang streitig, indem er dessen Frau zu seiner Geliebten macht.

EMPFEHLUNGEN

Lesenswert:

Prosalancelot, hrsg. von Hans-Hugo Steinhoff, Frankfurt/M. 2004

Alfred Tennyson: *Lancelot and Elaine*, in: *Idylls of the King*, Harmondsworth 1989

Rosemary Sutcliff: *Die Abenteuer der Ritter von der Tafelrunde*, Stuttgart 1990

Hörenswert:

Paul Dessau: *Lanzelot*. Oper 1969 (Libretto von Heiner Müller)

Herman Bemberg: *Elaine*. Oper 1892

Walter Courvoisier: *Lanzelot und Elaine*. Oper 1917

Sehenswert:

Der erste Ritter. Regie: Jerry Zucker; mit Richard Gere, Julia Ormond, Sean Connery. USA 1995

Die Ritter der Tafelrunde. Regie: Richard Thorpe; mit Robert Taylor, Ava Gardner, Mel Ferrer. USA 1953

Lancelot, Ritter der Königin. Regie: Robert Bresson; mit Luc Simon, Laura Duke. F/I 1973

Launcelot and Elaine. Regie: Charles Kent; mit Leo Delaney, Florence Turner. USA 1909

Twin Peaks. Regie: David Lynch; mit Kyle MacLachlan, Heather Graham. TV-Serie USA 1989 (Der FBI-Agent als Gralsritter, der durch eine Affäre mit der Frau seines Vorgesetzten Schuld auf sich geladen hat – wird er in »Glastonbury Grove« Erlösung finden?)

Parzival

Tölpelhans und sympathischer Außenseiter

Geschichtliche Einordnung:
In der Gestalt Parzivals verbindet sich, zuerst bei Chrétien de Troyes im späten 12. Jh., die keltische Überlieferung von den Helden um König Artus mit der religiösen Gralsidee der Kreuzzugszeit.

Im Volksmärchen ist es meist der Tölpelhans, der am Ende die Hand der Königstochter erringt, weil er in seiner grenzenlosen Naivität weder Furcht noch Finten kennt und geradewegs auf sein Ziel losgeht – aber auch, weil er ein Außenseiter ist und die Leser Außenseiter mögen. Auch Parzival ist solch ein Außenseiter. Er erscheint wie ein Dorftrottel, als er an den Artushof kommt, doch am Ende triumphiert er über alle anderen Ritter samt König Artus selbst und erwirbt – nach einigen Darstellungen jedenfalls – das Höchste, das ein Ritter der Kreuzzugszeit erreichen kann: das Gralskönigtum.

So tölpelhaft uns Parzival auch vorkommen mag – natürlich ist er von königlichem Geblüt. In der keltisch-britischen Überlieferung ist er ein Sohn des Königs Pellinore und Bruder der Artushelden Torre und Lamorak. In der Zeit der Kreuzzüge jedoch, als Parzival zur Idealfigur eines christlichen Ritters wurde, war eine andere Abstammung interessanter, die von dem christlichen Ritter Gahmuret, der als jüngster Sohn eines Königs aus dem Norden im fernen spanischen Toledo ein Turnier und damit eine wunderbare Frau gewann: Herzeloyde, die jungfräuliche Königin der Gegend.

Gahmuret wird im Kampf erschlagen, und Herzeloyde, die ihr Königreich durch diesen Kampf verloren hat, zieht sich mit ihrem Söhnchen Parzival voller Herzeleid in den Wald Soltane zurück. Ihr Sohn, so hat sie sich geschworen, soll niemals mit der grausamen Welt der Krieger bekannt werden. Sie erzählt ihm von Gott und seiner strahlenden Schönheit und zieht ihn fern von allen Menschen auf.

Eines Tages begegnet Parzival, als er gerade auf der Jagd ist, einem Trupp von Rittern. Sie sind so strahlend, dass er jeden von ihnen für den Gott hält, von dem ihm die Mutter erzählt hat. Sie erklären ihm jedoch, dass sie beileibe keine Götter seien und dass König Artus sie zu dem gemacht habe, was sie sind. Herzeloydes Erziehung ist

■ Parzivals Kampf mit dem roten Ritter. Wandgemälde aus dem Sängersaal von Schloss Neuschwanstein, 1885

damit gescheitert: Parzival hat von nun an keinen anderen Wunsch mehr, als Ritter zu werden und an Artus' Hof zu gelangen. Herzeloyde versucht das Schlimmste zu verhindern, indem sie ihm eine Art Narrenkostüm näht und ihn auf eine elende Mähre setzt. Zum Abschied gibt sie ihm noch ein paar Lehren mit: Er solle dunkle Furten meiden, jedermann höflich grüßen und das graue Haupt ehren, außerdem die Küsse edler Frauen nicht verschmähen. Und schließlich möge er wissen: Er stamme von Königen ab.

Als Parzival stolz ausreitet, bricht Herzeloyde das Herz. Der junge Held im Narrenkleid aber zieht durch den großen Wald, vermeidet in seiner Einfalt alle dunklen Furten, so klein die Bäche auch sein mögen, und erlebt seine ersten – auch erotischen – Abenteuer. Schließlich gelangt er an Artus' Hof. Vor der Artusburg trifft er auf einen ganz in Rot gerüsteten Ritter, der ihm die Nachricht auf den Weg gibt, dass er die ganze Tafelrunde herausfordere. Parzival erreicht die Artusritter und erfährt, dass keiner der ruhmreichen Kämpen den Mut hat, es mit dem roten Ritter aufzunehmen, der ein Vetter des Artus ist und das Königtum für sich beansprucht. Im Auftrag des Königs kehrt Parzival zum roten Ritter zurück und fordert ihn keck zum Kampf heraus. Der hebt ihn mit seiner Lanze ohne Probleme aus dem Sattel seines Kleppers und verhöhnt ihn. Doch als geübter Jäger tötet Parzival ihn mit seinem Wurfspeer. Die Rüstung und das Ross des roten Ritters gehören nun ihm.

■ Parzivals Abschied von seiner Mutter Herzeloyde. Wandgemälde aus dem Jahr 1885 von Ferdinand Piloty d. J. u.a., Schloss Neuschwanstein

Der junge Parzival fühlt sich nun schon ganz als richtiger Ritter und reitet auf der Suche nach neuen Abenteuern in die Welt hinaus. Er gelangt zu der Burg des grauhaarigen Gurnemanz, den er eingedenk der Lehren seiner Mutter ehrfürchtig begrüßt. Gurnemanz sieht das Narrenkostüm, das der junge Krieger unter seiner roten Rüstung trägt, bemerkt, wie unelegant er sich verhält, und beschließt, Parzival zu einem wirklichen Ritter zu machen. Von Gurnemanz lernt der Jüngling, neben der Kriegskunst, auch dass ein Ritter schamhaft gegenüber Frauen ist, unterlegenen Feinden Gnade gewährt, nicht einfach drauflosplappert und vor allem keine überflüssigen Fragen stellt.

AMFORTAS' GEHEIMNISVOLLE WUNDE

Die Wunde, an der der Gralskönig leidet und nach der Parzival sich lange zu fragen scheut, hat sich Amfortas, der nicht mehr sitzen kann, offenbar am Unterleib zugezogen – an seinen Geschlechtsteilen, wie viele vermuten. Dafür spricht auch, dass er kinderlos ist. Möglicherweise ist sie die Strafe für eine sexuelle Verfehlung. Dafür wiederum spricht auch, dass Amfortas' Beiname »Fischerkönig« – *roi pêcheur*, wie es auf Französisch heißt – in dieser Sprache genauso klingt wie *roi pécheur*, das heißt Sündenkönig.

Mit diesen Lehren ausgerüstet, zieht Parzival weiter und gelangt nach Belrapeire, der vom Feind belagerten Stadt der Königin Kundwiramur. Die schöne junge Herrscherin bittet den naiven jungen Helden um Hilfe und erscheint, um diese Bitte zu unterstreichen, nächtens im Negligé an Parzivals Bett. Kundwiramur ist die Erste, die Parzival wirklich begehrt, und von ihrer Liebe beflügelt wirft er ihre Gegner in den Sand. Er befreit Belrapeire, heiratet Kundwiramur und herrscht als König über das so errungene Land. Doch einen rechten Ritter hält es nicht lange am häuslichen Herd: Er muss »auf Aventüre« reiten.

Die nächste Aventüre, das nächste Abenteuer, ist Parzivals größtes. Er trifft an einem Bach einen ehrwürdigen alten Fischer und fragt ihn nach einem Nachtquartier. Der verweist ihn auf die stolze Burg Munsalwäsche oben auf dem Berg über ihnen. Dort wird Parzival freudig begrüßt. Am Abend erlebt er, wie vor vierhundert Rittern in einem prächtigen Saal der Heilige Gral hereingetragen wird. Der greise Fischer ist, so stellt sich nun heraus, der an einer alten Wunde leidende Gralskönig Amfortas. Staunend beobachtet Parzival die Gralszeremonie, doch wagt er es, eingedenk der Ratschläge seines Lehrers Gurnemanz, nicht, die richtigen Fragen zu stellen, Fragen, die seinem Mitgefühl Ausdruck verliehen hätten. Selbst als Amfortas ihm feierlich sein Königsschwert überreicht, bekommt er den Mund nicht auf. Das erweist sich als verhängnisvoller Fehler.

Als er am nächsten Morgen aufwacht, ist er die einzige Menschenseele auf der Burg. Erst als er

■ Festmahl auf der Gralsburg Munsalwäsche (oben), Begegnung zwischen Parzival und Kundwiramur (Mitte), Taufe des Feirefiz (unten). Südwestdeutsche Buchmalerei, um 1250

■ Gralshalle. Bühnenbildentwurf von Christian Jank für Richard Wagners Oper *Parsifal*, 1879

zum Tor hinausreitet, erhebt sich hinter ihm eine Stimme, die ihn als herzlosen Tölpel verhöhnt.

Hat Parzival das Gralskönigtum nun endgültig verwirkt? Es stand ihm doch nicht nur aufgrund seiner zuweilen in Torheit ausartenden Redlichkeit, sondern auch aufgrund seiner Herkunft zu, denn er ist ein Neffe des Amfortas! Manche Schriftsteller meinen, sein Fehlverhalten auf der Gralsburg sei das Ende von Parzivals Karriere gewesen, und gestehen ihm allenfalls noch eine Rolle als Steigbügelhalter des kommenden Gralskönigs zu. Wolfram von Eschenbach, der Dichter des großen mittelhochdeutschen Parzivalromans, aber ist anderer Meinung. Für ihn bleibt Parzival der Erwählte.

Bei ihm geht die Geschichte so weiter: Bedrückt reitet Parzival von Munsalwäsche, der Gralsburg, wieder in den großen Wald, aus dem er gekommen ist. Verzweifelt fragt er sich, was er eigent-

■ Parzivals Ankunft vor der Einsiedelei Trevrizents. Französische Buchmalerei des 14. Jh.s

lich falsch gemacht hat, welche Fragen er hätte stellen müssen und was es überhaupt mit dem Gral auf sich hat. Lange irrt Parzival ziellos umher. An einem Wintertag beobachtet er einen Falken, der in der Luft eine Wildgans schlägt. Drei Blutstropfen fallen in den Schnee, und das Rot und Weiß erinnert Parzival schlagartig an die roten Lippen und die weiße Haut seiner Gemahlin Kundwiramur. Es ist, als ob seine Seele wiedererwacht wäre. Und schon hört er es lärmen: Die Artusritter, die nach ihm gesucht haben, nähern sich. Das Wiedersehen wird gebührend gefeiert, doch das Fest wird jäh durch den überraschenden Auftritt einer grauenhaften Frauengestalt unterbrochen. Es ist Kundry, die Gralsbotin, die Parzival verflucht, weil er keine Buße getan hat für seinen scheinbar herzlosen Auftritt in der Gralsburg. Verzweifelt verlässt Parzival die konsternierten Ritter und reitet aufs Geratewohl weiter.

Nach vielen weiteren Abenteuern begegnet ihm eines Tages ein Pilgerzug auf dem Weg zu einer Einsiedelei. Die frommen Menschen erklären ihm, dass Karfreitag ist, an dem zur Ehre Gottes des Opfertodes Christi gedacht wird. Trotzig entgegnet Parzival, dass ihm an diesem Gott, der ihn in seinem Elend lässt, nicht gelegen ist. Dennoch zieht er mit zu dem frommen Bewohner der Einsiedelei. Dieser ist niemand anderes als Trevrizent, der Bruder seiner Mutter. Wieder einmal muss der nur langsam begreifende Held eine Lehrzeit absolvieren. Der Onkel lehrt ihn die Geheimnisse des Christentums und hält ihn zu Reue und Buße an.

Mit dem Segen des heiligmäßigen Klausners, mit seinem Gott im Reinen und mit frischem Mut zieht Parzival schließlich weiter. Doch bald schon wird ihm der Weg durch einen fremden Ritter versperrt. Ein schlechtes Zeichen? Tatsächlich vermag er zum ersten Mal einen Gegner nicht zu bezwingen. Erschöpft lassen die Kämpfer die Waffen sinken. Und was Parzivals Ritterehre zu schmälern schien, erweist sich als glückliche Begegnung: Der fremde Ritter ist niemand anderes als sein Halbbruder Feirefiz, der

WOLFRAM VON ESCHENBACH UND DER SÄNGERKRIEG
Wolfram stammte wahrscheinlich aus einem fränkischen Rittergeschlecht. Er eignete sich eine insbesondere für einen Laien äußerst umfangreiche Bildung an: Er kannte die französische Literatur seiner Zeit, aber auch die lateinischen Klassiker. Bevor er mit seinem *Parzival* begann, hatte er sich bereits als Minnedichter einen Namen gemacht. Er war der erste deutsche Dichter, der den französischen Romanciers des Hochmittelalters, voran der große Chrétien de Troyes, das Wasser reichen konnte. Er wirkte an den Höfen mehrerer bedeutender Reichsfürsten; schließlich gelangte er nach Thüringen, zu dem mächtigen Landgrafen Hermann I., der aus der Wartburg, seiner Residenz, den Treffpunkt der besten Dichter und Gelehrten seiner Zeit gemacht hatte. In der Überlieferung vom »Sängerkrieg« auf der Wartburg streiten Wolfram und der sagenhafte Tannhäuser dort um die Dichterkrone.

Sohn seines Vaters Gahmuret und einer heidnischen Mohrenprinzessin – weshalb Feirefiz schwarz-weiß gestreift ist. Gemeinsam gelangen die beiden an Artus' Hof, wo Parzival erneut gefeiert wird. Und wieder taucht die schreckliche Kundry auf, diesmal aber mit einer guten Botschaft: Parzival sei nun geläutert und endgültig zum Gralskönigtum berufen. Seine Frau Kundwiramur sei im Übrigen bereits unterrichtet und auf dem Weg nach Munsalwäsche.

Und nun das »grande finale« von Wolframs *Parzival*: Der Held zieht, geführt von Kundry, mit seinem Bruder Feirefiz nach Munsalwäsche. Die vierhundert Ritter begrüßen ihn ehrfürchtig, und auf dem Gralsstein leuchtet eine Schrift mit seinem Namen auf. Amfortas begrüßt freudig seinen Neffen, und diesmal stellt dieser die richtige, die Mitleidsfrage: »Sag, was ist es, was dir solche Schmerzen bereitet?« Die Antwort erfährt der Leser nie, und es ist viel darüber spekuliert worden, wie sie gelautet haben könnte. Aber wie dem auch sei – Amfortas ist erlöst. Er kann in Ruhe sterben, denn das Gralskönigtum befindet sich in guten Händen. Und zwar gleich für zwei Generationen, denn als Kundwiramur zu der glücklichen Gralsrunde stößt, bringt sie eine Überraschung mit: Parzivals Zwillingssöh-

■ Des Tenor Gotthelf Pistor (1887–1947) als Parsifal in Wagners gleichnamiger Oper

■ Parsifal erblickt die Gralsburg. Deutsche Bildpostkarte, 1914

ne Kardeis und Lohengrin, die sie nach seinem Abschied zur Welt gebracht hat. Lohengrin aber, so verkündet Kundry, wird einmal Parzivals Nachfolger sein.

Das erste Wunder, das der Gral nun vollbringt, ist die Bekehrung des Heiden Feirefiz. Er wird getauft und heiratet Repanse de Schoye, die junge Schwester des Amfortas. Ihr gemeinsamer Sohn Johannes wird als Priesterkönig im fernen Asien oder Afrika große Berühmtheit erlangen.

Parzival, der ehrliche Narr oder, wie er oft genannt wird, der »reine Tor«, triumphiert also auf der ganzen Linie. Und jeder gönnt es ihm, der so lange als Trottel dagestanden hat.

Doch nicht alle mittelalterlichen Schriftsteller haben Parzival das Gralskönigtum gegönnt. Für manche war er immer noch eine allzu weltliche Figur. Gerade die späteren Autoren neigen dazu, die Gralskrone einem völlig reinen – und deshalb literarisch eher unergiebigen – Jüngling zuzuerkennen, wie Lanzelots Sohn Galahad. Parzival, der schon für ein frommes Kriegertum stand, verlor in der späteren Gralsliteratur an Wertschätzung gegenüber einem ganz und gar klerikalen Geschöpf: dem völlig geschlechts- und aggressionslosen Ritter.

DER PRIESTER JOHANNES

Feirefiz' Sohn, der Priester Johannes, war eine beliebte Sagengestalt der Kreuzzugszeit: Er soll – wie der Gralskönig – ein ritterlicher Priester oder priesterlicher Ritter gewesen sein, der, weise und fromm, sein Königtum in einem weit entfernten Land verteidigte. Im *Jüngeren Titurel* wird er ausdrücklich mit dem Gral in Verbindung gebracht. Es heißt auch, der Gral sei, nachdem ihm in Europa nicht genügend Achtung entgegengebracht worden sei, dem Priester Johannes übertragen worden. Die realen Wurzeln des Mythos vom Priester Johannes sind die Nachrichten, die Europa im Hochmittelalter von den nestorianischen Christen (»Johanneschristen«), die bis ins ferne China missionierten, erreichten, von den »Thomaschristen« Indiens und den koptischen Christen Äthiopiens.

PARZIVAL

QUELLEN

»Perceval le Gallois« (Parzival aus Wales) taucht als Artusheld zuerst in Chrétiens de Troyes frühem Roman *Erec et Enide* (um 1170) auf, danach in seinem *Cligès* (um 1176); in Chrétiens unvollendetem letzten Werk *Contes du Graal* (Gralsgeschichte, um 1185) ist Parzival die Hauptfigur. Die Parzivalgestalt geht offenbar auf einen keltischen Helden zurück, aber keinen, dessen Biographie schon weithin bekannt war, denn Chrétiens Parzival ist ein Held neuen Typs, dessen Biographie der Dichter ohne größere Vorgaben entwickeln kann: Parzival ist ein neugieriger junger Mensch ohne Vorbildung und deshalb naiv genug, immer neue Dinge zu erfragen. Auf diese Weise kommt er auf die Spur des Heiligen Grals, dessen Mysterium Chrétien mithilfe der Parzivalgestalt einführt. In der mittelhochdeutschen Literatur nimmt Wolframs von Eschenbach im ersten Jahrzehnt des 13. Jahrhunderts entstandener *Parzival* einen besonderen Platz ein. Wolfram greift zwar auf Chrétien, vor allem auf dessen *Contes du Graal* zurück, schafft aber einen Roman, der sich kunstvoll auf die Figur des Parzival und die Idee des Gralskönigtums konzentriert. Anfangs steht scheinbar Gawain im Mittelpunkt der Handlung, dann aber wird deutlich, dass Gawain Parzival als Vorbild eines Rittertums dient, das er schon bald hinter sich lässt. Vielleicht hat Wolfram für seinen *Parzival* noch andere Quellen als Chrétien gehabt; er selbst gibt als solche einen gewissen Kyot an; die meisten Fachleute nehmen jedoch an, dass er diese Quelle fingiert hat, um die neu erfundenen Elemente seiner Geschichte geheimnisvoller zu machen. Mehr in formaler Hinsicht greift Wolfram auch auf Hartmann von Aue zurück, in dessen *Erec* Parzival unter dem Namen Parcefâl erstmalig in der deutschsprachigen Literatur erwähnt wird. In seinem *Titurel* nimmt Wolfram die Parzivalgeschichte noch einmal auf; diesmal konzentriert er sich auf die Gestalt von Parzivals Cousine Sigune und ihre unglückliche Liebe zu dem allzu früh erschlagenen Schionatulander. Wolframs *Titurel* ist Fragment geblieben, wurde aber etwa fünfzig Jahre nach seiner Entstehung in dem so genannten *Jüngeren Titurel* eines gewissen Albrecht fortgesetzt, einem ausufernden christlich-erbaulichen Roman. In der französischen Literatur nach Chrétien tritt die Gestalt Parzivals hinter der Lanzelots zurück, und auch in der mittelenglischen Literatur spielt Parzival keine große Rolle. In Thomas Malorys großer Zusammenfassung der Artusliteratur, *Morte Darthur*, ist Parzival nur einer der Gralsritter, die mit Lanzelots Sohn Galahad den Gral erobern.

AUF DEN PUNKT GEBRACHT

Parzival ist der einfältigste aller Artusritter, und doch bringt er es zum höchsten Ruhm: zum Gralskönigtum. Er ist ein Außenseiter, wie der »Tölpelhans« des Volksmärchens, und wohl gerade deshalb so sympathisch.

EMPFEHLUNGEN

Lesenswert:

Wolfram von Eschenbach: *Parzival*, Köln 2005

Joachim Bumke: *Wolfram von Eschenbach*, Stuttgart 1964

Dieter Kühn: *Der Parzival des Wolfram von Eschenbach*, Frankfurt/M. 1997

Adolf Muschg: *Parzival, der rote Ritter*. Frankfurt/M. 2002

Wolfram von Eschenbach: *Parzival. Mittelhochdeutscher Text*, Berlin 2003

Hörenswert:

Richard Wagner: *Parsifal*. Oper 1882

Richard Wagner: *Tannhäuser oder der Sängerkrieg auf der Wartburg*. Oper 1845

Sehenswert:

Parsifal. Regie: Hans-Jürgen Syberberg; mit Edith Clever, Aage Haugland. D 1982

Parsifal. Regie: Daniel Mangrane; mit Gustavo Rojo, Ludmilla Tcherina. Spanien 1953

Perceval le Gallois. Regie: Eric Rohmer; mit Marie-Christine Barrault, André Dussollier. F 1978

Besuchenswert:

Die mittelalterliche französische Festungsstadt Carcassonne am Rande der Pyrenäen. Sie vermittelt eine Vorstellung von der wunderbaren Gralsburg Munsalwäsche (oder Montsalvat, »Burg des Heils«), die irgendwo auf den Vorbergen der Pyrenäen gestanden haben soll.

Lohengrin

Der Schwanenritter: Mythen-, Märchen- und Operngestalt

■ »Nun sei bedankt mein lieber Schwan«. Gemälde von Ferdinand Leeke zu Richard Wagners Oper *Lohengrin*, 1897

An keiner Sage können wir so gut studieren, wie uralte Mythen, geschichtliche Überlieferungen aus der Frühzeit des Mittelalters, hochmittelalterliche Literatur, Volksmärchen und Opernstoffe zusammenhängen, wie an der vom Schwanenritter Lohengrin.

Die Geschichte von Lohengrin und der schönen Elsa von Brabant, die in einem mittelhochdeutschen Versepos des späten 13. Jahrhunderts berichtet wird und dem Dichter-Komponisten Richard Wagner Ende des 19. Jahrhunderts als Vorlage für seine Oper diente, lässt sich schnell nacherzählen: Der alte Herzog Gottfried von Brabant ruft auf seinem Totenbett seinen getreuesten Vasallen, Graf Telramund, zu sich und verlangt von ihm das Versprechen, dass er seiner Tochter und Erbin Elsa ebenso treu dienen werde wie ihm selbst. Graf Telramund versichert dies, und Gottfried kann in Frieden sterben. Nun geloben alle seine Vasallen Elsa als der neuen Herzogin Gefolgschaftstreue – alle, bis auf einen: Graf Telramund. Ihr Vater habe ihm Elsas Hand und damit die Herzogswürde versprochen, behauptet er. Elsa weist dies empört als Lüge zurück, aber Telramund lässt sie wissen, dass er sie schon zu ihrem Glücke zu zwingen verstehen werde.

Elsa verzweifelt. Sie zieht sich in ihren Garten zurück und träumt von einem stolzen Falken, der sich auf ihrer Hand niederlässt und ihr einen Ritter ankündigt, der sie rettet. Indessen kommt die Nachricht, dass Kaiser Heinrich in Brabant Hof halten werde. Er ist der Einzige, der befugt ist, in der Sache Elsa gegen Graf Telramund ein Urteil zu sprechen. Der Kaiser findet indes keinen Anhaltspunkt dafür, wem er mehr glauben soll, der schönen jungen Herzogin oder Telramund, dem alten Kämpen für Herzogtum und Reich. Er beschließt, dass nur ein Gottesurteil den Streit beenden kann, und das heißt, dass ein Ritter gegen Graf Telramund antreten muss; den Sieger wird die himmlische Gerech-

Geschichtliche Einordnung: In der mittelhochdeutschen Lohengrindichtung des späten 13. Jh.s verbinden sich aus der Antike stammende Märchenmotive mit alten fränkischen Heldensagen, dem deutschen Kaisermythos und dem Gralsmythos der Kreuzzugszeit.

tigkeit erwählen. Die Herolde blasen ihre Posaunen und fordern damit jeden Ritter, der den Mut dazu hat, zum Ehrenkampf gegen Graf Telramund heraus. Doch keiner wagt, gegen den Ritter anzutreten. Auch beim zweiten Schall der Posaune meldet sich niemand. Aber beim dritten und letzten Posaunenschall wird das versammelte Volk eines Nachens auf dem Rhein ansichtig, der von einem Schwan gezogen wird. Der prächtige Ritter, der in dem Nachen steht – Lohengrin –, springt an Land und nimmt den Kampf auf. Nach einem lange und erbittert geführten Kampf wirft er Graf Telramund in den Staub. Als guter Ritter schont er das Leben seines Gegners, der nun durch Gottesurteil der Lüge überführt ist und in die Verbannung geschickt wird. Elsa ist von ihrem Erlöser begeistert, und dieser verfällt sogleich ihrer Schönheit. Der Kaiser selbst segnet ihren Bund. Vergebens fragt er allerdings nach der Herkunft Lohengrins. Und erst nachdem Lohengrin Elsa das Versprechen abgenommen hat, niemals nach seiner Herkunft zu fragen, kann die Hochzeit gefeiert werden.

Brabant erlebt nun Jahre einer guten Regierung, und Elsa bringt zwei Kinder zur Welt. Doch an ihrem Herzen nagt die Neugier. Sie muss wissen, ob ihr Gemahl auch wirklich edler Herkunft ist. Bei einem Hoftag des Kaisers am Rhein, den Lohengrin mit Frau und Kindern besucht und bei dem er alle Turniere gewinnt, kommt es zum Eklat: Im Volk erheben sich immer lauter Stimmen, die Lohengrin eine zweifelhafte Herkunft unterstellen. Warum sollte er seine Abstammung verbergen? Elsa geht dies so nahe, dass sie in der Nacht ihr Versprechen bricht und drängend Lohengrin nach seiner Vergangenheit und seinen Eltern befragt. Traurig, aber bestimmt antwortet Lohengrin – nicht auf ihre Frage, sondern damit, dass er sie jetzt, nachdem sie ihm sein Geheimnis nicht habe lassen können, ein für allemal verlassen müsse.

Am nächsten Morgen werden Volk und kaiserlicher Hofstaat Zeugen, wie sich der Schwan mit seinem Nachen auf dem Strom wieder nähert. Lohengrin küsst seine Frau, segnet seine Kinder und offenbart dem Kaiser und seinen Rittern, dass er der Sohn Parzivals, des Gralskönigs, ist – und besteigt den Nachen, der ihn zur Gralsburg Munsalwäsche bringen wird.

SAGE UND POLITIK

Die mittelhochdeutsche Lohengringeschichte hat eine eindeutige politische Tendenz, nämlich die populären Artus- und Gralssagen mit dem Mythos des deutschen Kaisertums zu verbinden. Die Wiederbelebung des Kaisermythos lag im Interesse Kaiser Rudolfs von Habsburg, in dessen Regierungszeit das Epos entstand. Der Kaiser ist es im Lohengrinepos, der wie Artus in anderen Sagen der Zeit Recht spricht und für Frieden sorgt.

■ Elsa in Wagners *Lohengrin*. Lichtdruck, um 1895, nach einem Gemälde von Ferdinand Leeke

■ Der Sänger Rudolf Laubenthal als Lohengrin in Richard Wagners Oper, um 1922

Die hochmittelalterliche Lohengrinsage greift auf eine viel ältere Überlieferung aus der Merowingerzeit zurück, den »Lothringer-Zyklus«. Der Held dieser Sammlung von altfranzösischen Heldenliedern, die im 12. und 13. Jahrhundert aufgeschrieben wurden, heißt Garin, und der Name »Lohengrin« bedeutet nichts anderes als der Lothringer Garin. Der Garin der Sage lebte in der Zeit des Frankenkönigs Pippin, des Vaters Karls des Großen. Zu der Überlieferung von Garin gehörte eine auch aus der lateinischen Literatur des frühen Mittelalters bekannte märchenhafte Geschichte wohl keltischen Ursprungs, die noch dem Märchen *Die sechs Schwäne* der Brüder Grimm zugrunde liegt: Eine Fee schenkt einem Ritter oder König sechs Knaben und ein Mädchen. Die Knaben werden aber durch einen Zauber zu bestimmten Zeiten in Schwäne verwandelt, und einer dieser Schwäne dient einem edlen Ritter, indem er ihm seinen Nachen zieht. Am Ende werden die Königssöhne von ihrer Schwester erlöst.

Das Motiv der Verwandlung von Menschen oder Feen in Schwäne muss im frühen Mittelalter sehr beliebt gewesen sein. Deshalb führte die mächtigste Familie Lothringens ihre Herkunft auf einen Schwanenritter zurück, nämlich die des Grafen von Bouillon, deren berühmtester und in vielen Romanen des Mittelalters gefeierter Sproß Herzog Gottfried war, der Eroberer Jerusalems im Ersten Kreuzzug.

Lohengrin verbindet also den Artus-Grals-Mythos sowohl mit keltisch-romanischen Märchenmotiven als auch mit dem fränkischen und dem Kaisermythos und schließlich mit den Sagen von den Helden der Kreuzzüge. Ein toller Stoff – so fand seinerzeit auch Richard Wagner, als er daraus eine mehr-als-christliche, nationale Oper machte, die auch heute noch zu den meistgespielten gehört.

DER SCHWAN – EIN MYTHISCHES TIER

»Mein lieber Schwan« – Elsa von Brabants Ausspruch in Wagers *Lohengrin* ist zu einem geflügelten Wort geworden. Schon in der Antike wurde vom »Schwanengesang« gemunkelt, der einen bevorstehenden Tod ankündigt. Bei den Kelten war der Vogel ein Sonnensymbol und so etwas wie ein Totemtier. Im Mittelalter wurde der Schwan zum beliebten Wappentier vieler Ritter. Als heiliges Tier war der Schwan tabu, doch im Mittelalter galt sein Fleisch zuweilen als Delikatesse. Seit dem Spätmittelalter aber hat sich das Speisetabu endgültig durchgesetzt und gilt bis heute. In England heißt es, dass alle Schwäne Eigentum des Königs oder der Königin seien und dass nur er oder sie das Recht habe, Schwanenfleisch zu verzehren.

LOHENGRIN

QUELLEN

Die mittelhochdeutsche Lohengrindichtung, ein Versepos, ist, so nimmt man heute meist an, Ende des 13. Jahrhunderts in Süddeutschland entstanden, in der Regierungszeit Rudolfs von Habsburg, der das deutsche Kaisertum nach den Wirren des »Interregnums«, während deren es keine starke Zentralgewalt im Reich gab, zu erneuern versuchte. Dies mag die politische Tendenz des Werkes erklären. Als Autor hat man einen gewissen Nouhusius oder Nouhuwius erschlossen, von dem man ansonsten aber nichts weiß. Dieser Autor konnte einerseits auf die deutschen Gralsromane wie Wolframs von Eschenbach *Parzival*, in dem der Name Lohengrin zum ersten Mal genannt wird, und den *Jüngeren Titurel* zurückgreifen, andererseits auf die französischsprachige Überlieferung. Hier taucht ein Schwanenritter in Kreuzzugsromanen als Ahn des Geschlechts der Grafen von Bouillon auf. Dieser Vorfahr soll aus einem von einem Schwan gezogenen Kahn in Nimwegen an Land gegangen sein, woraufhin er die Grafschaft Bouillon vom Kaiser als Lehen empfangen habe. Tatsächlich hat ein Bouillon, nämlich der berühmte Gottfried, die Grafschaft Antwerpen und dann die Herzogswürde von Niederlothringen von einem Kaiser Heinrich empfangen, nämlich von Heinrich IV. Der Schwanenritter taucht aber bereits in lateinischen Schriften des 12. Jahrhunderts auf, im Zusammenhang mit dem Märchen von den Schwanenkindern, die nicht anders können, als zu bestimmten Zeiten als Schwäne aufzutreten, während sie zu anderen Zeiten Mensch sein dürfen. Hinter diesem märchenhaften Motiv lassen sich weit ältere, keltische Mythen erkennen, in denen ausgewählte Menschen ihre Gestalt mit Schwänen – heiligen Tieren – tauschen. In die französischsprachige Überlieferung vom Schwanenritter, so wie sie in der Herkunftssage der Grafen von Bouillon erzählt wird, ist vermutlich auch die Geschichte eines lothringischen Helden Garin aus der Merowingerzeit eingegangen, von dem das älteste der vier Heldenlieder (»Chansons de geste«) des *Lothringer-Zyklus* erzählt, der im 12. und 13. Jahrhundert entstand. Hier erscheint der Kampf des Frankenkönigs Karl Martell gegen die Sarazenen, in dem Garin eine große Rolle spielt, als Ouvertüre der Kreuzzüge, in deren Zeit die Geschichten niedergeschrieben wurden. Der französische Schwanenritter – »Chevalier au Cygne« – taucht, zum »Chevelere Assigne« verballhornt, auch in der mittelenglischen Literatur auf. Der Schwanenritter heißt hier jedoch nicht Lohengrin, sondern Enyas, und seine mit dem Gralsmythos verwobene Geschichte folgt weitgehend dem *Märchen von den sechs Schwänen*, die er als siebter erlöst.

AUF DEN PUNKT GEBRACHT

In der Überlieferung des Lohengrinstoffs lassen sich mustergültig märchenhafte alte Stoffe, politische Propaganda und literarische Traditionszusammenhänge nachweisen.

EMPFEHLUNGEN

Lesenswert:

Brüder Grimm: *Die sechs Schwäne (Nr. 49)*, in: *Kinder- und Hausmärchen*, München 2005

Carola L. Gottzmann: *Artusdichtung*, Stuttgart 1989

Lohengrin, hrsg. von Heinrich Rückert, Darmstadt 1970

Ruth Schirmer: *Die Geschichte vom Schwanenritter*, München 1992

Richard Monaco: *Lohengrin oder: Der Grals-Krieg*, Bergisch Gladbach 1982

Marie-Louise von Franz: *Psychologische Märcheninterpretation*. München 1986

Matthias Becher: *Karl der Große*, München 1999

Hörenswert:

Richard Wagner: *Lohengrin*. Oper 1850

Julius Stettenheim: *Lohengrin. Humoreske in 4 Gesängen*. Oper 1859

Edmond Audran: *Monsieur Lohengrin*. Oper 1896

Mariano Hermosos: *Lohengrin*. Oper 1903

Fritz Neupert: *Lohengrins Ende*. Oper 1918

Salvatore Sciarrino: *Lohengrin*. Oper 1983

Sehenswert:

Lohengrin. Regie: Brian Large; mit Peter Hofmann, Eva Marton. Aufführung in der Metropolitan Opera New York 1986. DVD

Der Gral

Das ganz große Geheimnis

Geschichtliche Einordnung: Vielleicht geht der Gralsmythos auf das britisch-keltische 6. Jh. zurück; seine europäische Geltung erringt er aber erst durch die am Ende des 12. Jh.s entstandenen Dichtungen des Chrétien de Troyes. Das 13. Jh. bringt Gralsdichtungen überall in Europa hervor.

Kaum ein Geheimnis hat die Phantasie von Dichtern, Filmregisseuren und Sektengründern, von Romantikern, Geschichtsforschern, Naziideologen, harmlosen Spinnern und Visionären mehr beflügelt als das des Heiligen Grals. Es ist und bleibt ein Geheimnis, denn niemand weiß genau zu sagen, was der Gral ist, wem oder was er dient und was seine Bedeutung ist. Fest steht nur, dass das Mysterium groß ist und dass infolgedessen der Gral selbst etwas Großes sein muss.

In der Literatur des Mittelalters begegnen wir dem Gral zuerst um 1180 bei Chrétien de Troyes, dem Begründer der hochmittelalterlichen Literatur um die Ritter von Artus' Tafelrunde. Es ist der Artusritter Parzival, der bei Chrétien in der Burg des »Fischerkönigs« beobachtet, wie eine Jungfrau eine goldene mit Edelsteinen geschmückte Schale in den Saal trägt; eine weitere Jungfrau trägt eine Patene, einen silbernen Hostienteller. Ihnen voran schreitet

■ Die Gralsburg. Gemälde des deutschen Spätromantikers Hans Thoma, 1899

■ Die Jungfrau des Heiligen Grals. Gemälde des englischen Präraffaeliten Dante Gabriel Rossetti, 1874

ein Jüngling mit einer Lanze, von deren Spitze ein Tropfen Blutes quillt. Aus der Gralsschale wird eine Hostie entnommen, die dem wund daniederliegenden Vater des Königs – der in der Gralsliteratur gewöhnlich Amfortas heißt – zur Speise und als lebenserhaltende Medizin dient. Sprachlos vor Staunen sieht Parzival dem Schauspiel zu und versäumt es deshalb, die richtigen Fragen zu stellen, die sein Mitgefühl hätten ausdrücken können: Wem leistet man den Gralsdienst? Warum blutet die Lanze? Woran leidet Amfortas?

Hätte er die Fragen gestellt, so ahnt der Leser, wäre Amfortas erlöst worden und selig gestorben, während Parzival als sein Nachfolger das Gralskönigtum errungen hätte. Er hätte damit das Königtum des Artus, der seiner Berufung noch nicht hatte gerecht werden können, vollendet. Doch Parzival ist zu einfältig, um das Richtige zu tun – das Geheimnis des Grals bleibt ihm verschlossen; er ist unwürdig, das Amt des Gralshüters auszufüllen.

Chrétien lässt offen, ob Parzival in einem zweiten Anlauf doch noch das Gralskönigtum errungen haben könnte, und gibt damit Raum für andere Gralsdichtungen, deren Helden Gawain, Lanzelot und schließlich Lanzelots Sohn Galahad sind.

In Wolframs von Eschenbach drei Jahrzehnte nach Chrétiens *Contes du Graal* (Gralsgeschichte) entstandenem mittelhochdeutschen *Parzival* erlangt Parzival das Gralskönigtum. Aber Wolframs Roman wirft weitere Fragen danach auf, was der Gral eigentlich ist, denn hier ist der Gral nicht länger eine Schale oder ein Kelch, sondern ein wunderbarer Stein, der den Gralsrittern Speise und Trank spendet und auf dem die Namen der zum Gralsrittertum Berufenen aufleuchten. An jedem Karfreitag wird die Kraft des Steins durch eine von einer Taube eingeflogene Hostie erneuert. Der Anblick des Steins allein bewahrt vor Krankheit und Tod.

DIE GRALSBURG

Die Gralsburg, Monsalvat, Monsalvatsch oder Munsalwäsche, was »Berg des Heils« bedeutet, ist meist in den Pyrenäen lokalisiert worden. Hier sind wir schon auf dem Weg zum spanischen Valencia, in dessen Kathedrale der Gral – eine römische Trinkschale – bis heute als wertvolle Reliquie gezeigt wird.

Wolfram selbst deutet orientalische, arabische oder jüdische Quellen seiner Geschichte an. Das lässt etwa an die Kaaba in Mekka, das höchste Heiligtum des Islam, denken, einen Stein, dessen theologische Bedeutung auch ziemlich unklar ist. Wolfram führt die Herkunft des Gralssteins, dieses im kirchlichen Kult der Christen überhaupt nicht vorgesehenen religiösen Symbols, auf die Zeit zurück, in der die Engel des Himmels gegen die unter Führung Luzifers abgefallenen Engel kämpften. In diesem Kampf neutral gebliebene Engel hätten den magischen Stein auf Erden behütet und dann der Dynastie der Gralskönige übergeben – eine seltsame und eigentlich ziemlich ketzerische Version der Heilsgeschichte.

Anders als Wolfram gibt sein Zeitgenosse Robert de Boron in seinem *Roman der Gralsgeschichte* (*Roman de l'Estoire dou Graal*) dem Gral eine eindeutig christliche Bedeutung: Er sei das Gefäß gewesen, in dem der aus der Bibel bekannte Joseph von Arimathia das Blut aus der Seitenwunde, die Christus am Kreuz zugefügt wurde, aufgefangen habe. In diesem Zusammenhang macht auch die Lanze einen Sinn, die bei Chrétien dem Gral vorangetragen wird. Sie ist die Lanze des Longinus, jenes römischen Soldaten, der sie dem gestorbenen Erlöser in die Seite gestochen hatte. – Diese Heilige Lanze spielte allerdings in den französischen Gralserzählungen keine große Rolle, da sie seit der Kreuzzugszeit zu den Kroninsignien der mit ihnen konkurrierenden deutschen Kaiser gehörte.

Der Gral, was immer er war, wurde zum Symbol eines idealen christlichen Rittertums. Nur die besten unter den Rittern gelangten auf ihrer Suche nach dem Gral zur Gralsburg, die meist im Südwesten Frankreichs angesiedelt wird. In England allerdings konzentriert sich der Gralsmythos auf die Abtei von Glastonbury, die an dem Ort errichtet wurde, wo Joseph von Arimathia gewohnt haben soll. Joseph habe, so heißt es, von Palästina aus mit britischem Zinn gehandelt und sich samt Gral hier in der schönen englischen Grafschaft So-

JOSEPH VON ARIMATHIA

Im Markusevangelium ist es der reiche Jerusalemer Ratsherr Joseph von Arimathia, der dafür sorgt, dass der Leichnam Jesu vom Kreuz abgenommen und bestattet wurde. Um diese Gestalt rankten sich schon früh Legenden wie die, Joseph sei von den christushasserischen Juden eingemauert worden und erst durch die Soldaten des Titus, als sie 70 n. Chr. den Tempel zerstörten, befreit worden. Engel hätten ihn bis dahin in seinem Verlies genährt. Nach englischer Überlieferung ist der reiche Kaufmann danach nach Somerset emigriert, dorthin, wo später die Abtei von Glastonbury errichtet wurde. Und er habe seinen wertvollsten Besitz mit sich genommen, den Gral.

■ Joseph von Arimathia. Gemälde aus der Werkstatt des Pieter Coecke van Aelst, um 1540

merset niedergelassen. Das behaupteten jedenfalls die Mönche der Abtei. In Glastonbury gab es, wie Ausgrabungen ergeben haben, bereits in keltischen Zeiten einen Kultbezirk. Der Ort war so heilig, dass die angelsächsischen Könige hier den ersten großen Klosterbau Englands errichteten. In Glastonbury werden auch die Gräber von Artus und seiner Gemahlin Ginevra gezeigt. Damit ist an diesem Ort der Gralsmythos mit der keltischen Überlieferung von Avalon, dem Totenreich, vereint, aus dem Artus einmal einen magischen Kessel zu holen versuchte, der der Ur-Gral gewesen sein mag.

Der Gralskult breitete sich im Mittelalter über ganz Europa aus, geriet aber im Zeitalter der Aufklärung in Vergessenheit. Erst im frühen 19. Jahrhundert, im Zeitalter der Romantik, erweckte er von neuem Interesse. Der Wiener Orientalist von Hammer-Purgstall verbreitete damals die Auffassung, die Gralslegende habe im Zentrum eines geheimen Kults der Tempelritter gestanden, die die Kirche im 13. Jahrhundert als Ketzer verfolgte. Nun fanden die Historiker aber heraus, dass der Templerorden von den Königen Frankreichs und Englands nur aus Gewinnstreben mithilfe der Kirche verfolgt worden war. So ent-

■ Joseph von Arimathia als Bischof an einer Tafel mit dem Heiligen Gral, davor kniend sein Nachfolger Alain. Französische Buchmalerei von 1305 zu dem *Roman du Saint Graal*

stand am Ende des 19. Jahrhunderts eine neue Legende, nämlich die, der Gralskult als der wahre Glaube sei von der Kirche wider besseres Wissen aus Gewinnsucht verleugnet worden. Der Gral wurde darüber zum Symbol einer neuen, reineren und nichtkirchlichen Religion. Als solches feiert ihn Richard Wagners »Bühnenweihfestspiel« *Parsifal*. Noch der SS-Führer Heinrich Himmler, der ein Faible für düstere Mythen hatte, glaubte an einen Grals-Geheimkult und versuchte ihn in seinen »SS-Ordensburgen« und anderen Weihestätten zu erneuern.

Heute sind es vor allem amerikanische Romane und Filme, die den Mythos vom Gral lebendig halten. Auch sie leben vom Kult des Mysteriösen schlechthin und von der Sehnsucht der Leser oder Filmzuschauer, einmal einer Gemeinschaft von Eingeweihten anzugehören. Diesen modernen Lesern geht es aber jedes Mal ebenso wie den Lesern von Thomas Malory, dem englischen Vollender der Artusdichtung im 15. Jahrhundert: Bei ihm ist es Lanzelots Sohn, der reine Galahad, der mithilfe Parzivals und des Ritters Bors das Gralskönigtum erringt und den Gral in die sagenhafte heilige Stadt Sarras bringt, die anscheinend im Orient liegt. Dort offenbart ein Priester, der die Wundmale Christi trägt, den Helden endlich sein Geheimnis. Sie kennen es nun – den Lesern wird es freilich vorenthalten.

■ Der Gral. Radierung von Rogelio de Egusquiza zu Richard Wagners *Parsifal*, 1893

DAN BROWNS *SAKRILEG*

In seinem Erfolgsroman *Sakrileg (The Da Vinci Code)* wärmt der amerikanische Schriftsteller Dan Brown die Thesen des Joseph von Hammer-Purgstall wieder auf, der in der ersten Hälfte des 19. Jahrhunderts den Gralsmythos nicht ganz zu Unrecht als von der Kirche unterdrückte Ideologie interpretiert und ihn mit dem im Hochmittelalter von Kirche und Königtum unterdrückten Templerorden zusammengebracht hatte. Bei Dan Brown wird die Gralsreligion vollends zu einer Konkurrenzveranstaltung zum Christentum, und Maria Magdalena als Frau Jesu zur Urmutter der wahren Auserwählten.

DER GRAL

QUELLEN

Vielleicht den ersten Hinweis auf den Gral enthält die von dem britischen Dichter Taliesin aus dem 6. Jahrhundert überlieferte Geschichte der vergeblichen Fahrt des Artus nach Avalon, durch die er einen zauberkräftigen Kessel zu erringen hofft – vielleicht ist dieser Kessel der Ur-Gral. Chrétien de Troyes (um 1150–1190), der als Erster die Stoffe der Artussagen in die große europäische Literatur des Mittelalters einführt und damit eine Literatur für den feudalen Adel – die Ritter – schafft, verbindet den Artusstoff, den er in den Romanen *Erec und Enide*, *Cligès*, *Lancelot* und *Perceval* ausgebreitet hatte, in seinen *Contes de Graal* mit dem Gralsstoff. Der mittelhochdeutsche Dichter Wolfram von Eschenbach (um 1170–1220) nimmt die Gralserzählung Chrétiens auf, modifiziert sie aber in seinem *Parzival*, angeblich aufgrund anderer Quellen (Wolfram selbst beruft sich auf einen provenzalischen Dichter namens Kyôt, von dem wir nicht wissen, ob er jemals existiert hat). Robert de Boron ordnet am Ende des 12. Jahrhunderts mit seinen Romanen *Joseph d'Arimathie*, *Merlin* und *Perceval* die Gralslegende eindeutig in die christliche Tradition ein und trägt damit dazu bei, dass die zum Teil auch aus heidnischen Quellen schöpfenden arturischen Heldensagen eine eindeutig christliche Aussage bekommen. So wird der heidnische Merlin bei ihm zu einem Propheten des christlichen Heils. Thomas Malory (um 1408–1471) bringt im 15. Jahrhundert schließlich Artussagen und Gralsüberlieferung in einen systematischen Zusammenhang. Sein Werk *Morte Darthur* gibt Auskunft über das Schicksal aller Gralsritter, die als Ritter von Artus' Tafelrunde begannen, und ist bis heute die wichtigste Fundgrube aller Gralsforscher. Im Zeitalter der Romantik lenkte der Wiener Orientalist und Präsident der Akademie der Wissenschaften Joseph von Hammer-Purgstall (1774–1856) die Aufmerksamkeit der literarischen Öffentlichkeit wieder auf den Gralsmythos, den Richard Wagner (1813–1883) mit seinem *Parsifal* erneuerte, der eine weltliche Kunstreligion begründen sollte. Seit dem 19. Jahrhundert gibt es vor allem in England, aber auch in Amerika eine ununterbrochene literarische Tradition von Werken, die sowohl vom Artus- als auch vom Gralsmythos zehren. Eine besondere Rolle spielt dabei der Landpfarrer Robert Stephen Hawker, der in der Mitte des 19. Jahrhunderts die Gralssagen sammelte. Hawker beeinflusste wiederum Alfred Lord Tennyson, dessen Gedichte die Artus- und Gralssagen im angelsächsischen Sprachraum erneut populär machten und ihre Bebilderung durch die präraffaelitischen Maler anregten.

AUF DEN PUNKT GEBRACHT

Im Gralsmythos begegnen wir dem Versuch der Stiftung einer neuen Religion: eines nicht kirchlichen, sondern ausschließlich von den Idealen der feudalen Ritterschaft bestimmten Christentums.

EMPFEHLUNGEN

Lesenswert:

Robert Stephen Hawker: *The Quest of the Sangraal*, 1864

Miguel de Cervantes: *Don Quijote*, München 1997

Dan Brown: *Sakrileg*, Bergisch Gladbach 2006

Richard Barber: *Der heilige Gral. Geschichte und Mythos*, Düsseldorf/Zürich 2004

Volker Mertens: *Der Gral. Mythos und Legende*, Stuttgart 2003

Roger S. Loomis: *The Grail. From Celtic Myth to Christian Symbol*, Cardiff/New York 1963

Wolfram von Eschenbach: *Parzival*, Köln 2005

Hörenswert:

Richard Wagner: *Parsifal*

Joan Baez: *Sweet Sir Galahad*. Folksong 1970

Sehenswert:

Knights of the Square Table; or, The Grail. Regie: Alan Crosland; mit Thomas Blake. USA 1917

Indiana Jones und der letzte Kreuzzug. Regie: Steven Spielberg; mit Harrison Ford, Sean Connery. USA 1989

Die Ritter der Kokosnuss. Regie: T. Gilliam, T. Jones; mit John Cleese, Eric Idle, Michael Palin. GB 1975

Besuchenswert:

Der Gral in der Kathedrale von Valencia und die Ruinen der Abtei von Glastonbury in Somersetshire, England

Kaiser Karl und seine Paladine

oder: Der Beginn der mittelalterlichen Literatur

■ Kaiser Karl. Kupferstich nach einem Gemälde von Albrecht Dürer (1471–1528)

Geschichtliche Einordnung:
Karl der Große herrschte vom späten 8. bis zum frühen 9. Jh. Aus der lateinisch geschriebenen biographischen Karlsliteratur entstanden im Frankreich des 12.–13. Jh.s die »Chansons de geste«, volkssprachige Heldenlieder von den Taten Karls und der Großen seiner Zeit. Aus diesen Schriften entstanden volkstümliche Sagen, die noch lange in Umlauf waren.

Das Ideal der mittelalterlichen Gesellschaft war der perfekte Ritter, und das Ideal des perfekten Ritters war der vollkommene König. Das mittelalterliche Europa kennt fünf perfekte Könige: David, den besten Königs Israels, Alexander, den großen Eroberer des heidnischen Altertums, Cäsar, den Begründer des römischen Kaisertums, Kaiser Karl, den Fortsetzer der römischen Kaisertradition und Begründer des christlichen Königtums, und Artus, den mustergültigen Ritter. Noch vor Artus war also Karl das Ideal eines christlichen Herrschers, und so beginnt die weltliche Literatur des Mittelalters auch mit den sagenhaften Geschichten um den Kaiser.

Der Frankenkönig Karl, der ein fast das ganze westliche Europa umfassendes Reich schuf und im Jahre 800 in Rom vom Papst zum Kaiser gekrönt wurde, damit er die Tradition des Römerreichs fortsetze, hat selbst dafür gesorgt, dass das Andenken an seine Taten nicht verlorenging. Die besten Gelehrten seiner Zeit hatten sein Leben und seine Taten zu schildern: seine Siege über die Langobarden in Italien, über die unbotmäßigen Baiern, über die heidnischen Ungarn und Awaren, über die Sachsen und Dänen, schließlich über die Sarazenen Spaniens. Auch seine Bemühungen um die Wiederherstellung des Rechts und die Wiederbelebung von Bildung und Kunst sollten festgehalten werden. Auf der Grundlage dieser Schriften sprossen bald schon die Legenden über seine Herkunft, seine Liebschaften, seine Frömmigkeit und seine Tapferkeit. Zuerst in Latein, bald aber auch in den Volkssprachen wurden diese Geschichten zu Epen geformt. Diese Epen haben sich zuerst in den altfranzösischen »Chansons de geste«, erhalten, mit denen die große volkssprachliche Literatur des Mittelalters überhaupt erst beginnt. Im Mittelpunkt dieser Chansons (Lieder) steht meist nicht der Kaiser selbst, sondern seine Paladine. Sie bilden seine »Tafelrunde« aus zwölf – nach der Zahl der Apostel – natürlich namentlich nicht genau feststehenden hervorragenden Helden. Die bekanntesten dieser Paladine sind Karls zauberkundiger Ratgeber Alkuin, der Erzbischof Turpin von Reims, Wilhelm von Orange – der Willehalm der mittelhochdeutschen Literatur – und natürlich Roland mit seinem treuen Freund Olivier.

ALKUIN UND EINHARD

Unter den Gelehrten, die Karl der Große an seinen Hof zog, ragen der aus England stammende Alkuin und dessen Schüler, der Franke Einhard, hervor. Beide sind aufgrund ihrer Schriften historisch fassbare Persönlichkeiten, aber schon früh wurden sie auch zu Gestalten der Sage. Alkuin wurden zauberische Fähigkeiten angedichtet, die ihn in ähnlichem Lichte erscheinen lassen wie Merlin, den Ratgeber des Artus; und von Einhard wird berichtet, er habe sich – unstandesgemäß – in des Kaisers Tochter Imma (Emma) verliebt und mit ihr geschlafen, sei aber in einem Akt der Gnade vom Kaiser als Schwiegersohn akzeptiert worden. In der Tat war eine Imma die Gemahlin des großen Karlsbiographen Einhard; nichts spricht allerdings dafür, dass sie eine Tochter Karls gewesen ist.

Die Geschichten um Karl den Großen waren wie die Artussage aufgrund des großen Respekts, den ihr Hauptheld genoss, stets auch Instrument der politischen Propaganda. Die Kaiser bedienten sich der Überlieferung von Karls Heldentaten, um ihre Stellung gegen die älteren Ansprüche des Kaisers in Konstantinopel auf die Herrschaft über die Christenheit zu festigen und ihre hervorgehobene Rolle gegenüber den Königen Frankreichs und Englands zu betonen; die Päpste und die ihnen ergebenen Kleriker demonstrierten am Beispiel Karls, dass der Kaiser seine Würde vom Papst empfangen habe, und der französische König war nicht minder als der deutsche stolz darauf, das fränkische Königtum Karls fortzusetzen. Auch in England, Skandinavien und Spanien, wo das Königtum sich nicht direkt auf Karl den Großen zurückführen ließ, waren die Karlssagen beliebt, eben weil Karl als Muster eines Königs galt.

In der Zeit der ersten Kreuzzüge wurde vor allem der sagenhafte Bericht von Karls Zug gegen die spanischen Sarazenen populär, der dem Erzbischof Turpin in den Mund gelegt wurde. Dieses *Pseudo-Turpin* genannte Werk, in dessen Mittelpunkt die Rolandtragödie steht, wurde aus dem Mittellateinischen sehr bald in die Volkssprachen übersetzt und zum wichtigsten Dokument der Karlsliteratur. Auf ihn gehen zahlreiche altfranzösische, mittelhochdeutsche, mittelenglische, italienische, altnorwegische und isländische Texte des 12. und 13. Jahrhun-

■ Karl der Große lässt sich von Alkuin unterrichten. Farbdruck nach Edouard Zier, 1900

derts zurück. Aber auch die Taten Karls in den Kriegen gegen die Langobarden, gegen die Awaren und die Sachsen wurden sagenhaft ausgeschmückt.

Um manche Orte in Karls Reich, im späteren Frankreich oder Deutschland, weben sich Legenden, in denen Karl eine Rolle spielt, sei es der Untersberg bei Berchtesgaden, in dessen Höhlen der alte Kaiser an einem steinernen Tisch sitzen soll, um den sein Bart herumgewachsen ist, oder seine Lieblingsresidenz Aachen. Eine dieser Ortssagen hat kein Geringerer als der große Dichter Petrarca nicht ohne Augenzwinkern festgehalten: Karl, so heißt es bei ihm, war in seinen späten Jahren heftig in eine nicht standesgemäße Frau verliebt. Als die Schöne starb, wich er nicht von ihrer Bahre, selbst dann nicht, als die Leiche schon deutlich zu riechen begann. Karls Seelsorger, der Erzbischof Turpin, begann nun zu vermuten, dass nur ein Zauber das unzüchtige Verhalten seines Herrn erklären könne. Als Karl den Raum der Aufbahrung doch einmal verließ, untersuchte Turpin die Leiche und fand schließlich unter ihrer Zunge einen Ring, den er an sich nahm. Hinfort war Turpin es, dem Karl nicht von der Seite wich. Damit war der Ring als Urheber eines bösen Zaubers überführt, und Turpin warf ihn in einen tiefen See, der sich damals unweit der Pfalz in Aachen befand. Von nun an war das Ufer dieses Sees Karls Lieblingsaufenthalt, und er blieb fortan in Aachen.

■ Der Marmorthron Karls des Großen im Aachener Münster

PALADINE

Die römischen Kaiser residierten auf dem Palatin-Hügel in Rom. Ihr nach dem Hügel benannter Palatium (Palast) war für spätere Zeiten der Inbegriff einer kaiserlichen oder königlichen Residenz. Die Menschen, die den Palast bewohnten, hießen auf Lateinisch »Palatini«. In den Karlssagen wurden daraus die »Paladine«, die Trinkgenossen des Kaisers. Aus dem Wort Palatium (Palast) wurde im Mittelhochdeutschen übrigens »Pfalz«, was eine Kaiserresidenz bezeichnet.

Sogar die Sagenhaftigkeit Karls ist zum Thema einer Sage geworden: Kaiser Otto III., so heißt es, habe das Grab seines legendären Vorgängers im Aachener Dom öffnen lassen und Karls Leichnam unversehrt, an einem Tisch sitzend, vorgefunden. Nur seine Fingernägel seien durch seine ledernen Handschuhe hindurchgewachsen. Otto soll Karl die Nägel schneiden lassen und ihm einen neuen Mantel umgehängt haben, bevor er das Grab wieder schließen ließ.

Solche Sagen waren in manchen Fällen noch zur Zeit der Brüder Grimm mündlich in Umlauf. Die Karlssagen stehen also nicht nur am Anfang der europäischen Herrschersagen; sie erweisen sich unter ihnen auch als die zählebigsten.

KAISER KARL UND SEINE PALADINE

QUELLEN

Die Dichter und Gelehrten am Hof Karls des Großen wie der Angelsachse Alkuin feierten ihren Herrscher im Sinne der Kirche als »neuen David« oder im Sinne der antiken Überlieferung als Nachfolger des Äneas. Die ausführlichste Schilderung von Karls Leben ist die *Vita Karoli Magni* (Leben Karls des Großen), die Einhard, der Nachfolger Alkuins in der Leitung der kaiserlichen Hofschule, nach Karls Tod verfasste. Voller Anekdoten, die Karl im besten Lichte darstellen und seine Gestalt volkstümlich machen sollen, sind die *Gesta Karoli Magni* (Taten Karls des Großen) des Sankt Gallener Mönchs Notker (»der Stammler«) aus dem Ende des 9. Jahrhunderts. Die »Chansons de geste« in Frankreich und die italienischen »Cantari«, in deren Mittelpunkt die Gestalt Karls steht, verbreiteten sich im 12. Jahrhundert. Diese Versepen formten im 13. Jahrhundert in Frankreich den *cycle du roi* (Königszyklus) von Karlsgeschichten, in denen Roland und Wilhelm von Orange die Hauptrolle spielen, während Kaiser Karl die große Autorität im Hintergrund ist. Ein europäischer »Bestseller« wurde im 13. Jahrhundert der *Pseudo-Turpin*, ein dem legendären Erzbischof in den Mund gelegter Bericht vom Zug Karls gegen die Sarazenen und vom heroischen Tod Rolands. Der altfranzösische Text wurde schon bald ins Mittelhochdeutsche und ins Mittelenglische übersetzt; auf ihn geht der *Karl* des Stricker – eines bedeutenden mittelhochdeutschen Autors des 13. Jahrhunderts – wie zuvor schon der *Roland* des Pfaffen Konrad zurück. Die norwegisch-isländische *Karlamagnús saga* stützt sich ebenfalls weitgehend auf den *Pseudo-Turpin*. In ganz Europa sind Karlssagen im Mittelalter und in der frühen Neuzeit lebendig geblieben. Die Brüder Grimm haben in ihren *Deutschen Sagen* (1816) nicht nur mündliche Überlieferungen, sondern auch schriftlich überlieferte Texte über das Leben und die Taten Karls des Großen zusammengestellt. Bei ihnen findet sich zum Beispiel auch die Sage von Imma, der Tochter Karls, die ihren Geliebten Einhard auf ihrem Rücken über den schneebedeckten Hof der Kaiserpfalz trägt, damit keine Fußspur verrät, dass er bei ihr gewesen ist.

AUF DEN PUNKT GEBRACHT

Wie König Artus oder Dietrich von Bern ist Kaiser Karl das Zentrum eines der großen Sagenkreise des Mittelalters.

EMPFEHLUNGEN

Lesenswert:

Deutsche Sagen, hrsg. von den Brüdern Grimm, Band I und II, mit einem Nachwort von Heinz Rölleke, München 1956/Düsseldorf 2002

Einhard: *Vita Karoli Magni / Das Leben Karls des Großen*, Ditzingen 1986

Dieter Hägermann: *Karl der Große. Herrscher des Abendlandes*, Reinbek 2003

Wolfgang Braunfels: *Karl der Große. Lebenswerk und Nachleben, 4 Bde.*, Düsseldorf 1967

Hörenswert:

Jean-Philippe Rameau: *Les Paladins*. Oper 1760

Antonio Vivaldi: *Orlando furioso*. Oper 1727

Sehenswert:

Karl der Große. Regie: Clive Donner; mit Christian Brendel, Anny Duperey. TV-Mini-Serie F/D/I 1993

Besuchenswert:

Aachen: Der Dom mit dem Oktogon Karls des Großen, in dem der marmorne Thron des Kaisers gezeigt wird; das über der Kaiserpfalz Karls errichtete Rathaus mit den Karlsfresken Alfred Rethels

Pavia in der Lombardei, die alte Hauptstadt der Langobarden, die Karl eroberte.

Rom, Petersdom: In dem auf Kaiser Konstantin zurückgehenden Vorgängerbau wurde Karl zu Weihnachten 800 vom Papst zum Kaiser gekrönt.

Genovefa, Hildegard und Penelope

Das Hohelied der Frauentreue

■ Karl der Große und seine dritte Gemahlin Hildegard. Glasmalerei in der Basilika von Saint-Denis bei Paris, 1890

Geschichtliche Einordnung: Erst in der frühen Neuzeit wurde die Überlieferung von der heiligen Genovefa, einer Bekennerin aus der Zeit des Hunnensturms im 5. Jh., mit der Legende von Kaiser Karls treuer Gemahlin Hildegard kombiniert, die auf reale Begebenheiten des 8. Jh.s zurückzugehen scheint.

Kaum eine Volkssage hat die Phantasie der Romantiker ähnlich beflügelt wie die von Genovefa, der ebenso schönen wie frommen Tochter des Herzogs von Brabant und bis in den Tod treuen Gemahlin des Pfalzgrafen Siegfried. Ludwig Tieck und Friedrich Hebbel, um nur die Höhepunkte der Genovefa-Begeisterung zu nennen, schrieben Dramen über sie, und Robert Schumann eine Oper; Maler hielten ihr Lebensdrama in Gemälden fest. Den Stoff zu ihren Werken entnahmen sie einem im 18. Jahrhundert weit verbreiteten Volksbuch.

Darin heißt es, der Pfalzgraf Siegfried habe, vom Kaiser zum Kampf gegen die Heiden gerufen, seine geliebte Frau seinem Hofmeister Golo zur Obhut anvertraut. Golo verliebt sich in Genovefa, doch diese bleibt standhaft gegenüber seinen Anträgen. Wütend über die erfahrene Abfuhr, sperrt Golo sie in einem Kerker ein. Um seine Untat zu rechtfertigen, nutzt er den Umstand, dass Genovefa dem Koch der Pfalz stets freundschaftlich zugetan war, verbreitet das Gerücht, sie habe mit ihm Ehebruch begangen, und lässt den unglückseligen Koch in Ketten schmieden. Genovefa gebiert unterdessen in ihrem Verlies Siegfrieds Sohn, den sie in Anbetracht ihrer Lage Schmerzensreich nennt. Als Golo von der bevorstehenden Rückkehr seines Herrn, des Pfalzgrafen, hört, zieht er ihm entgegen und berichtet ihm von der angeblichen Untreue seiner Frau. Voller Zorn befiehlt Siegfried den Tod Genovefas. Das wollte der Übeltäter hören. Um alle Spuren zu verwischen, lässt er den Koch ermorden und schickt seine Jäger mit Genovefa und Schmerzensreich in einen tiefen Wald; dort sollen sie dem Leben der Unglücklichen ein Ende machen. Zum Beweis für die Ausführung seines Auftrags verlangt Golo, dass die Jäger Genovefa die Zunge und ein Auge herausschneiden und ihm bringen. Sie werden jedoch von Mitleid mit der unschuldigen Schönen und ihrem kleinen Sohn ergriffen, lassen sie im Wald laufen und töten statt ihrer einen Hund, dem sie Auge und Zunge herausschneiden. Genovefa findet eine Höhle, die sie zu ihrer Einsiedelei macht; sie

SCHNEEWITTCHEN
Im Grimm'schen Märchen will die böse Stiefmutter Schneewittchen von ihrem Jäger ermorden lassen und verlangt, dass er zum Zeichen, dass er ihren Auftrag ausgeführt habe, Lunge und Leber der Prinzessin zu sehen. Der Jäger aber erbarmt sich Schneewittchens und schneidet statt ihrer einem Frischling Lunge und Leber heraus. Im Volksmärchen findet sich also ein zentrales Motiv aus der Geschichte Genovefas wieder.

Religiöse Propaganda: Die erbauliche Geschichte Genovefas als der treuen Frau eines Fürsten, die zur Eremitin und schließlich sogar zur Märtyrerin wurde, verbreiteten die Jesuiten im 17. Jahrhundert in ganz Europa. Nicht zuletzt in Spanien bildeten sich daraufhin einflussreiche Genovefa-Gesellschaften von romantischen Frommen.

lebt von Beeren und Wurzeln und verbringt die meiste Zeit mit Beten. Ihrem Sohn Schmerzensreich aber schickt der Himmel eine Hirschkuh, die ihn säugt, sodass er zu einem kräftigen Knaben heranwächst. Sieben Jahre haben Genovefa und Schmerzensreich in der Wildnis gehaust, als eines Tages Siegfried während einer Jagd auf die Hirschkuh aufmerksam wird und sie bis zu Genovefas Höhle verfolgt. Dort steht er nun vor seiner geliebten Frau. Er braucht eine Weile, um in der abgehärmten Eremitin seine schöne Genovefa zu erkennen, doch dann ist seine Freude groß, und sie wächst noch, als er auch seinen Sohn in die Arme schließt. Natürlich glaubt er nach dieser wunderbaren Begegnung an Genovefas Unschuld. Als er mit Genovefa und Schmerzensreich in seine Burg zurückkehrt, meint Golo, ein Rachegespenst zu sehen, und stürzt sich vom höchsten Turm. Genovefa aber verzeiht allen ihren anderen Peinigern, wirkt Gutes, wo sie kann, verscheidet jedoch, geschwächt wie sie ist, bald in den Armen ihres reumütigen Gemahls.

Die Genovefasage, auf die die Romantiker zurückgriffen, war weder so uralt, noch so deutsch, noch so sehr ein Produkt der Volkspoesie, wie sie vermuteten. Das deutsche Volksbuch ging auf die Vorlage eines französischen Klerikers des 17. Jahrhunderts zurück. Diese bringt geschickt den seit dem 15. Jahrhundert verbreiteten Romanstoff vom König von Frankreich und seinem Hofmarschall, der die Königin vergeblich zu verführen versucht und sie daraufhin in der Wildnis aussetzt, mit der noch weit älteren Legende von der heiligen Genovefa (Geneviève) in Zusammenhang, einer fränkischen Adligen, die im Jahre 451 Paris vor den Hunnen gerettet haben soll und so zur Schutzpatronin der fran-

■ Die heilige Genovefa von Brabant mit ihrem Sohne Schmerzensreich und den Tieren in der Wildnis. Kupferstich von Lucas Cranach d. Ä., 1509

■ Die heilige Genovefa wacht über das schlafende Paris. Wandgemälde im Pariser Pantheon aus dem Jahr 1898 von Puvis de Chavannes

zösischen Hauptstadt wurde. Die Wurzeln der im 8. Jahrhundert angesiedelten Legende von der treuen Fürstengattin Genovefa gehen tatsächlich bis auf die Zeit Kaiser Karls des Großen zurück. In lateinischen Quellen ist die Geschichte mit der Gestalt Hildegards verbunden, der – historischen – zweiten Ehefrau Kaiser Karls. Karl habe, so heißt es in einer seit dem späten Mittelalter bezeugten Legende, sie für die Dauer seines Zugs gegen die Ungarn oder Awaren seinem Stiefbruder Taland anvertraut. Der versucht sie dazu zu zwingen, seine Liebhaberin zu werden, wird von ihr aber abgewiesen. Taland verleumdet Hildegard nun als Ehebrecherin und erwirkt von Karl ihr Todesurteil. Er befiehlt, sie umbringen zu lassen, aber sie entkommt; wieder ergriffen, soll sie wenigstens geblendet werden, aber die Knechte, die die Blendung durchführen sollen, stechen nur ihren Hunden die Augen aus. Hildegard begibt sich nun nach Rom, wo sie den in Begleitung des Kaisers dort weilenden, mittlerweile vom Aussatz befallenen Taland heilt. Kaiser und Papst werden so auf sie aufmerksam, und Karl erkennt in ihr seine zu Unrecht verstoßene Frau.

Diese Legende ist eng verknüpft mit einer anderen, weit älteren, in der die Großen des Reichs Karls Frau bedrängen, einen neuen Mann zu nehmen, nachdem der Kaiser seit beinahe zehn Jahren verschollen ist. Die Kaiserin, die stets alle Freier fortgeschickt hat, ist endlich gezwungen, einem anderen die Ehe zu versprechen. Karl erfährt davon im fernen Ungarn, eilt nach Hause, hört von der bevorstehenden Hochzeit, mischt sich in Verkleidung unter das festesfreudige Volk und setzt sich schließlich auf seinen Thron im Münster zu Aachen, wo die Ehe besiegelt werden soll. Als das Volk ihn erkennt, stiebt die Hochzeitsgesellschaft auseinander, und Karl kann seine geliebte Frau in seine Arme nehmen, während das Volk ihm huldigt.

Diese Geschichte haben gelehrte Mönche des Mittelalters offenbar der homerischen Überlieferung von der Heimkehr des Odysseus und seinem Kampf gegen die Freier seiner treuen Frau Penelope nachgebildet. In einem Punkte hatten die romantischen Dichter also doch recht: Die Wurzeln der Genovefalegende reichen in uralte Zeiten hinab.

GENOVEFA, HILDEGARD UND PENELOPE

QUELLEN

Die Legende der heiligen Genovefa (um 420 bis 502) geht auf die Berichte spätantiker Autoren der Merowingerzeit wie etwa Gregor von Tours zurück; sie wurde aber erst in der frühen Neuzeit mit der sagenhaften Überlieferung von einer standhaft-treuen Fürstengemahlin verknüpft. Die älteste Schicht dieser letzteren Überlieferung ist wohl in der mittelalterlichen Reimchronik von *Kaiser Karls Rückkehr aus dem Ungerland* erhalten, in der Karl wie weiland Homers Odysseus unter großen Mühen in seine Heimat zurückkehrt, um die Hochzeit seiner Gemahlin mit einem ihrer Freier zu verhindern. Diese Reimchronik findet sich im Heidelberger *Codex Palatinus* und wird von den Brüdern Grimm in ihren *Deutschen Sagen* zusammengefasst. Auf das 15. Jahrhundert lassen sich die französischen Erzählungen von der treuen Frau eines Königs zurückverfolgen, der von seinem Hofmeister hintergangen wird. In diesen Erzählungen wird die Geschichte der Rückkehr des Königs/Kaisers aus einem fernen Land mit dem märchenhaften Motiv seiner überraschenden Begegnung mit seiner in der Wildnis ausgesetzten Frau verknüpft. Im deutschen Sprachraum ist diese Geschichte mit Karl dem Großen und seiner Gattin Hildegard verbunden. Dies bezeugen die spätmittelalterlichen Annalen der Reichsabtei von Kempten im Allgäu, deren Patronin die Kaiserin Hildegard war. Diesen Kemptener *annales campidonenses* folgt auch das Hildegardis-Drama des Nicolaus Frischlin von 1579. Der französische Pater R. de Cerisier schließlich machte 1638 die wohl schon ältere Verbindung der Geschichten von den treuen Königinnen mit der Legende der heiligen Genovefa populär. Aus Hildegard wurde die Herzogstochter Genovefa von Brabant, die im 8. Jahrhundert gelebt haben sollte. Die Bücher, die in ganz Europa auf diese volkstümlich gewordene Geschichte zurückgingen, inspirierten als ersten den Sturm-und-Drang-Dichter Friedrich Müller (genannt Maler Müller) und dann manche romantischen Schriftsteller und Komponisten zu Genovefa-Gedichten, -Dramen und -Opern. Die Brüder Grimm haben sowohl die Hildegard-Legende als auch die Geschichte von *Kaiser Karls Rückkehr aus dem Ungerland* in ihre *Deutschen Sagen* (1816/18) aufgenommen.

AUF DEN PUNKT GEBRACHT

Die gar nicht so alte Sage von der treuen Genovefa führt zurück zu der mit Kaiser Karl verbundenen Sage von seiner getreuen Gattin Hildegard und weiter zu der Sage von Karls Rückkehr aus einem langen Kriegszug, während dessen seine Frau sich mancher Freier erwehren muss. Dahinter steckt die antike Mythe von der Heimkehr des Odysseus und seinem Kampf gegen die Freier seiner Frau Penelope.

EMPFEHLUNGEN

Lesenswert:

Genovefa, in: *Die deutschen Volksbücher*, neu erzählt von Herbert Kranz, Freiburg 1956

Jakob und Wilhelm Grimm: *Deutsche Sagen*, darin Nr. 442 (*Hildegard*) und 444 (*Karls Heimkehr aus Ungerland*), Köln 2006

Ludwig Tieck: *Leben und Tod der heiligen Genoveva*, 1800

Friedrich Hebbel: *Genovefa*, 1843

Hörenswert:

Robert Schumann: *Genovefa*. Oper 1843

Darius Milhaud: *Geneviève de Brabant*. Bühnenmusik 1899

Besuchenswert:

In Mayen in der Eifel steht die Genovefa-Burg, die die Burg von Genovefas Gemahl Siegfried gewesen sein soll. Nicht weit davon, bei Mendig, zeigt man die Genovefa-Höhle, in der die Heilige als Eremitin gehaust haben soll.

Aachen, Münster: Hier wird bis heute der marmorne Thron Kaiser Karls gezeigt, und hier befindet sich auch seine Gruft.

Paris, Pantheon: Auf der »Butte Ste.-Geneviève«, dem Hügel der heiligen Genovefa, erhebt sich das Pantheon, ein gewaltiger Bau, der Mitte des 18. Jahrhunderts als Kirche der heiligen Genovefa, der Stadtheiligen von Paris, über ihrer alten Grabkirche errichtet wurde.

Roland

Der erste Ritter

Geschichtliche Einordnung: Die populärste der in den altfranzösischen *Chansons de geste* seit dem 11. Jh. festgehaltenen Sagen um Karl den Großen ist die von seinem Neffen Roland geworden. Die Gestalt des Roland lässt sich auf einen historischen Vasallen Karls des Großen im 8. Jh. zurückverfolgen.

Er war der erste große Held der volkssprachlichen Literatur des Mittelalters, die ihren Ursprung im Frankreich des 11. Jahrhunderts hat, und er war der erste Held der Literatur der Neuzeit, im Italien des 16. Jahrhunderts. Von seinem Ruhm künden die Kapitellskulpturen romanischer Abteien in Frankreich wie seine Statuen auf den Marktplätzen norddeutscher Städte: Die Rede ist von Roland, dem legendären Neffen Kaiser Karls, dem tragischen Helden in den Kämpfen gegen die Heiden und ritterlichen Liebhaber.

Roland war, so heißt es, der Sohn von Kaiser Karls Schwester Berta und einem Grafen mit Namen Milon. Weil ein Graf nicht standesgemäß war, habe Karl seine Schwester und Milon für vogelfrei erklärt und gezwungen, in der Wildnis zu leben, wo Roland zur Welt kam. Andere wiederum sagen, Roland sei der sündigen Liebe Karls zu seiner Schwester Berta entsprossen, weshalb Berta sich mit ihrem Kind in eine Einöde habe begeben müssen. Wie dem auch sei: Als Kaiser Karl nach Jahren bei einer Jagd in den Wald kam, in dem Milon mit Berta und ihrem Sohn hauste, und er auf Schwester, Schwager und Neffen stieß, reute ihn seine alte Rachsucht; er schloss Berta und ihren Gemahl in seine Arme und Roland sogleich in sein Herz. Fortan behandelte er ihn wie seinen eigenen Sohn.

■ Roland in der Schlacht von Roncesvalles. Französischer Farbdruck, um 1900

Als Roland herangewachsen war, fällte er, wie es sich für einen ordentlichen Sagenritter gehört, einen Riesen und wurde dafür zum Ritter von Karls Tafelrunde geschlagen. Wenig später musste der Kaiser gegen einen abtrünnigen Grafen ziehen und belagerte seine Burg. Karl brauchte eine rasche Entscheidung, denn die Grenzen des Reichs wurden von den heidnischen Mauren bedrängt. Roland erklärte sich bereit, diese Entscheidung durch einen Zweikampf mit Olivier, dem Sohn des Grafen, herbeizuführen. Der Kampf blieb unentschieden, und Roland und Olivier erkannten in der Ritterlichkeit ihres jeweiligen Gegners ihr eigenes Spiegelbild; sie wurden zu verschworenen Freunden. Obendrein

verliebte sich Roland sterblich in Oliviers Schwester Alda, und so war der Zwist zwischen Karl und seinem Gefolgsmann bald beigelegt. Endlich konnte der Kaiser sich gegen die Heiden wenden. Er zog über die Pyrenäen und fügte dem Kalifen, der im spanischen Saragossa residierte, eine so empfindliche Niederlage zu, dass dieser für sich und seine Untertanen anbot, zu Christen zu werden. Karls Paladin Ganelon riet dem Kaiser, das Friedensangebot des Kalifen anzunehmen, und reiste an seinen Hof, dessen orientalische Pracht ihn sehr beeindruckte. Nur Roland, Olivier und der Erzbischof Turpin blieben gegenüber den Heiden misstrauisch. Karl aber traute den diplomatischen Künsten Ganelons und entließ den Großteil seiner Truppen. Vor seinem Abzug vertraute er Roland das Kommando über die Nachhut seines Heeres in den Pyrenäen an. Er gab ihm dazu das aus dem Stoßzahn eines Elefanten gefertigte Horn Olifant, dessen Klang viele Meilen weit trug und im Falle der Not stets Hilfe herbeirufen sollte. Überdies machte er Roland zum Grafen der neu eroberten spanischen Mark.

■ Der Schurke Ganelon verhöhnt die Regeln der Ritterehre, indem er Karl den Großen mit der linken Hand grüßt. Französische Buchmalerei aus dem *Roman de Fierabras*, um 1350

Die Mauren aber hatten nur auf den Abzug von Karls Heer gewartet und überfielen Roland mit seinen spärlichen Truppen im Tal von Roncesvalles. Die Franken wehrten sich tapfer und wichen nicht von der Kampfstätte. Roland war umso wütender im

DER RASENDE ROLAND

Der erste neuzeitliche Ritterroman ist der *Rasende Roland* (*Orlando furioso*, 1515 vollendet) des Italieners Ludovico Ariosto (Ariost). Roland erlebt hier alle möglichen märchenhaften Abenteuer, aber als das größte aller seiner Abenteuer stellt sich seine Liebe zu der schönen Angelica heraus. Ariost bedient sich aller Klischees des mittelalterlichen Ritterromans, stellt seinen Orlando aber doch als ein modernes Individuum dar, für das weniger seine familiären und feudalen Bindungen zählen als sein Gemütszustand – eben die Liebe. Vor der Liebe aber wird alles Heldentum ziemlich unbedeutend.

Kampf, als er an seine geliebte Alda dachte, die daheim auf ihn wartete. Am Abend hatten die Franken die Heiden vertrieben, doch es waren von ihnen nur noch Roland, Olivier und Turpin und wenige Getreue am Leben. Als sie am nächsten Morgen ein neues maurisches Heer erblickten, das gegen sie zog, blies Roland endlich sein Horn Olifant, um Kaiser Karl zu Hilfe zu rufen. Doch da war es schon zu spät. Als der Kaiser in Roncesvalles eintraf, sah er nur Tote, unter ihnen seinen geliebten Neffen. Seine Rache gegen die Heiden war fürchterlich, und groß war sein Zorn über Ganelon, der sich die Sache der Heiden zu eigen gemacht und damit Roland verraten hatte. Als Karl schließlich in die Heimat zurückkehrte, war seine schwierigste Aufgabe, der schönen Alda zu erklären, dass sie den Bruder und den Geliebten verloren hatte. Der Liebenden brach das Herz, und sie verschied in den Armen des Kaisers. Dessen einzige Genugtuung war es, den Verräter Ganelon hinrichten zu lassen.

■ »Roland der Riese auf dem Marktplatz zu Bremen«. Das Wahrzeichen der Stadt stammt aus dem Jahr 1404

Dies sind die wichtigsten Elemente der Rolandssagc, die über die Jahrhunderte immer wieder, und immer wieder mit anderen Schwerpunkten erzählt worden ist: Einmal war Roland ein altertümlicher Held, der es mit Riesen wie mit mächtigen Feinden aufnahm, ein andermal der sagenhafte Anführer der Christen in ihren Kreuzzügen gegen die muslimischen Heiden und ein vorbildlicher christlicher Ritter und schließlich ein großer romantischer Liebender. In jeder Rolle aber war er das Vorbild für die Ritter des Abendlands – der erste Ritter.

ROLANDSSÄULEN

Auf den Marktplätzen vieler norddeutscher Hansestädte wurden im Spätmittelalter Säulen aus Holz oder Stein mit dem Bildnis des Ritters Roland aufgestellt. Sie waren das Sinnbild einer wehrhaften Stadtfreiheit, denn frei zu sein bedeutete für die Städte, wie Roland niemand anderem als dem Kaiser Gehorsam zu schulden – und der war meist weit weg.

ROLAND

QUELLEN

Über die historische Gestalt Rolands wissen wir kaum etwas. Nur knapp wird in Einhards *Vita Karoli Magni* »Hruodland« als Gefallener einer Rückzugsschlacht am Ende von Karls Spanienfeldzug des Jahres 778 genannt. Der Ort dieser Schlacht hieß im Hochmittelalter Roncesvalles. Seit dem 11. Jahrhundert wurde, mit der beginnenden Kreuzzugsbegeisterung, die Geschichte von Roland als einem Märtyrer im Kampf gegen die muslimischen Heiden in ganz Europa populär: In Frankreich entstand damals die *Chanson de Roland*, das bedeutendste unter den ersten volkssprachlichen Heldenliedern des Hochmittelalters, den altfranzösischen »Chansons de geste«. Die *Chanson de Roland* verbindet alte Motive von Heldentum, Liebe, Treue und Rache mit dem neuen christlichen Enthusiasmus der Ritterschaft. Viel ausführlicher wird der Stoff, zusammen mit anderen Taten Karls des Großen, im lateinisch geschriebenen *Pseudo-Turpin* des 13. Jahrhunderts dargestellt, einem europäischen Bestseller des Hochmittelalters. Von hier aus ging die Rolandssage in die Literaturen Spaniens, Italiens, Englands und Skandinaviens ein. In Deutschland war schon um 1170 eine mittelhochdeutsche Bearbeitung der *Chanson de Roland* entstanden, das *Rolandslied* des Pfaffen Konrad, wahrscheinlich eine Auftragsarbeit für Heinrich den Löwen, den mächtigen Widersacher des Stauferkaisers Friedrich Barbarossa. Etwa fünfzig Jahre später verfasste der Stricker sein Epos *Karl der Große*, in dem die Rolandsgeschichte eine zentrale Rolle spielt. Dante versetzt in seiner *Göttlichen Komödie* (um 1310) Roland ins Paradies, und Lodovico Ariosto setzte ihm in seinem *Rasenden Roland* (1516) ein bleibendes Denkmal: in einem der ersten neuzeitlichen Romane, der die alte Ritterromantik für ein bürgerliches und höfisches Lesepublikum noch einmal lebendig macht, aber zugleich durch viele Übertreibungen als märchenhaft charakterisiert. Der *Rasende Roland* ist vor allem der Roman einer überspannten Liebe. Im Anschluss an Ariost gab der Spanier Cervantes mit seinem *Don Quichote* im 17. Jahrhundert die alte Ritterromantik, in der Roland stets eine hervorragende Rolle gespielt hatte, der Lächerlichkeit preis. Dennoch blieb Roland in den europäischen Volksbüchern bis zur Aufklärung ein allentwegen bekannter Held, als den die Romantik ihn dann wieder für eine gebildete Leserschaft entdeckte.

AUF DEN PUNKT GEBRACHT

Roland war, noch vor den Helden von Artus' Tafelrunde, der erste in ganz Europa populäre ritterliche Held. Seine eng mit der Gestalt Kaiser Karls verbundene Geschichte blieb bis weit in die Neuzeit volkstümlich.

EMPFEHLUNGEN

Lesenswert:

Die Geschichte von Roland, in: *Die deutschen Volksbücher*, neu erzählt von Herbert Kranz, Freiburg 1956

Ludovico Ariosts Rasender Roland, *nacherzählt von Italo Calvino*, Frankfurt/M. 2004

Ludovico Ariosto: *Der Rasende Roland*, übersetzt von Johann Diederich Gries (1808) (Versübersetzung)

Miguel de Cervantes: *Don Quijote*, München 1997

Hörenswert:

Jean-Baptiste Lully: *Roland*. Oper 1685

Antonio Vivaldi: *Orlando furioso*. Oper 1727

Georg Friedrich Händel: *Orlando*. Oper 1733 (folgt in der Handlung Ariost)

Franz Schubert: *Fierrabras*. Oper 1897

Sehenswert:

Roland. Regie: Frank Cassenti; mit Pierre Clementi, Klaus Kinski. F 1982

Besuchenswert:

Roncesvalles (Roncevaux), das Pyrenäental auf dem alten Pilgerweg nach Santiago de Compostela, wo Roland gefallen sein soll.

Bremen, wo auf dem Markt die bekannteste der spätmittelalterlichen Rolandsstatuen steht.

Aachen, wo im Domschatz noch heute Rolands Horn Olifant gezeigt wird.

Wilhelm von Orange
oder: Die schwierige Verwandtschaft von Christ und Muslim

■ Eine Kriegslist der Sarazenen: Sie verkleiden sich als Teufel und schlagen Trommeln, um das Heer Karls des Großen zu erschrecken. Französische Buchmalerei von 1375 aus den *Grandes Chroniques de France*

Geschichtliche Einordnung: Wilhelm von Orange ist eine historische Gestalt aus der Zeit Karls des Großen. Sagenhaft wurde er zuerst durch eine lateinische Heiligenlegende und dann durch französische »Chansons de geste« des frühen 12. Jh.s. Im 13. Jh. wurde die Sage zu einem beliebten Stoff der höfischen Epik, sowohl in Frankreich als auch im deutschen Sprachraum.

Einer der mächtigsten Paladine Kaiser Karls war Wilhelm, der als Graf von Toulouse sein Statthalter im Südwesten Frankreichs war, in dem Teil des fränkischen Reichs, das stets durch die heidnischen Mauren bedroht war. Seine Kämpfe mit den Mauren, und seine verwandtschaftliche Nähe zu ihnen, waren schon in früher Zeit sagenumwoben.

In der Sage wird Wilhelm zum Sohn des mächtigen Grafen Heinrich von Naribon (Narbonne) an der französischen Mittelmeerküste; er selbst residiert aber in Oranse (Orange) in Provenze, der Provence.

Der junge Wilhelm, so heißt es, wird mit seinen Brüdern von seinem Vater zugunsten eines Stiefsohns enterbt; er verlässt mit ihnen die väterliche Burg und begibt sich an den Hof Kaiser Karls, wo er zum Ritter geschlagen wird, nachdem er sich in den Kämpfen gegen die Heiden hervorgetan hat. Als der alte Kaiser stirbt, sorgt Wilhelm dafür, dass dessen Sohn und legitimer Erbe Loys (Louis, Ludwig) zum König gesalbt werden kann. Für Loys zieht er erneut gegen die Mauren; er besiegt sie, wird aber am Ende gefangengenommen und muss lange Zeit als Geisel am Hof des Heidenkönigs Tybalt zubringen. Dort begegnet er Tybalts Frau, der schönen Arabel, die die Tochter Terramers, des Oberkönigs der Mauren, ist – und entbrennt in Liebe zu ihr. Sie erwidert seine Liebe, und gemeinsam gelingt ihnen die Flucht. Als sie glücklich in Wilhelms christlicher Heimat anlangen, lässt Arabel sich aus Liebe zu Wilhelm taufen – die Taufe spendet der Papst persönlich –, nimmt den christlichen Namen Gyburg an und heiratet Wilhelm während eines großen Festes.

Arabels Vater, der mächtige Heidenkönig Terramer, aber ist wütend über den Brautraub, rüstet ein gewaltiges Heer und landet in Provenze. Wilhelm lässt Gyburg in Oranse zurück und zieht mit seinem kleinen Heerbann aus tapferen Helden dem Feind entgegen. An einem Ort namens Alischanz kommt es zu einer gewaltigen Schlacht, in der die Christen der Übermacht der Heiden erliegen. Im letzten Augenblick entkommt Wilhelm, schlägt sich nach Oranse durch, überlässt es seiner Frau, die Stadt zu verteidigen, und zieht nach Munleun, wo König Loys residiert. Der König sieht keine Möglichkeit, in kurzer Zeit ein großes Heer gegen die Mauren aufzubieten, doch die Zeit drängt, denn Oranse und damit Gyburg sind bedroht. Also zieht Wilhelm, der in Munleun seinen Vater und seine Brüder versöhnt wiedergefunden hat, allein mit den Seinen und ihren Männern ein weiteres Mal gegen die Heiden. Sein mächtigster Gefolgsmann ist aber der gutmütige Riese Rennewart, der bei König Loys als Küchenjunge beschäftigt war.

Wiederum in Alischanz treffen die Heere aufeinander. Wilhelm, sein Vater, seine Brüder und die Ritter, die mit ihnen gezogen sind, stehen ebenbürtigen Gegnern gegenüber: Terramer, seinen Söhnen und den tapferen maurischen Fürsten, voran Gyburgs erster Gemahl Tybalt. Gyburg will den Waffengang verhindern und hält den erbitterten Gegnern vor, dass sie doch allesamt Geschöpfe Gottes sind – vergebens. Es entbrennt eine noch gewaltigere Schlacht, als es die erste an diesem Orte war. Schwiegervater kämpft gegen Schwiegervater, Ehemann gegen Ehemann, Schwager gegen Schwager; und edle christliche Ritter streiten wider ebenso edle Heiden. Es ist Rennewart, der die Schlacht entscheidet: Mit einem Baumstamm haut der Riese um sich und erschlägt mit einem Streich gleich mehrere Feinde. Dank seiner tragen diesmal die christlichen Ritter, und damit Wilhelm, den Sieg davon. Rennewart aber ist, so stellt sich nun heraus, niemand anders als ein Sohn Terramers und Bruder Gyburgs. Der Riese wird nun getauft, zum Ritter geschlagen und mit Alise, einer Tochter des Königs Loys, vermählt. Dieser gibt ihm die Stadt Portebaliart zum Lehen. Übers Jahr schenkt Alise Rennewart den Sohn Malefer, stirbt aber bei dessen Geburt. Malefer wird noch als Kind von bösen Kaufleuten entführt und an die Heidenkönige Tybalt und Terramer verkauft. Während Rennewart sich vergrämt in ein Kloster zurückzieht, wächst Malefer zu einem großen Krieger

DIE ORANIER UND DER FUSSBALL

Die Grafen von Orange (niederländisch Oranje) nannten sich gern nach ihrem sagenhaften Vorfahren Wilhelm. Ein Graf Wilhelm von Oranien (Orange) und Nassau wurde im 16. Jahrhundert als »Statthalter« zum ersten Repräsentanten der sich von der spanischen Herrschaft befreienden Niederlande. Auf ihn geht das niederländische Königshaus zurück. Zu den königlichen Oraniern gehört eine Farbe: die der Orange. Der aus dem Arabischen stammende französische Name dieser Frucht war gleichlautend mit dem Namen des Herkunftsorts der niederländischen Herrscher. Wenn sich heute holländische Fußballfans in orange kleiden, hat das also eine lange Vorgeschichte.

■ Wilhelm wird aus dem Kerker der Sarazenen befreit und speist mit der Königin. Buchmalerei aus einer Handschrift des *Willehalm* des Ulrich von Türlin, um 1350

WOLFRAM VON ESCHENBACH UND KAISER FRIEDRICH II.
Während Wolfram von Eschenbach eine mittelhochdeutsche Version der französischen Heldenlieder, die von Wilhelm von Orange handelten, in seinem Versepos *Willehalm* (um 1217) niederschrieb, war der Staufer Friedrich II. Kaiser und deutscher König. Friedrich war ein Bewunderer der arabischen Kultur und öffnete auf diplomatischen Wegen statt mit Gewalt den christlichen Pilgern den Weg nach Jerusalem. Die religiöse Toleranz Friedrichs hat im Werk Wolframs und seiner Nachfolger Niederschlag gefunden.

heran, dem die Heidenkönige bald die Führung eines Heers anvertrauen, das die Christen endlich besiegen soll. Wilhelm holt in seiner Not den alten Waffenbruder Rennewart aus seiner Klause, und bald stehen sich erneut die Heere der Christen und der Heiden gegenüber. Es ist an Rennewart, gegen den Anführer der Mauren, von dem er nicht weiß, dass er sein eigener Sohn ist, den Zweikampf zu suchen. Während dieses Schwertgangs erkennen sich Rennewart und Malefer als Vater und Sohn; sie fallen sich in die Arme, und Malefer schlägt sich auf die Seite der Christen, die dadurch den Sieg erringen. Noch einmal danach raffen sich die Heiden unter Führung Terramers zu einem Krieg gegen die Christen auf. Rennewart versucht vergebens, seinen Vater Terramer mit seiner Tochter Gyburg zu versöhnen. Als das Friedensangebot abgelehnt wird, ist für Malefer kein Halten mehr: Er erobert Terramers Reiche bis hinunter nach Maroch (Marokko) und stürmt weiter ins ferne Asien, wo er im Reich des sagenhaften Priesters Johannes die Amazonenkönigin Penteselie heiratet. Indessen begeben sich Gyburg und Wilhelm, die beide alt geworden sind, jedes für sich in ein Kloster, wo sie im Ruch der Heiligkeit sterben.

▪ Landgraf Hermann von Thüringen beauftragt Wolfram von Eschenbach, den *Willehalm* aus dem Französischen zu übersetzen. Gemälde von Ferdinand Piloty d. J. aus Schloss Neuschwanstein, 1880

Die Wilhelmssage, die in ihren ältesten Schichten, ähnlich wie die Rolandssage, die Siege Karls des Großen über die heidnischen Mauren oder Sarazenen feiert, wurde im Hochmittelalter zur Kreuzzugssage, die die christlichen Ritter in ihrem Kampf gegen die muslimischen Heiden bestärken sollte. Während die Christen die arabischen Ritter in den Kreuzzügen besser kennenlernten, wurden aus den militanten Heldenliedern aber nach und nach beinahe humanistische Erzählungen, die zur Toleranz zwischen Christen und Heiden aufrufen, weil sie nicht nur Kinder desselben Gottes sind, sondern, wie in den Wilhelmssagen, auch Glieder einer einzigen Familie sein können.

WILHELM VON ORANGE

QUELLEN

Die mittelalterlichen Wilhelmssagen gehen auf den 812 gestorbenen fränkischen Grafen Wilhelm von Toulouse zurück, einen Verwandten Karls des Großen, der 793 eine Niederlage gegen die Sarazenen hinnehmen musste, 801 aber an der erfolgreichen Belagerung von Barcelona teilnahm und vom Kaiser eine bedeutende Rolle zugesprochen erhielt: die Herrschaft über die dem Reich hinzugewonnenen Gebiete Kataloniens. Wilhelm soll sich in späteren Jahren in ein Kloster zurückgezogen haben. Er wurde bald schon als Heiliger verehrt und 1066 vom Papst heiliggesprochen. Seine Heiligenvita ist gewiss zuerst in lateinischer Sprache verfasst worden, zugleich verbreiteten sich aber auch mündlich überlieferte Heldenlieder – »Chansons de geste«. Das älteste dieser Heldenlieder, das schriftlich erfasst wurde, ist die *Chanson de Guilleaume (Wilhelmslied)* aus dem frühen 12. Jahrhundert. Hier ist Wilhelm schon nicht mehr ein Paladin Kaiser Karls, sondern seines Sohnes Ludwig, der – da die meisten französischen Könige Ludwig (Louis) hießen – für die Leser eindeutig ein Franzose war. Der Kaisermythos interessierte in Frankreich nicht mehr. Dem *Wilhelmslied* folgten zahlreiche andere *Chansons*, die seit dem 13. Jahrhundert als Kapitel eines einzigen umfangreichen Wilhelms-Epos behandelt wurden. Unter diesen steht die Chanson *Aliscans* (nach dem Schlachtort benannt, der im Mittelhochdeutschen Alischanz heißt) dem ursprünglichen *Wilhelmslied* am nächsten, und *Aliscans* dürfte auch die wichtigste Quelle für Wolfram von Eschenbach gewesen sein, als er im Auftrag des literaturfreundlichen Landgrafen Hermann von Thüringen im zweiten Jahrzehnt des 13. Jahrhunderts die französischen Lieder in seinem *Willehalm* zusammenfasste und ins Deutsche übertrug. Wolframs unvollendet gebliebener *Willehalm* wurde zu einem großen literarischen Erfolg, wie die Vielzahl der erhaltenen Handschriften bezeugt. An Wolfram knüpfen sowohl der *Rennewart* des Ulrich von Türheim (um 1240/50) als auch die *Arabel* Ulrichs von dem Türlin aus der zweiten Hälfte des 13. Jahrhunderts an, Romane, die frei nach französischen Vorlagen die Vorgeschichte und die Folgeabenteuer zu Wolframs *Willehalm* erzählen. Auch diese Romane waren sehr beliebt. Im Spätmittelalter blieb die Wilhelmssage, die inzwischen auch Anleihen an die Gralssagen gemacht hatte, in Frankreich wie in Deutschland außerordentlich populär und wurde immer wieder neu bearbeitet.

EMPFEHLUNGEN

Lesenswert:

Wolfram von Eschenbach: *Willehalm. Text und Übersetzung*, Berlin 2003

John Greenfield, Lydia Miklautsch: *Der »Willehalm« Wolfram von Eschenbachs. Eine Einführung*, Berlin 1998

Joachim Bumke: *Wolfram von Eschenbach*, Stuttgart 2004

Steven Runciman: *Geschichte der Kreuzzüge*, München 2003

Hörenswert:

Jean-Philippe Rameau: *Les Paladins*. Oper 1760

Besuchenswert:

Wilhelms Grab in dem nach ihm benannten Städtchen Saint-Guilhem-le-Désert, das schon früh eine wichtige Station für die Pilger auf ihrem Weg nach Santiago de Compostela war.

AUF DEN PUNKT GEBRACHT

Die Sagen um Wilhelm von Orange künden ursprünglich von den erbitterten Kämpfen zwischen Christen und muslimischen Mauren. In der späten Kreuzzugszeit wuchs jedoch das Verständnis der Christen für die Heiden; familiäre Bindungen zwischen ihnen kommen nun in der Literatur häufiger vor, und es entsteht so etwas wie religiöse Toleranz.

Die vier Haimonskinder

Reumütige Rebellen

Geschichtliche Einordnung: Die zuerst in französischen »Chansons de geste« des 12. Jh.s schriftlich festgehaltene Sage von Reinold und seinen Brüdern spielt in der Herrschaftszeit von Ludwig dem Frommen, dem Sohn Karls des Großen. Die Überlieferung scheint jedoch bereits auf die Merowingerzeit des frühen 8. Jh.s zurückzugehen.

Keine politische Propaganda ist für einen Herrscher besser als eine Geschichte, die von mächtigen Empörern gegen seine Herrschaft berichten und davon, wie tief sie ihr frevelhaftes Handeln bereuten. Dies erklärt den Erfolg der Sage von den vier Haimonskindern.

Ganelon, der Finsterling unter Kaiser Karls Paladinen, der die Schuld an Rolands Untergang trug, schürte auch die Feindschaft zwischen Kaiser Karl und seinen mächtigen Grafen. Er nährte in dem alten Kaiser den Verdacht, die großen Herren kündigten ihm ihre Treue auf, und drängte ihn, sie zu entmachten. Einer der Großen des Reichs, der dadurch in Konflikt mit dem Kaiser kam, war Haimon, Graf der Dordogne in Frankreich. Der Kaiser entzog ihm seinen gesamten großen Besitz, und Haimon schwor ihm und allen seinen Verwandten daraufhin ewige Feindschaft. Was Haimon nicht wusste, war, dass seine Frau Aja die Schwester Kaiser Karls war. Mit ihr hatte er vier Söhne: Adelhart, Ritsart, Writsart und Reinold, die am Hof des Kaisers lebten und zu seinen besten Rittern gehörten. Haimon hatte also seine Frau und seine eigenen Söhne verflucht. Als die Auseinandersetzung des Kaisers mit sei-

■ Graf Haimon schlägt seine vier Söhne zu Rittern und gibt Reinold das Ross Bayard, der es bändigt. Kupferstich nach einer Zeichnung von Karl Schorn, 1841

nem Vasallen Haimon zum Höhepunkt gelangte, erfuhren die Haimonskinder von ihrer Herkunft, und mit ihnen der Hof. Die vier waren die Kinder ihres Vaters, aber sie waren auch die Gefolgsleute des Kaisers, und sie blieben ihm treu – bis Karls Sohn Ludwig ihre Treue in Frage stellte und sie immer wieder hänselte. Als Ludwig es damit zu weit trieb, übermannte Reinold, den jüngsten der Haimonskinder, der unter den Brüdern die Führerschaft übernommen hatte, der Zorn, und er erschlug den Sohn des Kaisers. Nur mit großer Mühe erwehrten sich die Brüder der Versuche der Ritter am Hofe, sie gefangenzunehmen oder zu töten. Sie entkamen in letzter Minute dank des Wunderpferds Bayard, das Reinold zuvor in einem langen Kampf gezähmt hatte. Auf seinem Rücken übersprangen sie alle Wälle und Gräben und gelangten in den fernen Westen Frankreichs.

■ Reinold erschlägt Berthoulet, den Neffen Karls des Großen, beim Schachspiel. Buchmalerei von David Aubert zu dem Prosaroman *Regnault de Montauban*, um 1462/70

Reinold traf dort auf einen Grafen namens Yewe und verliebte sich in dessen schöne Tochter Clarissa. Yewe erlaubte ihm, am Ufer des Flusses Gironde seine Burg namens Mont d'Aubain, das heißt Burg des Fremden, zu erbauen. Der Name der Burg lebt noch heute in dem der Stadt Montauban fort. Von hier aus bestand Reinold mit seinen Brüdern mithilfe des wunderbaren Rosses Bayard manche Abenteuer, in denen sie vor allem den Heiden große Verluste zufügten. Sie entkamen stets auf Bayards Rücken, der sich notfalls so weit verlängerte, dass er zehn Krieger tragen konnte. Nachdem Reinold sich in vielen Kämpfen bewährt hatte, gab Yewe schließlich seine Einwilligung dazu, dass Reinold seine Tochter Clarissa heiratete.

Kaiser Karl blieb aber unerbittlich und belagerte die Burg von Montauban sieben Jahre lang. Als ihm

EMPÖRER-GESCHICHTEN

Die Sage von den vier Haimonskindern ist die bekannteste unter einer ganzen Reihe seit alter Zeit überlieferter Geschichten von fränkischen Fürsten, die den Aufstand gegen Kaiser Karl proben, aber letztendlich unterliegen. Solche »Empörer-Gesten« wurden vor allem zu Zeiten der mittelalterlichen Könige Frankreichs verfasst, die großen Wert darauf legen mussten, ihre zentrale Gewalt gegen mächtige Vasallen durchzusetzen: Kaiser Karl, das war die Moral der Geschichten, mochte Fehler begangen haben, aber er hatte recht, wenn er seine Herrschaft im ganzen Lande mit Gewalt durchsetzte.

■ St. Gereon in Köln, die Kirche des Klosters, in das sich der reuige Reinold begab.

endlich der alte Graf Haimon in die Hände fiel, drohte er, ihn zu töten. Da begab sich Aja, die Mutter der Haimonskinder, zu ihrem Bruder, dem Kaiser, und bat ihn kniefällig um Schonung für Haimon und ihre Söhne. Karl ließ sich erweichen und bot an, Haimon das Leben zu lassen und seinen vier Kindern freies Geleit zu gewähren – freilich unter einer Bedingung, nämlich dass ihre gefährlichste Waffe, das Ross Bayard, vernichtet würde. Haimon und seinen Söhnen blieb keine andere Wahl, als das Angebot anzunehmen. Dort, wo der Fluss Dender sich in den Scheldestrom ergießt, bei der heutigen Stadt Dendermonde, wurde Bayard ein Mühlstein um den Hals gebunden, bevor er ins Wasser getrieben wurde. Als Bayard aber seinen Herrn Reinold erblickte, wuchsen ihm neue Kräfte zu, und er schüttelte den Mühlstein ab. Erst beim zweiten Versuch gelang es, das Zauberpferd zu ersäufen, weil Reinold ihm diesmal den Rücken zukehrte.

Nach dem Ende seines Rosses schwor Reinold dem Waffenhandwerk ab und übte tätige Reue für seine Unbotmäßigkeit gegen seinen Herrn und König. Er trat als Mönch in das Kloster von Sankt Gereon in Köln und in die Kölner Dombauhütte ein. Als Baumeister aber leistete er so große Dinge, dass seine Kollegen eifersüchtig wurden und ihn erschlugen. Reinold wurde in Köln hinfort als Heiliger verehrt; vom weiteren Schicksal seines Vaters und seiner Brüder aber weiß man nichts.

Die Geschichte von dem reumütigen Empörer, dem heiligmäßigen Reinold (der niemals ordentlich als Heiliger vom Papst kanonisiert wurde), seinen Brüdern und seinem Vater gehört zum alten Sagenkreis um Kaiser Karl und geht in ihrem Kern sogar auf noch ältere Zeiten zurück. Sie erlangte im Hochmittelalter weite Verbreitung: Die französischen Könige hatten sich in dieser Zeit der Konkurrenz mächtiger Herren zu erwehren, die dazu neigten, den König einen guten Mann sein zu lassen. Kluge Könige wie Philipp August, der zu Beginn des 13. Jahrhunderts in Frankreich herrschte, nutzten deshalb die Macht der Sage, um ihre Herrschaft zu festigen. Denn nichts ist für einen Herrscher besser als Geschichten, die von der Reue derer berichten, die sich gegen einen Herrscher empört haben.

MUTTER AJA

Goethes Jugendfreunde, die Grafen Stolberg, verliehen seiner Mutter den Ehrennamen Aja. Sie sei eine ebenso hingebungsvolle Mutter wie die der Haimonskinder, wollten sie damit sagen. Da ein Ehrenname nur dann einen Sinn hat, wenn er allenthalben als solcher verstanden wird, zeugt dies davon, wie populär das deutsche Volksbuch von den *Vier Haimonskindern* im ausgehenden 18. Jahrhundert noch war.

DIE VIER HAIMONSKINDER

QUELLEN

Der heilige Reinold, auf den lateinische Quellen des 8. Jahrhunderts hinweisen, dürfte ein Zeitgenosse des Frankenkönigs Karl Martell gewesen sein, der 751 die Sarazenen bei Tours und Poitiers schlug und nach Spanien zurückdrängte. In französischen »Chansons de geste«, die im 12. Jahrhundert schriftlich festgehalten wurden, zuvor aber gewiss schon lange Zeit mündlich überliefert worden waren, taucht er als *Renaut* oder eines der *Vier Haimonskinder* (*Quatre Fils Aymons*) wieder auf. Die Geschichte von Haimon und seinen Söhnen ist nur eine unter einer Anzahl von »Empörer-Gesten«, die allesamt von abtrünnigen Vasallen Karls des Großen berichten, die vom Kaiser zur Rechenschaft gezogen werden. Aus den »Chansons de geste« um Reinold entstand im Hochmittelalter ein französischer Romanzyklus unter dem Namen *Roman de Renaut*. Dieser Roman wurde alsbald ins Mittelniederländische übersetzt und gelangte von hier in den deutschen Sprachraum. Im Spätmittelalter und in der frühen Neuzeit wurde hier die Geschichte von den *Vier Haimonskindern* immer populärer, und sie blieb bis ins späte 18. Jahrhundert volkstümlich. Ähnlich beliebt war der Stoff nicht nur in Frankreich und den Niederlanden, sondern auch in Spanien und vor allem Italien.

Dort gab ihr in der Mitte des 16. Jahrhunderts Torquato Tasso in seinem *Rinaldo* eine neue Gestalt. Tasso, einer der großen Dichter der Renaissance, macht aus der mittelalterlichen Erzählung um den Haimonssohn Rinaldo (Reinold) einen romantischen Roman: Rinaldo vollbringt alle seine Taten nur, um seine Braut Clarice (Clarissa) zu beeindrucken, weil er sich ihrer Liebe nie sicher wähnt; denn Clarice hat als höfische Dame gelernt, ihre Gefühle für den Helden zu verbergen. Und so muss viel passieren, bis Rinaldo und Clarice sich und den Segen Kaiser Karls kriegen. Der Stoff ist im sizilianischen Puppentheater bis heute populär geblieben.

In Spanien dramatisierte der große Barockdichter Lope de Vega den Stoff. Die deutsche Romantik des 19. Jahrhunderts entdeckte die Sage von den Haimonskindern neu; Jung-Stilling, Eichendorff, Bechstein und Schwab erzählten sie nach, Johann Strauss (Vater), Diabelli und andere schrieben Musik dazu.

AUF DEN PUNKT GEBRACHT

Die uralte Geschichte von Haimon und seinen Söhnen, die ihre Gefolgschaftstreue gegen Karl den Großen verletzen und nur dank der Großmut des Kaisers geschont werden, diente den Königen des Mittelalters als Exempel für die Bedeutung treuer Gefolgschaft.

EMPFEHLUNGEN

Lesenswert:

Ludwig Bechstein: *Die Haimons-Kinder: ein Gedicht aus dem Sagenkreise Karls des Großen in vier Sängen.* Leipzig 1830

Joseph von Eichendorff: *Die Heymonskinder*, in: *Sämtliche Werke, Bd. 1: Gedichte, Versepen*, Frankfurt/M. 1987

Ludwig Tieck: *Haymonskinder*, in: *Gedichte. Neue Ausgabe*, Berlin 1841

Torquato Tasso: *Rinaldo*, Versdrama 1562, in: *Das befreite Jerusalem*, München 1963

Hörenswert:

Jean-Baptiste Lully: *Armide*. Oper 1686

Georg Friedrich Händel: *Rinaldo*. Oper 1711

Antonio Salieri: *Armida*. Oper 1771

Christoph Willibald Gluck: *Armide*. Oper 1777

Gioacchino Rossini: *Armida*. Oper 1817

Antonín Dvořák: *Armida*. Oper 1903

Besuchenswert:

Dortmund mit der Reinoldikirche, der Grabkirche des Stadtpatrons Reinold

Köln mit Sankt Gereon und dem Dom

Dendermonde in Belgien, wo alljährlich zu Ehren der vier Haimonskinder und ihres Rosses Bayard Festspiele stattfinden.

Robert der Teufel

Sex, Crime und Resozialisierung

Geschichtliche Einordnung: Der christlich geprägte Stoff vom reumütigen Sünder Robert taucht zuerst im 12. Jh. in Frankreich auf. Seitdem verbreitete er sich über ganz Europa.

Wie der moderne Leser, so hatte auch der mittelalterliche ein ganz besonderes Interesse an Sex & Crime, an möglichst wüsten Verbrechen und Ausschweifungen – und daran, dass sie im Interesse der öffentlichen Moral gesühnt wurden. Und was heute die Nachrichten der Boulevardpresse über aufregende Verbrechen sind, waren im Hochmittelalter die erbaulichen, aber oft auch spannenden Geschichten, mit denen die Mönche und Priester ihre Predigten würzten.

Eine der bekanntesten davon ist die von Robert dem Teufel. Seine Eltern, ein Herzogspaar, waren kinderlos geblieben, bis die Herzogin eines Tages in ihrer Verzweiflung den Fluch aussprach: Wenn Gott ihr kein Kind schenken wolle, so solle es doch der Teufel tun. Und prompt wurde sie schwanger. Das Kind, das sie gebar, war ungewöhnlich groß und kräftig. Nach wenigen Tagen waren ihm bereits so kräftige Zähne gewachsen, dass die Ammen sich weigerten, es zu stillen, und als es zur Taufe getragen wurde, wehrte es sich mit aller Kraft und schrie – nein, heulte wie ein Wolf. Es wurde auf den Namen Robert getauft. Robert wurde ein äußerst wilder Knabe; seinen Hauslehrer schlug er, als dieser ihn züchtigen wollte, einfach tot. Als er achtzehn wurde, machte ihn sein Vater zum Ritter, in der Hoffnung, dass er sich nun in die Zucht seines Standes schicken würde. Aber bei dem Turnier, das zur Feier des Tages veranstaltet wurde, schlug er seine Gegner zu Krüppeln oder stach sie tot. Natürlich musste er nun den väterlichen Hof verlassen; er zog ins Land hinaus und setzte sich an die Spitze einer Räuberbande, die die ganze Gegend raubend, mordend und vergewaltigend heimsuchte.

Eines Tages, als Robert allein über Land ritt, traf er auf einen Schäfer mit einem Lämmlein im Arm. Bei seinem Anblick begann der Schäfer vor Furcht zu zittern, und selbst das Lämmlein blökte in höchster Angst. Da fiel es Robert wie Schuppen von den Augen: Was musste er für ein schrecklicher Mensch sein, wenn selbst die ahnungslose Kreatur Angst vor ihm

■ Robert und die Nonnen. Bronzeskulptur des russischen Bildhauers Michail Alexandrowitsch Wrubel, 1896

■ Der englische König Heinrich I. bittet Herzog Robert I. von der Normandie um Hilfe (links), erhält Pferde (Mitte), und belagert eine normannische Stadt (rechts). Herzog Robert, der dem englischen König am Ende unterlag, mag der Namensgeber für Robert den Teufel gewesen sein. Französische Buchmalerei, um 1335/40, aus den *Grandes Chroniqes de France*

hatte? Er suchte seine Mutter auf, denn er musste herausfinden, warum er so war, wie er war. Die Mutter stand ihm Rede und Antwort und entdeckte ihm, unter welch düsteren Umständen er gezeugt worden war. Jetzt wusste Robert, welch ein fürchterlicher Fluch über seinem Leben lag, und suchte nach einem Weg zum Heil.

Auf einer Landstraße traf er einen Wandermönch, berichtete ihm von seinem bösen Leben und fragte ihn, was er tun solle. Die Antwort war, dass ihm angesichts der Schwere seiner Vergehen wohl nur der Papst in Rom helfen könne. Als Erstes begab Robert sich nun zu der Räuberburg in einem tiefen Wald, wo seine Spießgesellen auf ihn warteten. Er forderte sie zur Umkehr und Buße auf, und als sie ihn deshalb nur verlachten, machte er sie sämtlich um einen Kopf kürzer, um ihre Verbrechen zu sühnen und mög-

EXEMPEL

Eine wichtige Gattung der mittelalterlichen Literatur sind die exempla (Beispiele), exemplarische Lebensgeschichten von Heiligen und großen Sündern, die vor allem die Franziskaner- und Dominikanermönche von der Kanzel herab dem versammelten Kirchenvolk erzählten, seitdem mit dem einsetzenden Hochmittelalter die Kirche sich nicht nur mit den Fürsten und Adligen, sondern auch mit dem gemeinen Volk abgab. Diese Exempla oder »Predigtmärlein« wurden meist auf Lateinisch niedergeschrieben und in den Volkssprachen verkündet. Ein typisches Exemplum ist die Geschichte von Robert dem Teufel.

■ Der kaiserliche Hofmeister Bertram bedroht die stumme Kaiserstochter Alix, die schutzsuchend ein Kreuz umklammert. Farblithographie, um 1900

lich zu machen, dass die geraubten Schätze wieder an ihre rechtmäßigen Besitzer zurückgegeben oder unter die Armen verteilt wurden. Dann wanderte er nach Rom, wo er an einem Gründonnerstag eintraf und sich nach der Messe in der Peterskirche zum Papst vordrängte. Er warf sich auf die Knie und bat den Heiligen Vater so verzweifelt um Hilfe, dass der einwilligte, seine Beichte zu hören. Ihn von solch gewaltigen Sünden freizusprechen übersteige seine Macht, meinte der Papst schließlich und schickte ihn zu einem heiligmäßigen Einsiedler weiter. Der gab ihm auf, von nun an als Narr zu leben und sich mit den Hunden um ihr Futter zu balgen, bis der Himmel ihm ein Zeichen sende.

Robert hatte insofern Glück, als er als Narr in den Palast des Kaisers aufgenommen wurde, der an dem stattlichen Mann Gefallen fand und seinen Hunden mehr Knochen und Brotreste hin-

HOCHMITTELALTER

Die Legende von Robert dem Teufel ist erst aus dem Hochmittelalter überliefert, das heißt der Zeit der großen volkssprachlichen Literatur des Mittelalters, die mit der Zeit des Baus der gotischen Kathedralen mit ihrem großartigen plastischen Schmuck und dem Anfang der typisch europäischen mehrstimmigen Musik zusammenfällt. Das Hochmittelalter währte vom Ende des 12. bis zur Mitte des 14. Jahrhunderts. Die vorhergehende Epoche – das 11. bis 12. Jahrhundert, die Zeit der Romanik und der frühen volkssprachlichen Literatur – kann man als frühes Hochmittelalter bezeichnen. Ihm geht eine Übergangszeit zwischen Antike und Mittelalter voraus, die meist als Frühmittelalter bezeichnet wird. Die Kunst und Literatur von der Mitte des 14. Jahrhunderts bis zum Ende des 15. Jahrhunderts wird gewöhnlich als spätmittelalterlich bezeichnet. Danach beginnt mit der Renaissance und dem Humanismus die Neuzeit.

warf als zuvor. Sieben Jahre brachte Robert so als Hund unter Hunden zu.

Außer den Hunden hatte Robert noch eine Leidensgenossin: die Tochter des Kaisers, sein einziges Kind, die mit Stummheit geschlagen war. Um ein Haar wäre sie dem niederträchtigen Hofmeister zur Ehe gegeben worden – erst im letzten Augenblick war der Kaiser gewahr geworden, dass dieser es weniger auf die Hand seiner Tochter als auf seine eigene Krone abgesehen hatte. Der Hofmeister war daraufhin zum Verräter geworden, und nun bedrohte er an der Spitze eines Sarazenenheers die Stadt Rom.

Da erscheint Robert ein Engel, der ihn auffordert, dem Kaiser mit den Waffen und dem Ross, die an einem von ihm bezeichneten Ort auf ihn warteten, zu Hilfe zu eilen. Die stumme Kaisertochter beobachtet von ihrem Fenster, wie Robert eine prächtige Rüstung anlegt und ein feuriges Ross besteigt. Mit seinen vom Himmel gesandten Waffen rettet Robert das bedrängte Christenheer und schlägt die Sarazenen in die Flucht. Der Kaiser möchte beim Siegesfest wissen, wer der rettende Ritter war, doch als seine Tochter auf den Narren weist, kann er nur lachen.

Die Sarazenen sammeln sich unterdessen von neuem und blasen wieder zur Schlacht. Ein zweites Mal werden die Christen von dem unbekannten Ritter gerettet. Als sich dies ein drittes Mal wiederholt, lässt der Kaiser nichts unversucht, den Retter dingfest zu machen; einer seiner Männer verfolgt Robert und schleudert seine Lanze nach ihm, deren Spitze in seinem Schenkel stecken bleibt. Nun lässt der Kaiser allenthalben nach einem Ritter mit einer Schenkelwunde suchen, in der eine abgebrochene Speerspitze steckt. Ihm werde er seine Tochter zur Frau geben, lässt er ausrufen. Der böse Hofmeister, im Felde geschlagen, unterzieht sich mithilfe maurischer Ärzte einer Gesichtsoperation, fügt sich eine Schenkelwunde zu, tritt so vor den Kaiser

■ Robert der Teufel als Pilger. Holzstich nach einer Zeichnung von G. Roux, 1875

DAS MÄRCHEN VOM EISENHANS

Unter den Märchen der Brüder Grimm findet sich eines, das viele Parallelen zu der Sage von Robert dem Teufel aufweist: das vom *Eisenhans.* Hier macht sich ein Königssohn auf doppelte Weise schuldig, erstens indem er den gefangenen Unhold Eisenhans gegen den Willen seines Vaters aus seinem Käfig befreit, und zweitens, indem er die ihm vom Eisenhans, der ihn mit zu sich in den Wald genommen hat, aufgegebenen Vorschriften missachtet. So muss er an einem fremden Königshof als Küchenjunge und Gärtner arbeiten, bis er dem König beim Einfall eines feindlichen Heeres mithilfe des Rosses und der Waffen, die ihm der Eisenhans zur Verfügung stellt, das Königsheer aus einer misslichen Lage befreit. Er verbirgt sich, aber die Königstochter identifiziert ihn und macht ihn zu ihrem Mann. Es ist fraglich, ob dieses auch in anderen Märchen bezeugte und vollkommen areligiöse folkloristische Motiv älter oder jünger ist als die erbauliche Geschichte von Robert dem Teufel.

■ Der Gärtnerjunge bittet den Eisenhans um Ross und Rüstung. Buchillustration von Otto Ubbelohde zu einer Ausgabe der *Kinder- und Hausmärchen* der Gebrüder Grimm, um 1907

und fordert die Hand seiner Tochter samt dem halben Reich. Die Prinzessin kann nicht sprechen, und so steht sie bald mit dem Unhold vor dem Altar, wo der Papst selbst sie und den Bösewicht trauen soll. Doch als sie statt eines Jaworts nicken soll, löst sich durch ein Wunder ihre Stimme, und sie ruft laut »nein!«. Sie führt ihren Vater zu Robert, der sich in seinen Lumpen bei den Hunden versteckt hält, und beweist, dass er der Retter war, dem sie gern ihre Hand reichen werde. Nach einer älteren Version der Geschichte schlägt Robert dies Angebot aus, um hinfort als Einsiedler weiter um sein Seelenheil zu beten, nach der begreiflicherweise volkstümlich gewordenen Fassung aber wird er zum ruhmreichen Schwiegersohn und Nachfolger des Kaisers.

Robert der Teufel war erfolgreich resozialisiert worden und bezeugte durch seine Geschichte, dass Gott allemal mächtiger ist als der Widersacher und dass es für jedes Verbrechen eine Sühne gibt. Das war die Botschaft, die die Prediger von den Kanzeln verkündeten, wenn sie Roberts mit Sex & Crime aufgeladene Geschichte erzählten.

ROBERT DER TEUFEL

QUELLEN

Der Stoff von Robert dem Teufel taucht zuerst in einem altfranzösischen Roman des späten 12. Jahrhunderts auf. In der Mitte des 13. Jahrhunderts wurde er von einem gewissen Stephan von Bourbon zu einem frommen exemplum (»Predigtmärlein«) umgeschrieben. Der Predigermönch (Dominikaner) Johannes Gobii nahm die Geschichte in sein europaweit verbreitetes Exempelbuch auf, das im 15. Jahrhundert auch mehrfach als Druck erschien. Im 14. Jahrhundert erschien die Geschichte in einer Chronik des Herzogtums der Normandie: Hier wurde Robert als Stammvater der normannischen Herzöge bezeichnet, die sich nun den Vorwurf gefallen lassen mussten, sie stammten vom Teufel ab – was ihren Feinden Furcht einflößen mochte, deren Propaganda aber auch zupass kam. In derselben Zeit entwickelte sich aus der Geschichte von Robert dem Teufel ein beliebtes »Mirakelspiel«, das in Paris und anderenorts aufgeführt wurde. Am Ende des 15. Jahrhunderts verbreitete sich die Geschichte in einem volkstümlichen Prosaroman, der auch mehrfach gedruckt wurde. Schon im 14. Jahrhundert gelangte der Stoff auch in den englischen und deutschen Sprachraum. In Deutschland war von da an *Robert der Teufel* ein verbreitetes Volksbuch. Die portugiesische Version der Sage ist in Brasilien bis heute als Räuberpistole populär. In der Romantik wurde das Volksbuch in Deutschland wiederentdeckt; in Frankreich wurde 1831 zum ersten Mal die populäre Oper *Robert le diable* von Giacomo Meyerbeer aufgeführt, an deren Libretto auch Eugène Scribe mitgewirkt hatte. Seit Jacob Grimms Kommentaren zu den *Grimm'schen Kinder- und Hausmärchen* ist die europäische Verbreitung des Stoffs in der Folklore immer wieder untersucht worden; im *Motif Index of Folklore* von Aarne und Thompson, dem wichtigsten modernen enzyklopädischen Werk zu den internationalen Motiven folkloristischer Erzählungen, nehmen die Parallelen zu der Geschichte von Robert dem Teufel einen gewichtigen Platz ein. Das Motiv vom Teufelskind ist in nur leicht veränderter Form bis heute aktuell geblieben, man denke nur an Roman Polanskis Film *Rosemaries Baby* (1968) oder an Doris Lessings Roman *The Fifth Child* (1988).

AUF DEN PUNKT GEBRACHT

Die oft in Predigten mittelalterlicher Mönche erzählte Sage von Robert dem Teufel handelt von einem argen Verbrecher, der bereut und dadurch den Segen der Kirche wiedergewinnt. Die Geschichte ist aufregend genug, um das Interesse des Volkes zu wecken, und endet doch gut im Sinne der herrschenden Moral.

EMPFEHLUNGEN

Lesenswert:

Die deutschen Volksbücher, neu erzählt von Herbert Kranz, Freiburg 1956

Doris Lessing: *Das fünfte Kind*, München 2005

Johann Wolfgang Goethe: *Faust. Der Tragödie erster und zweiter Teil. Urfaust*, München 1998

Werner Jansen: *Die irdische Unsterblichkeit*. Braunschweig 1924 (historischer Roman über Herzog Robert II. von der Normandie, genannt »der Teufel«)

Gustav Schwab: *Romanzen von Robert dem Teufel*, 1820

Hörenswert:

Giacomo Meyerbeer: *Robert le diable*. Oper 1831

Sehenswert:

Rosemarys Baby. Regie: Roman Polanski; mit Mia Farrow, John Cassavetes. USA 1968

Ernst Raupach: *Robert der Teufel*. Romantisches Schauspiel 1833

Johann Nepomuk Nestroy: *Der Zauberer Sulphurelectrimagnetikophosphoratus und die Fee Walpurgiblocksbergiseptemtrionalis oder Die Abenteuer in der Sclaverey oder Asiatische Strafe für europäische Vergehen oder Des ungeratenen Herrn Sohns Leben, Taten und Meinungen, wie auch seine Bestrafung in der Sclaverei und was sich all dort Ferneres mit ihm begab*. Zauberposse als Parodie des Raupach'schen Dramas *Robert der Teufel* 1834

Tannhäuser und Gregorius
oder: Kampf um die Sexualmoral

Geschichtliche Einordnung: Die Überlieferung vom frommen Gregorius, der der Spross einer inzestuösen Liebe ist, lässt sich bereits im 12. Jh. in Frankreich bezeugen; der Tannhäuser war dagegen zunächst keine Sagengestalt, sondern ein historisch bezeugter Sänger des 13. Jh.s, der wegen seiner gewagt-erotischen Lieder den Zorn der Kirche auf sich lud.

Wie noch heute, so hatte die Kirche auch im Mittelalter keine geringe Mühe, ihre Vorstellungen von Sexualmoral durchzusetzen. Alte aus dem Heidentum überkommene Traditionen hießen gut, was die Kirche verdammte, und die Ritter hatten eine ganz andere Moral, als die Kleriker sie vertraten. Mustergültig lässt sich dieser Kampf um die richtige Sexualmoral an zwei Sagen verfolgen, der vom Sänger Tannhäuser im Venusberg und der von dem durch seine inzestuöse Herkunft verdammten Gregorius, der es dennoch bis zum Papst bringt.

Der fahrende Sänger Tannhäuser hat im 13. Jahrhundert wirklich gelebt. Von seinem Werk sind hocherotische Tanzlieder, aber auch ein Bußlied erhalten, in dem der Sänger sich von der Sinnenwelt lossagt. Die daraus anscheinend zu entnehmende Bekehrung des lebenslustigen Tannhäuser zu einer asketisch-christlichen Einstellung muss den Zeitgenossen zu denken gegeben haben, denn schon anderthalb Jahrhunderte nach seinem Tod war er eine Sagengestalt, die den Konflikt zwischen irdischer und himmlischer Liebe exemplarisch vertrat.

Zunächst einmal legt die Tannhäusergeschichte ein spätes, aber beredtes Zeugnis von der Zählebigkeit heidnischer Paradiesvorstellungen ab, die gerade durch die Artusromane immer noch verbreitet wurden: Der Ritter Tannhäuser wird von Frau Venus – das ist eine für die Ritterromane typische Feengestalt in antiker Verkleidung – in ihre unterirdische Welt gelockt und genießt bei ihr alle Wonnen der Liebe, bis zum Überdruss. Endlich möchte er zu den Menschen zurückkehren und reißt sich von seiner Geliebten los. Das kennen wir auch aus Geschichten des keltischen Sagenkreises. Doch nun setzt die Bearbeitung der Sage durch die kirchliche Moral ein: Wieder

■ Tannhäuser und Venus. Gemälde von Otto Knille, 1873

unter den Sterblichen, muss Tannhäuser erfahren, dass er eine große Sünde begangen hat. Er wallfahrtet zum Papst nach Rom, um Vergebung zu erlangen, doch dieser verweigert sie ihm. Erst nachdem der Himmel ihm durch Zeichen zu verstehen gegeben hat, dass ein bekehrter Sünder ihm lieber ist als ein stets braver Christ, muss er Tannhäuser die Absolution erteilen. So steht dem Helden der Sage am Ende auch das christliche Paradies offen, nachdem er das heidnische schon genossen hat.

■ Tannhäuser wird vom Papst verflucht. Holzstich nach einem Fresko von Eduard Kämpfer, 1895

Nach einer anderen Version der Sage freilich kehrt Tannhäuser nach der Ablehnung seines Bußangebots durch den Papst stracks in den Venusberg zurück, nach dem Motto: Lieber einen Spatz (den Vogel der Venus) in der Hand als eine Taube (den Heiligen Geist) auf dem Dach.

Deutlich mehr Durchhaltevermögen als der Tannhäuser in dieser Version der Geschichte beweist Gregorius, der das Pech hat, Frucht der verbotenen Liebe zweier königlicher Geschwister zu sein. Er wird von der ihre Schande fürchtenden Mutter auf einem Schifflein im Meer ausgesetzt, jedoch von frommen Mönchen gefunden und im Kloster erzogen. Als er zu einem außerordentlich kräftigen Manne herangewachsen ist, zieht es ihn in die große weite Welt, und nach manchen Abenteuern kommt er zu einer von einem feindlichen Heer belagerten Stadt. Er wird zum Ritter der königlichen Stadtherrin, befreit die Stadt durch einen erfolgreichen Zweikampf mit dem Anführer der Belagerer und kann nun die Königin heiraten. Jahre später erfährt er, der inzwischen bereits von seiner sündhaften Herkunft weiß, dass zu allem Überfluss auch noch die königliche Witwe, die er geehelicht hat, niemand anderes ist als seine eigene Mutter.

Schockiert über diese Enthüllungen zieht sich Gregorius auf eine winzige Insel in einem See zurück, um Buße zu tun. Nur durch Wunder ist es zu erklären, dass der Einsiedler hier siebzehn Jahre lang überlebt. Als diese Zeit verflossen ist, stirbt der Papst, und eine Stimme vom Himmel trägt den an seinem Totenbett versammelten Kardinälen auf, nach einem frommen Einsiedler su-

ÖDIPUS

Die mittelalterliche Sage von Gregorius erinnert an den antiken Mythos von Ödipus, der, ohne es zu wissen, seine Mutter heiratet und dafür den Zorn der Götter auf sich zieht. Ödipus wurde zum Namensgeber des »Ödipuskomplexes«, den Sigmund Freud, der Begründer der Psychoanalyse, zur Bezeichnung für das Streben eines jeden männlichen Kindes machte, ein Liebesverhältnis mit seiner Mutter zu haben.

WAGNERS TANNHÄUSER

Richard Wagner stellt in seiner Tannhäuser-Oper einen für das späte 19. Jahrhundert zentralen erotischen Konflikt dar: den zwischen »unzüchtiger«, aber lebendiger Erotik und »reiner«, aber fleischloser Liebe. Zu diesem Zweck verknüpft er die Sage des reuig aus dem Venusberg entkommenen Tannhäuser mit der vom Sängerkrieg auf der Wartburg, einem Wettbewerb der größten deutschen Minnesänger der Zeit, den es am Hofe des dichterfreundlichen Landgrafen Hermann I. von Thüringen (1155–1217) wirklich gegeben haben mag. Auf der Wartburg trifft Tannhäuser auf die heilige Elisabeth, historisch die Schwiegertochter Hermanns, und verliebt sich in sie, das Inbild der »reinen« Frau.

▪ Tannhäuser in der Rittertracht des Deutschen Ordens. Buchmalerei aus der großen Heidelberger Liederhandschrift (Codex Manesse), 1310

chen zu lassen, der auf einer winzigen Insel lebt und allein würdig sei, der nächste Papst zu werden. Gregorius wird gefunden und nach Rom geführt; als er sich der Stadt nähert, fangen die Glocken von selbst an zu läuten.

Der erste Wunsch aber, den Gregorius sich nun erfüllen kann, ist der, seine Mutter und Ehefrau zu sich zu rufen. Sie wird in einem Kloster einquartiert und bleibt hinfort in der Nähe ihres Geliebten. Gregorius hat, ohne es zu wollen, Schuld auf sich geladen, aber wird, weil er dafür zu büßen bereit war, besonderer Gnaden teilhaftig.

Die Geschichten der großen Büßer: von Tannhäuser, von Gregorius, aber auch von Robert dem Teufel zeigen, wie die Kirche im Mittelalter ihre Sexualmoral gegen ältere Einstellungen durchsetzte – Lust um der Lust willen, wie in des Tannhäusers Venusberg, war sündhaft, sündhaft war ebenso der Umgang mit zauberischen Geistern wie den Feen, sündhaft war schließlich der Inzest, der in den alten germanischen Göttersagen und in den Herkunftssagen der alten Helden wie der Siegfrieds keineswegs moralisch gewertet worden war. Dieselben Geschichten zeugen aber auch von einem Widerstand gegen die Moral der Kirche, der diese nötigte, nicht nur das göttliche Gesetz, sondern auch die göttliche Gnade zu betonen. Diese neue Theologie der Gnade, auf die niemand festen Anspruch hat, aber die sich auch über alle moralischen Bedenken hinwegzusetzen vermag, bereitet im Mittelalter jene Gnadenlehre vor, die ein zentrales Anliegen der Reformation war.

TANNHÄUSER UND GREGORIUS

QUELLEN

Der historische Tannhäuser hat zwischen 1228 und 1256 als Dichter gewirkt. Seine Legende als die eines Büßers für seine sexuellen Ausschweifungen ist seit 1430 bezeugt und wurde insbesondere in Form von volkstümlichen Balladen bis ins 19. Jahrhundert weitergegeben. Am Ende dieses Jahrhunderts popularisierte Richard Wagner den Stoff in seiner Tannhäuser-Oper noch einmal. Dabei griff er auch auf die seit dem 13. Jahrhundert bezeugte Überlieferung vom Sängerstreit auf der Wartburg und auf die ebenso alte Legende der heiligen Elisabeth zurück. Der Stoff von Tannhäuser und vom Sängerkrieg hat auch zahlreiche bildende Künstler angeregt, etwa Moritz von Schwind, der für die Wartburg einen Gemäldezyklus schuf. Die Gregoriuslegende ist um die Mitte des 12. Jahrhunderts in Frankreich entstanden und war um 1400 als Roman verbreitet. Gregorius wurde im 13. Jahrhundert zum Familienheiligen des aus dem französischen Poitou stammenden Geschlechts, aus dem die französische und später englische Königin Eleonore von Aquitanien hervorging, deren Verbindung mit Heinrich II. von England zur Ursache für den Hundertjährigen Krieg zwischen Engländern und Franzosen im 15. Jahrhundert werden sollte. Die altfranzösische *Grégoire*-Legende, von der es wahrscheinlich auch eine lateinische Fassung gab, war die Vorlage für den *Gregorius*-Roman Hartmanns von Aue, eines der wichtigsten deutschsprachigen Dichter in der Blütezeit der mittelhochdeutschen Literatur um 1200. Um 1300 entstanden nach der altfranzösischen Vorlage auch mittelenglische Gregoriusromane, und zwar sowohl ein Vers- als auch ein Prosaroman. Im späteren Mittelalter war die Gregoriuslegende so populär, dass Gregorius, der mit keinem historischen Papst identifizierbar ist und von der Kirche niemals kanonisiert wurde, vielfach als Heiliger verehrt wurde. Thomas Mann hat in seiner Erzählung *Der Erwählte*, in der ganze Passagen auf Altfranzösisch verfasst sind, die mittelalterliche Legende auf sehr humorvolle Weise wieder aufleben lassen.

WISSENSWERTES

Thomas Manns *Der Erwählte*
Das Inzesttabu war um die Wende des 19. zum 20. Jahrhundert ein geradezu obsessionelles Thema der Literatur, wie sowohl Wagners Opern als auch Thomas Manns Erzählungen bezeugen. In seiner Erzählung *Der Erwählte* benutzt Thomas Mann den *Gregorius* Hartmanns von Aue und seine französischen Vorläufer als Gerüst für eine komödiantische Erzählung, die das Inzesttabu lächerlich macht.

AUF DEN PUNKT GEBRACHT

Die Tannhäusersage und die Gregoriuslegende belegen den Kampf der Kirche um die Durchsetzung ihrer Sexualmoral auch im ritterlich-höfischen Milieu, bei dem sie einige Kompromisse eingehen musste.

EMPFEHLUNGEN

Lesenswert:
Johannes Siebert: *Der Dichter Tannhäuser. Leben – Gedichte – Sage*, Halle/Saale 1934, Reprint Hildesheim 1980

Thomas Mann: *Der Erwählte*, Frankfurt/M. 2005

Ludwig Tieck: *Der getreue Eckart und der Tannhäuser*, Novelle 1800

Heinrich Heine: *Der Tannhäuser. Eine Legende*, Gedicht 1836

Der Tannhäuser, in: *Des Knaben Wunderhorn. Alte deutsche Lieder*, gesammelt von Ludwig Achim von Arnim und Clemens von Brentano (Heidelberg 1806), Frankfurt/M. 2003

Aubrey Vincent Beardsley: *Die Geschichte von Venus und Tannhäuser*, Berlin 1995

Hörenswert:
Richard Wagner: *Tannhäuser und der Sängerkrieg auf der Wartburg*. Oper 1845

Gustav Mahler: *Des Knaben Wunderhorn*. Liedsammlung. Audio-CD 1999

Hans Peter Minetti spricht Tannhäuser. Liebesgedichte vom historischen Danhuser aus Volksbüchern, von Heinrich Heine, Richard Wagner u.a. Audio-CD 2000

Besuchenswert:
Die Wartburg in Thüringen, wo der berühmte Sängerkrieg stattgefunden hat, an den dort die Wandgemälde von Moritz von Schwind erinnern.

Melusine, Undine und Kleine Meerjungfrau

Geheimnisvolle schöne Nixen

■ Undine. Gemälde von Henri Fantin-Latour, 1880

Geschichtliche Einordnung: Die Überlieferung von Wasserfrauen ist uralt, doch sie gelangt erst um 1200 in die Literatur. Im 15. Jh. entsteht der erste große *Melusine*-Roman im deutschen Sprachraum.

Jeder kennt Hans Christian Andersens herzerwärmend-trauriges Märchen von der Kleinen Meerjungfrau, die sich in einen menschlichen Prinzen verliebt und unter Schmerzen Menschengestalt annimmt, um ihrem Geliebten näherzukommen, der aber von einer anderen betört ist. Vergeblich durchlebt sie die Qualen verschmähter Liebe und löst sich, da es ihr nicht gelungen ist, durch die Verbindung mit einem Menschen eine unsterbliche Seele zu erwerben, am Ende in Schaum auf – ein Schicksal, durch das sie dann wirklich unsterblich geworden ist. Andersens Märchen fußt auf der in der Romantik außerordentlich erfolgreichen Märchenerzählung *Undine* von Friedrich de la Motte Fouqué, in der dieser von der Liebe der Nixe Undine zu dem Ritter Huldbrand berichtet. Die beiden heiraten; das unschuldige Naturwesen Undine lernt nun die Leiden der menschlichen Existenz kennen und erwirbt dadurch eine ewige Seele. Als Huldbrand sich in eine normale Sterbliche verliebt und seiner Gattin untreu wird, verwandelt Undine sich wieder in eine Nixe. In dem Augenblick aber, da Huldbrand mit seiner neuen Braut zum Altar treten will, taucht Undine aus dem Wasser auf und rächt sich fürchterlich.

Seinen Stoff – dem er romantische Spekulationen über das Verhältnis von Natur (verkörpert durch Undine) und Geist (Menschenseele) hinzufügte – verdankte de la Motte Fouqué wiederum der in Deutschland seit dem späten Mittelalter als Volksbuch weit verbreiteten Erzählung von der verführerischen Nixe Melusine. Im deutschen Volksbuch war die alte, aus Frankreich stammende Melusinesage mit der ebenso alten deutschen »Märe« um den Ritter Peter von Staufenberg zusammengewachsen. Dieser Ritter, eine historische Gestalt aus dem 13. Jahrhundert, hatte angeblich eine Fee zur Gönnerin. Die Fee macht ihn zu ihrem Geliebten und gewährt ihm jeglichen Reichtum unter der einen Bedingung, dass er keine irdische Frau heirate. Irgendwann bekommt der Staufenberger jedoch Skrupel wegen dieser unchristlichen Verbindung mit einem Zauberwesen und beschließt, die Ehe mit einer menschlichen Frau einzugehen. Die Fee kann diese Treulosigkeit nicht verzeihen und tötet Ritter Peter.

Die Geschichte von der Wasserfee Melusine aber, die im 14. Jahrhundert niedergeschrieben wurde, ist die Herkunftssage des mächtigen Geschlechts der Lusignan aus dem Südwesten Frankreichs, aus dem während der Kreuzzüge Könige von Armenien hervorgingen und das eine Schlüsselfunktion hatte im Ringen der Kronen von Frankreich und England um den beherrschenden Einfluss in Frankreich. Und so geht diese Geschichte: Ein Burgherr von Lusignan lernt an einem Fluss oder See eine wunderschöne Frau kennen, verliebt sich in sie und führt sie auf seine Burg. Vor ihrer Hochzeit ringt die schöne Frau – Melusine – ihrem Herrn ein Versprechen ab, nämlich dass sie jeden Samstag allein und ungestört im Bade zubringen dürfe. Das wird ihr gewährt, und an jedem Samstag schließt sich Melusine im Bad ein. Die Ehe ist harmonisch und fruchtbar; zehn Söhne gebiert Melusine dem Herrn von Lusignan. Der tapferste dieser Söhne will jedoch eines Tages wissen, was das Geheimnis seiner Mutter ist, und sorgt dafür, dass ihr Badezimmer gewaltsam geöffnet wird. Im Bad sehen die Eindringlinge statt Melusine – eine Schlange. Das

WASSERFEEN
In den keltischen Sagen spielen Wasserfeen seit ältester Zeit eine große Rolle; in den Artussagen kommen sie an vielen Stellen vor. Auch in der übrigen europäischen Folklore sind sie vielfach vertreten: Für viele Gewässer des gesamten Kontinents werden Geschichten von dort lebenden Nixen erzählt, die Sterbliche betören.

■ Die Statue der Kleinen Meerjungfrau im Hafen von Kopenhagen, die Edvard Eriksen 1913 nach dem Märchen von Hans Christian Andersen gestaltete

■ Melusine entweicht dem Grafen Raimund von Lusignan in Drachengestalt (links) – Melusine erscheint, um ihre Söhne zu stillen (rechts). Französische Buchmalerei von 1401 zu dem *Roman de Melusine* des Troubadours Couldrette

Schlangenweib Melusine verschwindet daraufhin und wird niemals wieder gesehen.

Dass die Melusineüberlieferung möglicherweise tief in mythische Schichten zurückreicht, bezeugt eine alte keltische Sage, in der der Königssohn Ruad bei einer Seefahrt von der schönen Wasserfee Albhine zurückgehalten wird. Albhine ist selbst eine verwunschene Prinzessin, die durch die Liebe eines Mannes wieder menschliche Gestalt annehmen möchte. Nach einem sehr lustvollen Aufenthalt im noch von weiteren wunderschönen weiblichen Wesen bevölkerten Unterwasserpalast Albhines kehrt Ruad an Land zurück, vergisst dort wegen einer anderen Frau jedoch seine unterseeische Geliebte und wird deshalb von ihr verflucht. Denn wegen seiner Untreue muss Albhine auf ewig unter Wasser bleiben.

Für das Geschlecht der Lusignan bedeutete die Tatsache, dass es seine Herkunft auf eine Wasserfee zurückführte, einerseits eine Aufwertung, war es doch dadurch auf eine Stufe gestellt mit so manchem Artushelden, der ebenfalls auf eine feeische Mutter oder Großmutter oder – wie Lanzelot – wenigstens auf seine Erziehung durch eine Fee zu verweisen vermochte. Andererseits nutzten die Feinde der Lusignan den eifernden Kampf der Kirche gegen dämonische Naturgeister wie Wasserfeen, um die große Adelsfamilie als ein Geschlecht halb teuflischen Ursprungs zu denunzieren.

Die Melusinegeschichte war schon bald so populär, dass es einen Kompromiss zwischen beiden Bewertungen zu geben hatte, und der bestand darin, dass Melusine eine menschliche Seele erwerben oder wenigstens danach streben musste. So war sie nicht mehr ein Naturgeist oder Dämon, sondern eine (Beinahe-) Christenseele und konnte zur positiven Heldin der Geschichte werden. So schließt sich der Bogen von den altkeltischen Wasserfeen über die Artussagen und die Melusinesage zur romantischen *Undine* und Andersens *Kleiner Meerjungfrau*: eine mehr als tausendjährige Sagentradition.

GRIECHISCH-RÖMISCHER UND MITTELALTERLICHER MYTHOS

Menschenähnliche Meerschlangen wie die von Perseus getötete Medusa gelten schon im griechischen, von den Römern ins Mittelalter vermittelten Mythos als gefährliche, aber auch erotisch anziehende Wesen. Das Motiv von dem zauberischen Geheimnis eines Liebespartners, das zu brechen das Ende der Beziehung bedeutet, ist aus dem antiken Märchen von *Amor und Psyche* in die europäische Folklore eingegangen. Die gelehrten Mönche des Mittelalters verglichen die Meerjungfrauen der nordischen Überlieferung mit den Sirenen, den verlockenden Seevögeln der Odysseus-Sage. »Sirene« und »Meerjungfrau« wurden zu einem Begriff für dasselbe.

MELUSINE, UNDINE UND KLEINE MEERJUNGFRAU

QUELLEN

Die keltische Sage von der Meerfrau Albhine findet sich im irischen *Book of Ballymote*, das um 1400 aus oft erheblich älteren Texten zusammengestellt wurde, denen wiederum eine lange mündliche Überlieferung vorausgegangen war. Gervasius von Tilbury, ein Gelehrter im Dienste Heinrichs II. von England, ist der Erste, der um die Wende vom 12. zum 13. Jahrhundert eine Wasserfee mit Namen Melusine erwähnt. 1393 erschien ein französischer Prosaroman des Jean d'Arras, in dem die Melusinegeschichte bereits die Ursprungssage des Hauses Lusignan ist. 1401 folgte eine Versfassung aus der Feder des Coudrette. Anlass für diese dichterische Aufbereitung der alten Melusinesage ist die Zurückeroberung des Poitou, in dem Lusignan liegt, von den Engländern durch den Herzog von Berry (dem der Prosaroman gewidmet ist) und die Rückkehr des von den Türken aus seinem Kreuzzugs-Königreich Armenien vertriebenen Lusignan-Königs Leo VI. in die französische Heimat seiner Väter. Dank seiner ist die Melusinesage auch mit dem großen Zyklus der Kreuzzugs-Romane verknüpft. Die Melusinesage gelangte bald auch nach England, wo sowohl der französische Prosaroman als auch die Verserzählung nachgedichtet wurden, und in den deutschen Sprachraum, wo 1456 der erste Melusineroman entstand. Daraus entwickelte sich das im 17. und 18. Jahrhundert weit verbreitete deutsche Melusine-Volksbuch, in das die um 1310 entstandene Sage von *Peter von Staufenberg* einbezogen wurde. Diese war als mittelhochdeutsche Verserzählung vermutlich von Egenolf von Staufenberg, einem Nachfahren Peters, als Gründungssage der Familie verfasst worden. Das Volksbuch von *Melusine* war noch im 18. Jahrhundert populär. Ludwig Tieck entdeckte es mit einer Nacherzählung 1800 für die Romantik, später erzählte es u.a. auch Gustav Schwab nach. Goethe transponierte in seiner Erzählung *Die neue Melusine* den Stoff in seine Gegenwart. Friedrich de la Motte Fouqués Erzählung *Undine* von 1811, die auf den Melusinestoff zurückgreift, wurde zu einem Bestseller. De la Motte Fouqué schrieb auch das Szenario für E.T.A. Hoffmanns romantische Oper *Undine* (1815). Weitere Undineopern (auch eine Ouvertüre von Mendelssohn) folgten, von denen Albert Lortzings »Zauberoper« *Undine* von 1845 sehr populär wurde. Die beliebteste Bearbeitung des Undinestoffs ist bis heute aber Andersens *Kleine Meerjungfrau* geblieben.

AUF DEN PUNKT GEBRACHT

Andersens bekanntes Märchen von der *Kleinen Meerjungfrau* geht auf den in der Romantik beliebten Undinestoff zurück, und dieser wieder auf die mittelalterliche Melusinesage, hinter der der alte keltische Mythos von den Wasserfeen steht.

EMPFEHLUNGEN

Lesenswert:

Friedrich de la Motte Fouqué: *Undine. Ein Märchen der Berliner Romantik*, München 1999

Hans Christian Andersen: *Die kleine Meerjungfrau*, Hildesheim 1993

Johann Wolfgang Goethe: *Die neue Melusine*, Frankfurt/M. 1999

Jacob Grimm: *Deutsche Mythologie*, 2 Bde., Wiesbaden 2003

Gustav Schwab: *Die deutschen Volksbücher*, Frankfurt/M. 1859

Gottfried Keller: *Seemärchen*, Gedicht 1854

Walter Scott: *Schottische Balladen*, 1802–1803

Hörenswert:

E.T.A. Hoffmann: *Undine*. Oper 1815

Felix Mendelssohn Bartholdy: *Undine*. Ouvertüre 1833

Albert Lortzing: *Undine*. Oper 1845

Friedrich de la Motte Fouqué: *Undine*. Gelesen von Eva Mattes. Hörbuch 2006. 3 Audio-CDs

Sehenswert:

Miranda. Regie: Ken Annakin; mit Glynis Johns, Griffith Jones, Margaret Rutherford. GB 1947

Besuchenswert:

Kopenhagen mit seinem Wahrzeichen, der anmutigen Statue der Kleinen Meerjungfrau an der Hafeneinfahrt

Hexen

Verfolgte Zauberinnen

■ Zubereitung und Anwendung der Hexensalbe beim Hexenritt. Holzschnitt zu Francesco Maria Guazzos *Compendium Maleficarum* von 1608

Geschichtliche Einordnung: Zauberkräftige Frauen gab es schon immer. Die römischen Kaiser dekretierten aber, dass sie keinen für irgendwen schädlichen Zauber ausüben dürften. Daran orientierte sich auch die Lehre der Kirche, bis im Hochmittelalter Hexerei und Ketzerei gleichbedeutend wurde. Damit begann die Zeit der Hexenverfolgung, die ihren Höhepunkt aber erst seit dem späten 15. Jh., also in der frühen Neuzeit, fand.

Zauberkunst und Wahrsagerei waren sowohl bei der romanischen als auch bei der keltischen und germanischen Bevölkerung des antiken und frühmittelalterlichen Europa fest im Volksglauben verwurzelt: Muttergottheiten, Feen und Elfen, Parzen und Nornen waren zaubermächtig und kannten die Zukunft – und Priester und Wahrsagerinnen, Druiden und weise Frauen versuchten, durch einen möglichst guten Kontakt mit der Welt dieser Geister so viel wie möglich von deren Wissen in Erfahrung zu bringen. Dabei gingen, etwa in der Heilkunde, magische Praktiken mit überliefertem Wissen, zum Beispiel über heilende Kräuter, Hand in Hand. Es gab gute und böse Zauberer und Zauberinnen, und es gab gute und böse Menschen, die ihre Künste nutzten. Die einen ließen (gegen Geld, versteht sich) ihre Feinde, Nebenbuhler(innen) oder Konkurrenten verhexen, die anderen kauften sich einen möglichst mächtigen Abwehrzauber. Bräuche wie magische Vorkehrungen gegen den Bösen Blick oder geheimnisvolle Maßnahmen gegen bösen Vieh- und Getreidezauber haben sich in abgelegenen Gegenden Europas bis heute erhalten, und in Mittelamerika nimmt man noch immer gern die Hilfe von Wudu-Hexen in Anspruch, die etwa eine Nebenbuhlerin dadurch ausschalten, dass sie eine Puppe von ihr anfertigen und sie mit Nadeln durchstechen – eine Praktik, die auch schon zum Repertoire mittelalterlicher europäischer Hexen gehörte.

Interessanterweise waren es zumeist ältere Frauen, die sich in Zauberkünsten auskannten. Wahrscheinlich sind in patriarchalischen Gesellschaften stets sie es, die sich am besten in der Psyche ihrer Mitmenschen auskennen; außerdem waren Frauen von den offiziellen Riten des Staats oder der Kirche ausgeschlossen und suchten sich deshalb andere Betätigungsfelder.

Schon im alten Rom wurde Zauberei, die darauf aus war, Menschen Schaden zuzufügen, unter Strafe gestellt. Hexerei an sich

HEXEN UND POLITIK

Eine der ersten Darstellungen des Hexensabbats verdanken wir einem Hamburger Erzbischof des Hochmittelalters, der sie dem Papst schickte, damit dieser ihn zum Kreuzzug gegen die störrischen freien Bauern des holsteinischen Dithmarschen ermächtigte. Die Dithmarscher widersetzten sich nämlich der Unterwerfung unter ein feudales Grundherrschaftssystem. Trotz dieser Denunziation, die aus den braven Dithmarscher Bauersfrauen Buhlinnen des Teufels machte, blieben die Dithmarscher frei.

aber galt als etwas, das selbstverständlich zum Leben gehörte. Anders wurde dies, als die Kirche begann, das Monopol auf magische oder wundertätige Praktiken für sich zu reklamieren. Nicht von der Kirche sanktionierte Magie konnte nun nur noch »schwarze« Magie im Dienste des Teufels sein. Im Laufe des Mittelalters gelang es der Kirche, die zauberkundigen Frauen als Dienerinnen des Teufels abzustempeln.

Hexerei bedeutete für mittelalterliche Theologen die Ablehnung der christlichen Heilsversprechen und kam damit der Ketzerei, also dem Abfall von der wahren Religion gleich; sie musste deshalb mit allen Mitteln bekämpft werden. Immer häufiger wurden Hexen jetzt auch verbrannt. Die kirchliche Inquisition, ursprünglich als Disziplinarverfahren in der Kirche eingerichtet, wurde zum Machtinstrument gegen Ketzer und Hexen. Schließlich entdeckten auch die weltlichen Herren im Kampf gegen Ketzer und Hexen ein willkommenes Instrument zur Ausweitung ihrer Macht, etwa im Prozess gegen die Tempelritter, den der französische König Philipp der Schöne 1307 vom Zaun brach, um sich in den Besitz ihres gewaltigen Vermögens zu bringen. Gut hundert Jahre später verbrannten die Engländer Jeanne d'Arc, die den Widerstand der Franzosen gegen die englische Vorherrschaft in ihrem Lande entfacht hatte, als Hexe und Ketzerin auf dem Scheiterhaufen.

In dieser Zeit bildete sich die sagenhafte Vorstellung von der Hexe heraus, die in der Walpurgisnacht (der Maiennacht, mit der das

■ Der Hexensabbat. Holzschnitt aus dem Jahr 1510 von Hans Baldung Grien

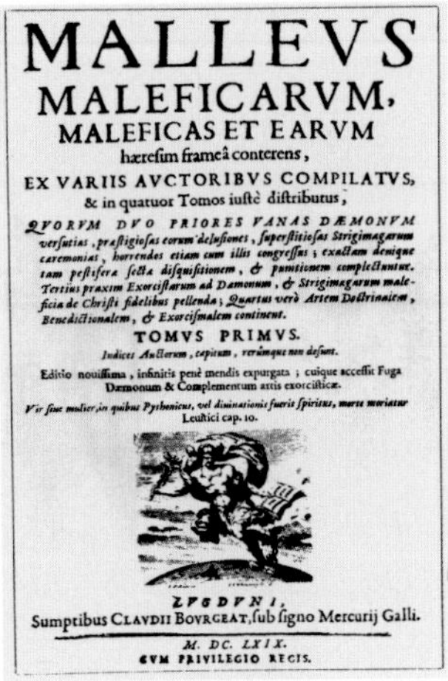

MALLEVS
MALEFICARVM,
MALEFICAS ET EARVM
hæresim frameâ conterens,
EX VARIIS AVCTORIBVS COMPILATVS,
& in quatuor Tomos iustè distributus,
QVORVM DVO PRIORES VANAS DÆMONVM versutias, præstigiosas eorum delusiones, superstitiosas Strigimagarum cæremonias, horrendos etiam cum illis congressus; exactam denique tam pestiferæ sectæ disquisitionem, & punitionem complectuntur. Tertius praxim Exorcistarum ad Dæmonum, & Strigimagarum maleficia de Christi fidelibus pellenda; Quartus verò Artem Doctrinalem, Benedictionalem, & Exorcismalem continent.
TOMVS PRIMVS.
Indices Auctorum, capitum, rerûmque non desunt.
Editio nouissima, infinitis penè mendis expurgata; cuique accessit Fuga Dæmonum & Complementum artis exorcisticæ.
Vir siue mulier, in quibus Pythonicus, vel diuinationis fuerit spiritus, morte moriatur Leuitici cap. 10.
LVGDVNI,
Sumptibus CLAVDII BOVRGEAT, sub signo Mercurij Galli.
M. DC. LXIX.
CVM PRIVILEGIO REGIS.

■ Der Hexenhammer – *Malleus Maleficarum*. Titelblatt der Lyoner Ausgabe von 1669

Frühjahr beginnt), aber auch in der Johannisnacht (Mittsommer) oder Weihnachtsnacht (Mittwinter), auf einem Besen, einer Mistgabel oder einem ähnlichen mit einer Stange versehenen Gerät als ihrem Ross auf einen wichtigen Berg oder Hügel ihrer Gegend fliegt – der berühmteste dieser Hexenberge ist der Blocksberg oder Brocken im Harz. Damit sie flugtauglich werde, hat sie zuvor ihre Füße und Achseln, vielleicht auch ihr Geschlecht mit Hexensalbe eingerieben, die aus seltsamen Kräutern, Krötenfett und angeblich auch aus dem Fett eigens geschlachteter Kinder gewonnen wird. Auf dem Versammlungsort, dem Hexentanzplatz, angekommen, tun die Hexen dem ihnen jeweils zugeordneten Teufel schön, tanzen mit ihm und erweisen dem in Bocksgestalt inmitten des Treibens thronenden Oberteufel ihre Reverenz, indem sie seinen Arsch küssen. Nicht nur dieser Kuss – alles ist verkehrt herum in dieser Hexenwelt: Die Fackeln sind schwarz, statt Licht zu spenden, Hexen und Teufel tanzen Rücken an Rücken, und wenn sie sich schließlich verbotener Liebe hingeben, liegen die Weiber oben und die Männer oder Teufel unten. Dieses Bild vom »Hexensabbat« ist seit dem Spätmittelalter fest etabliert. Die Inquisitoren Heinrich Institoris (Krämer) und Jakob Sprenger machten daraus in ihrem *Hexenhammer* von 1487 einen quasi amtlichen Fragebogen, anhand dessen man Hexen überführen konnte. In den Hexenprozessen, die von nun an immer zahlreicher wurden, hatten die »Hexen« keine Chance: Da sie mit dem Teufel im Bund standen, sagten sie grundsätzlich nicht die Wahrheit, sondern mussten durch die Folter zu den richtigen Aussagen gezwungen werden. Gestanden sie unter der Folter noch immer nicht ihre zauberischen Aktivitäten, wurden sie einem Gottesurteil unterworfen, etwa, indem sie in ein Gewässer geworfen wurden. Gingen sie nicht unter, so galt als ausgemacht, dass dies nur mit des Teufels Hilfe möglich war. So endeten, bis die Aufklärung dem Unwesen der Hexenprozesse ein Ende machten, Tausende unschuldiger Frauen auf dem Scheiterhaufen, gleichermaßen in Süd- und Nordeuropa und sogar noch in den nordamerikanischen Kolonien, sowohl in katholischen wie protestantischen Gegenden. Erst 1793 wurde in Mitteleuropa die letzte Hexe verbrannt.

Dies konnte aber nichts daran ändern, dass, zumindest in den ländlichen Gegenden Europas, »weise Frauen« noch bis heute Zauberriten ausführen. Hexen gelten in der europäischen Folklore zwar meist als böse, aber es gibt auch gute Hexen. Jedenfalls ist es Kirche und Staat nicht gelungen, ihnen vollständig den Garaus zu machen.

HEXEN UND FEMINISMUS

Seit den 1970er Jahren haben Feministinnen die Hexen als ihre Vorgängerinnen reklamiert, als einflussreiche kluge Frauen, deren Macht von der Männergesellschaft mit brutaler Gewalt bekämpft wurde. Die Walpurgisnacht, die Nacht zum ersten Mai, ein traditioneller Termin der Hexenversammlung, wurde zum feministischen Kampftermin.

HEXEN

QUELLEN

Das im Deutschen und Niederländischen übliche Wort »Hexe« ist erst seit dem 15. Jahrhundert belegt und ebenso unklaren Ursprungs wie das englische »witch« oder das spanische »bruja«. Die lateinischen Quellen des Mittelalters sprechen von »Zauberern« und »Zauberinnen« (*magi*) oder Wahrsagerinnen, *sortiaria* (daher französisch *sorcière*, englisch *sorcerer*), daneben gibt es das ebenfalls schwer deutbare Wort *strega*, das sich im Italienischen erhalten hat. – Die Vielzahl der Wörter für Hexe in den europäischen Sprachen zeugt davon, dass mannigfaltige regionale Traditionen zum Hexenglauben beigetragen haben. Von der Vielfalt des Hexenglaubens und seinen unterschiedlichen heidnischen und christlichen Quellen allein im deutschen Sprachraum geben die zahlreichen Seiten zum Stichwort »Hexe« in Jacob Grimms *Deutscher Mythologie* ein beredtes Zeugnis ab. Das Kirchenrecht, das sich auf die römische Rechtstradition gründete, für die die Existenz von Magie selbstverständlich ist, kannte zunächst nur die Verurteilung schädlichen, gegen andere Menschen gerichteten Zaubers. Der Kirchenlehrer Augustinus stellte allerdings im 5. Jahrhundert klar, dass jede Magie, die sich nicht auf die Kirche berufen kann, nicht nur von Übel, sondern auch minderwertig ist, da Gott stärker sein muss als der Teufel und alle Dämonen. In den kirchenrechtlichen Kompendien des Bischofs Burchard von Worms (um 965–1025) wird jede Art von nicht kirchlich sanktionierten rituellen Handlungen verurteilt. Im 13. Jahrhundert, mit dem Beginn des Kampfes der Kirche gegen einflussreiche Bewegungen von »Ketzern« wird mehrfach festgehalten, dass die »schwarze« Magie mit Ketzerei (Häresie) und der Leugnung der Macht Gottes gleichzusetzen und damit todeswürdig sei. Der *Malleus Maleficarum* (Hexenhammer) von Heinrich Institoris und Jakob Sprenger (1487) wurde dann zum Anklagebuch gegen das gesamte angebliche Hexenwesen, in einer Zeit, in der Alchimisten wie der sagenhafte Dr. Faustus die magischen Kenntnisse der Antike wiederbelebten und damit der modernen Wissenschaft den Weg ebneten.

EMPFEHLUNGEN

Lesenswert:

Brüder Grimm: *Kinder- und Hausmärchen*, München 2005 (Die Hexengeschichten der Grimm'schen Märchen gehören bis heute zum Standardarsenal der Kindermärchen in Europa.)

Jacob Grimm: *Deutsche Mythologie*, 1835, Nachdruck Wiesbaden 2003 (Grimms Werk bietet einen bis heute unübertroffenen Überblick über die europäische Hexenfolklore.)

William Shakespeare: *Macbeth*, München 1995

Johann Wolfgang Goethe: *Faust. Der Tragödie erster und zweiter Teil. Urfaust*, München 1998

Ludwig Tieck: *Der Hexensabbat*, Novelle 1832

Peter Dinzelbacher: *Heilige oder Hexen. Schicksale auffälliger Frauen*, Düsseldorf 2004

Hörenswert:

Arthur Miller: *Hexenjagd*. Schauspiel 1953

Henry Purcell: *Dido und Aeneas*. Oper 1689

Giuseppe Verdi: *Macbeth*. Oper 1847

Engelbert Humperdinck: *Hänsel und Gretel*. Oper 1893

Sehenswert:

Macbeth. Regie: Roman Polanski; mit Jon Finch, Francesca Annis. GB 1972

Der Name der Rose. Regie: Jean-Jacques Annand; mit Sean Connery, Christian Slater, Elya Bashin. BRD/I/F 1986

Hexen hexen. Regie: Nicolas Roeg; mit Anjelica Huston. USA 1990

Besuchenswert:

Der Brocken im Harz mit seinem Hexentanzplatz

AUF DEN PUNKT GEBRACHT

Hexen und Zauberer gehören seit jeher zum magischen Brauchtum. Im Mittelalter versuchte die Kirche, ihr Monopol auf alle Magie mit Gewalt durchzusetzen. Daher kam es zu ungeheuer brutalen »Hexen«-Verfolgungen. Diese haben jedoch nichts daran ändern können, dass Hexen bis heute zu den beliebtesten Figuren der europäischen Folklore gehören.

Herzog Ernst
und: Die phantastische Geographie der Kreuzzugszeit

Geschichtliche Einordnung:
Die in Deutschland verbreitete Sage von Herzog Ernst geht in ihrem historischen Kern auf die ottonische Zeit des 10. Jh.s zurück. In ihrer Fassung aus der Kreuzzugszeit dokumentiert sie auf ideale Weise die mytisch-geographischen Vorstellungen des Mittelalters.

Die Sage von Herzog Ernst ist zweierlei: zuerst eine dramatische Geschichte um Ehre, Treue und Verleumdung, dann aber auch – und das ist das spannendere Element – eine abenteuerliche und märchenhafte Weltkunde aus der Kreuzzugszeit.

Die dramatische Geschichte um Ehre, Treue und Verrat, in der sich Erinnerungen an historische Ereignisse wiederfinden, lässt sich kurz so zusammenfassen: Kaiser Otto freit um die schöne Adelheid, die selbst Tochter eines Kaisers ist. Adelheid schwant nichts Gutes für ihren Sohn aus erster Ehe, den Bayernherzog Ernst, dennoch willigt sie in die Ehe ein. Und natürlich werden ihre bösen Vorahnungen bestätigt: Heinrich, der Neffe des Kaisers, den Otto dem Sohn Adelheids vorzieht, sinnt auf Vergeltung und bläst dem Kaiser ein, dass Herzog Ernst nach seinem Thron trachte. Es gelingt ihm, den Zorn des Kaisers auf seinen Stiefsohn zu entfachen. Heinrich zieht im Auftrag des Kaisers gegen Herzog Ernst zu Felde, wird jedoch von diesem, der stets auf die heldenhafte Hilfe seines Jugendfreunds, des Grafen Wetzel, zählen kann, zweimal geschlagen. Schließlich dringen Herzog Ernst und Graf

■ Herzog Ernst von Schwaben weigert sich vor seinem Stiefvater Kaiser Konrad II. und seiner Mutter Gisela, gegen seinen Freund Werner (Wetzel) von Kyburg zu kämpfen. Holzstich von 1856

■ Europäischer Blick auf Asien: Der Mongolenherrscher Kublai Khan greift das Heer des indischen Königs Nayan an. Buchmalerei zu einer Ausgabe von Marco Polos Reisebeschreibung *Le Livre des Merveilles du Monde*, 1412

Wetzel bei einem Hoftag in das kaiserliche Gemach vor, wo der Kaiser mit seinem Neffen beim Schachspiel sitzt. Herzog Ernst durchbohrt seinen Verleumder mit seinem Schwert. Nun muss der Kaiser, dessen Autorität in Frage gestellt ist, tätig werden. Mit einem großen Heerbann zieht er gegen seinen Stiefsohn. Herzog Ernst muss nun aus dem Reich fliehen.

Damit beginnt der andere Teil der Geschichte, die abenteuerliche Reise von Herzog Ernst und seinem Freund, Graf Wetzel, durch die phantastische Außenwelt des europäischen Mittelalters.

Mit wenigen Getreuen ziehen sie durch Ungarn und Bulgarien nach der prächtigen Stadt Konstantinopel. Der Griechenkaiser dort bewirtet sie mit großer Aufmerksamkeit, doch bald merken die deutschen Ritter, dass diese Fürsorge nur den vermeintlichen Feinden seines Gegners, des römischen Kaisers, gilt, dem sie sich noch immer in Treue verbunden sehen. So sammeln sie andere christliche

HERZOG ERNST UND DER CID

Die mittelalterliche Feudalordnung verlangt die unbedingte Treue aller Gefolgsleute gegenüber ihrem Fürsten, in letzter Instanz dem König oder Kaiser. Wenn die Gefolgsleute sich aber in ihrer Ehre verletzt fühlen, wie Herzog Ernst in Deutschland oder der Cid in Spanien, und dadurch zu Aufrührern werden, bleibt ihnen nur Eines: sich aus dem Machtbereich ihres Herrn zurückzuziehen, bei den Heiden Heldentaten zu vollbringen und danach den Versuch zu unternehmen, die Gnade ihres Herrn zurückzuerlangen.

Ritter aus dem Westen Europas um sich, beschaffen sich Schiffe und stechen als Kreuzritter in See, Richtung Heiliges Land. In einem Sturm jedoch zerschellen alle Schiffe außer dem einen mit Herzog Ernst und seinen engsten Freunden an Bord. Erschöpft landet die Besatzung dieses Schiffes vor einer unbekannten Stadt. Die Tore stehen offen, und die Stadt ist vollkommen leer. Im Königspalast erquicken sich die Ritter an den bereitstehenden Speisen und Getränken. Erst abends, als allein Herzog Ernst und Graf Wetzel in der Stadt sind, zieht ein großes Heer von geierköpfigen Rittern in die Stadt ein, die eine geraubte indische Prinzessin mit sich führen. Die beiden Helden versuchen sie zu befreien, können aber nicht verhindern, dass der Geierkönig ihr mit seinem Schnabel ins Herz hackt.

Während die Prinzessin stirbt, gelingt es Ernst und Wetzel, sich den Rückweg zum Schiff freizukämpfen. Das Schiff legt sogleich ab – doch diese Fahrt wird seine letzte sein. Unerbittlich wird es von einem Magnetberg angezogen, der zuvor schon zum Grab vieler Schiffe geworden ist. Nur sieben Ritter überleben den Aufprall auf den eisernen Berg, und es erweist sich als unmöglich, die Toten in dem Metall, aus dem der Berg besteht, zu begraben. Stattdessen holen riesige Greifen sich die Toten als leichte Beute.

Dies bringt Graf Wetzel auf die Idee, wie sie sich von dem kahlen, ringsum von Wasser umgebenen Berg retten können: Herzog Ernst und Graf Wetzel, danach vier weitere der überlebenden Ritter, lassen sich in Ochsenhäute einnähen, um sich von den Greifen in ihren fernen Horst tragen zu lassen. Nur der siebte der Ritter, der, der sie eingenäht hat, muss auf dem öden Eiland in Erwartung eines sicheren Todes zurückbleiben.

■ Ein Schiff zerschellt am Magnetberg. Spätmittelalterlicher Holzschnitt

■ Phantastische Wesen aus der Fremde: ein Kopfloser, ein Einfüßer und ein einäugiger Riese. Illustration zu einer Ausgabe (1412) von Marco Polos Reisebeschreibung *Le Livre des Merveilles du Monde*

Die Ritter finden sich in den Greifenhorsten wieder, hoch oben in Baumwipfeln, erwehren sich der jungen Greifen, können fliehen, durchqueren einen riesigen Wald und schroffe Gebirge und gelangen zu einem von steilen Felswänden eingezwängten Fluss. Sie bauen ein Floß, das sie flussabwärts trägt. Über eine weite Strecke verläuft der Fluss unterirdisch, und die Finsternis wird nur vorübergehend durch das Leuchten prächtiger Karfunkelsteine unterbrochen, von denen Herzog Ernst einen besonders prächtigen abbricht. Schließlich führt der Fluss sie in eine fruchtbare Ebene. Sie wird von Menschen bewohnt, die nur ein Auge mitten auf der Stirn haben.

Die Einäugigen sind sehr gastfreundlich, denn sie brauchen die Hilfe der Ritter gegen ihre Widersacher, die Riesen, die von ihnen gewaltige Tributzahlungen

MYTHEN DER FREMDE

Im griechischen Mythos, zuerst in Homers *Odyssee*, ist bereits von merkwürdigen fremden Völkern die Rede, die der Hilfe der kultivierten Menschen bedürfen oder von ihnen bekämpft werden müssen. Aus diesen uralten Quellen stammt die Überlieferung von einäugigen Völkern (Zyklopen) und von Stämmen, die sich bedrohlicher Vögel erwehren müssen. Noch älter ist die Überlieferung von Greifen, die teils Vogel und teils Löwe sind. Aus der orientalischen Märchenwelt, nämlich der Geschichte von Sindbad dem Seefahrer, stammt die Geschichte vom Magnetberg. Eine alte christliche, über Konstantinopel nach Westeuropa gelangte Überlieferung ist die von den Thomaschristen im fernen Indien. Sie erinnern an die Geschichte vom Reich des sagenhaften Priesters Johannes, das mal in Innerasien, mal in Indien und mal in Äthiopien angesiedelt wurde.

erwarten. Herzog Ernst und seine Mannen locken die Riesen in einen dichten Wald, in dem sie, deren Köpfe über die Baumwipfel hinausragen, nicht sehen können, was auf der Erde vor sich geht. Dort durchtrennen die Ritter ihnen mit ihren scharfen Schwertern die Fußsehnen. Hilflos humpelnd entfliehen die Riesen, sofern sie nicht getötet werden. Einen von ihnen lässt Herzog Ernst jedoch gesund pflegen, und dieser Riese wird aus Dankbarkeit einer seiner treuesten Gefolgsleute. Neben den Riesen lernen die Ritter auch Zwerge kennen. Diese leben auf einer nahen Insel und werden von Vögeln so sehr bedrängt, dass sie ihre Felder nur des Nachts bestellen können. Herzog Ernst und seine Getreuen befreien die Zwerge von dieser Plage und nehmen als Andenken zwei von ihnen mit.

Eines Tages gelangt ein verirrtes Schiff aus dem fernen Indien an das Gestade der Einäugigen. Herzog Ernst erfährt von der Besatzung, dass der christliche König von Indien einen verheerenden Angriff des heidnischen Sultans von Babylon erwarte. Er zögert keinen Augenblick, dem Christenkönig zu Hilfe zu eilen. In Indien angelangt, beginnen die Ritter sofort, die Einheimischen in westlicher Kriegskunst zu unterweisen, und erkundigen sich nach Mitteln, die gefährlichste Waffe des Sultans, die Kriegsele-

■ Höllenvorstellung des Mittelalters: Illustration zu Dantes *Göttlicher Komödie*; Inferno: Dante und Vergil klettern im Zentrum der Hölle an der Flanke Luzifers empor. Italienische Buchmalerei, um 1370

DANTES GÖTTLICHE KOMÖDIE

Dantes *Divina Comedia* (Göttliche Komödie) ist das bedeutendste Werk der italienischen Literatur des Mittelalters. Der Dichter selbst, geführt von seinem antiken Zunftgenossen Vergil, erkundet hier die verschiedenen Stufen der Hölle und des Paradieses. Die etwas ältere Sage von Herzog Ernst bezeugt, dass dieses Thema damals ganz Europa interessierte: Die beginnende Erkundung fremder Länder war eng mit der Erkundung des Jenseits verbunden. Die Unterscheidung zwischen physisch oder metaphysisch fernen Regionen existierte noch kaum.

fanten, unschädlich zu machen. Als die Heere der Inder und der Babylonier schließlich einander gegenüberstehen, lassen die Inder auf Geheiß Herzog Ernsts eine Herde Schweine frei, deren Quieken die Elefanten in Panik versetzt. Im Kampf Mann gegen Mann gelingt es Graf Wetzel, den Sultan vom Pferd zu werfen und gefangen zu nehmen. Damit ist die Schlacht entschieden.

Als die Inder den Sultan nach Kriegssitte langsam foltern und dann töten wollen, schlägt Graf Wetzel vor, ihm stattdessen einen Friedensvertrag abzuverlangen und ihn ziehen zu lassen. Der Sultan ist für diesen lebensrettenden Rat, den die Inder befolgen, so dankbar, dass er die Ritter mit sich nach Babylon nimmt und in großen Ehren hält. Da sie nach wie vor nach Jerusalem ziehen wollen, gibt er ihnen ein Heer mit auf den Weg dorthin und verspricht, dass alle christlichen Pilger unbehelligt in die Heilige Stadt gelangen sollen. In Jerusalem treffen die Ritter endlich wieder auf Menschen aus ihrer Heimat, und die vier, die neben Herzog Ernst und Graf Wetzel übriggeblieben sind, bitten darum, nach Deutschland zurückkehren zu dürfen.

Nur Herzog Ernst und sein Freund sind dazu verdammt, weiter in der Welt herumzuziehen. Sie gelangen in Länder, in denen die Menschen nur auf einem, aber umso größeren Fuß herumhüpfen oder so große Ohren haben, dass die fast auf der Erde schleifen. Sie zähmen Adler, die sie in einem Korb in die höchsten Schichten der Luft tragen, und sie lassen sich eine Taucherglocke bauen, in der sie die Tiefen des Meeres mit ihren schrecklichen Bewohnern erkunden. Sie erreichen sogar die grässliche Schlucht der Vorhölle, in der eine unermessliche Zahl von Toten auf ihr endgültiges Urteil wartet.

Nach diesem Vorgeschmack auf das Schreckliche schlechthin gelangen sie endlich zum Ende der Welt: der unübersteigbaren

■ Pilger vor dem Heiligen Grab. Französische Wandmalerei, 1325/30

Mauer des Paradieses. Von jenseits der Mauer hören sie Vogelsang von nie gehörter Lieblichkeit klingen. Nun haben sie alles gesehen, was Menschenaugen sehen können, und hegen nur noch eine Sehnsucht: auch die Heimat noch einmal zu erblicken.

Damit gelangen wir zurück zur dramatischen Rahmenhandlung: Herzog Ernst und Graf Wetzel begeben sich wieder nach Deutschland und erfahren, dass Kaiser Otto das Christfest in Bamberg verbringen wird. Im Büßergewand tritt Herzog Ernst während der Christmette vor den Kaiser und bittet ihn um seine Gnade. Der Bischof und die anderen Großen, denen Kaiserin Adelheid ein Zeichen gegeben hat, bedrängen Otto, sich dem Fest der Liebe gemäß zu verhalten, und nach einigem Zögern gewährt der Kaiser seinem abtrünnigen Stiefsohn den Versöhnungskuss. Herzog Ernst schenkt ihm den Karfunkelstein aus jenem unterirdischen Flusslauf, den er noch immer bei sich trägt. Der Kaiser reiht ihn unter die Reichskleinodien ein, und nachdem er die ganze Geschichte von Herzog Ernst und Graf Wetzel erfahren hat, gebietet er, dass ihre Abenteuer schriftlich festgehalten werden sollen.

So verdanken wir der friedlichen Beilegung eines großen Konflikts ganz erstaunliche Nachrichten über die phantastische Geographie des europäischen Mittelalters, in der die Nachrichten von fremden Ländern, die die Kreuzfahrer in Byzanz und im Vorderen Orient erreichten, mit Bruchstücken aus der Antike überlieferten Wissens und heilsgeschichtlichen Spekulationen durcheinandergehen. Ausgerüstet mit diesen sehr unvollkommenen geographischen Kenntnissen, erreichte Marco Polo im 13. Jahrhundert immerhin den Hof des Mongolenherrschers in China und im 15. Jahrhundert Vasco da Gama das sagenhafte Indien und Kolumbus Amerika, das er für Indien hielt.

HERZOG ERNST

QUELLEN

Im Jahre 953 empörte sich der Schwabenherzog Liudolf gegen seinen Vater, Kaiser Otto I., den Großen, da er fand, dass er gegenüber seinem Onkel Heinrich von Bayern am Kaiserhof zurückgesetzt werde. Außerdem sah er seinen Erbanspruch durch die neue Ehe des Kaisers mit der italienischen Prinzessin Adelheid gefährdet. Zahlreiche Große des Reichs schlossen sich dem Aufstand an, doch am Ende behielt der Kaiser die Oberhand. Liudolf musste sich unterwerfen, wurde seiner Herzogswürde entkleidet und verlor den Anspruch auf die Thronfolge. Ein Dreivierteljahrhundert später (1027) zettelte der Schwabenherzog Ernst II. eine Revolte gegen seinen Stiefvater, Kaiser Konrad II., an. Wiederum knapp 150 Jahre später machte Heinrich der Löwe, der mächtige Herzog in Sachsen und Bayern, Kaiser Friedrich I. Barbarossa die Macht im Reiche streitig. In dieser Zeit (um 1170) entstand, zuerst als kurzes mittelhochdeutsches Spielmannsepos, die sagenhafte Geschichte von Herzog Ernst, die frei mit den historischen Ereignissen umgeht, um das (utopische) Ideal einer Versöhnung der Ideale von Kriegerehre und Vasallentreue zu propagieren, für die es ebenfalls ein historisches Vorbild gab, nämlich die Aussöhnung Ottos I. mit seinem Bruder Heinrich während der Christmette des Jahres 941 in Frankfurt am Main: Heinrich, der seinem Bruder eben noch nach dem Leben getrachtet hatte, war ihm als Büßer zu Füßen gefallen und erlangte tatsächlich Verzeihung. Im 13. Jahrhundert wuchs das offenbar sehr beliebte Epos zu einem großen höfischen Roman mit prächtigen Schilderungen von Ritterfesten und Schlachtszenen, vor allem aber mit der Ausbreitung all dessen, was man in der Kreuzzugszeit über die Seltsamkeiten ferner Länder in Erfahrung gebracht hatte und was der orientalischen (*1001 Nacht* u.a.) wie der antiken (*Odyssee* u.a.) Überlieferung entstammte. Die Wertschätzung des Stoffes zeigt sich auch darin, dass der gelehrte Kleriker Odo von Magdeburg 1212–1218 eine Fassung der Sage in lateinischen Hexametern verfasste. Daraus entstanden wiederum lateinische und deutsche Prosafassungen. Im 15. Jahrhundert wurde aus dem Stoff dann ein frühneuhochdeutscher Roman, der in Volksbüchern immer wieder in gedruckter Form verbreitet wurde. Die lateinische Fassung wurde im 18. Jahrhundert auch in Frankreich gedruckt. Schließlich entdeckte ihn die Romantik wieder. Das Interesse an der phantastischen Geographie und Ethnologie des Mittelalters, die im *Herzog Ernst* auf exemplarische Weise ausgebreitet sind, hat zuletzt Umberto Eco mit seinem Roman *Baudolino* (2002) wieder geweckt.

EMPFEHLUNGEN

Lesenswert:

Herzog Ernst, Mittelhochdeutsch/Neuhochdeutsch, hrsg., übersetzt und mit Anmerkungen versehen von Bernhard Sowinski, Stuttgart 1998

Umberto Eco: *Baudolino*, München 2003

Die deutschen Volksbücher, neu erzählt von Herbert Kranz, Freiburg 1956

Peter Hacks: *Das Volksbuch von Herzog Ernst oder Der Held und sein Gefolge*, Parodie 1957

Felix Dahn: *Herzog Ernst*, Leipzig 1902

Ludwig Uhland: *Ernst, Herzog von Schwaben* (Tragödie 1817), Ditzingen 1991

Hörenswert:

Georg Friedrich Händel: *Lotario*. Oper 1729 (Kaiser Otto hier in Lotario umbenannt)

AUF DEN PUNKT GEBRACHT

Die Sage von Herzog Ernst thematisiert den im Mittelalter immer wieder aufbrechenden Konflikt von Vasallentreue und Ehre eines einzelnen Fürsten. Sie ist aber vor allem ein einzigartiges Kompendium dessen, was die Westeuropäer der Kreuzzugszeit über die Länder Asiens und Afrikas und über das Jenseits wussten oder zu wissen glaubten.

Fürst Igor

Ein russisches Heldenlied der Kreuzzugszeit

Geschichtliche Einordnung: Das einzige russische Heldenepos der Kreuzzugszeit, das von Fürst Igor, dürfte im späten 12. Jh. entstanden sein, in der Zeit, als in Russland noch ein aus der Wikingerzeit stammender Adel herrschte.

Die mittelalterliche Geschichte Russlands ist weitgehend getrennt von der West- und Mitteleuropas verlaufen, und die alte russische Literatur unterscheidet sich deutlich von der des übrigen Europa. Dennoch hat auch sie ein großes Heldenepos aus der Kreuzzugszeit, das *Igorlied*. Jedes russische Schulkind kennt es. Es ähnelt frappierend den alten Heldenliedern aus dem germanischen und keltischen Kulturkreis und der Kreuzzugsdichtung Westeuropas; und doch ist es in Russland entstanden, zu einer Zeit, als der kulturelle Austausch zwischen Ost und West in Europa nur sporadisch war.

Das *Igorlied* geht auf eine tatsächliche historische Begebenheit zurück: Igor, Sohn des Swjatoslaw, Fürst des russischen Teilfürstentums von Nowgorod-Sewerski, beschloss im Frühjahr des Jahres 1185, gegen die heidnischen Kumanen in der südrussischen Steppe zu Felde zu ziehen. Er erwartete Ruhm und reichliche Beute aus dem, was die Kumanen ihrerseits aus den Kirchen und Burgen der Christen geraubt hatten.

In Igors Königshalle, so beginnt die Dichtung, tritt der sagenhafte Dichter Bojan auf, der in uralten Worten die Taten der russischen Helden besingt und den Männern Igors dadurch vor ihrem Auszug Mut macht. Vor allem Igor selbst ist tatendurstig und ver-

■ Kumanen verschleppen Kriegsgefangene und Vieh, werden aber von russischen Kriegern besiegt. Russische Buchmalerei, Ende des 15. Jh.s

säumt darüber, sich des Beistands anderer russischer Fürsten und besonders des Großfürsten in Kiew zu versichern. Als er dann die Vorhut der Kumanen schlägt, wird aus seinem Heldenmut Leichtsinn. Während Igor sich mit den Kumanen herumschlägt, wird der Großfürst in seinem Palast in Kiew von einem bösen Traum heimgesucht. Er sieht die Gefahren vor sich, die durch die Alleingänge der russischen Fürsten entstehen. Nur wenn sie unter seiner Führung ihre Anstrengungen bündeln, weiß er, kann sich Russland seiner Feinde erwehren. Mehrfach nimmt der Dichter dieses »goldene Wort« auf und ermahnt seine Zuhörer oder Leser, geeint gegen die Heiden – seien es die Heiden der Steppe, seien es die heidnischen Litauer im Norden – zu kämpfen.

Es kommt, wie es kommen muss: Igors Heer wird umzingelt, der Fürst selbst und sein Sohn Wladimir gefesselt und in Gefangenschaft verschleppt. Die Kumanen aber suchen bis tief in den Herbst hinein plündernd und brandschatzend das russische Land heim.

Im nächsten Frühjahr sieht Igors Frau Jaroslawna in das Feld hinaus und trauert um ihren Mann und ihren Sohn – und um das Land, das schutzlos den heidnischen Feinden preisgegeben ist. Sie bittet die Elemente, die Sonne, den Wind und das Wasser, gnädig mit ihren Lieben zu sein und ihnen Hilfe zu gewähren. Jaroslawnas Wunsch wird erfüllt: Igor gelingt es, sich aus der Gefangenschaft zu befreien und nach Hause zu fliehen. Wenig später heiratet Wladimir eine kumanische Fürstentochter und wird mit ihr, die eine christliche Herrscherin sein wird, in seine Heimat entlassen. Nun, am Ende des Lieds, ist die Stimmung so freudig, wie sie zuvor, nach der Nie-

■ Fürst Igor in Alexander Borodins Fürst-Igor-Oper. Russische Illustration von 1914

DER HISTORISCHE IGOR

Igor I. Swjatoslawitsch, Fürst von Nowgorod-Sewerski, wurde um 1150 geboren und gelangte 1178 auf den Fürstenthron. Schon 1169 nahm er am Aufstand der russischen Fürsten gegen den Großfürsten in Kiew teil, der mit der Eroberung Kiews und der Neuordnung der Fürstenränge endete. 1171 zog er erstmals gegen die Kumanen, 1185 geriet er bei einem Beutezug in Gefangenschaft, konnte aber 1186 fliehen. 1187 und 1191 zog er erneut gegen die Kumanen zu Felde. Igor starb 1202.

derlage Igors, düster war. Das *Igorlied* endet mit einem Lobgesang auf die Fürsten und Krieger Russlands und ihren von Gott geleiteten Kampf gegen die heidnischen Völker.

Das *Igorlied* ist ein Solitär in der altrussischen Literatur, das einzige höfische Heldenlied des russischen Mittelalters, wenn man von Übersetzungen wie dem über Byzanz aus der Antike übernommenen altrussischen *Alexanderroman* absieht, einer Sage, die in ganz Europa verbreitet war. Bald nach der vermutlichen Entstehung des *Igorlieds* machte im 13. Jahrhundert die Unterwerfung Russlands durch die mongolischen Tataren der weltlichen Literaturproduktion ein Ende. Erst im späten 14. oder frühen 15. Jahrhundert, nach den ersten Siegen der russischen Fürsten – nunmehr unter der Führung des Großfürsten von Moskau – über die Tataren, lebte sie wieder in Texten auf, die diese Siege feierten. Diese Epen des »Kulikowo-Zyklus« (genannt nach dem Ort eines wichtigen Siegs der Russen) bezogen sich wieder auf manche Einzelheiten des *Igorlieds*, dessen Aufruf zur Einigkeit der Russen unter einer einheitlichen Führung den Moskauer Großfürsten sehr entgegengekommen sein muss.

Die Einzigartigkeit des *Igorlieds* in der russischen Literatur hat zu Zweifeln an seiner Echtheit geführt, zumal die einzige Handschrift – angeblich aus dem 15. Jahrhundert – 1812, als die Russen Moskau in Brand steckten, um Napoleon zu vertreiben, verbrannt sein soll. Viele Einzelheiten, vor allem die Sprache des *Igorlieds* und seine Verbindungen zum »Kulikowo-Zyklus«, sprechen aber für seine mittelalterliche Entstehung. Davon sind die meisten der russischen und anderen europäischen Forscher überzeugt, russische Schulkinder allemal.

WIKINGER, RUSSEN UND KUMANEN

Der russische Name Igor, der sich nicht zuletzt dank des *Igorlieds* auch heute noch in Russland großer Beliebtheit erfreut, ist die slawisierte Form des skandinavischen Namens Ingvar. Er verweist auf die Waräger zurück, aus Schweden stammende Wikinger, die um 900 von Kiew aus den ersten russischen Staat, das Reich der Rus, begründeten. Ein Sohn des Reichsgründers Rurik war Großfürst Igor I., der von etwa 912 bis 945 in Kiew herrschte. Wie alle russischen Teilfürsten des früheren Mittelalters entstammte auch der Fürst Igor des Lieds dem Geschlecht Ruriks. Die ärgsten Widersacher des Reichs von Kiew – zeitweilig aber auch seine Verbündeten – waren die Kumanen oder Polovzer, ein aus Innerasien stammendes türkisches Steppenvolk. Russen und Polovzer unterlagen 1226 gemeinsam den Mongolen, die 1240 Kiew eroberten und eine lang andauernde Fremdherrschaft in Russland begründeten.

■ Titelblatt der Originalpartitur zu Alexander Borodins Oper *Fürst Igor*, 1888

DAS *IGORLIED*

QUELLEN

Wahrscheinlich entstand das *Igorlied* um 1186/87, als unmittelbarer Kommentar zu den historischen Ereignissen um Fürst Igor, und zwar in Kiew, wo der Großfürst Interesse daran hatte, Igor für seinen Heldenmut zu loben, aber für seinen Alleingang zu tadeln. Das Lied (russisch »die Rede«) ist in rhythmischer Prosa verfasst und bietet eine Reihe literarischer Finessen wie Leitmotive, Rückblenden sowie Rückgriffe auf alte Sprachschichten und auf die Folklore. Es ist in fünf Abschnitte gegliedert. Im ersten wird der alte Dichter Bojan (von dem auch noch der spätere »Kulikowo-Zyklus« weiß) mit seiner als altertümlich empfundenen Heldendichtung zitiert; im zweiten träumt der Kiewer Großfürst von Unheil für Russland und ruft daraufhin die russischen Fürsten zur Einigkeit auf; im dritten beklagt der Dichter Igors Geschick und ruft die Russen erneut zu Einigkeit und neuen Taten auf. Teil vier (mit der Klage Jaroslawnas) und fünf (in dem die Rückkehr Igors gefeiert wird) sind nach Meinung vieler Gelehrter erst einige Jahre nach den ersten drei Teilen entstanden. Der Text des *Igorlieds* wurde 1800 von Malinowski-Kamenski für den Grafen Musin-Puschkin, den Besitzer der einzigen Handschrift des Lieds aus dem 15. Jahrhundert, ediert und zusammen mit einer Übersetzung ins moderne Russisch veröffentlicht. Das *Igorlied* fand vor allem in Russland sofort große Beachtung. 1812 soll die alte Handschrift allerdings verbrannt sein. Dies führte zu Zweifeln an der Echtheit des gedruckten Textes. Diese Zweifel wurden leiser, nachdem 1852 mit der *Sadonschtschina* ein zentraler Text des »Kulikowo-Zyklus« veröffentlicht worden war, in dem auf manche Einzelheiten des *Igorlieds* Bezug genommen wird. Dies bedeutet immerhin so viel, dass es etwas Ähnliches wie das *Igorlied* zu seiner Zeit allemal gegeben haben muss. Trotzdem sind die Zweifel nie ganz verstummt. Die Mehrzahl der Gelehrten in Russland und im Westen ist allerdings von der Echtheit des *Igorlieds* überzeugt. Die Beliebtheit des Igorstoffs in Russland führte dazu, dass gleich drei der bedeutendsten russischen Komponisten des 19. Jahrhunderts, Borodin, Rimskij-Korsakow und Glasunow, an derselben großen Fürst-Igor-Oper arbeiteten. Im 19. und 20. Jahrhundert wurde das *Igorlied* in alle europäischen Kultursprachen übersetzt, ins Deutsche von niemand Geringerem als Rainer Maria Rilke.

AUF DEN PUNKT GEBRACHT

Auch die Literatur Russlands, dessen Geschichte sonst so anders verlaufen ist als die der west- und mitteleuropäischen Nationen, besitzt ein Heldenlied aus der Kreuzzugszeit: das von Fürst Igor.

EMPFEHLUNGEN

Lesenswert:

Rainer Maria Rilke: *Das Igorlied. Eine Heldendichtung*, hrsg. von W. Haupt, Leipzig 1960

Das Igorlied, hrsg. von S. Hordynsky, München 1985

Das Lied von der Heerfahrt Igors, übersetzt von Harald Raab, in: Helmut Graßhoff u.a.: *O Bojan, du Nachtigall der alten Zeit. Sieben Jahrhunderte altrussischer Literatur*, Frankfurt/M. 1965

Reinhold Trautmann: *Die altrussische Nestorchronik*, Wiesbaden 1948

Vána Zdenek: *Mythologie und Götterwelt der slawischen Völker*, Stuttgart 1992

Hörenswert:

Alexander P. Borodin: *Knjas Igor* (Fürst/Prinz Igor). Oper 1887; vollendet von Nikolaj Rimskij-Korsakow und Alexander Konstantinowitsch Glasunow (1890)

Mauricio Kagel: *Prinz Igor – eine Totenmesse für Igor Strawinsky*. Messe 1982

El Cid

Maurenfreund und christlicher Nationalheld

Geschichtliche Einordnung: Der historische Cid war ein erfolgreicher Heerführer im Spanien des 11. Jh.s. Die Legende der folgenden Jahrhunderte hat aus ihm einen Helden der Reconquista, der »Wiedereroberung« Spaniens von den muslimischen Mauren, gemacht.

Lange bevor es eine spanische Nation gab, herrschten in Spanien christliche Fürsten wie die Könige von Kastilien, León, Aragon und Navarra und die Grafen von Barcelona, aber auch eine Reihe maurischer, das heißt muslimischer, Kleinkönige. Alle diese Fürsten lagen miteinander immer wieder in Fehde. Christen kämpften gegen Mauren, aber auch Christen mit maurischen Verbündeten gegen Christen – und Mauren mit christlichen Verbündeten gegen Mauren. Die Religionszugehörigkeit spielte bei ihren Machtkämpfen kaum eine Rolle. Und so kämpfte auch der größte Kriegsheld des spanischen 11. Jahrhunderts, Don Rodrigo Díaz de Vivar, den die Mauren ehrfürchtig »Cid«, das heißt Herr, nannten, sowohl für christliche als auch für heidnische Herrscher. Erst nach seinem Tod, als in der Zeit der Kreuzzugsbegeisterung die Rede von der Reconquista, der »Wiedereroberung« ganz Spaniens für das Christentum, aufkam und darüber so etwas wie ein spanisches Nationalgefühl entstand, wurde aus dem Cid ein Vorkämpfer des Christentums und schließlich ein spanischer Nationalheld.

■ Der Cid besiegt einen Gegner. Deutscher Stahlstich von 1842

Der Cid stammte nicht aus einer der alten großen Adelsfamilien Spaniens, aber sein Vater, Don Diego, hatte sich große Verdienste um den Thron von Kastilien erworben, und deshalb wurde er auf seine alten Tage, so die Sage, von Don Fernando, dem König, zum Erzieher des Infanten, des Kronprinzen, ernannt. Dies missfiel Don Gómez, dem wichtigsten Heerführer des Königs. Er verspottete den über seine neue Stellung stolzen Don Diego als Tattergreis, der wohl kaum einen großen Krieger aus dem Prinzen würde machen können. Don Diego zog erbost ob dieser Beleidigung sein Schwert, aber Don Gomez schlug es ihm mit Leichtigkeit aus der Hand. Don Diegos Ehre war damit vernichtet. Es war der jüngste seiner Söhne, Don Rodrigo, der es

■ Sophia Loren als Jimena und Charlton Heston als Cid in Anthony Manns Film *El Cid* von 1961, der wegen seiner Melodramatik in Deutschland auch »El Kitsch« genannt wurde

auf sich nahm, den Vater zu rächen. Er stellte Don Gómez zum Zweikampf und tötete ihn – obwohl dieser gemeint hatte, der Junge möge doch erst einmal gegen einen seiner Knappen mit dem Holzschwert fechten. Don Rodrigo hatte damit die Familienehre wiederhergestellt, aber, wie es schien, sein persönliches Glück zerstört, denn er liebte seit langem Doña Jimena, Don Gómez' schöne Tochter. Vergeblich bat Jimena den König, Don Rodrigo zu verurteilen, doch die Könige der Zeit pflegten sich nicht in die Ehrenhändel ihrer Gefolgsleute einzumischen. Es gelang ihr aber, einen der waffengewaltigsten Ritter des Landes gegen das Versprechen, mit ihm die Ehe einzugehen, zum Zweikampf mit Don Rodrigo zu bewegen. Als ihr jedoch der Tod Rodrigos gemeldet wurde, brach sie zusammen. Der ganze Hof wusste nun, dass sie niemanden liebte als den Mann, der ihren Vater getötet hatte. Die

SPANISCHER ADEL

Die alten spanischen Adelsfamilien gehen auf die Völkerwanderungszeit zurück, in der die germanischen Stämme der Vandalen, Sueben und schließlich Westgoten die Iberische Halbinsel unterwarfen. Von 711 an wanderten Araber nach Spanien ein und drängten die germanischen Krieger nach Norden zurück, wo im frühen Mittelalter die Königreiche von Kastilien, León, Navarra und Aragon entstanden. Deren Adel leitete sich von den großen germanischen Familien her. Daher sind auch die Namen der christlichen Ritter Spaniens, wie Rodrigo (Roderich), meist germanischen Ursprungs.

Chronica
DEL FAMOSO
CAVALLERO
CID RVYDIEZ
CAMPEADOR.

CON LICENCIA.
EN BVRGOS.
En la Imprimeria de Philippe de Iunta y Iuan
Baptista Varesio. 1593.

■ *Chronica del famoso cavallero Cid Ruy Diez Campeador* – Chronik des berühmten Ritters El Cid. Titelblatt der Ausgabe von 1593

Todesnachricht erwies sich jedoch als falsch. Don Rodrigo hatte im Zweikampf obsiegt, aber dem unterlegenen Nebenbuhler das Leben gelassen und dadurch seine Ritterlichkeit bewiesen. Nun konnte der König selbst die Liebenden zusammenführen, und schon bald wurde Hochzeit gehalten.

Diese romantische Geschichte um Ehre und Liebe, die den Stoff für ein großes Drama der Weltliteratur – Pierre Corneilles *Cid* – geliefert hat, ist die sagenhafte Erklärung dafür, warum der historische Cid in der Tat mit Doña Jimena eine Verwandte des Königs ehelichen konnte und damit trotz seiner geringen Herkunft den Mitgliedern des großen Adels gleichgestellt wurde. Dieser gesellschaftliche Aufstieg konnte aber nicht verhindern, dass der Cid sich nach einigen Hofintrigen mit dem neuen König von Kastilien, Alfons VI., überwarf und des Landes verwiesen wurde, obwohl er dem Land durch die erfolgreiche Verteidigung des mit Kastilien verbündeten muslimischen Königreichs von Saragossa gegen die christlichen Könige von Aragon und Navarra große Dienste erwiesen hatte. Die Sage verschweigt diese Waffenhilfe des Cid für die Mauren; umso mehr hebt sie aber hervor, dass er nach seiner Vertreibung aus Kastilien zum »Befreier« zahlreicher Städte von der maurischen Herrschaft wurde. Mit seinem Söldnerheer, das er, wie es heißt, dadurch anwerben konnte, dass er jüdische Geldverleiher prellte, schlug er die Mauren an vielen Orten und machte jedes Mal gewaltige Beute. Als seine größte Tat feiert die Sage die Eroberung der großen Stadt Valencia für die Christen. In der Tat hat der Cid Valencia mithilfe maurischer Verbündeter erobert, jedoch ohne die Absicht, sie zum Christentum zu bekehren oder ihre ara-

CORNEILLES CID

Das Drama des französischen Klassikers entstand 1636, zu einer Zeit, als Kardinal Richelieu die absolute Macht des Königs – Ludwigs XIII. – gerade durchgesetzt hatte. Für Richelieus Günstling Corneille war die spanische Geschichte von einem großartigen Helden, der alles für die Ehre seiner Familie tat, aber über alles die Loyalität zu seinem König setzte, ein idealer Stoff.

bische Bevölkerung zu vertreiben. Doch in einem Punkt hat die Sage recht: Für die Einigung Spaniens unter christlichen Vorzeichen spielte die Einnahme Valencias eine wichtige Rolle, denn dadurch verhinderte der Cid das weitere Vordringen der Almoraviden, eines von islamischem Glaubenseifer beseelten aus Marokko stammenden arabischen Clans, der Andalusien bereits im Sturm genommen hatten. Der Cid blieb Herr der prächtigen Stadt von Valencia und residierte prunkvoll auf dem Alcázar, der Burg über der arabischen Stadt.

Und hier setzt wieder die Sage ein. Don Rodrigo, der Cid, so heißt es, schickte seinem König, Don Alfonso, stets den ihm gebührenden Anteil an der Beute, die er jenseits der Grenzen Kastiliens machte, obwohl er vom Hof verbannt und des Landes verwiesen war. Der König war dadurch mehr und mehr geneigt, seinen in Ungnade gefallenen, aber doch überaus erfolgreichen Gefolgsmann wieder unter die Granden, die Großen seines Hofs zu berufen. Er ermutigte deshalb seine beiden Söhne, um die Töchter des Cid zu werben. Das empfand dieser als große Ehre, empfing die Infanten in Valencia und vermählte sie mit seinen Töchtern. Allein, die verwöhnten Königssöhne waren ihres Schwiegervaters nicht würdig. Als ein Löwe aus dem Raubtiergehege ausbrach, das der Cid auf seiner Burg eingerichtet hatte,

■ Die Töchter des Cid, Doña Elvira und Doña Sol, in der Wildnis. Gemälde von Dióscoro de la Puebla Tolin, 1871

■ Der Cid zieht im Triumph in Valencia ein. Holzstich aus dem späten 19. Jh.

verkrochen sie sich unter dem Bett, statt ihre Gemahlinnen zu beschützen, sodass der Cid selbst den Löwen wieder in seinen Zwinger zurückbringen musste; und als es zum Kampf gegen die Heiden kam, waren die Königssöhne die Ersten, die ihre Rosse zur Flucht wandten. Dafür wurden sie am Hof des Cid verspottet – und deshalb sannen sie auf Rache.

Sie wollten, so ließen sie wissen, den Ehefrauen ihre kastilische Heimat zeigen, und zogen mit ihnen gen Norden. In einem Gebirgswald aber misshandelten sie die eigenen Frauen und ließen sie halbtot zurück. Nur dank der Aufmerksamkeit eines treuen Gefolgsmanns des Cid überlebten sie. Nach dieser Schmach setzte der Cid seinen König unter Druck: Er müsse seine eigenen Söhne verurteilen und die Ehe seiner, des Cid, Töchter mit ihnen für nichtig erklären. Und so kam es, dass Don Alfonso zu einem Turnier aufrief, in dem die Sieger über seine eigenen Söhne die Hand der Töchter des Cid würden erwerben können. Niemand Geringeres als die Thronfolger von Navarra und Aragon warfen die kastilischen Prinzen in den Staub und wurden so zu Gemahlen der Töchter des Cid. Dies entsprach zwar nicht den kirchlichen Ehegesetzen, trug aber erheblich zur Entstehung der spanischen Nation bei.

Vom historischen Cid wissen wir nur, dass er seine beiden Töchter an den Grafen von Barcelona (die Grafschaft verschmolz wenig später mit dem Königreich Aragon) und an den Thronfolger von Navarra verheiraten konnte. Damit wurde er wirklich zu einem Vorläufer der Einigung Spaniens, die erst über vierhundert Jahre später mit der Heirat Isabellas von Kastilien und Ferdinands von Aragon, der »katholischen Könige«, und mit der Eroberung des letzten Maurenstaats auf der Iberischen Halbinsel, des Königreichs Granada, im Jahre 1492 vollendet wurde. Da war der Cid, der Maurenfreund, schon längst zum sagenhaften Kreuzzugshelden und Vorkämpfer der spanischen Einheit geworden.

EL CID

QUELLEN

Schon ein halbes Jahrhundert nach seinem Tod im Jahre 1099 war der Cid eine sagenumwobene Gestalt, wie aus mehreren lateinischen Schriften des 12. Jahrhunderts hervorgeht. Um 1200 entstand dann das *Poema de Mio Cid* (Gedicht von meinem Cid), das wichtigste Heldenlied des Mittelalters in kastilischer Sprache und damit ein einzigartiges Denkmal der spanischen Literatur. Die einzige Handschrift dieses Versepos, die in Madrid aufbewahrt wird, ist auf das Jahr 1207 datiert. Der erste Gesang des *Poema*, der von den ersten Taten des Cid, von seinem Zweikampf mit Don Gómez, dem Beleidiger seines Vaters, und von der Liebe des Helden zu Doña Jimena erzählt, fehlt allerdings in diesem Manuskript und muss aus späteren Quellen rekonstruiert werden. Der zweite Gesang beschreibt die Kriegstaten des Cid mit der Einnahme von Valencia als Höhepunkt; der dritte Gesang handelt von der Verheiratung der Töchter des Cid mit den kastilischen Infanten, von deren Feigheit und Verrat und von der Neuvermählung der Töchter mit den Thronerben von Navarra und Aragon. Das *Poema de Mio Cid* ist bei kritischer Interpretation eine wichtige Quelle zur Geschichte des historischen Cid und seiner Zeit. Spätere Chroniken greifen darauf zurück. Manche volkstümliche und gelehrte Neuerzählungen haben den Stoff in Kastilien lebendig gehalten, vor allem in den »Romanzen«, den spanischen Volksballaden. Für die andauernde Beliebtheit des Stoffes spricht die Tatsache, dass der französische Dichter Pierre Corneille im 17. Jahrhundert den Inhalt des – verlorenen – ersten Gesangs des *Poema* zur Grundlage seines wahrscheinlich einflussreichsten Dramas, *Le Cid*, machte. In der Zeit der Aufklärung geriet die Sage für kurze Zeit in Vergessenheit, doch 1779 wurde das *Poema de Mio Cid* in gedruckter Form veröffentlicht und in der Romantik als das größte Denkmal des alten spanischen »Volksgeistes« gerühmt. Seitdem kennt jedes spanische Schulkind die Grundzüge des Heldenlieds. Und wie manche andere der großen Sagenstoffe des Mittelalters lebt das Lied vom Cid bis heute als Filmdrama fort.

AUF DEN PUNKT GEBRACHT

Der Cid, ein bedeutender Heerführer im ebenso christlichen wie maurischen Spanien des frühen Hochmittelalters, wurde schon bald nach seinem Tod – gegen die historischen Fakten –zu einem Kreuzzugshelden und später zu einem Vorkämpfer der Einheit Spaniens stilisiert. Das Heldenlied vom Cid ist das bedeutendste Zeugnis der spanischen Literatur des Mittelalters.

EMPFEHLUNGEN

Lesenswert:

El Cid, in: *Das große Sagenbuch. Die schönsten Götter-, Helden- und Rittersagen*, gesammelt und neu erzählt von Johannes Carstensen, Zürich 1992

Der Cid. Das altspanische Heldenlied, übersetzt von Alfred Thierbach, Stuttgart 1985

Pierre Corneille: *Der Cid* (1636), hrsg. von Hartmut Köhler (zweisprachige Ausgabe Französisch/Deutsch), Stuttgart 1997

Félix Lope de Vega: *Las hazañas del Cid*, Drama 1603

Johann Gottfried Herder: *Der Cid*, 1805

Victor Hugo: *La Légende des siècles*, 1859–83

Ezra Pound: *The Cid*, in: *The Cantos*, London 1987

Hörenswert:

Peter Cornelius: *Der Cid.* Oper 1865

Jules Massenet: *Le Cid.* Oper 1885

Besuchenswert:

Valencia in Spanien, mit der auf der alten Hauptmoschee errichteten Kathedrale, die auch den Heiligen Gral birgt.

Segovia in Spanien, die noch ganz mittelalterliche Stadt, die eine der Residenzen der kastilischen Könige war

Robin Hood

Ein bis heute »aktiver« Sagenheld

■ Kevin Costner als Robin von Locksley in Kevin Reynolds Film *Robin Hood – König der Diebe* von 1991

Mit der Sagenüberlieferung ist es gleichsam wie mit Vulkanen: Es gibt riesige alte, die aber erloschen sind und allmählich von den Kräften der Erosion abgetragen werden, und es gibt junge, aktive, oft als Nebenvulkane der alten entstandene, die noch immer von Zeit zu Zeit ausbrechen und dadurch wachsen. Eine in diesem vulkanologischen Sinn »aktive«, das heißt bis heute immer wieder neu gedeutete und nacherzählte Sage ist die von Robin Hood.

Der gängigen Überlieferung nach war Robin Hood der Sohn eines angelsächsischen Landadligen, des Herrn von Locksley. Die normannischen Eroberer, die 1066 England besetzten, hatten zwar die meisten Rechte des alten angelsächischen Adels nicht angetastet, aber sie hatten ihnen normannische Grafen und deren Grafschaftsverwalter, die Sheriffs, vorgesetzt; außerdem hatten sie die Kirchenorganisation in ihre Hand genommen, sodass die Bischöfe und die Äbte und Äbtissinnen der reichen Klöster ebenfalls normannischer Herkunft waren. Dies gab zu manchen Spannungen Anlass.

Als der gerechte König Richard Löwenherz, so die Sage, der stets für alle seine Untertanen, gleich ob angelsächsischer oder normannischer Herkunft, ein offenes Ohr hatte, sich auf den Kreuzzug ins Heilige Land begab, übernahm sein Bruder Johann die Regentschaft und trachtete danach, sie auf immer zu behalten. Dafür musste er die Anhänger König Richards, das heißt vor allem die kleinen, dem Volke nahestehenden Adligen, entmachten. Eines der Instrumente dafür war, dass er das Recht zur Jagd in den großen Wäldern, das zuvor jedem freien Mann zugestanden hatte, für ein ausschließlich königliches Recht erklärte. Wer in den Königswäldern jagte, galt nun als Wilderer.

Robins Vater, der seinen alten Jagdgewohnheiten nicht abzuschwören gedachte, kam so in Konflikt mit dem Sheriff von Nottingham, der seinen Hof kurzerhand niederbrannte und damit drohte, ihm seinen gesamten Besitz wegzunehmen. Robin, empört über dies seinem Vater angetane Unrecht und selbst als Wilderer im Konflikt mit den Männern des Sheriffs, zog sich in den Wald von Sherwood zurück. Hier traf er auf andere tapfere Männer, die der Sheriff ebenfalls um ihre alten Freiheiten gebracht hatte und die deshalb mit ihm in Fehde lagen. Bald schon wurde Robin von ihnen allen als Anführer anerkannt. Die Männer des Waldes verstanden sich auf die Handhabung der traditionellen angelsächsischen Waffen: Sie waren große Stockfechter und Bogenschützen, voran Robins bester Freund John Little, der wegen seiner Hünenhaftigkeit ironisch Little John genannt wurde, und der lebenslustige Mönch Bruder Tuck.

Geschichtliche Einordnung:
In der Gestalt des Robin Hood wird der Konflikt zwischen dem kleinen Adel und dem Hochadel, der meist normannischer Herkunft war, während der Kreuzzugszeit des 12. Jh.s deutlich.

Robin und seine Leute lebten von der Jagd und vom Straßenraub, bei dem sie reichen normannischen Herren oder Prälaten abnahmen, was diese entbehren konnten; was sie selbst von dem Raubgut nicht brauchten, gaben sie den Bedürftigen. Einmal halfen sie auch einem Ritter, der sein Gut der mächtigen Abtei von St. Mary in York hatte verpfänden müssen, seinen Besitz auszulösen und dadurch den mächtigen Abt zu düpieren, der schon fest mit der Erweiterung seines Grundbesitzes gerechnet hatte. In dem Ritter hatten sie fortan einen treuen Freund. Durch solche Taten kam es, dass sich ein Netzwerk von tapferen Männern, die König Richard die Treue hielten, nach und nach über das ganze Land ausbreitete.

■ James Hayter als Bruder Tuck und Richard Todd als Robin Hood in Ken Annakins *Robin Hood – Rebell des Königs* von 1952

RICHARD LÖWENHERZ

Richard, der tapfere und gewalttätige Sohn des großen englischen Königs Heinrich II., regierte England von 1189 bis 1199. 1190 erreichte er auf dem Seeweg das Heilige Land, wo er im Dritten Kreuzug das von den Muslimen zurückeroberte Jerusalem »befreien« wollte. Doch er scheiterte und musste mit dem großen Sultan Saladin Frieden machen. Bei seiner Rückkehr auf dem Landweg wurde er zuerst in Österreich auf der Burg Dürnstein und dann, als Gefangener des Kaisers, auf Burg Trifels in der Pfalz festgehalten. Erst nachdem er dem Kaiser den Lehnseid geleistet und ein erhebliches Lösegeld bezahlt hatte, konnte er 1194 nach England heimkehren. Sein Bruder Johann »Ohneland« folgte ihm nach seinem frühen Tod 1199 auf den Thron.

Aber der Sheriff schlief nicht. Er erklärte Robin, nachdem dieser einen seiner Männer, der ihm nach dem Leben trachtete, erschlagen hatte, zum Outlaw, zum Gesetzlosen, den jeder ungestraft töten konnte, und seine Gefährten zu Räubern, die nach Recht und Gesetz zu hängen waren.

Als die Männer des Sheriffs eines Tages einige von Robins Gefährten ergreifen konnten, wurde deshalb sogleich ihre öffentliche Hinrichtung angesetzt. Wie in England üblich, sollte jemand aus dem Volk gegen einen Henkerslohn die Hinrichtung vollziehen. Doch niemand meldete sich, denn die Leute, die in Nottingham zusammengeströmt waren, hielten die Hinrichtung für ein großes Unrecht. Schließlich meldete sich ein schäbiger Mönch und bestieg das Schaffott, um den Gefangenen den Strick um den Hals zu legen. Plötzlich aber streifte er seine Kutte ab, und darunter kam das grüne Gewand Robin Hoods zum Vorschein. Allenthalben tauchten nun seine Freunde in der Menge auf, und im allgemeinen Aufruhr gelang es den Leuten aus dem Wald, mit den dem Tode Geweihten aus der festen Stadt Nottingham zu fliehen.

Ein anderes Mal setzte der Sheriff ein Bogenschützenturnier an, um Robin, der sich seiner Schützenkünste gern rühmte, in seine Burg zu locken. Tatsächlich konnte Robin der Versuchung nicht widerstehen. Mit einem Töpfer, so heißt es, der wegen des Kampffests nach Nottingham reisen wollte, um dort seine Ware zu verkaufen, verabredete er, dass er selbst für ihn mit seinem Wagen in die Stadt fahren würde. Robin verkaufte in dem festlichen Trubel des Turniers sein irdenes Geschirr nicht schlecht und meldete sich am Ende des Wettschießens als Teilnehmer. Sogleich traf er ins Schwarze und durfte aus der Hand des Sheriffs den Kampfpreis entgegennehmen. Erst als Robin dem Sheriff

■ Robin Hood mit Bogen und Stock. Englischer Holzschnitt, um 1600

■ Sean Connery als Robin Hood in Richard Lesters *Robin und Marian* von 1976

eine auf einen Pfeil gespießte schriftliche Verhöhnung durchs Fenster geschossen und der den Pfeil genauer betrachtet hatte, dämmerte dem Sheriff, wen er da zum Sieger ausgerufen hatte – doch da war sein Gegenspieler schon über alle Berge. Noch viele andere Geschichten werden von Robin, dem edlen Räuber und Herrn der Wälder erzählt. Von den später entstandenen ranken sich so manche um Robins schöne Braut Marian, die der Sheriff dazu zu erpressen versuchte, die Frau eines seiner Dienstleute – in manchen Versionen auch seine eigene – zu werden. Sie flieht daraufhin zu Robin in den Wald.

Die meisten Schilderungen von Robins Taten und Leben enden damit, dass Robin und Little John im Wald einen ungewöhnlich stattlichen Ritter anhalten. Es kommt zu Rede und Gegenrede, und beinahe zum Kampf. Da erweist sich, dass der Fremde niemand anderes ist als der heimgekehrte König Richard, der seine treuesten Anhänger aufsuchen möchte. Die Freude ist groß, Richard ernennt Robin zum Herzog und wird Marians Brautführer bei der Hochzeit, die auf einer Waldlichtung gehalten wird. Natürlich ist es Mai, die Zeit, in der auch in den Artussagen stets die großen Feste stattfinden.

In manchen Berichten wird die Geschichte von Robin aber noch weiter gesponnen: Nach König Richards Tod gelangt der finstere

KLAUS STÖRTEBEKER

Als edler Seeräuber wurde Klaus Störtebeker im späten Mittelalter in Norddeutschland ähnlich populär wie Robin Hood in England. Seinerzeit hatten die Hansestädte kühne Seeleute ermutigt, dem dänischen Feind so viel wie möglich zu schaden. Diese Seeräuber, Vitalienbrüder genannt, ließen sich aber nicht einfach umschulen, nachdem der Frieden mit Dänemark wiederhergestellt war. Sie wurden aus der Ostsee vertrieben, doch auf der Nordsee kaperten sie weiter Schiffe der reichen Kaufleute, der »Pfeffersäcke« aus Hamburg und Bremen. Sie nannten sich nun »Likedeelers« (Gleichteiler), weil sie die Beu-

■ Errol Flynn als Robin Hood (kniend) in *Die Abenteuer des Robin Hood* von 1938

Johann doch noch auf den Thron, und Robin muss mit seinen Freunden erneut in die Wälder fliehen. Eines Tages trifft er auf Sir Guy de Gisborne, den übelsten aller Kumpane des Sheriffs, der seinerzeit versucht hatte, Marian mit Gewalt zu seiner Braut zu machen. Es gelingt ihm, diesen Unhold im Zweikampf zu töten, aber er selbst wird schwer verwundet. Da er sein Ende nahen fühlt, geht er nach Nottingham, um in der Kirche Unserer Lieben Frau zu beten und zu beichten. Dort erkennt ihn ein böser Mönch und berichtet sofort dem Sheriff von seiner Beobachtung. Der lässt seinen ärgsten Feind im tiefsten Kerker verschwinden. Bruder Tuck gelingt es aber durch eine List – er gibt sich gegenüber dem Sheriff als Bote des Königs aus, der sich überzeugen müsse, dass Robin Hood in sicherem Gewahrsam sei –, Robin zu befreien. Man bringt den geschwächten Helden auf einer Bahre in ein Kloster, dem eine Cousine Robins vorsteht. Die Äbtissin übernimmt die Pflege des Verwundeten. Doch sie hasst ihren Vetter, weil ihr Vater sich einst bei einem Erbschaftsstreit von seinem älteren Bruder, Robins Vater, übervorteilt gefühlt hat, und lässt ihren Schutzbefohlenen so ausgiebig zur Ader, dass er sich nicht mehr erholt. Robin verscheidet in den Armen seiner geliebten Marian in Gegenwart von Little John und Bruder Tuck …

Über viele Generationen hinweg hat sich der Stoff von Robin Hood immer weiter verändert, hat alte Geschichten aus den Artusromanen und ursprünglich selbständige Räubersagen wie die von Bruder Tuck aufgenommen. Noch im 20. Jahrhundert wurde er weiterentwickelt; bei Geoffrey Trease wird er als Geschichte vom Klassenkampf im Mittelalter sozialistisch umgedeutet, und in der Hollywood-Verfilmung *König der Diebe* von 1991 wird das altbekannte Personal im Sinne moderner Rassentoleranz um einen dunkelhäutigen Mauren erweitert, der Robin durch den Einsatz der fortgeschrittenen Technik des Morgenlands in seinem Kampf für das Gute unterstützt.

Also: Die Sage von Robin Hood ist noch immer »aktiv«.

te gerecht unter sich aufteilten und den Armen davon abgaben. 1435 endlich wurde die letzte Burg der Likedeelers in Ostfriesland von der Hanse genommen. Die Räuber wurden verhaftet und nach Hamburg zur Hinrichtung gebracht. Als letzte Gnade bat sich Klaus Störtebeker aus, dass alle seiner Kameraden, an denen er nach seiner Enthauptung noch vorbeilaufen würde, freikommen sollten. So kamen manche der Likedeelers mit dem Leben davon.

ROBIN HOOD

QUELLEN

Wenn Robin Hood wirklich gelebt hat, so war er eine Gestalt des 13. Jahrhunderts und nicht der Zeit von Richard Löwenherz (1189–1199), denn in der ältesten schriftlichen Quelle, dem 456-Strophen-Gedicht *A Lytell Geste of Robyn Hode* aus den Jahren um 1495 ist es ein König Edward (so hießen Enkel, Urenkel und Ururenkel von Richards Bruder, König Johann Ohneland), der den Räuber in Ehren aufnimmt und an seinen Hof holt. In der *Lytell Geste* ist die Geschichte von Robin Hood in ihren Grundzügen bereits fertig, was bedeutet, dass sie zuvor für geraume Zeit mündlich überliefert gewesen sein musste. In der Tat erwähnt schon William Langlands *Piers Plowman* (um 1400) »rymes of Robyn hoode«; schon vom Ende des 13. Jahrhunderts stammt Adam de la Halles französisch geschriebenes Schauspiel *Jeu de Robin et Marion*. Manche der in der *Lytell Geste* überlieferten Motive der Sage sind volkstümliche Fassungen von Motiven der höfischen Romane des Hochmittelalters, die in die Volksliteratur »abgesunken« waren, dadurch aber ein neues Leben erhalten hatten. Die Verbindung der Robin-Hood-Geschichte mit der Überlieferung von Richard Löwenherz ist seit dem 15. Jahrhundert belegt; erst in dieser Zeit erhält Robin auch in England seine Geliebte Marian. Wenig später werden die Geschichten um Robin mit der volkstümlichen Überlieferung von einer Bande von Geächteten um einen Bruder Tuck verknüpft, die es im frühen 15. Jahrhundert wirklich gegeben hat. Vor allem in der Form volkstümlicher Balladen wurde die Robin-Hood-Sage von nun an immer weiter erzählt; im 16. und 17. Jahrhundert waren in England schwankhafte Schauspiele von Robin Hood weit verbreitet. Auch im 19. Jahrhundert erfreuten sich Robin-Hood-Erzählungen und -Balladen großer Beliebtheit, und in Walter Scotts Erfolgsroman *Ivanhoe* von 1819 spielt »Locksley« neben dem Titelhelden eine zentrale Rolle. So nimmt es nicht wunder, dass die Abenteuer von Robin Hood 1909 zu einem der frühesten englischen Filmstoffe wurden. 1912 folgte der erste amerikanische Robin-Hood-Film, und seitdem blieb der Stoff fest in den Händen von Hollywood, wenn man einmal von dem als Jugendroman erfolgreichen Buch *Pfeile gegen Barone* absieht, in dem der englische Sozialist Geoffrey Trease Robin Hood zum erfolgreichen Klassenkämpfer machte.

EMPFEHLUNGEN

Lesenswert:

Francis James Child: *English and Scottish Popular Ballads*, 10 Bde., Boston 1892

Joseph Ritson: *Robin Hood. A Collection of All the Ancient Poems, Songs and Ballads*, 2 Bde., London 1795

Geoffrey Trease: *Pfeile gegen Barone*, Frankfurt/M. 1982

Walter Scott: *Ivanhoe*, Köln 2006

Thomas Love Peacock: *Maid Marian*, Parodie 1822

J.C. Holt: *Robin Hood. Die Legende von Sherwood Forest*, Düsseldorf 1991

Alfred Tennyson: *The Foresters: Robin and Marian* (1891), London 1965

Hörenswert:

Clannad: *Legend*. Soundtrack zu der TV-Serie *Robin of Sherwood*. 1984. Audio-CD

Sehenswert:

Robin Hood. Regie: Allan Dwan; mit Douglas Fairbanks. USA 1922

Robin Hood, König der Vagabunden. Regie: Michael Curtiz; mit Errol Flynn, Olivia de Havilland. USA 1938

Robin und Marian. Regie: Richard Lester; mit Sean Connery, Audrey Hepburn. USA 1976

Der Löwe im Winter. Regie: Anthony Harvey; mit Katharine Hepburn, Peter O'Toole, Anthony Hopkins. GB 1968

Besuchenswert:

Nottingham in England, wo in der Burg jährlich Robin-Hood-Festspiele stattfinden. Der Sherwood Forest bei Nottingham, wo vielerorts an Robin erinnert wird.

AUF DEN PUNKT GEBRACHT

Die Sage von dem edlen Räuber Robin Hood ist erst spät entstanden, als volkstümliche und nicht höfische Erzählung. Vielleicht gerade deshalb ist sie bis heute lebendig und produktiv oder »aktiv« geblieben.

GLOSSAR

Apokalyptik Christliche (und jüdische) Endzeitliteratur, die vom Aufstand der Mächte der Finsternis und vom letztendlichen Sieg Christi und dem letzten Gericht erzählt. Die Apokalypse des Johannes ist Teil der christlichen Bibel. Neben ihr waren seit der Antike auch noch andere Apokalypsen im Umlauf. Die Apokalyptik hatte großen Einfluss auf die Kunst und Literatur des Mittelalters.

Artusepik Die epischen (►Epos) Erzählungen, die auf den sagenhaften König Artus Bezug nehmen, bilden die reichste Stoffsammlung der mittelalterlichen weltlichen Literatur.

Asen Das wichtigste germanische Göttergeschlecht, zunächst die Familie Odins. Nach heftigen Konflikten vereinigten sich die Asen mit dem konkurrierenden Göttergeschlecht der ►Wanen. Deshalb werden auch sämtliche Götter, die in ►Asgard, der Götterwelt lebten, einschließlich der Wanen, Asen genannt. Die Gegner der Asen sind die ►Riesen.

Asgard Der Wohnort der Götter. Er ist durch die Regenbogenbrücke Bifröst mit der Menschenwelt verbunden.

Ballade Ursprünglich volkstümliche gereimte Kurzfassung von Helden- ►Epen. Balladen wurden im Spätmittelalter oft zur wichtigsten Form der Überlieferung der alten Stoffe, am meisten im englischen Sprachraum. Daraus entwickelte sich im 18. Jahrhundert die Ballade als lyrische Kunstform mit erzählendem Gehalt.

Barden Die Sänger und Dichter der Kelten, die Gesänge von Göttern und Helden auswendig vortrugen und damit, ähnlich wie die ►Skalden bei den Wikingern, die in der Halle versammelten Krieger unterhielten. Die Barden genossen ähnlich wie die ►Druiden hohe Achtung. In neuerer Zeit ist »Barde« auch zum Sammelbegriff für Sänger-Dichter aus uralter Zeit geworden.

Brakteaten Antiken Medaillons nachgebildete reliefverzierte und zuweilen mit ►Runen versehene Schmuckstücke aus der Zeit der germanischen Völkerwanderung. Sie sind oft die ältesten Zeugnisse für germanische Mythen.

Brünne Das altdeutsche Wort für »Brustpanzer«

Chansons de geste Altfranzösische Heldenlieder. Sie stammen oft aus sehr alter Zeit, wurden aber erst im 12. Jahrhundert schriftlich festgehalten. Ihr Thema sind die sagenhaften Überlieferungen der Franken, die vor allem um die Gestalt Karls des Großen kreisen. Die berühmteste Chanson de geste ist das Rolandslied.

Druiden Die keltischen weisen Magier. Sie standen im Verständnis des Volks mit der Anderswelt der Feen in enger Verbindung, kannten manchen Zauber und dienten den Häuptlingen und Königen als Berater. Der berühmteste Druide ist Merlin, Artus' Ratgeber.

Edda Die größte Sammlung nordischer Götter- und Heldenlieder. Sie entstand im 12. Jahrhundert im abgelegenen Island und ist in altnordischer Sprache geschrieben.

Man unterscheidet auch zwei Eddas: Erstens die zuerst entstandene *Snorra-Edda* (Snorris *Edda*), die von dem großen Gelehrten Snorri Sturluson in Prosa verfasst wurde, und zweitens die etwas später niedergeschriebene *Lieder-Edda*, die in Versen abgefasst ist und in deren Texten sich die Form, in der die ►Skalden ihre Lieder vortrugen, besser erhalten hat.

Elfen Ursprünglich Wesen der germanischen Mythologie, die zwischen Dunkelelfen (►Zwerge) und Lichtelfen unterschied. In England verschmolz die germanische Überlieferung von den Elfen mit der keltisch- romanischen von den ►Feen. Elfen sind hier feine, meist freundliche Wesen aus einer anderen Welt.

Epos/Epen Lange erzählende Darstellungen von Sagenstoffen nennt man Epos, im Unterschied zum kürzeren Heldenlied einerseits und zum moderneren ►Roman andererseits.

Feen In einer anderen Welt beheimatete Wesen der keltisch-romanischen Mythologie. Durch die ►Artusepik wurde die Vorstellung von Feen in ganz Europa populär. Vor allem im Volksmärchen sind Feen bis heute lebendig geblieben.

Feudalsystem Seit dem 10. Jahrhundert breitete sich, von Nordfrankreich ausgehend, in ganz Westeuropa das Feudal- oder Lehnssystem aus. Der König oder Kaiser »belehnte« die Großen seines Reiches mit der Herrschaft über große Gebiete, das heißt, er »lieh« sie ihnen und ihrer Familie. Die Fürsten – Herzöge, Grafen oder Bischöfe – belehnten ihrerseits wieder »Dienstleute« – ►Ritter –, die in kleineren Gebieten für Ordnung sorgen sollten. Diese Ritter waren spezialisierte Krieger, die sich allein dem Waffenhandwerk widmeten. Damit sie dies konnten, mussten die Bauern ihres Gebiets ihnen einen Teil ihrer Ernte abtreten und auch sonst zu Diensten sein. Das Feudalsystem sorgte nach Jahrhunderten von Gewalt und Willkür für ein Minimum an Ordnung und ermöglichte die großen zivilisatorischen Leistungen des Hochmittelalters, die wir in den Kathedralen ebenso wie in der Literatur der Zeit bewundern.

Germanen Durch ihre Sprache verwandte Stämme und Völker Nordeuropas, die während der ►germanischen Völkerwanderung von Nordeuropa, vor allem von Norddeutschland, aus große Teile Europas besetzten und zum Teil besiedelten – wie Westdeutschland und England.

germanische Völkerwanderung Der Vorstoß germanischer Stämme über die Grenzen des Römischen Reichs begann im 3. Jahrhundert gleichzeitig am Rhein und an der Donau auf dem Balkan. Bis zum 6. Jahrhundert hatten die Germanen in ganz Westeuropa ihre Herrschaft errichtet: Die Franken in Westdeutschland, den Niederlanden und Frankreich, die Westgoten, Wandalen und Sweben in Spanien, die Ostgoten und später die Langobarden in Italien, die Angeln und Sachsen in Britannien. Während sich die germanische Sprache und germanisches Brauchtum in Britannien, den Niederlanden und Westdeutschland durchsetzte, gingen die Germanen in Frankreich, Spanien und Italien in der romanischen Bevölkerung auf. Ihr Adel vermischte sich mit dem alten römischen Adel. Als eine zweite Welle der germanischen Völkerwanderung kann man die Ausbreitung der Wikinger im 8., 9., und 10. Jahrhundert betrachten. Dänische, norwegische und schwedische Krieger eroberten damals nicht nur Island und den größten Teil Britanniens und Irlands, sondern auch die Normandie und weite Teile Russlands, wo sie sich mit den alteingesessenen Führungsschichten vermischten.

Gral Geheimnisvoller Mittelpunkt der Gralsepik des 12. und 13. Jahrhunderts. Meist, aber nicht immer, wird der Gral als das Gefäß aufgefasst, in dem Joseph von Arimathia das Blut aus der Seitenwunde Christi am Kreuz aufgefangen haben soll.

Heidentum Traditioneller Gegenbegriff zu Christentum. Heiden waren lange Zeit die Germanen Nordeuropas; die Germanen in Skandinavien hielten noch bis weit ins zweite nachchristliche Jahrtausend hinein am Heidentum fest. Weit früher waren die Kelten vom Heidentum zum Christentum bekehrt worden, ohne dass damit gleich alle heidnischen Bräuche hätten ausgerottet werden können. In der Kreuzzugszeit wurde »Heide« dann fast bedeutungsgleich mit »Muslim« – andere Nicht-Christen kannte man praktisch nicht mehr.

Heldenlied Heldenlieder sind die wichtigsten unter den frühen literarischen Zeugnissen der keltischen und germanischen Sprachen, aber der romanischen Volkssprachen wie des Altfranzösischen. Sie waren in Versen abgefasst und wurden mündlich von ►Barden, ►Skalden oder ►Spielleuten vorgetragen. Die Heldenlieder lassen sich zuweilen bis auf das 6. Jahrhundert zurückverfolgen, und manche mögen noch ältere Ursprünge haben. Aufgeschrieben wurden die meisten von ihnen jedoch erst deutlich später. Die Epen des Mittelalters gehen auf Heldenlieder zurück – was sich in vielen Fällen nur erschließen, in manchen aber auch nachweisen lässt.

Kaisertum Als Karl der Große den Kaisertitel annahm, knüpfte er an das antike römische Kaisertum an, das das letzte Wort sowohl in weltlichen wie auch in religiösen Dingen beansprucht hatte und die Herrschaft über die ganze zivilisierte – das hieß zuletzt: christliche – Welt beanspruchte. Dies galt allerdings nur für Westeuropa, denn im griechischen Osten, in Konstantinopel, regierte ein anderer Kaiser, der dieselbe Würde beanspruchte. Otto der Große erneuerte im 10. Jahrhundert das Kaisertum Karls des Großen, doch seine Nachfolger mussten dem römischen Papst die Herrschaft über die Kirche überlassen. Seitdem war der »römische« oder »deutsche« Kaiser praktisch nur einer unter den christlichen Königen, und die Würde des Königtums war der des Kaisertums gleichgestellt.

Kelten Ursprünglich in Mitteleuropa beheimatetes Volk, das sich in mehreren Wanderungswellen nach Frankreich (hier hießen die Kelten Gallier), Britannien (Briten), Irland und Spanien ausbreitete. Die letzte große Wanderung führte keltische Stämme im 3. Jahrhundert v. Chr. bis nach Rom und Kleinasien. Die Römer unterwarfen und assimilierten einen großen Teil der Kelten, und durch die ►germanische Völkerwanderung verloren sie einen großen Teil ihrer Siedlungsgebiete. Die keltische Kultur lebte im Mittelalter nur noch in Irland, Schottland und Wales sowie in Cornwall und in der Bretagne weiter.

Kenningar »Kennungen« – in der altnordischen Literatur stereotype schmückende Umschreibungen für Sachverhalte wie Reichtum, Macht usw., die auf die bekannten Mythen Bezug nehmen. Kenningar erlauben Rückschlüsse auf mythische Einzelheiten, die aus anderen Quellen nicht bekannt sind. In anderen Fällen bestätigen sie die Überlieferung.

Königtum Könige sind bei Kelten und Germanen so etwas wie Stammesfürsten oder nur für die Dauer eines von mehreren Stämmen gleichzeitig unternommenen Kriegszugs ausgerufene Heerkönige. Erst im Mittelalter bildete sich ein Königtum heraus, das die Oberherrschaft über die Fürsten eines großen Territoriums bedeutete. Die Könige standen im ►Feudalsystem an der Spitze der Lehnspyramide, deren Basis die einfachen Ritter bildeten. Die mächtigsten Könige im Mittelalter waren die von Frankreich, England und Deutschland; letztere hatten auch die Kaiserwürde inne. Wie das Kaisertum, so erhielt auch das Königtum eine sakrale Würde. Die literarische Feier des Königtums wie in den Artussagen leistete einen Beitrag dazu, dem Königtum diese Würde zu verleihen.

kymrisch Die mittelalterlich-keltische Kultur von Wales wird als kymrisch bezeichnet.

Laïs Bretons Neben den ►Chansons de geste stehen die Laïs Bretons, vor allem die der Dichterin Marie de France, am Anfang der großen französischen Literatur des Mittelalters. Diese Heldenlieder verbreiten zuerst den Ruhm des Königs Artus und seiner Ritter auf dem europäischen Kontinent.

Liederedda ►Edda

Märchen Phantastische, oft auf den uralten ►Mythos zurückgehende Geschichten. Im Unterschied zur ►Sage haben Märchen keine Wurzeln in tatsächlichen historischen Ereignissen oder Gestalten.

Minnesang Im 12. Jahrhundert verbreitet sich, von Südfrankreich ausgehend, eine Form der Liebeslyrik, die eng mit dem ▸Feudalsystem verbunden ist: ▸Spielleute (in Frankreich heißen sie Troubadours oder Trouvères), die oft dem niederen Adel angehören, besingen schwärmerisch die Frau ihres Herrn und Mäzens. Diese Art von Liebe bleibt zwangsläufig unerfüllt und ähnelt der in dieser Zeit ebenfalls entstehenden schwärmerischen Marienverehrung. Als »Minnesang« gelangt diese Art der Dichtung bald auch nach Deutschland, wo sie am Anfang der mittelhochdeutschen Literatur steht. Im 13. Jahrhundert wird der Minnesang dann zuweilen auch zu einer Liebeslyrik im modernen Sinne, die auch die erfüllte Liebe besingt. Die Troubadours-Lyrik und der Minnesang übten großen Einfluss auf die hochmittelalterliche Epik aus, indem sie die große Bedeutung »edler Frauen« in diesen Gestaltungen der alten Heldensagen vorbereiteten.

Midgard In der *Edda* die wie ein »Garten« umfriedete »Mitte« der Welt. Hier leben die Menschen, und über Midgard haben die Götter in ▸Asgard ihr Quartier. Jenseits von Midgard, in einer den Menschen und Göttern feindlichen »Außenwelt« befindet sich ▸Utgard. Hier hausen in ▸Riesenheim die groben ▸Riesen.

Mythos/Mythen Der altgriechische und gelehrte Ausdruck für das, was auf Deutsch meist ▸Sage heißt. Heute wird mit dem Wort meist eine besonders alte Sage bezeichnet, deren Bezug auf historische Wurzeln nicht mehr auszumachen ist. So spricht man in Bezug auf die alten Götter eher von »Mythen«, während man die auf historische Gestalten und Ereignisse zurückgehenden Geschichten eher »Sagen« nennt. So steht der Mythos oft dem ▸Märchen näher als der Sage.

Pferd Pferde spielen in den mittelalterlichen Heldensagen eine ganz besondere Rolle. Nur dank ihrer sind die Ritter Ritter/Reiter, also hervorgehobene Krieger. Besonders heldenhafte Krieger haben stets besondere Pferde, und diese tragen stets Eigennamen, ähnlich wie die ▸Waffen

Riesen Riesen, übergroße und grobschlächtige menschenähnliche Wesen, gibt es in der Mythologie vieler Völker. Eine besondere Rolle spielen sie in den Göttergeschichten der ▸Edda, nämlich als Widersacher der Götter.

Riesenheim In der ▸*Edda* der Wohnort der ▸Riesen. Er befindet sich in ▸Utgard, außerhalb des zivilisierten ▸Midgard, der Welt der Menschen und der Götter.

Ritter Ursprünglich alle bedeutenderen Krieger, die sich ein Pferd halten konnten (Reiter). Sammelbegriff für die mittelalterliche Kriegerschicht im ▸Feudalsystem, vor allem für die Dienstleute der großen Fürsten.

Roman Aus mittelalterlichen ▸Epen entstanden seit dem Hochmittelalter kunstvoll komponierte Romane. Im Unterschied zum Epos erhebt der Roman nicht den Anspruch, eine wahre Geschichte zu erzählen. Die Grenzen zwischen Epos und Roman sind jedoch fließend. Man rechnet den Roman zur im weiteren Sinne »epischen« Literatur (im Unterschied zur dramatischen und lyrischen).

Runen Die Schrift der Germanen in der Wikingerzeit. Sie geht auf ein altes norditalienisches Alphabet zurück. Runen wurden nicht für längere Texte benutzt, sondern nur für die Wiedergabe von Namen und einzelnen Begriffen.

Sage Erzählung, die im Unterschied zum ▸Märchen vor dem Hintergrund historischer Ereignisse entstanden ist. Vom ▸Mythos wird die Sage zumeist dadurch unterschieden, dass sie weniger alt und märchenhaft ist.

Schwert ▸Waffen

Siden Das irisch-keltische Wort für die ▸Feen der keltischen Mythologie

Skalden Die Dichter-Sänger der Nordgermanen in der Wikingerzeit. Sie haben viel gemeinsam mit den keltischen ▸Barden.

Snorra-Edda ▸Edda

Spielleute Fahrende Sänger und Dichter, die vor allem im frühen Hochmittelalter von Fürstenhof zu Fürstenhof zogen. Als Troubadours, Trouvères oder Minnedichter erfanden sie den ▸Minnesang. Sie waren es aber auch, die zuerst die großen Epenstoffe des Mittelalters als ▸Spielmannsepen in eine dichterische Form gossen.

Spielmannsepen Die frühen und meist relativ kurzen Fassungen mittelalterlicher ▸Epen, die noch nicht von gelehrten Dichtern, sondern von fahrenden ▸Spielleuten verfasst wurden. Nur wenige Epen haben sich in der Form von Spielmannsepen erhalten; bei anderen lässt sich ein Spielmannsepos als Vorstufe des großen Epos erschließen.

Tacitus Dem römischen Schriftsteller des 1./2. Jahrhunderts haben wir die verlässlichsten frühen Nachrichten über die Kelten und Germanen zu verdanken.

Troubadours und Trouvères ▸Minnesang

Utgard In der Überlieferung der ▸*Edda* die Welt außerhalb von ▸Midgard, der Welt der Menschen und Götter. In Utgard hausen die ▸Riesen (▸Riesenheim).

Vergil Der Dichter der *Äneis*, des den griechischen ▸Epen Homers nachgebildeten lateinischen Epos von Äneas, dem Stammvater des römischen Adels. Vergil war das größte Vorbild der gelehrten Dichter des Mittelalters. Motive und Darstellungsformen der Äneis finden sich deshalb in vielen mittelalterlichen ▸Epen.

Volksbücher Seit der Erfindung der Buchdruckerkunst im 15. Jahrhundert wurden die alten Sagenstoffe in gedruckter und literarisch vereinfachter Form in immer größeren Kreisen verbreitet. In Deutschland hießen diese gedruckten Sagen Volksbücher. Volksbücher waren bis zum Ende des

18. Jahrhunderts verbreitet, und als die Romantiker die alten Sagenstoffe für die hohe Literatur wiederentdeckten, waren die Volksbücher ihre ersten Quellen.

Volkskunde oder Folkloristik: Die Wissenschaft von den bei den einfachen Leuten im Umlauf befindlichen traditionellen Vorstellungen oft mythischen oder märchenhaften Ursprungs. In Deutschland wurde die Volkskunde von den Brüdern Grimm begründet.

Volkssprachliche Literatur Bis zum Hochmittelalter war in Westeuropa das Lateinische praktisch die einzige Schriftsprache. In der großen Zeit des feudalen Rittertums aber entstanden allenthalben volkssprachliche Werke, in Altfranzösisch, Mittelhochdeutsch, Mittelenglisch, Altnordisch, Italienisch, Spanisch usw. Die große epische Literatur des Mittelalters wurde vor allem in den Volkssprachen und nur zum kleineren Teil in Latein verfasst.

Völkerwanderung ▸germanische Völkerwanderung, Kelten

Völuspá Der bekannteste und eindrucksvollste Teil der ▸*Lieder-Edda*, in dem es um die Entstehung und den Untergang der Welt geht.

Waffen Ein Krieger ist, was er ist, nicht zuletzt durch sein ▸Pferd und seine Waffen. Schwerter, zuweilen auch Lanzen und Schilde großer Helden haben deshalb in den alten ▸Heldenliedern und ▸Epen wie ihre ▸Pferde Eigennamen.

Wanen Germanische Götterfamilie, die mit ihren ursprünglichen Gegnern, den ▸Asen, verschmolz. Im Unterschied zu den kriegerisch-patriarchalischen Asen repräsentieren die Wanen das bäuerliche und teilweise matriarchalische Element der germanischen Überlieferung.

Zwerge Die Dunkel-▸Elfen der germanischen Überlieferung. Sie spielen neben den Göttern, Menschen und Riesen eine gleichberechtigte Rolle.

ORTSREGISTER

Mythische Orte sind gerade gesetzt, historische bzw. reale Schauplätze *kursiv*. Orte, denen ein Essay gewidmet ist, sind **fett** gesetzt.

REGISTER DER MYTHISCHEN TIERE, WAFFEN UND GEGENSTÄNDE

Wesen oder Gegenstände, denen ein Essay gewidmet ist, sind **fett** gesetzt.

PERSONENREGISTER

Mythische Personen sind gerade gesetzt, historische *kursiv*.
Gestalten, denen ein Essay gewidmet ist, sind **fett** gesetzt.

DIE WICHTIGSTEN GERMANISCHEN GÖTTERNAMEN

Nordisch	Südgermanisch	Lateinische Entsprechung
Bald(e)r	Balder	–
Freyja	Freia (bei Wagner)	–
Freyr, Froði	Frô (?)	–
Frigg	Frîja	Venus
Heimdallr, Heimdall	–	–
Höðr, Hödr	–	–
Loki	–	Saturn
Njörðr, Njörd	–	Nerthus
Oðinn, Odin	Wodan, Wotan	Merkur, Hermes
Thor	Donar (Donner)	Jupiter
Týr	Ziu	Mars

BILDNACHWEIS

Der Verlag dankt allen, die uns Bilder zur Verfügung gestellt haben, für die freundliche Genehmigung zum Abdruck. Leider war es uns nicht in allen Fällen möglich, die Rechteinhaber ausfindig zu machen; alle Ansprüche bleiben gewahrt.

akg-images Berlin: S. 1, 3, 10, 12, 14 und 5, 15, 19, 20, 21 und 4, 22, 24 und 5, 25, 29, 33, 34, 36, 37 und U1, 41 und 6, 42, 44, 45 und Buchrücken, 48 und U1, 56, 65, 70, 71, 72, 73, 76, 77, 78, 80, 82, 83, 84, 86, 87, 91, 92 und 4, 94, 95, 96 und 5, 97 und U4, 98, 99, 100, 104, 106 und 4, 108, 109, 110, 112, 113, 115, 136, 139, 140, 142, 145, 152, 153, 160, 164, 165, 166, 167, 171, 180, 182, 183, 184, 188, 189 und U4, 190, 191, 193, 194, 196 und U4, 197, 198, 200, 204, 207, 208, 211, 212, 214, 218, 219, 222, 223, 226, 228, 229, 230, 232, 233, 234 und 5, 238, 240, 241, 242, 244, 245 und U4, 246, 247, 253, 254, 256, 258, 260, 264, 280/British Library: S. 9, 68 und 6, 138 und U1, 144, 155, 161, 170, 173, 181, 186, 192, 203, 215, 227 und U4, 248/Jean-Paul Dumontier: S. 114, 210, 250/Werner Forman: S. 7, 13 und 5, 16, 18, 30, 38, 46, 49, 60/Heiner Heine: S. 116/A. F. Kersting: S. 146/Laurent Lecat: S. 8, 40/Erich Lessing: S. 118, 120 und 4, 122, 148, 157, 168, 252, 259/Nimatallah: S. 119/Schadach: S. 26/Sotheby's: S. 135, 201, 202, 236/Walt Disney Productions/Album: S. 163/Warner Brothers/Album: S. 266 und U4 · Bildarchiv Preußischer Kulturbesitz: S. 58/Alfredo Dagli Orti: S. 220 und 6/Scala Archives: S. 53 · Bridgeman Art Library: S. 52, 54, 62, 174, 176 · *Fairy Queen Medb of the Sidhe, Cuchulainn's War Chariot* and *Ulster Cycle #3* © 2004 Howard David Johnson: S. 125, 126, 131 · Birgit Fricke: S. 121 · Jimmy Green: S. 128 · Markus Havranek: S. 224 · INTERFOTO: S. 57, 64, 66, 74, 162/Mary Evans Picture Library: S. 28, 50, 67 und 6, 124, 127, 132 und U1, 172, 178/Mary Evans Picture Library/Edwin Wallace: S. 175 · Jauch und Scheikowski, Porep: S. 11, 32 und U1, 79, 88, 90 und U1, 103, 134, 141, 149, 154, 156 und 4, 158, 185, 257, 262, 265 · picture-alliance/dpa-Bildarchiv: S. 107, 206, 216 und 6 · Dirk Roeloffs: S. 237 · Jürgen Sorges: S. 130

IMPRESSUM

Bibliografische Information der Deutschen Nationalbibliothek
Die Deutsche Nationalibliothek verzeichnet diese Publikation in der Deutschen Nationalbibliografie; detaillierte bibliografische Daten sind im Internet über http://dnb.d-nb.de abrufbar.

Gestaltung und Satz: typocepta, Wilhelm Schäfer, Köln
Satz aus der Berthold Concorde und der DTL Caspari
Druck und Bindung: Westermann Druck, Zwickau
Printed in Germany

www.gerstenberg-verlag.de

ISBN 978-3-8067-2571-1